JINYINAN JIANG
SHIJIE DA GEJU
ZHONGGUO YOU TAIDU

金一南讲

世界大格局 中国有态度

金一南 著

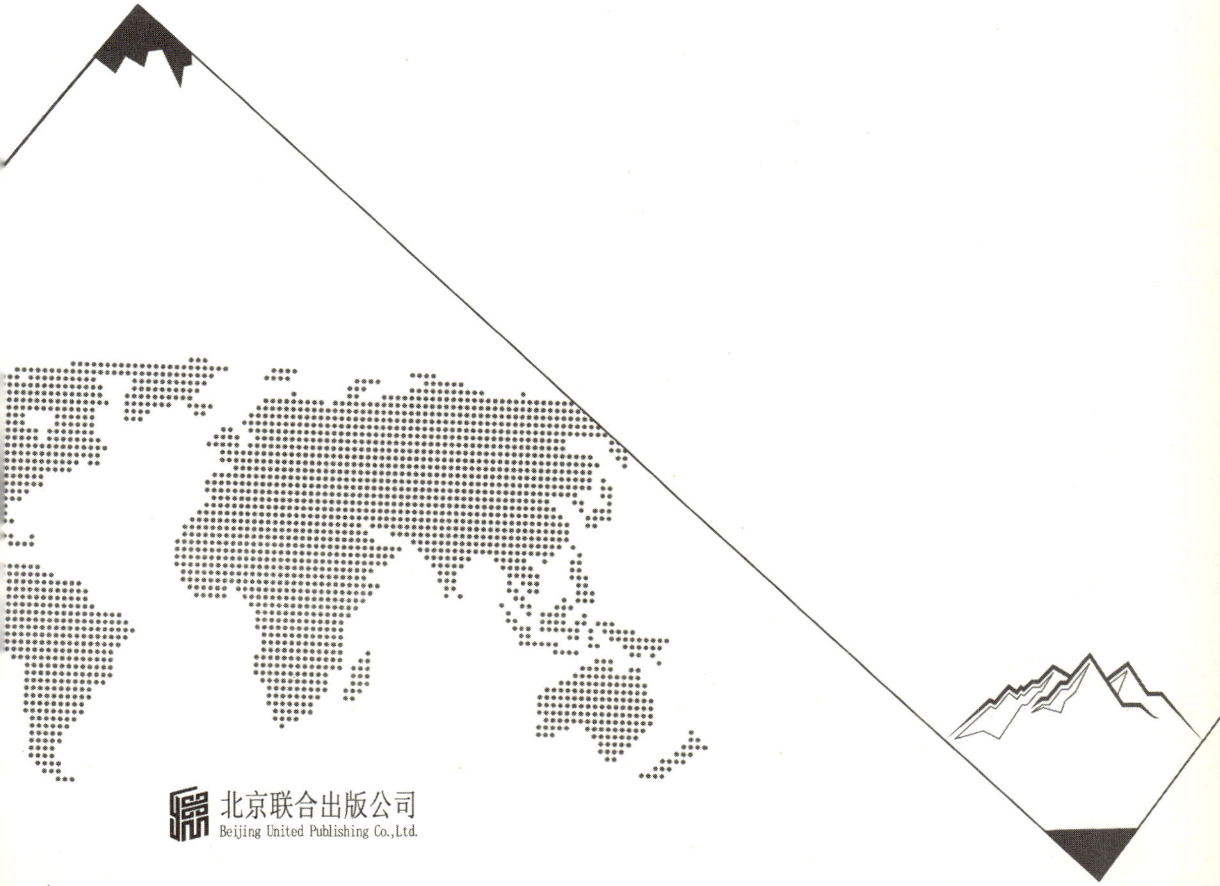

北京联合出版公司
Beijing United Publishing Co.,Ltd.

图书在版编目（CIP）数据

金一南讲：世界大格局，中国有态度 / 金一南著
.—北京：北京联合出版公司，2015.4
ISBN 978-7-5502-4765-9

Ⅰ．①金… Ⅱ．①金… Ⅲ．①国际政治—研究 Ⅳ．
①D5

中国版本图书馆CIP数据核字（2015）第040470号

金一南讲：世界大格局，中国有态度

作　　者：金一南
出 品 人：唐学雷
责任编辑：刘　凯

北京联合出版公司出版
（北京市西城区德外大街83号楼9层　100088）
北京鹏润伟业印刷有限公司印刷　新华书店经销
字数：367千字　710毫米×1000毫米　1/16　印张：24
2015年4月第1版　2015年4月第1次印刷

ISBN 978-7-5502-4765-9
定价：42.00元

序言

想来想去，以亲历的一件事作为本书序言，可能更为合适。

2000 年赴英国皇家军事科学院学习，最后的课目是危机处理。当时科索沃战争结束不久，英方设想的危机背景是：在科索沃非军事区塞族一侧巡逻的三名塞族士兵被杀、一名军官失踪，危机就此开始。科索沃游击队、南联盟军队、欧盟、北约、美国、俄罗斯分别卷入，就此展开博弈与对抗。英国人认为德国人危机处理做得最好，专门请了两个德国博士——老史密斯和小史密斯——专程从波恩飞来，主持这场危机推演。

老史密斯博士决定，由我扮演美国总统，带领四名军官组成美国决策当局：

巴林的萨尔曼 · 阿尔科利法中校扮演美国国防部长；

约旦的加萨 · 侯赛因 · 阿沃德中校扮演美国国务卿；

波兰的亚瑟 · 罗斯比基中校扮演美军参谋长联席会议主席；

阿根廷的马赛洛 · 罗萨兹 · 加罗奇中校扮演美国驻联合国大使。

其他军官分别扮演北约、欧盟、欧安会、俄罗斯、南联盟、科索沃游击队，全班来自 26 个国家和地区的 30 名军官，每人都分派了角色。

分配完毕，花白胡子的老史密斯从眼镜片后面露出一丝狡黠的目光：现在各人考虑 5 分钟，如果对担任的角色不满意，5 分钟后提出来，可以调换。

老史密斯刚说完，小史密斯便开始看表计时。

我不满意。让中国军人扮演美国总统，似有意刁难。危机处理课又是学业结束的考核课，万一演砸，损失不小，一定要调换。

5 分钟过后，我没有要求调换。想起入伍后自己的座右铭：做难事必有所得。

总做轻车熟路的事，做闭着眼睛都能做的事，永远都是重复。就是要干难事，干没有干过的事，那是挑战，不论成功与失败，都有提高。美国总统我从未扮演过，不信这事干不了！

事后想来，这正是老史密斯的高明之处：给人时间，让人熟虑。

危机对抗进行了4天半。各方确定基本立场，设立达成目标，规定目标层次，筹划手段运用，争取媒体舆论，开展决策对抗……大家很快进入角色，一个比一个卖劲，从早餐开始后到晚上就寝前都在穿插作业，疲惫与兴奋交织，都想争取优势，都想获得主导。

英国人设置、德国人主持的这场危机推演，最初设想是欧洲主导，所以欧盟、欧安会的班子配备阵容强大。我当时只有一个念头：一定要让这些欧洲人知道谁在主导。对抗开始前提交的“美国决策立场底案”中，我特别写上这么一段：In fact Kosovo conflict has proved who is the unique super power in the Europe and in the world（科索沃冲突证明谁是欧洲和世界独一无二的强权）。之后率领“美国小组”在对抗中采取两个“反常规”强硬行动：一是以军事力量介入巴尔干；二是着力推动科索沃独立。

至今记得当我以“美国总统”身份提出“推翻南联盟政府，策动科索沃独立”的时候，扮演美军参联会主席的波兰罗斯比基中校，因为吃惊眼睛瞪得溜圆：“这怎么行！南联盟是主权国家，美国有过承诺！”扮演美国驻联合国大使的阿根廷加罗奇中校也高声说：“科索沃怎么能独立？联合国有决议，保证南联盟领土完整。”还说“美国肯定不会这么干，否则是把联合国往垃圾桶里扔”。我问他俩：政策是不是人制定的？他们说是。我说：那么好，它也能被人改变；主导了科索沃独立，不但可以推翻南联盟政府、排斥俄罗斯势力，而且可以挤压欧盟的发展空间，阻止欧安会取代北约，美国一举多得。听了这些，“参联会主席”罗斯比基中校不再说话，“驻联合国大使”加罗奇中校还不甘心，扮演美国国务卿的约旦侯赛因中校上来一句：“好了，别争了，金是老板，听他的。”争论结束。后来加罗奇中校以“驻联合国大使”身份面孔涨红地在众人面前宣布“美国”的决定时，会场轰的一声，博弈各方一片哗然。

4 天半危机推演结束后讲评。老史密斯博士说，从危机初始各个小组提供的利益目标清单看，最终达成最多利益的不是欧洲，不是科索沃独立派别，而是美国，“美国小组”把美国的欧洲政策演绎得淋漓尽致，他们的三个最低目标（掌控科索沃局势、扶植科索沃独立力量、削弱俄罗斯在巴尔干的影响）全部达成，三个最高目标（推翻南联盟政府、实现科索沃独立、北约向巴尔干半岛扩展）达成一个半，获得危机推演最高分。老史密斯末了对我幽默地说了一句：金，你们的决策“very America，extremely America”（非常美国、极端美国），也许你忘记自己的国籍了？全场大笑之中，推演进程的主要协调人小史密斯博士讲评细节：演习中的两个关键点，由“美国”态度两次关键性转变形成，一次是以军事力量干预巴尔干；第二次是支持科索沃独立，使危机方向两次发生重大转变，朝向有利于美国、不利于南联盟和俄罗斯，也不是很有利于欧洲的方向发展，让人不愉快地单方面实现美国利益最大化。他最后说，坦率讲这不是我们原来设想的方向，其他地方推演也没有出现这样的结局，但这里“事态”的一系列意外发展，对我们准确判断未来的确很有启示。小史密斯闪着蓝蓝的眼睛盯着我，以一句话结束他的讲评：“Colonel Jin，you are super power，you know every thing.”（金上校，你们是超级大国，你们什么事都知道。）

这件事到这里就结束了。它已经过去 10 多年。我与小组里的阿尔科利法中校（“美国国防部长”）、侯赛因中校（“美国国务卿”）、罗斯比基中校（“美军参联会主席”）、加罗奇中校（“美国驻联合国大使”）分手后，再无联系。我们毕业刚刚 4 个月——2000 年 9 月，南联盟米洛舍维奇政府倒台。2003 年，南联盟解体。2006 年，米洛舍维奇死在海牙羁留中心牢房中。2008 年，科索沃在美、欧支持下“独立”。

看着风云变幻、跌宕起伏的国际格局，今天波兰的罗斯比基和阿根廷的加罗奇若是回忆起2000年与扮演“美国总统”的中国军官那场争吵，一定会哑然失笑。他们当年绝对不相信的事情，8年时间内一件一件变为了现实。

当年临别时，小史密斯对我说，他从未到过中国，危机推演让他很想了解中国。十几年过去，不知道他来了没有，只知道2013年斯诺登披露：美国对德国监控与对中国的监控是同样的级别。那是老史密斯和小史密斯的家乡。这个消息让我对他们又增加了几分亲近感。今天德国日益成为欧盟的核心，美国深感不安。看来史密斯们需要准备更多更新的危机推演了。

用这段难忘经历作为自己这本时势评论书籍的序言，只想说明三点：

第一，东方的传统，中国的祖先，潜移默化中赋予我们思维的习性；

第二，1840年以来的民族救亡，成为中国人世界性思维的坚实基础；

第三，1949年开始的民族复兴，成为中国人世界性思维的强劲动力。

这是我们走向世界的出发点。

金一南

2015年2月26日 于海南

目　录

国际政治跷跷板，中国有态度　（中国篇）

衰退的无奈，霸权的代价 （美国篇）

瘦死的骆驼比马大 （俄罗斯篇）

谁在这里玩火？ （东北亚篇）

永不休止的枪声 （中东·北非篇）

下一个对手还有谁？（北约篇）

人类发展的噩梦 （核武篇）

离地 1000 公里外的安全威胁 （外太空篇）

（杂篇）

国际政治跷跷板，中国有态度（中国篇）

从国际大背景看，拥有现代化作战力量的大国、强国，都把先发制人作为它们的手段。而中国是世界上为数甚少的宣布不以先发制人作为军事思想的国家。

现在中国的安全态势发生了非常大的变化，入侵中国、肢解中国的力量基本上不存在了。

太空每年经过中国上空的卫星，包括军事侦察卫星、遥感卫星等达9000多次，这给我们提出了一个更加复杂艰巨的国家安全任务。

20世纪中期以前，中国一直声称拥有南海的主权，而且没有引起过其他国家的争议。

钓鱼岛只有3.6平方公里，日本如果占有了它，却可以从中国划走200海里专属经济区。

1. 国际政治跷跷板，我们有态度

国际政治就像一个跷跷板一样。2005年的时候，美国在欧洲的跷跷板翘得是很高的，当然包括它在伊拉克的军事行动、阿富汗的军事行动，还有在吉尔吉斯斯坦、乌克兰、格鲁吉亚一系列的颜色革命频频得手。尤其在所谓的乌克兰橙色革命达到顶峰的时候，还包括什么格鲁吉亚的玫瑰革命，吉尔吉斯斯坦的什么革命，全部都成功了。对俄罗斯的挤压，形成了一个非常大的态势，那时候美俄关系跌到谷底。

当时俄罗斯的总统普京讲过，说我们必须不得不关注这个狼先生——他把美国称为狼先生，“我们必须得关注这个狼先生的动向，它对俄罗斯生存空间的挤压必须得关注”。

那么随后跷跷板塌了下来，美国从伊拉克撤军，在阿富汗尽量低姿态，和俄罗斯签署第三阶段削减和限制进攻性战略武器的条约，这一系列的动作，是为什么呢？把这个跷跷板低下来，是为了让东方这个跷跷板翘起来，就是所谓的重返亚洲。

这是美国在做的一种所谓的全球平衡，从这个全球平衡里面能够看出来，美国的力量是有限的。它现在已经不能够东西方同时出手了，所以在东方着力的时候，它在西方，在欧洲只能和俄罗斯关系缓和，这点很明显。

俄罗斯方面对美国的这些行动也感到很宽慰，包括俄罗斯的一些评论讲，奥巴马上台之后采取了一系列迎合莫斯科的重大举措，这些重大举措是什么呢？包括从伊拉克的撤军，包括北约与俄罗斯关系的回暖，包括战略武器的削减。俄罗斯方面认为这是奥巴马上台之后的一系列迎合莫斯科的重大战略举措。

毫无疑问，美俄关系取得一些进展，但是这个进展是在之前关系恶化的情况之下的进展。说是进展，倒不如说是国际政治跷跷板始终在不断变化。

美俄签署第三阶段削减和限制进攻性战略武器的条约，北约和俄罗斯关系缓和，而且还假惺惺地提出了所谓俄罗斯加入北约的要求。我说的假惺惺，不是说俄罗斯，俄罗斯是真诚地要求加入北约，北约却是假惺惺地欢迎俄罗斯加入的。

当时很多人担心俄罗斯加入北约之后，北约东扩到中国的边境。其实我本人对这个毫不担心，我觉得俄罗斯最好加入北约，然后北约成为一个大杂烩，内耗就能把北约自己耗垮了。

就像我们经常讲恐龙是怎么毁灭的？就因为身躯太大了，气候变化，地球表面不能供应那么多的食物，最后它只有消亡。北约也是这样，东扩很好，扩吧，把俄罗斯都扩进去，北约就变成了全世界唯一一头恐龙。最后这头恐龙由于自己的扩张，脑袋太小，身躯太大，需要的东西太多，最终的道路也就是灭绝。

从这些方面看，所谓“俄罗斯转投北约，由对抗转而合作”，像这种论调起码要加个“表面上”——俄罗斯与北约表面上从对抗转向合作。千万不要把表面当实质，不要把一两句好话、一两个好听的条约就当作两大战略集团的融合，没有这样的可能。

这事叶利钦设想过，结果栽了个大跟头。叶利钦从 1991 年出任俄罗斯总统之后，就沿着这个道路一直走下去，一直走到 1999 年科索沃战争爆发，才发现我完全按照你西方的标准规范在做事情，你还与我为敌。最后西方也很失望，认为叶利钦用核武器恫吓西方，叶利钦把俄罗斯所有的战略武器调整，瞄准欧洲，瞄准美国。欧洲和美国对叶利钦这位它们所培植起来的民主先锋也非常失望。

通过这些，所谓美国与俄罗斯的缓和，俄罗斯与北约的缓和，从历史层面上看，我们宁愿加一个“表面上”。

大国之间、大的地缘政治集团之间的冲突，从根源上来看是难以避免的。

当然，双方斗的时间久了，斗累了，双方都遍体鳞伤了，需要疗伤了，当然是有缓和的。但缓和只不过是下一轮争夺的开始而已。

从这个来看，包括美国所谓的要把战略重点完全部署到东方，随着将来的发展，随着印度力量越来越强，印度对印度洋的干涉越来越多；随着俄罗斯的恢复，变得越来越强；随着南美巴西力量的增长，南美出现所谓的反美集团——巴西、危地马拉、秘鲁、玻利维亚，包括原来最亲美的阿根廷和智利都出现这种倾向；随着这些国际地缘政治的重大变化，让美国挠头的事情会越来越多。

随着这些形势的变化，你会发现跷跷板还要倒下去，过一段时间大家发现美国突然间跟中国很热络，搞得很热乎，然后对其他力量呈现一种极大的警惕。

这就是国际政治中的跷跷板。而在这种跷跷板之间，我们绝不能因为这种起伏而受影响——美国和我们热乎了，我们觉得如何如何好；美国来围堵了，我们就马上觉得如临大敌。

在此期间，淡定地看待国际形势，坚持我们发展的战略目标，坚持我们全面建设小康和 2050 年完成民族复兴，达到世界中等发达国家程度的水平的目标。在这样大的战略目标前提之下，维护我们的利益向目标前进，这是我们最根本的利益。

2. 中国国防特色

中国主动适应世界军事发展的新趋势，以科学发展观为指导，是中国国防和军队建设的指导方针。这里实际上蕴含着我们建设具有中国特色的国防的基本选择，就是中国国家力量的发展，与我们经济发展相适应。

我们的核政策是始终如一的，从来没有发生过改变。

当然海外的媒体，包括海外一些军事机构认为，随着中国国力的发展，随着中国军力的发展，我们的核政策可能会有所调整。

但事实上，在世界上所有拥有核武器的国家里面，中国是唯一宣布既不首先使用，也不对无核国家和无核地区使用的国家。从 1964 年核试验成功的第一天宣布，中国的立场至今没有发生改变，依然恪守以前的承诺。

如果世界上所有拥有核武器的国家都持有我们这样的立场，那么世界无疑会变得更加安全。

在经济全球化大背景下，中国的国家利益在全球范围内不断拓展和延伸，与此相适应的，中国国防也开始在更多空间范围内维护国家利益。国外有些人担心，中国的防御性国防政策，会不会因为国家利益拓展，从而发生改变。

积极防御政策，是我们的核心军事思想。

我们的战略方针是积极防御，这不光是我们反复重申的问题，而从中国军队结构来看，也是这样。

我们至今没有海外的基地，我们至今不在海外派一兵一卒——当然在联合国框架之内的不算，包括索马里维和，这种是得到联合国授权的——这些东西都体现了中国的防御性政策。

当然体现更多的，是我们解决与周边各国边境领土纠纷问题的做法。

我们在 20 世纪末到 21 世纪初，与周边国家的领土纠纷，包括海洋权益的划分，我们并不力图通过使用武力改变现状，这点给世界的印象非常深。

而且在今天看来，比如世界大国美国，追求先发制人的策略已经持续很长时间。

那么在美国追求先发制人打击的情况下，俄罗斯也在追求先发制人打击。一方面率先宣布先发制人的核打击；另一方面，在连续遭到恐怖袭击之后，俄罗斯宣布它的反恐战略也是先发打击。

像英国、法国，有的是不言自明，有的是吞吞吐吐，也都先后在讲这个问题，要先发制人。

从这种环境来看，从这种国际大背景来看，拥有现代化，尤其信息化作战力量的这些大国、强国，都把先发制人作为它们的手段。

而作为大国，中国可能是世界上为数甚少的宣布不以先发制人作为军事思想的，这对世界来说，具有一种很大的示范效应。

不是说世界上的国家，随着国力、军力的增强，先发制人就成为一种必然的选择。

我们到 21 世纪中叶，就是 2050 年，从经济上来说，能达到中等发达国家的程度，从军力上来说，能实现国防现代化、军队现代化。

即使到了那一天，我们依然奉行防御战略，从中华民族的历史和未来来看，无论将来拥有多么强大的经济力量或军事力量，都不会把先发制人作为选择。

通俗点讲，我们的防御性国防政策，就是人不犯我，我不犯人，人若犯我，我必犯人。

这种积极防御政策，按照毛泽东同志以前讲的，积极防御的核心在“积极”两个字。

一方面我们绝不奉行先发制人这种军事方针或者这种打击的战略，另一方面我们也在强调，我们积极防御绝对不是消极防御，绝对不是明明有很大的危险将要发生了，我们还在等待，一直等到危险降临到我们头上，一直到冲突开始、战争开始，我们才开始消极采取行动。我们的积极防御，在更大范围内，维护中国发展变化中的国家利益。

有些国家喜欢在中国国防经费上大做文章，只要看到中国军费有所增加，就散布所谓的中国威胁论，认为一个国家军事力量包括国防经费是多是少，与这个国家是否构成威胁有关，事实上没有必然的联系。

2008 年，我们第一次公布了改革开放以来国防费用的基本数据，国防费用的增长、发展、基本变化。

因为我们以前的国防开支很低，这几年国防费用增加，带有很大的补偿性质，一方面是补偿性投入，另一方面是改善部队人员的待遇。

当然还有另外一点，我们必须改善自己的装备，必须提升自己的装备。

好像在今天来说，只能讲改善生活，只能讲改善待遇，不好讲改善装备。一讲改善装备就似乎有中国威胁论的论调出现，这在世界上是很不平衡的事情。

环顾世界，当各国军队都在全面更新装备的时候，如果我们稍微更新一下装备就成为威胁，我觉得这是很荒谬的。

中国军队更新自己的装备是一种必然，即使我们完成部分装备的更新，中国军队的装备依然落后于西方发达国家，尤其是落后美国起码 15 年到 20 年。

今天我们依然有很大的差距，我们在军队装备更新换代方面仍然有非常紧迫的任务，仍然有非常巨大的缺口，就算现在中国军费增加，我们依然不足以在很短时间内完成装备的更新。

西方媒体评论，说中国装备更新，中国国防费用增加，对世界形成威胁，我觉得他们的报道连他们自己都不一定相信。

因为他们的军事专家已经给出评论，中国与西方有巨大的差距。

虽然我们国防费用的绝对值已经居于世界前列，但是按人均来算，实际上我们落在很靠后的位置。

而且我们面临着这么多复杂的周边问题，如果比较起来的话，美国周边安全非常简单。它的邻国只有两个，一个加拿大、一个墨西哥，两个国家国力都很弱，对它构不成威胁，它东面是大西洋、西面是太平洋，拥有得天独厚的国家安全环境。

中国周边情况很复杂，14 个国家与中国相邻，大多数与我们有领土争端，6 个国家与我们隔海相望，大多数与我们有海洋权益的争端。

中国周边这种复杂的环境，是世界各大国所不具有的。

美国在这么简单的安全态势下，国防开支依然是中国的八倍到九倍，我们在这么复杂的安全环境下，我们的开支也只是维持在国家安全最基本的水平上。

3. 空军建设向来直面挑战

中国人民解放军自 1927 年 8 月 1 日建军，到今天已有相当长的历史，过去不管红军长征、抗日战争还是解放战争，这个军队是一支以陆军为核心的武装力量。我们经常讲打出一个红彤彤的新中国，取得革命战争的胜利，这个胜利主要是靠陆军。

当然基于这样的限制，在革命战争年代，我们并不具备掌握国家资源的条件。城市掌握不了，更不要说机场了，各种技术元素掌握不了。

抗战期间，当时中国为了抗日，苏联空军对中国国土防空做了很大的支援，美国空军陈纳德飞行队，也对中国的空中力量做了不小的支援。但是我们自己的力量非常小，当时的民国政府空军力量薄弱，当时共产党领导的人民军队基本没有自己的空军，只是在第二次国内革命战争时期，蒋介石“围剿”鄂豫皖苏区的时候缴获过一架飞机——“列宁”号。

我们的整个空军是在新中国成立之后建立的，东北解放军空军建立得比较早，空军航校在那里建立。当时我们的军队到了东北之后，主要接手的是日本人的装备，日本人修建的机场，还有日本人留下的一些飞机，以及我们俘获的日本空勤人员和地勤人员。

这是我们最初在东北建立空军的一种条件，主要利用当时的日本技术装备。

我们看历次战役几乎没有空中力量，因为当时我们的军队全部是地面部队，没有空军，当然也没有海军。当时的中国人民解放军完全是单一军种，就是陆军。而且陆军中最大量的是步兵，陆军中其他兵种像炮兵、装甲兵、工程兵、通信兵这些力量都不是很强。

新中国成立以后就不一样了，空军建立并不是在一个和平时期按部就班、缓慢建立的，而是急速建立的。按照美国远东空军司令的说法，中国几乎在一夜之间变成了空军强国。

为什么说一夜之间呢？就是新中国建立之初面临朝鲜战争，当时战火燃烧到我们的边境线之后，鸭绿江大桥被炸、丹东被炸，中国人民解放军出兵就成为一种必然。

抗美援朝保家卫国，我们出兵的时候，有一个很大的前提，就是当时中国和苏联达成这样的协议，我们出地面部队、苏军提供空中掩护。后来斯大林出于种种考虑，我们地面部队出动之后，他的空中掩护来得比较晚。

虽然苏军也提供了空中掩护，但范围比较小。就从鸭绿江到清川江这一带，建立了所谓的“米格走廊”，在非常有限的范围内维护我们的入朝部队后方的安全。但是当我们的入朝部队继续往前打的时候，清川江以南，一直到志愿军真正的第一线，大量的空间暴露在美国空军轰炸和扫射范围以内，我们从空中吃对方的亏很多，对我们带来的威胁也很大。

在朝鲜战场，志愿军急需空中掩护，在这种强烈的需求下，中国空军建立了。

我们今天毫不否认，苏联当时给予我们大力的支持。可以想见，一个原来根本没有空中力量的国家，突然之间能够像美国远东司令讲的，几乎在一夜之间成为空中强国，如果没有苏联支持的话，客观地说我们是做不到这一步的。

当然我们前面讲了，老航校在东北建立的时候，日本一些教官像林弥一郎在中国空军建设中提供了空军技术、航空技术等帮助。东北航校期间，苏联免费给我们提供了当时世界上最先进的米格-15战斗机——当然我们也购买了一部分，提供了包括空勤、地勤、厂站全套的训练辅助。

当时的空军飞行员，很多都是陆军战斗英雄、骨干，检查完身体，经过空中培训，在苏联老大哥手把手的带领之下学习飞行。之后，就出现了这样的奇迹：飞行时间不到100小时，竟然把美国王牌飞行员击落了。

美国王牌飞行员大多参加过“二战”，在“二战”中战绩辉煌，飞行了七八百个小时，多的达两千多个小时，竟被我们年轻的空军打下来了。

这么一支年轻的空军，飞行100多个小时，竟然敢在空中和全世界一流的空中力量较量，而且击落对方，当然我们的损失也很大。

出现了一大批战斗英雄，如李汉、王海、张积慧等著名空军战斗英雄。他们敢于在空中与敌较量、空中拼刺刀。

朝鲜战场上出现了一批作战效能非常好的空军部队，后来回来组建空军的时候，就以这些在朝鲜战场投入过实战、取得过战绩的飞行部队和飞行员、飞行骨干为核心，组建了新中国最初的空军。

所以，我们的空军就是在战斗中打出来的，它不是在和平环境中建设的，因为战斗任务要求非常急迫。在这样的环境下造就的中国人民解放军空军，虽然很年轻，但是战绩辉煌。

人民空军在抗美援朝战争中创造了辉煌的历史，积累了一笔宝贵的财富，当时那样一种战斗精神，我觉得值得代代相传。

空军当时有一个口号叫作201发炮弹，它是什么意思？当时的飞机是米格-15、米格-17，它的空中带弹量大约是200发，201发炮弹的意思是说：把炮弹打光了，撞也要撞上去。这种精神成为我们建立年轻空军的精神支柱。

任何一支军队光有物质没有精神是不行的。精神支柱在哪里？201发炮弹就是我们空军非常典型的精神支柱。

当然从另一个层面来看，今天空中作战形势发生了非常大的变化，近距离用机炮完成对对方的攻击，把对方击落，甚至用撞击的形式完成自己的战斗任务，可能性已经越来越小了。实际上从1991年的海湾战争开始，一直到1999年的科索沃战争，再往后延伸，在空中实战中被对方机炮所击落的飞机，基本上没有了，全部是被空空导弹所击落的。

近程的导弹、中程的导弹，基本上是在不见面的情况下，就把对方击落了。过去空战的形式，追逐、跃升、攀升、俯冲，摆脱对方、攻击对方，这种形式在未来非常少了。

今天的作战形势发生了非常大的变化，装备也发生了非常大的变化，今天超视距攻击就是你看不见我，我看不见你，导弹一发射就把你打下来了。即使超视距攻击成为未来空战的主要形式，但任何一支军队建设，它的战斗精神是不能丢的，这种战斗精神渗透在军队建设的方方面面。

因为未来空军建设还会碰到很多麻烦问题，包括装备建设、数据链建设、空军飞行员素质的培养、人机结合、人与装备有机结合等挑战。迎接这些挑战，精神需求是非常重要的。

在2009年的国庆首都阅兵仪式上，包括预警机、歼-10飞机等在内的一批空军新型装备精彩亮相，展示了人民空军的风采。有人评论说，十一亮相的空军装备关键词有两个：一个是攻防兼备，还有一个就是中国制造。

空军技术牵扯到非常复杂的技术储备，比如发动机的技术、材料技术，还有电子技术。就发动机技术来说，空军的发动机与地面发动机完全不一样，比如和坦克的发动机、汽车的发动机完全不一样，甚至它与海军军舰的发动机都不一样。

海军舰船发动机的要求是什么？体积大、重量大、马力大，而空中不行，空中要尽量减重，分量一定要轻，尽量压缩空间。

另外航空发动机与汽车发动机不一样在哪里？比如说汽车发动机出了故障，没问题，我们停下来修理修理就行了。那空中怎么办？失去动力的飞机很危险，会坠毁。

空中发动机要求体积小，安全稳定性高。

另外，飞机工作环境恶劣，地面不管夏天多热、冬天多冷，温差也很有限。我们看平常出差坐的民航飞机，飞行高度9000米至10000米，那9000米至

10000 米空中的温度是零下 50 摄氏度左右，到了地面飞机一停，机场温度一般很高，大水泥板子，毫无遮掩，一般都在 40 摄氏度以上，这就有将近 100 摄氏度的温差。

同时，在空中工作，喷气发动机的工作环境压力非常大，温度有上千摄氏度。在这种情况下，对发动机材料要求非常高。

所以说，一个国家搞航空技术，实际上就是这个国家的高科技技术结晶。电磁设备、火控雷达、搜索雷达、各种传感设备等现代飞机的这套电子设备也相当复杂。

现代一架飞机，尤其是一架军用飞机，特别是战斗机，是这个国家全部高科技技术的结晶。对于我们来说，虽然新中国成立 60 年了，但是我们的技术家底并不是很厚，所以我们取得的这个成绩，总体来看海外评价也是很高的。

但我们还得持相对冷静的态度，我们与国外还有比较大的差距。不管在材料、发动机、无线电、仪表，甚至飞机携带的空空导弹、空对地导弹等各种各样的设备，都存在差距。

当然我们在努力、全力以赴地做这些事。比如我们第一架预警机空警 –2000，已达到一个非常高的技术水平。

现在空警 –2000 上面用的雷达是相控阵雷达。连美国的预警机用的飞机雷达，基本还是模拟信号的，还没有数字信号。就是它的预警机所用的雷达，还不是相控阵雷达。当然美国人有这个技术，但是它的大量的老装备不能轻易淘汰。

这个雷达就是飞机上面有一个跟蘑菇一样大的盘子，它是转动的，转动的雷达要靠机械扫描，我们完全完成了电子扫描，技术有很大跨越。这是空警 –2000 相控阵雷达比美国现役雷达的先进之处。

但是我们也有问题，比如我们空警 –2000 的载机，那是俄罗斯的伊尔 –76，不是我们自己设计、自己生产的，我们在大飞机上有很大缺陷。当然我们的大飞机项目已经上马了。

但是从这点可以看出，我们与国外还是存在一定差距的，并不是说我们今天什么都有了，这是不客观的，我们还有很多要努力的方面。

就需求来看，如果按照20世纪五六十年代所要求的国土防空来看，我们把国土防空空白全部填补上了，现在没有差距了。

但差距是动态的，根据国家利益发展变化提出不同的要求，当然国家利益也是动态的。国家利益的动态性，牵扯到国家力量。国家实力本身是动态的，所以国家利益也是动态的。

我们从一个很好的方面来看，今天国家高速发展已经日益具有强大的物质基础。随着发展，我们正在形成很多全新的利益层面，我们不仅要维护领空安全，还必须关注外层空间安全，要在一个更大的范围营造中国的安全环境。

我们需要在更大范围维护我们的安全。比如我们空军到南沙巡航的问题，以前没有过这样的能力，现在可以了，我们空军可以到祖国南沙，包括曾母暗沙这一带完成空中巡航，这就是新时期国家战略利益提出的全新要求；再比如以前讲台海两岸，我们的飞机基本上沿着海岸线飞，但我们现在可以将台海两岸完全覆盖。当然考虑到种种因素，我们没有这么做，但是我们的空中力量现在有这个能力。

空军建设需要相当大的经费支撑。以前我们国民经济不太景气，军费开支很有限，建设一支强大的空军是梦想。今天不一样了，国家能提供充足的物质资源，虽然我们今天有技术差距，但是毫无疑问，随着国家物质财富极大地丰富和国家利益的发展变化，空军任务在发展变化。

根据我们现在空天一体、攻防兼备的全新要求，空军现在要实现的，不仅仅是维护领空安全的问题，还有外层空间安全的问题。

现在每天有7000个到9000个各种各样的卫星，变轨经过中国上空，其中有大量的间谍卫星，拍摄、侦察我们地面目标的举动。如何在新时期维护中国的外层空间安全，也是一个问题。

包括我们可以看见的俄罗斯失效的卫星在空中相撞，美国失效的卫星落入地面被美国导弹击毁，等等，这些我们未来都要加以考虑。出现这样的外层空间灾难，我们要怎样有效维护空中的安全？这就是今天“空天一体”的提出缘由。

我们过去的空军都是防御性的，就是准备敌人打进来，我们再进行国土防空，在我们领空上作战。那么我们今天提出一些全新的要求，就是随着中国要履行国际义务和跨地区活动，比如中俄联合军演，尤其是2007年军演在俄罗斯车里雅宾斯克州，要求我们空军歼轰-7、直升机执行这种跨境的行动，跨越将近8000公里的道路远程奔袭，挑战很大。

建立一支能够在更大范围内活动的、信息主导的、空天一体的、攻防兼备的空军，成为对我们强有力的目标牵引。

需求提出来了，我们的“空天一体”存在一定差距，要攻防兼备，但我们长期以来是防御型的，要做到攻击型很难。比如我们的歼击机就是敌人来了，在高空完成截击任务，我们的歼-6、歼-7，包括歼-8飞机都是这样的性能。它的特点是，航程比较短、载油量比较小，而且火控雷达、扫射雷达距离比较有限，因为它是防御型的，防御型是完全在地面引导之下，完成空中作战的。这就是差距。

要完成攻防兼备，就必须有足够的作战半径，起码1000公里以上，当然更远一些到1500公里以上的作战半径更理想。不依托地面引导，空军卫星结合数据链系统，完成空中独立作战，同时要求预警机能够在更大范围内指挥轰炸机、强击机、歼击机，对预警机的要求、对数据链的要求、对空中飞行员个人素质的要求，都是全新的挑战。

按照过去的标准，现在我们的装备、训练好像都可以了，可按照今天的标准和未来的标准，我们的差距还很大，我们还要努力。

4. 中国海军今非昔比

2009年4月23日，中国海军在山东青岛举行了盛大的海上阅兵仪式，庆祝中国人民解放军海军成立60周年。来自5大洲29个国家的高级海军代表团和来自14个国家、多达21艘的各式战舰，和中国海军新锐舰艇一道，参加了这次盛会。

这是新中国海军历史上第四次较大规模的海上阅兵活动，也是第一次举行多国国际海上阅兵，意义重大。举办这样一次海上阅兵的盛典，可以说是向蔚蓝色的大洋递上了中国的名片，这也是中国对外开放走向深化的表现。

在举行海上阅兵式的青岛附近，是著名的威海刘公岛，115 年前也就是 1894 年，曾经是亚洲最强大的北洋舰队就是在这里覆灭的。60 年前新中国第一任海军司令萧劲光大将，到刘公岛视察的时候，因为当时海军装备缺乏，不得不坐着渔船登上了刘公岛，那么在 60 年后的今天，我们的海军早已经是今非昔比了。

60 年的时间，称为一个甲子。在这个甲子之内，中国人民解放军由一支传统的小米加步枪式的以步兵为主的作战部队，发展出今天的海军，包括水面舰艇、潜艇、航空兵、岸防兵，还有陆战队，已经完全成为一个各兵种交织、各个方面作战——空中、水面、水下，包括岛屿，能力兼备的海上力量。

1949 年 4 月 23 日，中国人民解放军海军成立，准确地说是华东海军。当时华东野战军就是第三野战军，在泰州白娘庙宣布成立华东军区海军，实际上是中国人民解放军第一支海军，我们今天就把华东海军成立的这一天，作为中国人民解放军海军诞生的日子。

而这一天，也是中国人民解放军占领南京的日子，就是毛泽东诗词里讲的，“钟山风雨起苍黄，百万雄师过大江”。旧的政权覆灭，新的政权诞生。在这一天海军成立，有一个很大的特殊意义。

当时海军成立的时候，在庆祝海军节的青岛另一侧是威海刘公岛，两者形成非常鲜明的对比。

当时清王朝在刘公岛建立了可以说是远东最强大的海军，这支海军后来在中日甲午战争中灰飞烟灭，并没有起到很好的作用，基本上是全军覆灭了。

中国人民解放军海军成立，到今天发展壮大，基本是与我们的军事走的同一条路子，就是从小到大，从弱到强，然后从装备非常简陋走向尖端。海军从成立开始，用简陋的装备打了很多仗，基本上海军在维护国家权益的战斗中没有停止过。

像解放初期的万山海战，到 1955 年解放一江山岛，海陆空联合作战，海军发挥了非常好的作用。到八六海战、崇武海战、西沙海战、南沙的 3 · 14 海战等，全是海军维护祖国权益的一系列行动，而这些作战行动中绝大部分战斗我们都是以弱小的力量，抗击强大的力量。

我们海军处于相对弱小的环境，因为海军这个军种与陆军、空军都不太一样。比如陆军，你给一个战士一杆枪，他就是一个战斗力；空军一个飞行员有一架飞机，这飞机载弹，不管是空投或者空射，一个飞行员驾驶一架飞机，也能形成一个战斗力，当然它的战斗力比陆军就昂贵多了。

但最贵的是海军，海军需要一条舰船，这一条舰船的钢铁含量、上面有多少人员的组建，才能拧成一股绳，才能形成完整的战斗力。

所以当我们讲联合作战的时候，很大程度上是针对陆军讲的。在某种程度上，也可以说是针对空军讲的。而海军，早就是一支联合力量了。

海军出航，本舰包括轮机、枪炮、航海，包括各种各样的指挥、各种各样的武器，各个甲板上边的、甲板下边的，如果海军没有这样的总体配合，就形不成一个完整的战斗力。就是说海军军舰往往要数百人动作整齐一致，才能形成一个完整的战斗力。潜艇要有数十人动作整齐一致，才能形成一个完整的战斗力。

海军的这种要求，它的技术含量、多人和大的代价形成的战斗力，是与陆军、空军都不一样的特点。

当然这也带来一个问题，就是海军建设需要的投入比较大，所以比较小的国家，或者经济力量比较弱的国家，搞海军往往捉襟见肘。

比如新中国成立很长时间，我们其实并不太富裕，在这种情况之下，我们当时的主要任务是国土防御，防备美国从东部对我们入侵，反登陆；防备苏联从西北、华北、东北三个方向对我们入侵，主要考虑陆上作战。所以说新中国成立相当长的一个阶段内，对海军的投入实际上并不是很多。

1974 年西沙之战，我们对阵南越——我们称之为南越伪军，南越派来海军强占我们的西沙群岛，它的军舰排水量 1500 吨，比我们大得多，我们出动了猎潜艇和几艘扫雷舰，都在 1000 吨以内，五六百吨，吨位比它小得多。

中国虽然很大，南越很小，但当时它的军舰很大，我们比它小得多。但是我觉得在这次的战争中，我们能看得出来中国人民解放军海军的面貌，一扫过去北洋水师那种不敢战、不会战、不能战、战之不胜的状态。

西沙之战，我们的军队靠着简陋的装备，用机关炮扫射，投手榴弹。手榴弹是陆上的武器，西沙之战都扔上手榴弹了。两个舰离得非常近，完全是海上刺刀见红。当时给南越海军造成重创，击沉了它的军舰，完成西沙之战的胜利，保卫了领海。

这是我们海军保卫国家利益非常著名的一战，当时的装备多么简陋，海军长期建设投入不足，而且又经过“文化大革命”，但是中国海军官兵有这种战斗精神，实际上在西沙之战中，完全是用精神把对方压垮了。

西沙之战后，国际媒体对此战报道了很多。南越的军舰被击沉了，觉得很丢脸，它们说我们使用了冥河式的导弹，是冥河式的反舰导弹把它打沉了，实际上我们当时用的是机关炮、手榴弹。

当然，这种局面一方面可以说体现了中国人民解放军海军的战斗精神，另一方面我们今后也绝不会让这种局面再出现。

我们一定要加强海军装备建设，现在已经有了非常大的发展。

通过这次海军建军 60 周年海上阅兵，能看到 60 年来我们海军有了突飞猛进的发展。近 10 年来，发展速度最快。而近七八年、八九年的发展速度，超过了新中国成立以来 50 多年的发展速度。而最核心的一条原因是，国家的综合国力增强了。我们的经济产出、财政收入、国民总收入，发展非常快，上升很多。有钱了，就有了建设强大海军比较好的物质基础，没有这样的物质基础是不行的。

海军司令员吴胜利表示，人民海军建设的当务之急是大力推进整体转型、提升海上核心军事能力。这种转型主要是根据国家利益、国家发展和安全的需求。

我们的海军长期是一支近岸作战力量，防备敌人的登陆，防备美蒋窜犯大陆，防备敌人从渤海湾、胶东半岛、辽东半岛、江苏这一带登陆，这是我们长期防御的重点。长期以来，海军处于近岸防御的态势，防止敌人打进来。

但是从今天看，中国的安全环境发生了非常大的改变，随着我们国力的增强，今天敢于入侵我们的力量已经不复存在。我们今天的问题是，维护祖国统一的任务，维护海洋权益的任务，维护我们海上航道安全的任务，一系列全新的安全诉求提出来了。

如果海军还按照过去近岸防御建设思路，等待别人打进来，防止别人登陆，防止别人从海上接近我们，已经无法完成我们今天所要完成的任务。我们今天的任务要求我们海军具有更大的活动范围、更大的监控范围、更大的火力控制范围。

之前我们内部也发生过争论，如中国人民解放军海军要不要去亚丁湾护航的问题，要不要去，有没有必要去。很多人说我们连家门口的事还没有完全管好，我们还有一些海洋权益存在争端，东海、南海都有这个问题。

还有同志讲，我们国家还没有完成统一，跑到亚丁湾干什么。实际上我们今天感到，当中国人民解放军海军编队在亚丁湾成功完成护航任务返回的时候，我们可以看到海军担负的角色，它是中国在新的环境中、新世纪条件下履行大国责任，同时也是对我们国家利益的有效维护。

这种决策和责任，我们一方面要做好思想准备，另一方面要做好能力的准备。

思想准备要齐头并进，实际上完成一种思维模式的转型，从过去单一近岸防御的思想转化成在一个更大的范围维护中国海洋权益、维护中国的国家利益。

我们讲海军转型，当然有很多很专业的话，如果不是搞海军的话，可能不一定听得懂，但是我们从这个角度一讲，就能明白，就是如何维护我们变化发展的国家利益。我们的军事力量，尤其海上力量，如何在维护国家利益中扮演好自己的角色，这是新世纪中国海军既光荣又艰巨的任务。

参加中国海军成立60周年庆祝活动的，有美国海军拉夫黑德上将。拉夫黑德是美国海军作战部长，实际上是美国海军一号人物，这是美国海军方面所做的一个非常友好的表示。

还有俄罗斯等十几个国家海军各个层面的领导，都到中国来访问，实际上这也是一种友好的表示。

当然这种友好的表示，也隐含着对我们力量的注重。如果单单是友好的话，美国没有必要派海军的第一号人物来。从美国海军来说，这是对于发展迅速的中国海军和海上力量，表示出一种中国海军应当得到的尊重。

像中国海军司令吴胜利 2007 年 4 月访美的时候，他就得到过这种尊重。美国国防部副部长在五角大楼外欢迎他，美国国防部长、美军参联会主席、海军作战部长都在五角大楼里边等他。

这绝不是五角大楼或者美国三军系统对吴胜利司令个人的尊重，这是美国最高军事当局，对中国人民解放军海军力量的尊重。这种军人之间的尊重，绝不单单是一个礼节的问题，它第一是对你力量的认识，第二是对你力量的承认，这点认识和承认都是很重要的。有这种充分认识和承认才真正能让一个国家维护自己的安全。

中国作为内陆国家，有 2 万公里的陆疆，但是我们还有 1.8 万公里的海疆。

我们从小学到大学的教育，对陆疆的宣传是足够的，每一个中国人都知道，我们有 960 万平方公里领土，这指的是我们的陆疆。但是从小学到大学，相当多的人不知道我们有 300 万平方公里的海洋权益，这是我们的海疆。

12 海里领海，然后毗连经济区，然后 200 海里专属经济区，这个范围是《联合国海洋法公约》所认定的，我们有 300 万平方公里海洋权益。

这是我们教育中确实存在的一个问题，实际上对于一个民族事业是有影响的。我们的一寸土观念，好像守住每一寸土地就可以了，实际上联合国也划归了我们管辖的海洋权益范围。这 300 万平方公里海洋权益，包括海底的油气构造、海底锰结核矿、海水潮汐的利用等，至于渔业资源就不用说了。

实际上，海洋是人类发展的大自然宝库，对这一部分我们的认识是不够的。

根据中华民族长期以来的历史经验，我们的主要危险来自海上。1840 年，帝国主义国家从海上过来入侵，八国联军、英法力量迫使我们签订屈辱条约，第一次鸦片战争的《南京条约》，第二次鸦片战争的《北京条约》等。所以我们习惯把海上看成威胁的方向。

我们在今天看，海洋不是威胁的方向，海洋是发展的方向。这是一个民族思维做出的很大的转变。当然也有安全的威胁，但是总体来看，有没有克服威胁的能力？我们海军建设就是本着这一点的。中国人民有能力保护自己的海洋权益，只有在这种情况下，才能把海洋真正作为一个发展的方向。

这种观念的变化，当然不仅仅是军队，还包括地方。

海军节就是非常好的契机，通过海军节，从小范围来说，让国民、让世界认识新中国海军建设；从大范围来说，实际上让我们国民从一个更大的范围认识中国的海洋权益，也是从一个更大的范围让世界看到，中国人对自己海洋权益的认识和对自己海洋权益捍卫的决心。

5. 大军区设置，已不能满足我们的安全需求

“跨越 –2009”跨区实兵检验性演习于 2009 年 8 月 11 日开始。按照预案，分别隶属于沈阳、兰州、济南和广州 4 个军区的 4 个陆军师，在总参谋部的统一部署下，拉到本战区以外的合同战术训练基地，在陌生地区展开演练。

参加演习的 4 个军区，出动兵力达到 5 万人，各种车辆和大型武器装备 6 万多台，机动的总里程达到了 5 万多公里。

这是新中国成立以后进行的规模最大的战役演习，活动区域、范围最大，涉及多个军区。它的核心就是演练远程机动。

从 20 世纪 50 年代到 70 年代，国家面临严重的安全态势。毛泽东同志讲，我们要准备苏联从北面打进来，美国从东面打进来，老蒋从东南窜犯大陆，印度从南面打进来。在这种情况下设置各大军区，每一个大军区就是一个独立的战区，在自己战区之内，遂行作战指挥行动。

现在我们的安全态势发生了非常大的变化，入侵中国、肢解中国的力量基本上不存在了。过去这种大军区设置，守土戍边的任务，已经不能满足我们今天的安全需求了。就应对非传统安全和传统安全这两个领域来看，原有的大军区设置和原有的赋予大军区的使命，已经不能适应今天的要求了。

按照分布来看，北京军区和沈阳军区重兵云集，主要是为了防备苏联可能对我们的入侵，和美国从东部对我们的威胁。在今天看，这个兵力的分配是不太平衡的，因为相对来说，西部、西南部和南部兵力就单薄了一些。

但实现了跨越式调动，就不存在这个问题了。当一个战区有了问题，其他战区的力量能迅速增援。

跨区调动、跨区兵力运用，是我们应对未来安全的一种重要手段和重要方式。

当然，目前还存在一些问题和缺陷：比如各个战区主要根据自身战区作战地域和作战对象，进行具有本战区特点的适应性训练。西南地区主要是山岳丛林地区作战；在西北、华北、东北主要是平原作战、高原作战。

平原作战、高原作战、山地作战、丛林作战、水网作战，对部队的训练要求、装备要求是完全不一样的。

今天实际上提出一个要求，军队必须既能在平原作战，也能在高原作战，要具有适应性和多样性。

适应多地区作战，要有一个过程，沈阳军区和兰州军区具有共同的特点，是广袤平原作战和高原作战，平原和高原地形都相对比较平坦，在这种情况之下的跨越差异不是很大。而从北部到南部，从平原到山地跨越差异要大一些，对部队适应性提出的要求更高。比如北部军区的重型装甲机械化部队，拉到南部战区水网地带确实有问题，道路、交通都成了问题。但是并不能因为装备的限制，部队就不能远距离行动。

当然，我们第一步从具有相同特质的地形、作战任务和作战区域开始，完成这种跨越。今后还要完成其他跨越，即使完全不同特质的地形也要完成跨越，比如平原作战部队，进入丛林地区遂行军事行动。

这是党的十七大报告对军队提出的要求，以便在未来应对多种安全威胁，完成多样化军事任务。“跨越 –2009”是一个开端，之后要继续加强。

中国有一句古话，叫作“兵贵神速”，美军也有一句名言“在 24 小时之内运来一个营，比 10 天之后运来十个师更重要”。

今天世界各国的军队都面临这样一个问题，作战能力作为核心军事能力，有一个非常大的依托，就是投送能力。如果你在一个固定区域拥兵 200 万，在远离这个区域的地方发生了冲突，在 2 个月之内只机动了 20 万兵力到这个区域，那么实际有效兵力只是 20 万，不能机动到这个区域的部队，就不能发挥作用。

随着信息化的进程，军队装备日益更新，各种现代化的装备进入军队，军队提高机动能力有着非常重要的意义。

我们以前的主要威胁是外敌入侵，在做分区防御的时候，各大战区划分开，做自己的独立战区防御，对机动能力的要求并不是那么高，只是在本战区之内机动，依靠铁路、公路输送基本能够完成。

这种跨越战区的大范围机动，带来的问题是，铁路、公路机动的速度毕竟有限，对空中投送能力要求就提出来了。

实际上，我们军队执行海外一些维和任务时，这个问题就已经提出来了。海外抢险救灾、人道主义援助，不仅仅依托公路机动、铁路机动，必须能够依托空中机动。这是提高军队机动能力，增强军队核心军事能力的重要组成部分。

参加“跨越－2009”演习的部队，在机动过程当中，部队官兵除了乘坐空军运输机以外，还征用了一部分民航客机和货机，这在我军演习历史上也是第一次。

军队在机动中，征用民航飞机是不可避免的。比如美军在伊拉克、海湾地区作战，遂行任务，重型装备都是用轮船运过去的；部队带着少部分轻武器和轻装，是通过空中的机动进行运输的，除了空军飞机，还有征用美国民航的飞机。

我军总体来看，空中运输能力相对薄弱，所以我们要征用一部分民航飞机完成空中机动。当然在未来作战时，民航机可以使用，但比例肯定受限，不能过高。

美军使用民航飞机，都压在一定比例以内，因为要机动到的地域，不是旅游的地域，是一个发生冲突的地域。这样的地域往往机场条件设备比较恶劣，可能只有若干导航设备，设备不一定齐全；机场不一定有规定厚度的混凝土跑道，也可能是土机场。

在这种情况之下，民航飞机会失效，只有军用运输机才能在简陋的机场，甚至土机场着陆。所以我们在机动过程中，征用一部分民航飞机，军用运输机也尽其所能用上了。

未来军事行动中，空中机动军用运输机必须达到一定比例。在恶劣条件下飞行、在恶劣条件下起降，这是民航飞机不可能做到的。

这次跨区演习，铁路的机动也有很大变化。以前主要是平板车装装备、闷罐车装部队；后来有些改进，坐客车了，条件改善了很多，但机动速度还是受限制。

这次有个非常大的跨越，就是坐动车组了，时速能够达到200多公里。地面机动有了很大的改进。从这儿可以看出，国家经济建设的高速发展，空中航线的开辟、陆上铁路线路的开辟、动车组的开辟、高速铁路的开辟，对于军队的机动有非常大的帮助。

轻装部队如果能够依托高铁机动，达到每小时350公里的速度，那就相当可以了。

硬件设施上来之后，包括大量民航飞机的征用，也可以改善空中机动。比如汶川地震，也征用了很多民航飞机，济南战区的部队主要乘民航飞机到达救灾第一线。

当然，抗震救灾是可以的。但在一些应急条件下，飞机需要降落到一些比较简陋、条件很差的机场，离冲突地点近，民航飞机还是扮演不了这样的角色。

6. 朝鲜战争的影响

如果把抗美援朝作为新中国面临的国家安全事务的一次大考的话，那么可以说，这个考试是猝不及防的——新中国并没有准备在朝鲜半岛打这样一场战争。

不管美国人或各个方面准备得如何，当时新中国刚刚建立，以恢复国民经济为重点，中国入朝部队——包括主力部队38军、39军，实际上军队正在大量复员，军队的很多职能正在发生转换。突然面临这么一场战争，对中国国家安全是一个严峻的考验。

这是一场准备并不是很充分的战争——部队准备不是很充分，指挥员准备不是很充分，领导层准备不是很充分。在这种情况下，这种考试对中国是非常严峻的，因为我们面对的是世界上最强大的战争机器。它对中国的国家安全形成威胁以后怎么办？

从这个意义上讲，就中国的反应来说，我们交出了一份不仅是合格的，而且是相当优秀的答卷。

当然，中国也为这场战争付出了巨大的代价，根据统计资料，中国人民志愿军参战人数 290 万人次，目前已经确认有 183108 名官兵在战争期间为国捐躯，受伤人数 38 万人次。

付出这么大的代价，有的学者质疑是不是值得，我们也讨论过这个问题。

比如有些学者讲，欧洲战争不是这样的，巴黎从来不设防，你打进来，我的城市不设防，占就占了。比利时历来就是投降，只要强敌一来我就投降，所以把国家的所有东西都保护下来了，没有遭到大的破坏。

但这种逻辑拿到东方来看，我觉得是非常荒谬的。对我们来说，这种妥协、这种忍让从 1840 年以来比比皆是，那么得到了什么呢？大量丧权辱国的条约，割地、赔款，使中华民族跌入命运的低谷。

为什么说抗美援朝我们交出了一份相当优秀的答卷，最主要就是这一仗打出了中华民族的国际地位，连《剑桥中国史》都毫不否认这一点。抗美援朝作战之后，全世界认识到：新中国作为一个军事强国，自立于世界民族之林。

当然这个军事强国指的不是国防投入如何巨大、装备如何精良。从这两方面看，我们的国防投入、我们的装备与美军是完全不能比的。

抗美援朝打出了中国一种全新的精神面貌。在过去，不管是东方还是西方，都已经看透了中国东亚病夫般的孱弱。只要别人一瞪眼，腿肚子就哆嗦；别人一挥拳头，脖子就往后一缩，赶紧往后藏。这是中国人传统的形象，被国际社会所熟知的。

中国人忍让，中国人难以和强权对抗，在安全和生存发生冲突的问题上，中国人基本上是保生存，对自己安全的考虑、安全的要求都是很低的，这是旧中国给世界的印象。

新中国完全不一样。新中国成立时，毛泽东同志说，中国必须独立，中国必须解放，中国的事情必须由中国人民自己来解决，绝不容许任何帝国主义再有一丝一毫的干涉。这作为一个政治宣言是容易的，但是为了这个宣言的实现，我们付出了巨大的代价。

任何成功的代价都是难以避免的。一个民族从这样一个衰弱不堪的地位，从这样一个东亚病夫的形象，从人家在你的国土上挂“华人与狗不许入内”的牌子，你还没有办法，变成一个自立于世界民族之林的强大民族，它不是一朝一夕的事情，它需要这样的代价。

中国共产党人和中国人民解放军给中华民族的精神素养注入了全新的要素，精神面貌为之一新，使中华民族从此以后在世界，不管东方、西方都被刮目相看。

中国人跟过去是不一样的，跟过去想象的也是不一样的。明证就是在美军大举越过三八线向中朝边境挺进的时候，我们敢于出兵，而且敢于把美国人从北面压到南面去。这就是用行动证明了毛泽东的那句话——“中国必须独立，中国必须解放，中国的事情必须由中国人自己来做主张，自己来处理”。

我们就是用这样一个巨大的代价，用这样一个坚决的行动，奠定了我们的国家地位。从另一个角度说，这是对我们民族精神的再造。

所以新加坡前总理李光耀说：“中国人走向民族复兴是从跨过鸭绿江那一刻开始的，敢于和世界上最强的国家较量，还能战而胜之，对于新中国和近代中国人来讲，都是极为了不起的事情，是中华民族走向复兴的重要心理支撑点。”

抗美援朝战争打出了我们的国际地位，另外开拓了我们的国际视野。在纪念这场战争时，其实很多文章并没有提到这一点。

美国人在入朝作战以前追求的是什么？要把对手彻底击倒。“一战”，让德国无条件投降；“二战”，让日本无条件投降。朝鲜战争开始的时候，麦克阿瑟追求的也是这一点，就是让对手彻底地失败。但是他面对中国根本不可能做到这一点。

当然对我们来说也有一种转换。

当美国提出要对手无条件投降的时候，我们的解放军作战也有一个传统，就是完全、彻底、干净、全部地把敌人消灭光。

中美双方在朝鲜经过较量，达成一种势均力敌的状态，出现了有限战争的状态。我觉得这对新中国的领导人建立这种国际视野有很大的帮助。

从朝鲜战争来看，它有个非常大的启示：今天世界，你压倒我，我压倒你；你战胜我，我战胜你；你把我消灭，我把你消灭，实际上都不可能了。我们怎样营造一个不同的社会制度、不同的意识形态、不同的价值理念、不同的国家利益世界观，使大家共存、发展、互赢。

所以，朝鲜战争是美国历史上第一次接触有限战争的概念，它第一次知道军事手段是有限的。

中国从朝鲜战争这场仗里获得了很大进步，这场仗是一场政治仗，打到最后是边界谈判，通过谈判的形式确定了朝鲜的军事停火线，确定了各方利益的划分。我觉得这对我们来说，也是对我们过去传统观念的一种转换。我们今天采取融入世界的这种方略，加入了经济全球化的进程，包括改革开放等，都能从其中看到朝鲜战争带来的视野观念上的改变和影响。

当然，朝鲜战争还给我们一个很大的提示，就是如何建立一支现代化的军队，如何由革命战争的革命军队向新中国现代化军队迈进。

但我们绝不单单是学到了军事，实际上它还给了我们更大的启示：就是怎样在一个日益复杂的国际环境中，和各大国打交道。

我们从朝鲜战争中，第一次学到了在各大力量的较量之中纵横捭阖的能力。

7. 中国首次在境内成立国际组织

上海合作组织，简称上合组织，是中国、俄罗斯、哈萨克斯坦、吉尔吉斯斯坦、塔吉克斯坦和乌兹别克斯坦六国组成的一个国际组织。另有五个观察员国：伊朗、巴基斯坦、阿富汗、蒙古和印度。工作语言为汉语和俄语。成员国总面积 3018.9 万平方公里，即欧亚大陆总面积的五分之三，人口约 16 亿，为世界总人口的四分之一。

这是中国首次在境内成立国际性组织，并以中国城市命名，宣称以“上海精神”解决各成员国间的边境问题。

上合组织10多年来取得的成果是很明显的。因为包括中国、哈萨克斯坦、吉尔吉斯斯坦、俄罗斯、塔吉克斯坦和乌兹别克斯坦在内的上合组织成员国都面临着一个共同问题，在非传统安全领域各国都面临着严峻的挑战。

比如吉尔吉斯斯坦出现的社会动荡，因社会经济发展形成的不平衡带来的动荡。这些是很多国家共同面临的安全问题。

实际上，上合组织成立后，首先提出来的问题是安全合作问题，而且是非传统安全领域的合作，在这方面已经取得了很大的进展。

当然，10多年来上合组织的功能也在不断扩大，经济合作也是非常重要的一方面。

在和平时期，经济安全实际上是国际安全的重头戏。经济能不能搞好，对一个国家和地区的发展起着决定性的作用。

上合组织如果仅仅局限于非传统安全领域，只在反恐领域进行有效合作的话，还不足以解决各国面临的根本安全问题。

因此，上合组织除了在安全领域展开合作外，正在逐步向地区经济合作过渡，上合组织成员国之间在开展经济合作方面有很大的空间。

上合组织成立10多年来，在安全合作方面的进展是比较大的，包括连续的上合组织的军演、反恐演练。但是在这个过程中也暴露出一些问题。

当然，我们不能拿上合组织和北约进行类比。

虽然美欧日本始终把上合组织看作一个准军事同盟组织，甚至认为上合组织就是军事同盟的组织，但上合组织与北约完全不是一回事。

北约是冷战的产物，上合组织是在新时期经济全球化条件下维护地区安全的产物，它不是一个军事组织。所以，上合组织进行的军事演练集中在反恐，但在这些反恐演练过程中也暴露出一些问题。

北约的军事合作非常彻底，各成员国的责任和义务都非常明确，上合组织在这方面还有所欠缺。

比如，上合组织在2005年、2007年进行和平使命系列军演的时候，在上合组织国家之间，包括飞机在内的武装力量的穿越还存在着比较大的麻烦。

哈萨克斯坦就援引国内法，认为其他国家的武装力量不能从本国国土穿越。那么，在演习过程当中，包括中国参演的反恐力量的调动、空军力量的调动，只好舍近求远，绕很远的路从满洲里方向过去。

从这个里面，我们可以看出上合组织在防务领域还有进一步合作的空间，使上合组织达成安全一体化，在安全合作领域建构起自己的合作框架，使将来的反恐联合演练和实际行动变得更加有效。

上合组织在建立内部的法规、形成成员国之间具有法律效力的约定等方面，还有很大的努力空间。

8. 从完全禁飞，到低空开放

长期以来，我国的低空空域资源利用率是相当低的，到 2008 年年底，全国的通用飞机只有898架，还不到1000架。而美国的通用飞机大约有22.2万架，即便是巴西，也有 1.1 万多架通用飞机。

这是一个相当大的空间，前苏联时，德国青年鲁斯特驾驶一架小型飞机，一下飞到红场上空，像这些情况都能看出来一个国家有效控制低空空域的必要。

以前的控制是完全禁飞，除了民航飞机，或者空军的飞机，别的飞行器都不能使用，这点极大地限制了我国小型飞机的发展。同时对一些滑翔运动、跳伞运动也都有限制。

在 20 世纪 50 年代、60 年代，哪怕到 20 世纪 70 年代、80 年代，开放空域也没有用，因为当时经济落后，没有技术，没有钱就买不起飞机，没有技术，开发不了这种型号的飞机，今天这个政策的放宽，是一种全面的成熟。

首先是维护安全的能力提高了，我们边境的中、高空雷达，低空雷达，对我国全面防范的效能比以前提高得多，包括对奥运会、世博会等组织的空中防御，可以说比较严密。

另外就是现代产业的发展、航空业大量的需求，尤其是中小型飞行器，包括私人飞机的发展，农用飞机、护林、喷洒农药等飞机的发展。

就像刚刚说的数字一样，给人的印象非常深刻，美国有 20 多万架，中国总共才有 1000 多架，这个差别非常大。

1997 年，我第一次到美国访问，飞机落在了阿拉斯加安克雷奇，我当时感到很吃惊，我一看，这个机场怎么停满了小型飞机，乘员为两个人的、三四个人的小型飞机非常多，机场停了一片，全部都是。不仅有这种小型飞机，还有小型直升机等低空飞行器。这对于我们来说，就是一片空白。

任何经济的发展都是人流，人流才能产生物流，没有人流就没有物流。这种小型飞机的普及对于我们来说是一个很大的空间，是一个过去利用不足的空间。

把这个空间利用起来，对于推进航空工业的发展、经济的发展，都能带来很大益处。

首先从人的素质来看，对于提高全民素质有非常大的帮助。空军的飞行员、地勤人员的主要来源，是从中学生、大学生里招的，招上来的人对航空知识基本是没什么了解的，进入航校就如一张白纸，从头开始学。

这一点与西方经济发达国家不一样，欧洲、美国很多人进入航空学校学习飞行，他们本身已经是飞行爱好者，已经有这方面的技能。如果全民的素质都这么高，那空军的训练，包括民航驾驶员的训练，将节省很多资源。

“二战”的时候，大家对美国兵非常轻视，觉得美国军队的战斗力不如德国军队、日本军队。但是，在欧洲战场打了一段时间以后，德国人就迅速发现，美国士兵有一个非常大的优点：德国大量士兵是农民构成的，而美国士兵是以工人构成的，美军士兵里有大量拖拉机手、汽车司机。所以美军在遂行机械化作战任务的时候，虽然战术呆板，但是机械化部队的运作能力、运动能力非常强。美军并不需要专业技工，基本上人人都会鼓捣两下子，都会开汽车，不用经过专业训练，这就是国民普及这种技术之后，全民素质提高给军队包括作战效能带来的极大好处。

引申到航空界也是这样，当一个国家的航空业发展之后，建立一支强大的空军、一个强大的航天力量，对空中、太空利用得越来越多，需要越来越多人才技术的支持，这种支持至关重要。

我们可以从历史上找到一些这方面的经验，比如说日本在“二战”期间，和美国争夺制空权，结果遭到了惨败，除了两国工业实力上的差距，很大程度上是因为美国通用航空市场比日本要广阔得多。日本只能依靠一小部分精心培养的尖子飞行员，而美国则有一大批民间飞行员作为基础，因此美国很容易就可以在短期内迅速扩充出一支庞大的空中力量。

而且航空工业发展之后，尤其是美国的莱特兄弟，他们自己讲是第一架飞机的发明者，俄罗斯也讲是他们搞出第一架飞机的。

姑且不说这个争论，就是美国从第一架飞机发明之后，美国的航空业发展，就是民间的航空力量发展遍地都是。横跨大西洋、太平洋，完成环球航行，这都是民间在进行的。

这些实际上对美国的扩张事业起到了非常大的帮助。对于美国人迅速地掌握世界的空运、航线，对全球的了解，都起了非常大的帮助。

在全球化的今天，航空交通工具是所有交通工具中最便捷的。它远远胜于轮船，也胜于高速公路。全球的航空工业，今天可能是运输量最大的，人们使用最多的。在这方面，也是人才需求最多的。

而且限制国家航空工业发展巨大的瓶颈，今天来看就是飞行员供应严重不足，未来在这方面有很大的需求。

这个空域开放之后，相应的产业跟上了，就有很多人能像考汽车驾照一样，考小型飞机的驾照，这就成为我们国家一个庞大的航空主力军的后备力量，对于发展航空事业确实有很大的帮助。

9. 军人素质的高低，涉及军队最根本的问题

2009 年我国有超过 10 万名大学生携笔从戎、入伍当兵，而在 2001 年，大学生入伍的只有 2000 人，9 年来大学生入伍总量扩大了近 60 倍。大学生入伍为部队建设带来了根本性变化。

我军历史上，在延安时期、全国解放初期和上世纪 80 年代初期，曾经有

过几次大批的高素质人才集中参军入伍的先例。

相比起来，延安时期我们党处于一种不执政的状态，大批知识分子涌入延安，主要是为了抗日救亡。救亡图存这个命题使中国人觉醒了。

现在不一样，现在我们党是执政党，正在建设小康社会和完成伟大的民族复兴。在这个过程中，大学生大批入伍，实际上带有一种根本意义的性质。它不是一个运动、不是救亡图存这样一个号召。大学生入伍，让我们看到军队建设发展一个非常好的前景，就是质量建设。

什么叫质量建设？这牵扯到武器装备的质量和人员素质，最根本的是人员素质。因为军队说到底还是人的问题，人的素质高不高，涉及军队最根本的问题。

在过去，大学生入伍，那是不能想象的。我是20世纪70年代初入伍的，当时也就是初中毕业，到了部队也属于小知识分子，都是拿你作为一个学生兵、知识分子来用，觉得你很了不起。而今天初中毕业，根本不符合入伍的条件，我们要求士兵入伍的文化程度是高中。

我们可以看到，从20世纪70年代到现在，40多年的时间，我们国家发生了天翻地覆的变化，这也折射出我们国家经济发生了很深刻的变化。这种变化反映到军队建设中来，一定要从最基础的士兵做起。当然我们经济力量的增强，在装备上也有很大反映，包括我们海军中华神盾军舰、空军歼－10飞机、二炮的发展。

但是人员的变化，大家很多时候是看不见的，所以我们说人才质量的变化往往带有更大的根本性。

现在有一些人把鼓励大学生当兵理解成缓解大学生就业压力，是一项应急举措。缓解就业压力是大学生入伍的附带好处之一，但不是主要目的。

军队是一个增加社会就业的场所，但如果把大学生入伍能起的就业功能当目的的话，那就看偏了。今天大学生入伍成为一个必然，哪怕没有就业的压力，也是一种必然。

这个必然性在哪里呢？一方面全国各地的大学扩招，现在大学毕业生量非常大，每年毕业的大学生有几百万，这么大量的学生反映出我们社会人口结构发生了重大变化。

新中国刚刚成立的时候，农村人口占92%到93%，那就意味着城市人口只有7%左右，一直到改革开放之前，我们农村人口还占81%到82%，也就是说城市人口只占到18%。兵源主要来自农村。从改革开放开始，农村人口占全国的82%，到了今天城镇人口占到全国人口的46%，农村人口占全国人口的54%，可以看到入伍的比例城市和农村各占一半了。

未来随着经济的发展、国家城市化的推进，农村入伍的比例还要降低。在未来20年、30年会看到，大量的兵源来自城市。士兵来自城市，首先教育程度高、接触面宽、知识面宽。

2010年2月，我从南方两个部队过来，一个是陆军某集团军，另外一个是海军某航空部队。在这两个部队里，我们都跟基层官兵进行过座谈。当时连队座谈的时候，连队的干部、战士来了不少。

我当时一看有几个新兵，一个新兵是医科大学五年本科毕业，有一个新兵是在一个法学院学了四年法学本科，还有一个新兵是计算机三年专科毕业。这让我非常吃惊，我们当时初中入伍都属于小知识分子了，现在五年的大学本科毕业生入伍，毫无疑问对于提高我们部队基础素质有非常大的帮助。同时还有一个姓焦的排长，他是法学的研究生。

现在部队结构发生了非常大的变化。这些变化首先从20世纪80年代的军官开始，军官必须经过军校培训。我觉得从2009年开始又是一轮非常大的变化，就是士兵的结构正在发生变化。大学生入伍，不管大专生还是本科生，占的比例还不是很大，但这是一种趋势。这种趋势随着社会的发展，随着教育的发展，要成为一种常态。而这种常态会给我们军队建设带来新一轮全新的推动。

有人说，中华民族缺乏尚武精神，我觉得这不能一概而论。尚武精神不足，这点是可以肯定的。

比如历史上，从汉朝之后文武分家。文武分家带来很大问题：文的舞文弄墨，武的只是粗俗之人弄武了。后来社会上流传很多什么“好男不当兵、好铁不打钉”等俗语，对社会文化、社会心理影响非常大。

在全球化进程中，中华民族要想真正崛起，这是我们必然要迈出的心理障碍。西方从中古到近代，一般人当不成兵，贵族才能当骑士，入伍打仗是非常光荣的一件事。西方尚武精神非常强，这是一个非常大的特点，当然我们不像他们那样穷兵黩武，通过侵略扩大自己的地盘。我们不是这样，我们是捍卫我们的安全、保卫我们的既得利益。

从这个角度来说，我们也必须建立一支强大的军队。

毛泽东主席以前就讲过，一支没有文化的军队是一支愚蠢的军队。

陈毅元帅也说过，过去我们与国民党打仗，我们比素质是比不上人家，如操场动作、内务管理，我们关键在于领导层的优势，就是旅以上战役指挥比人家强，统帅部的战略指导比人家强。

而今天我觉得我们的基层正在发生变化。

这变化是：基层素质正在提高，从基层士兵开始到基层军官素质正在提高。素质的提高可以从根本上推动军事变革，这些人素质很高，接受新事物的能力很强。我们在军事变革中成本代价有可能变得更低一些。

有个连队进行过这样的统计，就是入伍的新兵是90后，而且新兵相当一部分是网民，在家上网很熟练。新战士中网民占了相当大的比例，这是一个非常大的变化。将来我们要真正完成军委赋予军队的任务，为打赢一场信息化条件下的局部战争做准备，入伍的时候新兵就很熟悉网络基础知识，这实际上是军队素质的提高，为军队下一步掌握信息化装备和适应信息化条件下的军事行动，毫无疑问带来了非常大的推动。

当然这些人管理起来不像以前那么听话，他们自己的主意、名堂太多，这是一方面。另一方面你要看到在信息化条件下，这些人实际上给我们军队注入了一股新鲜的血液，他们带来了最鲜活的东西，是为军队下一步军事变革、完成信息化条件下局部战争准备最新鲜的养分。

中央提出加快转变经济发展方式，而且用刻不容缓来形容这种紧迫性。加快经济方式的转变，对部队的影响就是军队战斗力生成模式要发生转变，军队战斗力生成由过去的数量规模型，要变成质量效益型。我们以前主要依靠人员和装备的数量保持和形成军队战斗力，今后我们必须走一条质量建军的道路。

质量建军从根本上来说，对个体的要求就非常高了，对每一个官兵的要求非常高，非常强调个体的力量。单个的素质非常高之后，就有可能出现以一当十的问题，就能极大地提升军队效能。在这点上，我们要充分利用社会资源、教育资源，完成军队文化水平提升，完成军队总体素质的提高。

我当初入伍的时候也是技术兵种，部队要办教导队从头教士兵什么是电、什么是交流电、什么是振荡、什么是回波、什么是正负极这些最基础的。部队要进行大量的培训，花费大量的资源，培训出来的士兵服役一两年就复员走了。

今天不单单是大学生入伍，另外还有一条附加新规定，职高学生应召入伍成为军队的士官，这是非常好的渠道。比如我们今天还在搞驾驶员培训，实际上在入伍大学生中，有一批都已经拿到驾驶执照了，有一批人拿到了计算机证书，他们都具有这些技能。

这些技能是社会给的，在这种情况之下，这种军民融合，通过国家经济的高速发展和社会培训能力的极大增强，实际上减轻了军队的负担，使我们的选择余地更大了。士兵是职高毕业或者专科、本科过来的，入伍后经过部队专门的战术技术性能培训之后，就能够迅速进入到部队中来，以自己的技能为部队提供服务。

这是一个非常好的趋势，军队建设广泛利用社会资源，不但很有效地完成军民融合，而且使军队培训成本大大降低，使他们今后的转业安置也变得简化了，对军队的进出都有很大的好处。

10. 美国“重返亚洲”，中国南海起风云

无瑕号事件

2009 年 3 月中美两国舰船发生南海对峙事件——无瑕号事件，因为美方的炒作而成为一个新闻热点。这起事件也引发了民众对于美军间谍船只对我国海域进行常态化侦察活动的关注。

这件事情的发生其实并不算奇怪。美国各种各样的侦察、测量舰船经常在中国专属经济区内活动，非常靠近中国的领海，不但是对中国国家主权的一种挑衅行为，而且严重破坏和影响了中国的国家安全利益。

就在2009年2月底进行中美国防部工作会议的时候，我们已经反复讲过这个问题，美方的船只不应该在中国的专属经济区进行这样的海洋调查，应该立即离开，否则由此发生的一些问题，美方应该承担责任。

3月无瑕号事件后，美方却反过来对中国提抗议，这个抗议是毫无道理的。

任何一个国家，它的海洋权益，首先是12海里的领海，这是主权范围。12海里领海外面还有12海里毗邻经济区，在毗邻经济区一个主权国家能够独立海上执法，12海里毗邻经济区外，还有200海里的专属经济区。

美国的舰船活动，据它说距离我们大约是120公里，就算它说的位置准确，也毫无疑问是在中国200海里专属经济区之内。

虽然《联合国海洋法公约》规定，在主权国家的专属经济区内，其他国家任何舰船、商船、军舰都有通过的权利，但是我们要注意两个问题：

第一是通过，你可以穿过，但不能在这里驻留。而美方不是通过，是驻留。大量的海洋调查船，停在这个地方不动，搞各种各样的海洋探测、水温探测、洋流探测，还有海底声波反射、声呐的探测等，各种各样的技术探测，实际上对我们的安全构成了很大的威胁。

第二，按照《联合国海洋法公约》，就是通过也是有限制的，不是说任何形式的通过都可以。《联合国海洋法公约》规定得非常清楚，叫无害通过。就是你通过这里，对这个主权国家的国家安全、经济利益、政治利益、军事利益都不能造成直接威胁和干扰，才能被称为无害通过。美国的海洋调查船既不是通过，更谈不上无害通过了。

在这种情况之下，美方还要提出抗议，其实应该是我方抗议。

事实上，我方对美方这种海洋行为的抗议，从来没有停止过。2008年中美国防部工作会晤和2009年中美国防部的工作会晤，中方代表就此问题都做出了极其严正的交涉。跟美方把话说得很重，在这种情况下，美方仍坚持自己的行为，那么由此引发的后果应该由美方负责，这是毫无疑问的。

美国对一个主权国家的沿海的侦察行为，不单单是针对中国，它其实是一种世界性的行为。世界上凡是它认为有重大战略利益的地方，它都要这么干。

为了进行这样的行为，它对自己的行为加以包装，虽然有些包装并不巧妙，甚至可以说是十分拙劣的。

美方提出，美国不承认《联合国海洋法公约》，不承认所有国家具有200海里的专属经济区这样的权益，所以也不承认《联合国海洋法公约》所规定的专属经济区内的船只无害通过权。

它的理由是什么？它说你院子门前有一条路，你不能把这条路堵住了，只能你自己走，别的车辆不能通行。它说这条路是大家的，大家都能通过。

我们当时反驳，你不是通过的问题，你是趴在别人院落门口往里窥探。我们反对的是你窥探的行为，不是你通过的行为。

对此美方怎么解释？它没有太多的道理，它就解释这是他们的例行行为，这个行为不是一个总统决定的，所以美国军方必须这么干。

从这个小问题，实际上可以看出，当今世界上这种霸权的行为和嘴脸。美国的国家利益是最高点，没有理由可以编一个理由，核心就是维护美国的国家利益。

一个国家国力增长很快，美国就要对它进行海洋侦察、空间卫星侦察，还有情报的收集，保持对这个国家动态的全面掌握。

中美虽然有非常大的利益交叉、利益交换，但是美国对中国的遏制和防范，一天也没有停止过。

美方把无瑕号事件挑大了，公开向中国表示抗议，表达美国政府的不快，所以大家都知道了。实际上像这种海上维权行为，几乎天天都在进行。

我们在东海、黄海、南海、渤海，都有海监部门，有海上巡逻船只、巡逻飞机，所有人都非常辛苦。还有太空的问题，当然太空问题更加复杂。因为当美国海洋调查船只抵近我国沿海实施侦察的时候，我们能够充分掌握证据，这些船只在我的沿海200海里专属经济区之内活动，是违反《联合国海洋法公约》的，我们能够从国际法的角度，从主权国家权利义务的角度，对美国提出非常有力的指责。

而太空侦测，无法提出抗议，因为它是在国际公共空间活动。这是我们的安全面临的全新问题。现在太空每年经过中国上空的卫星，包括军事侦察卫星、遥感卫星等各种各样的卫星达 9000 多次，次数是很密集的。

利用卫星技术，在国际公共空间，能拍到非常清晰的地表图像，包括重要的港口、桥梁、道路、隧道都能拍得非常清楚。

这给我们提出一个与过去相比更加复杂、维护起来更加艰巨的国家安全任务。

南海争端

20 世纪中期以前，中国一直声称拥有南海的主权，而且没有引起过其他国家的争议。自从发现海底石油和天然气资源以后，围绕南海海域及岛屿的主权争议，一直被视为亚洲最具潜在危险性的冲突点之一，环绕南海的有中华人民共和国、中国台湾地区、文莱、马来西亚、菲律宾和越南等政治实体，都宣称对南海诸岛或其中一部分拥有主权。

南海争端是关于中国南海海域中岛屿的国际争端。争执焦点就是在中国南海海域中最南端的南沙群岛。南沙群岛除了是最大的热带渔场，更蕴藏着丰富的石油与天然气资源。这既是南海周边国家和地区关注这一海域的主要原因，也是导致南海权益争端的主要诱因。随着南海地区在石油资源和地缘战略中的价值不断凸显，日本、印度和美国等国家也插手南海，以图分一杯羹。但是主要还是东南亚的菲律宾、马来西亚和越南等国家。

南海，又称南中国海，遍布大小岛屿，包括东沙、西沙、中沙及南沙群岛。目前，南海四大群岛中，西沙、中沙群岛被中国实际控制，东沙群岛由中国台湾控制，而南沙群岛的情况复杂得多：越南非法占据了南沙西部海域，菲律宾非法占据了南沙东北部海域，马来西亚非法占据南沙西南部海域。南海争端争执的焦点就在南沙群岛！

南沙群岛陆地面积虽然只有 2 平方公里，但是整个海域面积达 82.3 万平方公里，而且地理位置非常重要。南沙群岛地处越南金兰湾和菲律宾苏比克湾两大海军基地之间，战略位置十分重要，扼西太平洋至印度洋海上交通要冲，是通往非洲和欧洲的咽喉要道。

中国地图的右下角，都附有一个南海诸岛的小地图，这个被海洋工作者常常提起的“九段线”，分布着南海周边国家争夺的岛屿和海域。在南沙群岛中，属于中国控制的只有9个，其中中国大陆占8个，中国台湾占1个，而被越南、菲律宾、马来西亚、印度尼西亚和文莱所占的却多达45个。

无瑕号事件之后，菲律宾、马来西亚等国家在南海也采取了一系列非法举动，日本在钓鱼岛也采取了强硬的做法。中国东海、南海风云骤起，又起波澜，让我们把关注的目光投向了那片蓝色的海洋国土。

历史上发生的事件具有一定的偶然性，很多巧合是碰到一起的。

中日钓鱼岛争端也好，美国对我沿海地区的侦察也好，中国在南海主权权益争端也好，这些事件都不是刚发生的，都有一个历史的延续，但是在2009年交会在了一起，是比较凸显的。

我们不能把这些事件认为是各国串通一气的阴谋，这样主观色彩过重了。但是，我们仍然要看到，这些事件虽然是偶然事件，偶发在一起，必定反映内在的东西，比如在全球金融危机的形势之下，各国对自己国内困难的转移。

菲律宾主要对我国黄岩岛提出质疑，它认为黄岩岛是它的，是大约在1994年、1995年以后才转变的态度，而在2009年左右通过总统签署海洋基线一系列政策，很大程度是转嫁一下国内的压力，包括经济的困境。

这种状态在美国也有。BBC，还有法国媒体，都有这样的评价。就是在无瑕号事件上美国人的过分反应。为什么说过分？首先它把事情炒起来。

美国对我国沿海侦察，我对它进行驱赶，实际上从2001年以来一直没有停止过。美国军方这回很反常，故意炒大这个事情。很明显这是美国政界与军界脱离的原因。

美国面临严重的经济困难，政界包括访华的希拉里，都表现出一种非常想和中国进一步加强联系，搞好关系的态度，想让中国给美国进一步的经济支持，保障美国渡过难关。这就是我们平常讲的美国有求于我们。

美国的对华政策，从奥巴马上台初期可以看出来，他竞选的时候没有说过狠话，上台以后维持两国在小布什时代良好的关系，而且力图有所改进。在这种情况下，军方炒大无瑕号事件，按照BBC和法国媒体的分析，实际是五角大楼向白宫发出严厉信号，表明中国海洋力量的发展对美国安全构成威胁，想突出这么一个事件，对中美正在发展中的政治关系和经济关系加以影响。这是美国军方比较明显的态度。

日本也是国内面临很大的困境，金融危机使日本2009年经济呈现负增长，表现出一种严重的衰退。在这种情况下，麻生的民众支持率非常低，跌破了日本以往所有首相的支持率，只有百分之十几。麻生当局通过钓鱼岛事件，用所谓的日本民族主义，把视线转移了。

从这些事件来看，很难说它是单一事件，实际上它内部包含了大量的政治因素。

从中华民族历史上看，中华民族有自己的封闭性、内向性，我们在今天都不能说完全跟过去不一样，完全脱胎换骨，不封闭、不内向了。

我们长期以来认为海洋是主要的危险来源，因为1840年以来，所有的帝国主义侵华基本上都是从海滩爬上来的。所以近代以来给中华民族非常深的印象，就是海洋方向是危险的来源，所以我们长期的观念就是构筑海防。在岸边构筑坚固的堡垒，不让敌人爬上滩头。

这个观念与今天的发展是完全不相符的。

我们今天可以看到，海洋方面有中华民族巨大的利益，我们有300万平方公里的海洋权益，它的海底矿藏、水生物、渔业，包括岛屿、岛礁，包括油气资源、海底可燃冰等，都是巨大的。

过去我们认为海洋是危险的来源，直到今天才逐步认识到海洋是巨大资源。从网络上都能看到，网民对这些的讨论越来越深入。今天从民间到领导层，都普遍认识到海洋里有中华民族的巨大利益。

当然关于这个巨大利益，我们并不是无限制的，我们是依据《联合国海洋法公约》所认定的中华民族的海洋权益，我们是在这样的范围之内维护我们应有的权益，我们不去追求不属于我们的权益，或者别人的权益。

我们追求的是中华民族在海洋上应有的份额。

一个国家的权益，必须是由一个国家的力量来支撑的。外交抗议是一方面，另一方面这个国家必须拥有能够维护自己海洋权益的力量——主要是海上军队的力量。

我们在南海拥有一支相当不错的力量——南海舰队。

当然，我们还是希望南海争端的各国通过谈判的方式解决问题，但如果非要用武力解决问题的话，我们也会做出有力的回应。在南海与我们有争端的各国，强占了我们的海洋资源，它们都应该注意到这一点，我们绝对不会在它们强行占领之下屈服、退让。

中国海洋战略

就在中国和菲律宾发生领土争端的敏感时期，美军向菲律宾海军移交了六艘配置重机枪的舰艇，名义上是帮助菲律宾打击恐怖分子。

这批武器的提供，政治意义大于军事意义。这些武器对我们构不成任何威胁，它主要是美国的一种宣示、一种表示——我在政治上支持你，军事上也支持你。这是美国一直没有放弃的、对中国围堵战略的一部分。

这个围堵战略，绝不仅仅是渔业资源问题、岛屿之争的问题，美国实际上仍然没有放弃冷战思维，要构筑一个对中国的隐形包围圈。构筑的前提就是要把中国威胁论这种论调提起来。

怎么把这个论调提起来呢？就是抓住所有与中国有领土争端的周边国家的问题，加以炒作、加以放大，然后美国给它提供支持。你看看你跟中国有争端了，我对你多够意思，我给你支持。实际上把这些力量拉到美国那边，构筑一个对中国的隐形包围圈。

所以，对于菲律宾强占黄岩岛，我们一方面表示严重抗议；另外一方面，还要注意中国和菲律宾的传统友谊。菲律宾也不会被别人利用，做反华的先锋，总统阿罗约和中国领导人建立了“我们争端是争端，国家利益摆在桌面上，把事情都讲清楚”的默契。

中国在南海问题上，表现出足够的耐心。海洋的问题怎么解决，涉及国家大战略的问题，它是中国全盘考虑的问题，包括南海问题，也包括和朝鲜南北双方都存在海洋权益的争端，包括和日本等一系列问题，都有通盘考虑的过程。

我们希望在南海建立样板，搁置争议、共同开发，到今天政策依然没有变，中国有一句老话叫一个巴掌拍不响。当中国充分释放善意的时候，必须得到对方的回应，如果对方没有回应的话，单方面善心是不能起到应有的效果的。

当然，不管任何策略，都围绕一个中心——维护中国的国家利益。按照邓小平同志的话，以中国国家利益为最高准则，来判断问题和处理问题。

21 世纪是海洋的世纪，中国的发展和国家安全对海洋需求越来越大，应该构建怎样的海洋战略来维护国家利益，是我们面临的一个问题。

这里边涉及很复杂的问题，如果把复杂问题简单化，我们简单讲：

第一是意识，海洋意识、外向性的意识，认识到今天中国国家利益已经超出我们现有领土、领空、领海的意识。要按照国际海洋法公约来看，我们在一个更大的范围维护我们的利益，这种意识必须根深蒂固。过去我们关心自己很有内向性，现在向外向性转化，从网络上看非常明显。民众有这种大国意识、海洋意识，这么多人关心海洋，我觉得是非常好的事情。

第二是力量，必须建立相应的力量，如果你的力量只能在领海范围内活动，那你很难掌握 200 海里专属经济区，我们必须建立维护自己国家利益的力量。

第三点是策略，当今世界国际关系复杂，大国关系复杂，中国又处在崛起的关键时刻，想看中国笑话的不在少数；想围堵中国的也不是一两个；想挑起中国与周边众多国家不和，利用中国长期以来和这些国家的领土、领海争端，挑起这些国家对中国的不满，构建隐形的围堵圈，围堵中国、遏制中国崛起的大国，也不是一两个。所以今天我们要有这样的海洋意识，要建立相应的力量，我们必须思考我们的策略，怎么在损伤最小的情况下，完成对我们利益的有效维护。

这个问题是世界性的难题，它不是今天决定，明天实施，后天见结果的问题，需要我们周密的思考和长期的准备、判断、协调、运作。当然适当时候展示力量也是需要的。

海上通道：经济发展的命脉

2010 年 7 月，美国国务卿希拉里在越南举行的东盟地区论坛外长会议上宣称：美国在南海有“国家利益”，暗示中国在“胁迫”南海周边国家。她特别主张形成一个解决南海问题的“国际机制”，这跟中国反对将南海问题国际化、多边化，而主张当事国一对一双边谈判的立场明显相悖。

美国利用在越南召开的东盟会议，做了这么一番讲话。我们当然不能说这是精心策划的行动，但它也是有意要显示美国存在感的一种表示。

当然美国利用的场合非常巧，它并不是美国国务院单独发表一个声明，或者它的某一位将军单独讲的话，它利用了东盟会议这个场合，因为东盟的几个国家，包括越南、菲律宾、文莱、马来西亚和印度尼西亚在南海问题上都和中国存在争端，它就利用了这一点，利用了这个矛盾宣示美国的利益。

这是一个美式的典型做法，美国要宣称它在南海的利益，绝不是单独地宣称它在南海如何如何，看见南海存在这样的缝隙，它就利用这样的缝隙。它最终要达成什么呢？

越南方面有些人很高兴，“哎呀，美国站出来了，好像是维护我们的利益”。菲律宾有些人很高兴，说美国是不是在帮我们说话。马来西亚、印度尼西亚有些媒体也挺高兴，说美国是不是在为我们说话。

实际上美国最终是在为美国的利益说话，它是在利用地区的分歧达成自己的利益，这是美国维护它的国家利益一个非常巧妙的手法。

当然，你从国际地缘政治来看，距离美国如此遥远的一个地方，南中国海，美国居然宣称与它的国家利益密切相关，这是非常荒谬的。

中国稍微表示了一下，比如说南海跟中国的重大利益相关，很多美国人觉得非常受不了。仅仅从地缘上来看，南海离中国如此之近，而从美国本土要跨过整个太平洋，还要绕过巴士海峡，还要经过菲律宾，经过中国的南沙群岛，才能进入南海。这个区域距离美国本土如此遥远，它居然宣称在这个区域的国家利益。

当然它宣称的利益是什么呢？说是美国的航行利益，美国的和平通过权。仅仅通过权就是你的利益吗？南海区域那么广大，什么时候美国的船只在通过南海时受到阻碍了？任何情况都没有。

美国在新加坡的樟宜有庞大的海空基地，非常大的军事基地，具备航母停泊的条件。在这种情况之下，美国的所有船只通过这个区域，从来没有受到任何的威胁或者说是哪方阻止。如果非要说有威胁，可能只是来自少部分海盗，除此之外，没有任何一个主权国家对美国在南海的通过权发出任何的威胁。

美国宣称在南海所谓的国家利益，实际上是在发出威胁，就是这个地区必须按照美国所认定的规则行事，其他任何国家在这个地区的主权诉求都必须符合美国的规则，这是赤裸裸的霸权逻辑。

我们不能把这个事情看得太重，不要以为美国这个话是一个多么了不起的话，美国在南海宣称它的这样一个利益了，南海形势要发生什么巨大的演变了，整个地区要出现对中国非常不利的态势了，其实没那么严重。

我们还要坚信一点，就是东盟各国，包括与中国存在争端的这些国家，它们和平发展的愿望和与中国搞好关系的愿望，这点是不可改变的。如果因为希拉里的这句话，美国宣称在南中国海有重大的利益，南海方向就出现一个集体抗衡中国的同盟，我觉得没有这种可能性。

这种尝试希拉里不是第一个，2005 年的美国国防部长拉姆斯菲尔德讲得比希拉里透彻得多。当时在新加坡召开亚洲安全会议，也是利用这么一个场合，拉姆斯菲尔德就讲过，他说东盟各国你们无法单独对付一个强大的中国，你们必须联合起来，组成一个组织才能对付它。

拉姆斯菲尔德刚刚讲完话，新加坡的副总理李显龙上去发言，李显龙讲得很清楚，他讲今天的东盟各国视中国的发展为机遇，而不视中国的发展为威胁。李显龙还讲，今天要让东盟各国组织一个冷战时期的东南亚条约组织，重新围堵中国，没有这个可能。东盟和中国每年的贸易，2005 年还不算，到了 2007 年、2008 年，贸易量超过了 2000 亿美元，东盟 10+1 也好，东盟 10+3 也好，这种经济一体化的趋势是非常明显的。

在这种情况下，通过希拉里的一句话，就毁掉整个的南中国海形势或者中国与东盟的关系，美国人可能有这样的愿望，但它根本就做不到这一点。

所以，首先不要把这个看得非常严重，以为他们的话有多么了不起，美国要如何如何，地区的形势就得唯它马首是瞻，马上做出相应的调整。美国如果以为各地区都会按照它的风向标来转的话，那它过高地估计了自己的影响力和自己的实力。不要忘了它在阿富汗战场和伊拉克战场的处境。在这种情况之下，重新拿出冷战时期的那种大棒来行事，是行不通的。这点美国人自己本身也很清楚。

当然，我们也不要看得太轻，不要以为美国人这是随便说说而已。这是美国的所谓国家战略安排的一部分，就是如何有效地围堵中国。我们不要以为冷战已经完全过去，一去不复返了。

随着中国力量的逐步增强，美国对中国的反制措施，也在逐步增强。

2008 年，当时美国的外交学会的学长理查德 · 哈斯发表了全面评估中国崛起报告。他在那个报告里讲，别人都在讲中国崛起如何不得了，我认为中国崛起不像你们想象的那么不得了。

他列举了六条理由。前五条理由都是有关军事的，驻扎在关岛的美军如何如何，驻扎在日本的美军如何如何，美军的国防投入、美军的训练、美军的实战经验，等等，列了一大堆美军的优势。

第六条我认为非常关键，第六条他写的什么呢？说美国牢牢控制着中国经济赖以发展的海上通道。

所以我觉得，希拉里的话不要看得太重，但是也不要看得太轻，核心就在这儿。美国不是担心它的通道将被别人控制，而是像理查德 · 哈斯讲的，美国牢牢控制着中国经济赖以发展的海上通道，这是美国的用心。

美国所宣称的南中国海与美国的国家利益相关，实际上是想控制这片海域，然后把中国、日本、韩国，包括东盟各国的海上运输通道掌握在手里，这些国家的命运也就掌握在它的手里了。

所以，不是别人要控制这个海域，而是美国想掌控这个海域。

当然，美国知道它在这个区域想独立地扮演这个角色非常困难，所以它利用这个区域的矛盾，充分利用这个区域各个国家之间的不和，达成它的目的。

有一位同志讲过这么一句话，中国人没有阴谋，所有东西放在桌面上，经得住历史的检验，我们不对他人有任何的企图。这话讲得很对，这就是中国人坦荡的君子之风。但是我们也要注意，你没有阴谋，不意味着别人没有阴谋。

一方面我们在加速发展，我们和各国要达成共赢的关系，这是我们的愿望。但是另一方面我们要看到，人家在千方百计地想办法扼制你。

国际金融危机中，我们起了多大的作用，包括对美国经济的帮助。这是我们做得非常君子的事情。

但是我们也不要忘记了，美国对台售武，美国总统对达赖的会见，美国总统迫使人民币升值，然后美韩企图在黄海军演，然后美国国务卿宣称在南海的巨大利益。

把这一系列问题联系起来看，你就能看见，中国人仅仅凭我们的善心，仅仅凭我们的友谊，仅仅凭我们的一片赤诚，在国际上行事的时候，要注意国际上有一些这样的力量，有一些人出于这样阴暗的心理，他们是希望中国出现混乱，出现动荡的。你没有出现混乱，没有出现动荡，那么他们要扼制、限制你的发展。

所以，我们对希拉里的话既没有必要看得很重，以为整个地区要掀起多大的波澜，以为整个地区要按照美国的意志重新组合，也不要看得很轻，人家对我们的围堵和限制一天也没有停止过，这点是需要我们加以牢记的。

中国虽然在崛起，但是有很多的先天不足，包括与邻国有很多历史纠纷和领土纠纷。我曾经写过一篇关于中国周边安全环境的文章，开头第一句话就写道“地缘即宿命”。

因为我们居于一个并不是非常好的历史条件，当新中国成立的时候，首先台湾就处于一个分裂的状态，这对我们是一个很致命的问题，给我们造成了很大的长期影响。

其次，随着新中国建设的发展，从 20 世纪 60 年代、70 年代出现了南海权益的流失。本来南海什么问题都没有，你可以看看 20 世纪 40 年代、50 年代以至 60 年代中期以前的世界地图，不管是伦敦的泰晤士地图，还是美国出版的地图，或者世界各国出版的地图，甚至包括越南、菲律宾出版的地图，南海的权益都是属于中国的。这是国际公认的。

但是从 20 世纪 60 年代中期之后，所发生的对南海岛屿的争夺和抢占，恰恰利用了中国的一个空隙，因为当时正在“文化大革命”时期。这给我们今天解决问题造成了非常大的困扰，就是其他的力量事先占领，造成既成事实，然后我们处于一个非常不爽的状态。

中国并没有像美国那样前进的任务，从来没有设想控制中东、控制中亚、控制南美、控制非洲。我们只在追求一个主权国家必须完成的状态，保卫自己国家的主权领土完整，这是一个非常传统的任务，这个任务我们还没有完成。

美国意图构建亚洲形态的北约

2011年10月，日本和印度举行战略对话，传出了大量“针对中国”的信息。日本与印度战略合作升温毫无疑问是针对中国而来的。

日本与印度的这种战略合作，对美国来说是一件梦寐以求的事情。美国以前早就想组建一个所谓亚洲形态的北约，欧洲的北约整垮了苏联，毫无疑问，亚洲形态的北约是针对中国而来的。

亚洲形态的北约，主要就是联合南面的印度、北面的日本，但是这个设想提出了很长时间，以前日本很热心，主要是印度不热心，一直回复迟缓。印度有印度的考虑，很大的考虑就是印度不愿意绑在美国的战车上。

日本表现出了非常高的积极性，在遏制中国方面，日本的态度跟美国是完全契合的，但是跟印度是不是完全契合呢？还不一定。

它们能往前走多远，这是很难说的。印度能不能完全按照日本的想法，或者按照美国的想法，组成一个亚洲的北约来包围、遏制中国，印度并没有做好这种准备。而且从中长期来看，印度也不愿意冒险，不愿意扮演一个别人给它指派的角色。

不仅印度和日本，中国周边一些国家，如越南、菲律宾等国似乎出现了一种联合起来对付中国的趋向。面对这种趋向，我认为应该从两方面来看。

一方面是别人动作频繁，这是值得我们高度警惕和注意的。虽然我们讲和平崛起，但我们看到，很多人不愿意看到中国崛起，不管你是和平崛起或者什么崛起，这个行动当然有它一定的必然性。就像英国人讲过的，所谓大国崛起，必然是孤立一直伴随，这是个普遍的现象。从客观来看是这样。

从主观来看，我们其实有很大的调整空间。我们长期以来以大国关系为首要，非常注重大国关系，注重中美关系、中欧关系、中日关系、中俄关系。当然从今天来看，大国关系依然是很重要的，但是，我们必须对周边投入更多的精力、更多的注意力。

我们长期以来过多地关注与大国的关系，对周边的环境重视不够，任何关系都是要经营、要安排、要部署的，我们在这方面重视不够，因此形成我们周边的缝隙甚多，极易被他人所乘。

包括出现的一系列问题，“湄公河惨案”也好，缅甸的密松水坝项目被取消也好，包括南海出现的问题，等等，这些问题毫无疑问是对中国的一种警示。

当然，我们可以说这是别人的挑唆、别人的挑拨，或者对我们的恶意围堵，但从另一个角度来说，我们长期经营也不够。也确实出现了一个调整的空间，在今后我们要重视和加强与周边的关系。

湄公河联合巡逻执法

近年来，湄公河水域走私毒品、武器弹药等犯罪活动比较突出，船舶遇袭事件时有发生。2011 年 10 月 5 日，中国两艘货船在湄公河水域遭到武装人员的袭击，13 名中国船员遇害。

一个地区性问题的解决，往往是由某个对各方利益都造成很大损害的突发事件推动的，促使各方开展合作共同应对此问题，从而产生一种新的机制。

中国、泰国、缅甸、老挝合作成立湄公河联合巡逻执法机制是一个非常好的趋势，从眼前来看，它解决的是湄公河的航运安全问题；从中长期来看，实际上包括更大的地区安全内容，比如说禁毒、反恐等。

中国和缅甸、泰国、老挝都有不错的关系，包括以前的经济发展关系。现在，仅仅经济发展可能还不够，通过对湄公河航运安全问题的共同处理，四国有效地建立了这种最初级的合作机制——我们不能说这个机制多么高级，只能称为最初级的合作机制。但是这比没有机制要强千百倍，比发生了问题后，各国政府、警察部门临时坐下来开会讨论怎么办要快得多。

就像在国际冲突学说界的一句话：哪怕一个漏洞百出的预案，也比没有预案要强千百倍！哪怕一个初级的机制，也比没有机制处理起问题来要得心应手得多。

湄公河各方建立起联合巡逻执法机制，共同维护和保障湄公河航运安全，维护湄公河沿岸的经济发展、禁毒、反恐，这符合各方的利益。从这个方面来看，是东南亚经济合作逐步向安全合作扩展的一个非常好的趋势。非常遗憾的是，这个好的趋势是由一场悲剧开的头。

根据中老缅泰湄公河联合巡逻执法部长级会议联合声明，四国共同组织实施联合行动，打击危害湄公河流域安全的严重治安问题，其中打击金三角地区的毒品犯罪是四国联合巡逻执法的一项重要内容。然而有西方舆论认为，中国的武装力量借湄公河联合巡逻执法“扩大影响力”，在东南亚打开一个新的“战略前沿”。

四国联合巡逻执法是在追求各国共同利益的基础上实现的，有利于保障该地区的安全稳定和经济发展。如果发生了惨案后，中国不和湄公河沿岸国家建立合作机制，西方肯定会评论，说中国根本不拿自己本国公民的生命安全当回事，也不拿当地人的生命安全当回事。而且会说，中国在国际禁毒、国际反恐上表现得非常消极，出了这么大事都不作为，可见中国不是个负责任的大国。

我们如果不做，它们肯定得出这个结论，攻击会很厉害。

中国有所作为后，对中国及沿岸各国不管是经济发展还是地区禁毒、反恐都有很大益处，这也是中国履行地区义务的一种表现。当中国这样做了以后，别人又出来了，说中国要以此来控制湄公河，这就叫“欲加之罪，何患无辞”。

泰国、缅甸、老挝之所以乐意和中国合作，是因为它们知道中国追求的绝不是控制，各方追求的目标一样，是合作，是共同地维护地区安全，让该地区的经济发展和人民生活幸福获得一个更大的安全空间。

黄岩岛事件

2012 年 4 月，美国与菲律宾举行“肩并肩”联合军事演习。这次军演虽然是美菲两国的年度例行联合军演，但演习地点从菲律宾的东北方向移到靠近九段线的南海边缘，紧贴南沙群岛。同时从时间上来看，这次军演与菲律宾和中国在黄岩岛海域舰船对峙事件的时间重合。

这个敏感的时间、敏感的地点，很大程度都是媒体炒出来的。比如说中国和菲律宾在黄岩岛的对决，完全是菲律宾无事生非，这叫什么敏感的时段？

完全是它在挑衅。黄岩岛是中国领土不可分割的一部分，中国渔民在那儿捕鱼，那是天经地义的，是合理合法的，菲律宾抓捕我们的渔民，本身就是对中国领土的侵犯。

美国每年在亚洲举行军演，数量极大。媒体把美菲军演提出来，与南海问题结合，与菲律宾和中国在黄岩岛的对峙结合，这是有点可笑的，它是一种巧合。

美国有在西太平洋举行军演的权利，菲律宾有参加美国军演的权利，中国和俄罗斯有在黄海举行军演的权利，各方都有这个权利。当然，各方都可以做各种各样的解读。

菲律宾有权跟美国紧紧地绑在一起，中国也有权除了坚决捍卫黄岩岛的主权之外，还对菲律宾考虑采取进一步措施。你愿意跟它绑在一起，把你的发展，把你未来的和平，跟美国完全绑在一起，完全可以。

当然，菲律宾的政治家，不会愚蠢到这样一个地步。

菲律宾如果把它的全部东西都放在美国身上，力图邀请美国在亚洲再进行一个冷战态势，围堵中国，而用美国的力量来恐吓中国。想通过美菲军演达成这样的意图的话，那这个意图是肯定达不成的，而且它今后肯定要为这个意图付出更大的代价。

捍卫国家利益，不是靠嘴皮子来捍卫的。如果仅靠嘴皮子捍卫国家利益的话，中国1840年以来，就不会遭到这么多入侵、签订这么多丧权辱国的条约，捍卫国家利益要靠实力。

包括这回中国和菲律宾在黄岩岛的对峙，大家要特别注意一点，菲律宾出动的是军舰，我们出动的是海监船只，是渔政船只。

其实对一个国家来说，任何的海上纠纷，首先都不是派军队来解决问题的，都是派海监、海政、海警这样的力量解决问题。菲律宾首先就派海军来解决问题，我们并没有闻鸡起舞，海军也没有马上上去，我们出动的是渔政船只。

在此期间，我们两条比较大的渔政船只，横在菲律宾军舰和我们的渔民中间，有效地保卫了我们渔民的生命财产安全，这就是行动保护，不是语言。

中国与菲律宾在南海黄岩岛对峙，陷入僵局后，作为缓解事态的表示，中方主动撤回两艘船只，但是菲律宾在派出同级别海警船进行换班以外，还增派了一艘环境监测船。菲律宾在黄岩岛问题上一再挑衅，是把中国的战略克制当成了自己的战略机遇。

我们战略克制，因为我们不想与周边小国发生这样的纠纷，我们希望通过和平的方式、谈判的方式在冷静的环境下解决问题。

菲律宾完全把中国这种战略克制看成是个非常好的机会，从菲律宾的角度来说，它觉得中国很孤立，没有人支持中国，它觉得自己背后有美国支持，所以菲律宾明显提高自己的价码，明显是一种傍大款的心态。

菲律宾本身没多大力量。它觉得中国的局限很多，它料定中国要以发展经济为要务，料定中国主要的问题是维护内部安全，在这种情况下无暇他顾，没有太多的时间处理这样的纠纷。它认为中国受大量内部问题的限制，如果等到中国将来把内部问题都处理好了，它就没有这样的机遇期了。

所以它要利用这个机遇期，达成自己利益的最大化。

菲律宾外长罗萨里奥呼吁其他国家，针对中国在南海问题上的做法表明立场，是希望借此让中国陷入孤立，达成自己的利益诉求。

菲律宾历来是这样，像在 2011 年东盟会议，还有 2012 年年初的东盟协商会，菲律宾就想把这个事情闹大，想在东盟会议上让中国陷入孤立，然后有很多国家来支持它，达成它自己的利益诉求。

实际上南海问题非常复杂，有多个国家牵扯到里面。菲律宾提出的，所谓西菲律宾海这种利益诉求，不但跟中国的主权范围重合，而且也跟越南所宣称的范围重合，和马来西亚所宣称的一部分也重合。

好像表面上看起来，都是这些国家对中国的矛盾，实际上闹得最凶的两个国家——菲律宾和越南，它们在南海问题上的分歧也不小。

黄岩岛完全在中国的主权范围内，在黄岩岛争端上，其他国家表现了一种清醒和冷静，包括越南、文莱、马来西亚等国并没有参与菲律宾的鼓噪。这一点让菲律宾非常失望，也是它始料未及的。

马来西亚、印度尼西亚都是伊斯兰大国，它们看见菲律宾依仗美国达成自己的主权诉求，将给这个地区带来危险。所以这些东盟国家并没有明确表态支持菲律宾，这一点让菲律宾感到非常失望，和它闹事之初所设想的情况产生了很大的差距。

中国在黄岩岛主权问题上没有丝毫退路可言，否则必将产生连锁示范效应，从而引发南海局势的进一步混乱。

我们要有条不紊地把它们区别开来，菲律宾与中国的黄岩岛争端和南海的争端，还不是一回事。

当然它是大问题中的一个小问题，这个小问题能引发大问题，有产生连锁效应的可能。假如中国一退再退，菲律宾这回搞成了，它把黄岩岛拿到手，中国政府彻底后退了，那么它所产生的示范效应，必然要导致越南、马来西亚提出更多的利益诉求。如果出现这样的局面，肯定要引发南海局势的进一步混乱。

当然它仅仅是个假如而已，中国是不会在黄岩岛问题上做任何后退的。它们企图利用这一点来占便宜，是不可能达成的。

而中国在黄岩岛问题上的坚持、坚定、坚决不退让，实际上是在维护南海大局的稳定，而不是在南海展开一种军备竞赛。

中国只要在黄岩岛的主权问题上坚持传统的立场，而且进一步巩固这个立场，南海问题会获得一种稳定，让那些想冒险的也不敢冒险。

中国的战略机遇期

2012 年，美菲两国政府外长和防长 4 月 30 日举行首轮“2 + 2”会谈。美国国务卿希拉里在会后举行的新闻发布会上说，美国对南海领土主权争议问题不持立场，美国支持采取相互合作的外交程序解决南海问题。

菲律宾根本没有与中国发生冲突的主导权和实力，只想在黄岩岛问题上借助美国力量与中国发生军事冲突获取利益。但美国明显不愿意做这种不符合美国利益的事，没有美国撑腰的菲律宾很难再有底气挑衅中国，所以菲律宾与其说与中国抗衡，不如说是在美国那里讨些筹码。

因此，菲律宾对所谓菲美两国“2 + 2”会谈寄予厚望。所以在双方“2 + 2”会谈之前，菲律宾把动静炒得非常大，就是要在这个会谈中加足自己的筹码，在美国人面前讨价还价，从美国方面获得最大的利益。

结果并不如菲律宾政府的意愿，美国的态度很含糊。美国的明显态势是，它需要借助菲律宾返回亚太，需要借助菲律宾遏制中国、分散中国的力量，但是美国绝不愿意替别人打一场别人主导的战争。

菲律宾想要在黄岩岛问题上借用美国的力量与中国发生军事冲突，美国明显不愿意这样做。

所以在南海问题上表态最强硬的希拉里，在“2 + 2”会谈上也往后退了，她表示美国不偏袒任何一方，希望双方通过外交途径来解决，这无疑给菲律宾一种很大的挫折感，没有达到预期的愿望。

从这种角度来看，美国想借菲律宾和中国对抗的态势实现战略重心东移的目标，菲律宾又想借美国返回亚太之机挑动一场美中在南海的冲突，实际上是各怀鬼胎。双方既有利益的结合点，同时也有利益的不合点。在黄岩岛问题上，美菲双方表现出的利益共同点和不同点非常明显。

既然美方的态度很明显了，菲律宾本来就没有在黄岩岛挑起一场冲突的资格和能力，本来就想借助美国，美国往回退，表示并不愿意在黄岩岛问题上、在南海问题上染指太多。

从这个角度来看，美方的声明让菲律宾颇感失望。

美国是个现实主义国家，希拉里要到北京参加中美战略与经济对话，美国在中国有巨大的经济利益，在中国还有多项安全合作的事项。与中美战略与经济对话相比，菲律宾在美国看来也就成了一碟小菜，这碟小菜还得往后推一推，现在的问题是要把主菜做好。

有观点认为，中国经济发展的“战略机遇期”正在被一些周边国家利用来扩张海上利益，菲律宾等一些国家正是利用中国的“战略机遇期”，不断制造事端，以达到侵占中国利益的既成事实。

经济发展的“战略机遇期”不是通过忍让退让换来的，而是要靠我们采取有效维护主权的行动来积极捍卫，如果把维护主权和“战略机遇期”对立起来，那么就会丧失掉这个机遇期。对这一点我们要保持高度的警惕，我们经常讲战略机遇期，它有一个客观性和主观性的问题。客观性是指客观形势使然，世界和平发展的主题，包括世界高科技的发展、全球化的进程等，构成了中国抓住战略机遇期加速发展的客观条件。但我们还要注意主观的条件，任何形势绝不是天赐良机的问题，还有一个主观营造的问题。

菲律宾等一些国家，就想利用中国要抓住战略机遇期加速发展的一种战略心理，认为我们在这个时期一定会保持战略克制，就把我们的战略机遇期变成它的战略机遇期，占最大的便宜。从这点上给了我们一个提示，主动维护战略机遇期，绝对不能让这些事情干扰了我们和平发展的进程，要坚决捍卫我们的利益。

在战略机遇期内采取有效维护主权的行动，与抓住战略机遇期不但不矛盾，而且还能够有效地捍卫战略机遇期。如果在战略机遇期之内，我们把维护主权和战略机遇期对立起来、矛盾起来，那么实际上是把这个机遇期给丢掉了。

菲律宾绑架东盟

2012 年东盟地区论坛外长会议上，菲律宾试图绑架东盟一起来对抗中国，想把和中国之间存在的南海主权争端写进东盟的联合公报。由于东盟内部对这个问题的看法存在明显分歧，导致这次会议没有能够发表联合公报，这在东盟成立 45 年来的历史上还是第一次。

东盟采取了正确的态度。菲律宾与中国的争端也好，越南与中国的争端也好，它是双边的问题，即中国与菲律宾的问题、中国与越南的问题。但如果任何国家企图绑架这个问题，把这个问题变成一个地区性的问题，让地区性组织对自己的冒险行为表示认可和支持，这对地区组织来说是一种灾难，将对整个地区组织存在的合理性与合法性产生严峻的挑战。

不管是菲律宾在黄岩岛的挑衅行为，还是越南在南海问题上的一系列挑衅行为，都有一个非常大的特点：改变现状的不是中方。

虽然现状于中方非常不利，但中方并没有说要改变现状，而是菲律宾要改变现状，越南要改变现状。它们这种改变现状的行为引起了冲突，却又借东盟来替它们背书，如果东盟糊里糊涂地上了这个当，那对东盟来说将是很大的损失。

因为东盟不是军事同盟，是个经济发展合作组织。如果这个经济发展合作组织不以经济发展合作为要务，以其他一些行为为要务，那实际上就把这个组织的宗旨违背了。

所以我们说，从这回东盟的行为来看，东盟还是坚守了自己的初衷，坚守了自己在东南亚地区所要担负的这个角色——和平发展，促进大家经济发展，促进地区稳定。

在这次东盟地区论坛上，美国国务卿希拉里强烈敦促制定具有法律约束力的“南海行为准则”。希拉里绕着中国走了大半圈，从东边的日本，到北边的蒙古，再到南边的越南、老挝、柬埔寨，说的话也从民主、人权过渡到更具体的“南海行为准则”。

像希拉里的这种行为，在冷战时期都很少见。冷战早都结束了，希拉里却还在公然地、公开地在中国周边到处煽风点火，营造冷战的氛围，这是与时代的发展极其不相符的。

由此我不由得想到，希拉里·克林顿这位美国的国务卿，从她的岁数来看，她是上一个时代的人——当然不仅是年龄，从她的思想来看，她长期沉醉于美国怎么搞垮苏联的那一套，把那一套用来对付中国。

她的这种行为，对于一个爱好和平、追求和平发展的中国是严重的挑衅行为。当然，希拉里·克林顿的所有表现并不都代表了奥巴马的政策，在其中带有很多的希拉里·克林顿个人对中国的怨恨。

从奥巴马来看，他当总统以后讲过很多话，但从来没有做过像希拉里·克林顿这样的事情。

一方面，菲律宾、越南企图绑架东盟的政策；另一个方面，希拉里·克林顿也想绑架美国的对华政策。

在今天看来，我们既然不把东盟看成一个整体，其实我们也没有必要把美国的执政者看成一个整体。我们不妨把希拉里·克林顿看成一个好战的、充满冷战思维的、凡事都跟中国过不去的角色。

成立三沙市

2012年7月15日，由30艘渔船组成的编队抵达南海永暑礁海域进行捕鱼作业，7月17日，海南省三沙市的政权组建正式启动。

这些行为是我们宣示中国在南海应有的权益的表示，而且这些表示都是被动的，是被对方所激发的。

越南通过所谓的海洋法，把中国的西沙、南沙都认为是自己的领土，菲律宾在黄岩岛方向大肆扩张，在这些挑衅行为下，我们被迫做出一些反应。

当然，南海的渔民长期就是在他们祖祖辈辈捕鱼的那些渔场开展捕鱼作业的。我们曾经一度是加以限制的，因为不愿意因此而引发一些不必要的冲突。

那么从今天的态势来看，中国单方面的忍让并不能换来地区的和平，不能换来海洋权益的稳定。所以，我觉得中国渔民出海捕鱼，完全是在维护自己的捕鱼权利，当然也是维护国家主权的一种有益行为。

对渔民的这些行动，国家必须给予政策倾斜，给予补助，否则这些行为也是难以为继的。因为渔民们到南海去一趟，来回柴油的消耗量非常大，如果国家不给予补贴的话，单纯靠渔民的行动，我觉得是难以为继的。

我们可以看到，越南对他们国家出海的渔民给予补贴，还有菲律宾，都是这样大力地鼓励他们的渔民到有争议的地区捕鱼。

当然，我们的渔船编队到南沙捕鱼，倒不是一个突如其来的行动，是我们对传统渔场的一种恢复，而且我们做得还很有节制。

包括三沙市的建立，从行政上确立了我们行政管辖的范围，这些都是我们很有力的行动步骤。

我们今天深知南海问题的复杂和冲突面之多，并不想通过冲突的方式来解决这个问题，到今天我们都是通过和平的方法来解决这个问题。一方面肯定中国的权益；另一方面我们让各方都知道，我们愿意用和平的方法、协商的方法、大家都获利的方法，也就是以前所提出来的“搁置争议，共同开发”这种方法来解决问题。

但是如果有人把中国的“搁置争议，共同开发”看作是软弱，看作是可欺，让中国单方面搁置争议，自己宣称主权、大幅度开发，我们也是需要用行动让他们感觉到后悔，让他们感觉到中国不是软弱的、可欺的。

2012 年 8 月 3 日，美国国务院代理副发言人温特利尔发表声明，指责中国设立三沙市并建立新警备区管辖南海争议地区，“与通过外交协作解决分歧背道而驰，还有可能在该地区进一步加剧紧张态势”。

这个声明对于美国来说是一种惯常的行为，因为美国干涉别国内政的情况太多了。但就整个南海形势来看，却是很反常的。

在南海首先挑起争端的绝对不是中国。菲律宾派军舰在黄岩岛扣押中国渔船的时候，没有见美国发表声明说菲律宾这种行为是要扩大南海的事态，不利于和平解决；越南通过了越南的《海洋法》，不与周边任何国家协商，把中国的西沙、南沙全部划入越南的版图，而且用法律形式固定下来的时候，也没有见美国发表任何声明说越南《海洋法》的通过影响或者干扰了南海问题的和平解决。

设立三沙市是我们在别人的严重挑衅之下、蚕食我们的国土之下，被动地做出的反应。本来在 2007 年三沙市就应该成立，当时考虑到南海各方面的形势，为了照顾南海各方的情绪，中国把成立三沙市的时间推迟了 4 到 5 年，这也充分体现了我们的诚意。

在越南通过《海洋法》把中国的西沙、南沙全部划入越南版图的情况下，我们被迫也是被动地做出这样的反应。这时候美国国务院却出来大放厥词，这对南海形势来说实际上是火上浇油。

实际上，如果没有美国的暗中支持，南海问题和平解决并不太困难。美国虽然整天打着希望南海各方和平解决的旗号，实际上采取的手段是给南海的各挑衅国暗中撑腰，使它们更为大胆地蚕食本应属于中国主权范围的南海权益，无疑是要把南海推向对抗。

实际上，美国这样做不是第一天了，之前美国国务卿希拉里在中国周边走了一圈，所有的话都针对着中国，到处挑拨离间，实际上已经完全违背了一个外交人员应有的风度和政治家的政治言论准则。美国国务院这一次的声明只不过是希拉里所有言论的一种自然延伸。

从美国的所作所为来看，美国一方面说返回亚太是为了亚太的安全，返回亚太绝对不是为了遏制中国。其实，自从美国提出返回亚太以来，亚太地区就开始风高浪急。不管是东海的中日钓鱼岛问题，还是南海问题，都呈现出升温的态势。

另外，美国一方面说返回亚太绝对不是针对中国，一方面用大量的言论和行动正在构建一种“准冷战形态”，构建对中国的围堵态势。在这种情况下，当南海问题要降温的时候，不大符合美国的利益。南海必须给中国造成更大的牵制，给中国造成更大的消耗，才符合美国的利益。

有分析认为，美国一方面在南海问题上公开指责中国，另一方面明确表示钓鱼岛问题适用于《美日安保条约》，这些举动表现了美国的一种战略焦虑心态。

对于“战略焦虑”一说，我并不认同。

正如我们不同意说日本对钓鱼岛的侵吞，仅仅是日本政治家为了选票向右翼靠拢，这些话把对方无形中美化了。日本侵吞钓鱼岛、菲律宾在黄岩岛动作，是它们国内政治的一种体现，更是其为国家利益非要强占的一种表现。

你说美国是战略焦虑，实际上它是深谋远虑。如果仅仅把它看作是战略焦虑，我觉得你低看了美国人。

虽然美国声称不是围堵中国，虽然它说返回亚太是为了亚太地区的和平，实际上美国围堵中国的态势非常强。美国围堵中国基本上就是美国的一种战略态势，它要完成这种战略态势的布局。

当然在这个完成的过程中，可能有焦虑的因素，但是如果认为美国这种行为仅仅是体现一种战略焦虑就错了，它实际上是美国经过长期考虑的、冷静的、有条不紊的部署，要对中国造成消耗，对中国造成围堵，限制中国的发展，阻止中国崛起的战略安排，而且不是眼前的安排，是中长期的安排。

不仅奥巴马，奥巴马以后的美国总统也会采取这样的行为。对于这一点，我们应该做好充分准备。

11. 钓鱼岛事件

日本政府被右翼绑架？

从钓鱼岛整个事件演变的总体过程来看，石原慎太郎和日本政府的立场，其实并无二致，只不过一个是公开的，一个是隐蔽的。

有些媒体报道，日本政府被右翼绑架，然后野田提出购买钓鱼岛的问题、国有化的问题。从整个实质的情况来看，日本政府根本无所谓绑架的问题，石原只不过是个探路的尖兵，日本政府在石原的整个动作中一直是配合的，一直是跟进的。

石原有一个儿子，是日本政界的一个重要人物、内阁成员，在这里面起了很大的作用。野田佳彦政府之前还是犹抱琵琶半遮面，顾虑这个，顾虑那个，不仅是说不想干，而且觉得不能干。而后不知道他们怎么得出的结论，总体来说，他们好像认为时机已经成熟，所以政府公开跳出来了。

1971 年 6 月 11 日，美日签订《归还冲绳协定》，美国把琉球群岛主权转交日本。同日，台湾当局严正声明钓鱼岛列屿为其领土之一部分，对美国擅自将琉球交予日本甚为不满。

从 1971 年至今 40 多年的时间，日本一直没有放松，一直在有条不紊地步步推进，先是个人登岛，建立灯塔，然后政府提出收购，又是个人提出购买，紧接着是国家介入。

实际是以民间为先导，以个人为先导，政府步步跟进，完成日本国家的战略规划。所以这不是日本政府被右翼绑架，而是日本政府完成了一个长期部署的有条不紊的行为。

中国和日本刚刚就控制钓鱼岛事态进行了外交接触，日本方面还递交了首相表示重视中国“战略互惠关系”的亲笔信。但是，2012 年 9 月 2 日，日本东京都就在钓鱼岛海域进行了非法调查。

日本搞的所谓亲笔信外交，只是一种外交策略或手段而已，我们不会被这些毫无实质内容的虚言所迷惑。

日本这是典型的两面派做法，一方面安抚我们，通过首相的私人信件或者政府的公函，来表现重视中国和日本的战略互惠关系；另一方面，还在推进钓鱼岛“国有化”的进程。

在整个钓鱼岛的事态当中，都是日本政府主导的一种有条不紊地强占中国领土钓鱼岛的行为。通过这样一封首相亲笔信，一方面做出一种烟幕弹似的安抚，好像中日战略互惠关系如何如何重要，这是虚的。实际是什么呢?实际上，日本正在逐步有条不紊地推进强占钓鱼岛的行为，一方面想稳住中国，另一方面想在这方面攫取最大的利益。

尤其是日本的野田内阁，从它面临的政治困境来看，这种民调的低潮，另外在和俄罗斯关于北方四岛（俄罗斯称南千岛群岛）的争端，日本毫无办法，与韩国关于竹岛（韩国称独岛）的争端，它也毫无办法。所以说日本不管在北面还是在西面和邻国的领土纠纷当中都受到了挫折。因此，日本现在急于在南面获得一种成果，就日本的方位来看，南面主要指的就是钓鱼岛，想在南面的钓鱼岛占一个更大的便宜，获得一种所谓的名正言顺。

这样一方面可以提高国内舆论对野田内阁的支持率，另外从中长期来看，也在所谓日本历史上留下一笔：在钓鱼岛“国有化”的进程中，野田内阁起到了关键的作用。这既是它对现实政治的诉求，也是所谓历史地位的诉求。

自从中日钓鱼岛争端升温以来，一些国内媒体分析认为，是日本的右翼分子绑架了中日关系，还呼吁日本政府不要被右翼牵着鼻子走。

我们千万不要被“日本右翼绑架中日关系”的论调所蒙蔽，这只是日本方面故意施放的一个烟幕弹。实际上，不管是野田政府还是日本东京都知事石原慎太郎，他们都是要推动把中国领土钓鱼岛从实际控制到实际占领的演变。

从整个日本政治来看，“二战”以后特别是冷战结束以后，日本政治右翼化是一种难以避免的趋势。中日在安全领域呈现的对抗层面越来越多、合作层面越来越少，这也是一个不可否认的现实。

冷战期间，共同对付苏联是中日之间很大的利益，就像中美关系的基础一样。冷战结束后，中日双方共同对付苏联的意义没有了，中美对付苏联的意义没有了，美国没有必要支持中国。在这种情况下，中日关系的恶化带有很大的冷战结束后双方失去共同的维护国家利益交集点的特征。

日本人产生一种错觉，包括美国人也有这样的印象：冷战结束了，从全世界范围来看，社会主义阵营基本瓦解了，中国的社会主义属于一枝独秀，中国在国际上处境比较孤单、比较困难。在这种情况下，日本人觉得这可能是他们扩张领土野心的最好时机。

当然，美日也没有料到中国经济的发展如此迅速，在这种情况下，日本同时也看到，趁中国的力量还不是太强的时候实现自己的领土野心。等到中国太强的时候，日本再实现这样的领土野心会变得非常困难。

日本政治家可能有这样的印象，以为日本实现它的领土扩张，现在是一个比较好的时机，也可能是最后的时机。如果不抓住这个时机，中国的国力日益上升，那么将来这种时机很难再现。

所以，日本完成钓鱼岛“国有化”的急切心态，是根本不管中日所谓战略互惠关系的，它一定要推进对钓鱼岛的“国有化”。

日本的这种侵吞别国领土的急迫心态，能说仅仅是右翼分子的动作吗？仅仅是野田政府为了再当下一任的首相吗？它实际上是日本从石原慎太郎到野田政府一种共同的国家理念的追求，就是要趁中国的力量现在还没有发展壮大到日本难以撼动的时候抓紧时间完成日本利益的扩张，这是日本的所谓朝野共识。

琉球不是日本的

“二战”后，美国和英国共同草拟的对日和约里最重要的一条，就是写明日本的国家主权限于本州、九州、四国和北海道四个主要岛屿，把日本的国家主权限定在这个范围之内。为什么做这样的限定？这是“二战”期间战胜国一个巨大的成果，就是要彻底解除日本侵略扩张的野心。从这一点来看，美方在这方面其实也是非常清楚的。

关于琉球的归属问题，我们首先要搞清楚一点，从今天看，没有任何一个国际文件能够证明琉球应该归属日本。

琉球 1879 年被日本强行占领，日本人强行把琉球的王室迁到日本，为了让当地人忘掉琉球的王室、汉字，忘掉当时曾经用的大清年号、道光铜钱，所以改名叫冲绳。

到了 1882 年，日本才把琉球的一部分——今天的冲绳（即给大清王朝进贡的中山国）及北部的琉球岛屿归入到了日本，而且是强行划归，没有得到清政府的同意。日本在当时所谓的划归琉球群岛的协定里面，都还承认先岛群岛——今天的宫古、石垣、八重山等这些岛屿是清王朝的一部分。

后来，因为清王朝没有在意这个问题，日本又把先岛群岛全部占领了。因此，从今天来看，日本把琉球强行归属自己，它其实心里是没底的。尤其是“二战”以后，联合国托管了那么长的时间，日本心里更没有底。所以日本今天非常乐意看见、非常希望中国承认冲绳是日本领土不可分割的一部分。

当然，钓鱼岛问题其实是另外一个问题，钓鱼岛是归中国所管辖的一个岛屿，它根本就不是琉球群岛的一部分。

我们今天之所以提出琉球群岛的归属问题，并不是说钓鱼岛是琉球的一部分。而是说当日本在觊觎钓鱼岛、企图强占钓鱼岛的时候，我们必须告诉日本人：不要说钓鱼岛是中国不可分割的一部分了，就是日本强占琉球，从国际法来说也是无法得到支撑的。

琉球的中立也好，联合国托管也好，还是琉球未来的独立也好，或者琉球未来的任何归属问题，它是个国际问题，一个今天并没有解决的国际问题。

我们比较习惯于用息事宁人的态度来解决问题，我们比较习惯于把对方想得很理性、很仗义、很君子。正因为这样，我们不希望钓鱼岛问题引起很大的争端，所以邓小平同志曾经提出“搁置争议，共同开发”的方针。

但现在的问题是什么呢？日方没有搁置争议，他们在步步紧逼。今天钓鱼岛问题的挑起，包括琉球问题的挑起，这不是中国人挑起的，而是日本人搬起石头砸自己的脚！

日本一直是执行有条不紊、步步为营的蚕食政策。日本侵华的时候就是这样的政策，在华北大地、华中大地，就使用过这种逐步蚕食的政策。今天日本在琉球、在东海也采取这样的政策。

所以我们今天提出琉球的归属问题，实际上是要引起中国人对自己更大权益的关注，引起我们对日本这种“今天吞掉这块、明天吞掉那块、后天那块又是它的”行为的一种警示。当然，不仅仅要引起中华民族的警示，更要引起国际社会的警示。这是未来我们真正解决问题的一个很好的出路。

荒岛误国论

国内有个别学者提出一种观点，认为钓鱼岛是“荒岛”“不产生GDP”，进而说明钓鱼岛“无足轻重”，甚至指责保钓人士登岛是“误国”“害国”。

其实，“钓鱼岛是无足轻重的荒岛”之说才真正是误国害国。

这些人一方面是受日本很大的影响，至于他们在日本有多少利益，当然我们在这里不好分析。

另外一方面，我觉得他们对钓鱼岛一无所知。

日本根据钓鱼岛所划的200海里专属经济区，它就以钓鱼岛这样一个3.6平方公里的岛屿，马上划出12海里领海，然后再划出200海里专属经济区。日本以钓鱼岛为中心划的这200海里专属经济区，几乎把我们浙江的外海和台湾海峡全部包括进去了。

一个岛屿能够获得的专属经济区，将近40万平方公里。这是一个什么概念？台湾的面积是3万多平方公里。这将近40万平方公里的海洋权益，就会对我们的专属经济区、对我们的海底资源产生非常大的侵蚀！这是一个方面。

另外，中日两个国家从海洋地质构造上来看，叫相向不共架国。我们两个国家相向，但我们没有共享东海大陆架，东海大陆架被冲绳海槽切断了。

按照《联合国海洋法公约》规定，相向不共架国，大陆架的海底权益归大陆架延伸国，东海大陆架的整个海底权益应该归大陆架延伸国中国。而钓鱼岛一旦归了日本——当然我们中国人永远不会承认钓鱼岛是日本的一部分，但日本如果完成了钓鱼岛的“国有化”进程，宣称钓鱼岛是它的，日本就可以宣称它在东海大陆架上有块领土。那么中日双方海底大陆架划界的依据就要发生改变，中日之间就由相向不共架国变成相向共架国。双方共享大陆架，那东海大陆架就是一家一半，日本有些所谓的中间线的理论就能够成立，这对我们要造成20多万平方公里的海洋权益的损失。

我们的一些学者，包括一些媒体人，他们对钓鱼岛到底意味着什么，其实并不了解。如果不了解的话，最好不要过多地说话。如果不了解，还以专家学者的身份出来说，说保钓人士不是爱国而是害国。实际上这种论调才是害国。

这些保钓人士实际上是以自己的身家性命在维护中华民族的利益。我们对钓鱼岛的认识，首先要从学界开始，从理论界开始，不能把保钓行动仅仅放在一些没有什么资源的民间人士身上，而作为拥有巨大资源和社会影响力的所谓理论界人士或媒体人士甚至媒体的负责人，却把保钓行动看作害国，这实际上是对中华民族利益的长久侵蚀，这是我们必须吸取的教训。

中华民族如何形成万众一心？这对我们今天依然是个重大的考验。尤其是我们学界、思想界，如果在这个问题上出现模糊认识的话，把钓鱼岛仅仅看作弹丸之地，那么确实有必要进行一次海洋权益的普及教育。

民间保钓的意义

2012年8月15日，中国民间保钓人士携带五星红旗，成功登上了中国领土钓鱼岛，宣示中国主权。随后，船上全部14人被日方非法抓扣。经过中国政府多次严正交涉和多方努力，日本8月17日无条件释放了在钓鱼岛及其附近海域非法抓扣的全部14名中方人员和船只。

中国民间人士的保钓行动，实际上是中华民族共同维护国家主权的力量和心声。

一个国家维护自己的权益，最大的力量来源于哪里？一个是政府的坚强决心，另外一个是以国家实力有效捍卫自己的主权，还有一个更大的实力就是人心。

这种人心不仅仅是大陆的，也包括香港的、澳门的、台湾的，还包括海外华人的，这是中华民族共同的心声，这是一个国家在维护自己国家主权方面最强有力的声音。

相比政府的声音和国家实力的声音来说，人心是一种有效的补充，还是一种更加基础的东西。在这个基础上，政府的声音和国家的武装力量会变得更加有力。

在涉及国家主权和领土完整的时候，这个声音是最为基础的。尤其在当今世界经济全球化、社会信息化的时代，一个民族整体内心发出来的声音，全世界任何国家都不得不加以重视。

中国民间的保钓行为，体现了中华民族的总体意志，不论是什么样的政治制度、意识形态、理想信仰。我们可以看到，大陆和台湾、香港、澳门，包括海外华人，从意识形态、思想信仰、宗教信仰来看，差别都是比较大的。

尽管有这样那样的差别，但我们有一个大的共同点——共同维护自己民族的利益。

民间人士的保钓行动最大的意义就在这里，它超越了社会政治制度、超越了意识形态和传统，在我们华人内部尽管存在着各种各样的分歧，但是在这点上凝聚起来了。

当然在这个过程中，有一些过激的行为，但从总体来看，它有助于促进中华民族总体的和谐，这一点我觉得是毫无疑问的。

钓鱼岛问题非常复杂，不可能凭意气用事就能够很快解决。而且钓鱼岛问题毕竟搁置了这么多年，大家对它的复杂性要有充分的估计。这种复杂性不是我们几次游行示威、砸一些日货、立即诉诸武力就能够解决的。

在钓鱼岛问题上，我们要共同把握一点，就是中华民族要万众一心，这是解决这个问题最基本的出路，而不应该因为解决这个问题导致四分五裂。比如说，因为解决钓鱼岛问题，民众和政府产生很大的对抗、产生很大的怨气。

所有中华民族的一分子，不管是政府的声音还是民间的声音，都应该是一致的，朝着如何有效维护中华民族的长远利益、维护中华民族的国家主权这一点出发，这是毫无疑问的。

需要我们具体讨论的问题，是通过什么样的途径和方法更有效。当然在讨论的过程中，允许有不同的声音。但在讨论的过程中，我们不能忘记了这样一个主题，别人是非常乐于看到中华民族分裂的，比如说日本，就非常乐于看到出现这样的局面。我们过去吃亏，就是因为被对手分而治之。

所以，在这样的情况下，整个中华民族怎样围绕钓鱼岛问题统一决心和统一意志，完成统一的部署，然后有条不紊地进行维护国家主权的行动，这对中华民族是一种考验。

历史的明鉴

2012年9月11日，日本政府与所谓的钓鱼岛“所有者”签署了“购岛协议”。

这场危机的主要推手是日本，日本把一个本来双方已经议定的——从第一代领导人毛泽东、周恩来等到第二代领导人邓小平等与日方达成的默契弃之不顾，把钓鱼岛问题由搁置推向了危机的边缘。

这种情况，完全是由日方主动推进、步步向危机的边缘逼近，中方确实没有任何退路，只好做出强烈的反应，而且做出必要的回击。

国内有一些学者认为，日本的动作值得我们做这么大的反应吗？有人就讲，说日本政府购岛几年前就在规划了，它今天实施了，我们不应该做出这么强烈的反应。

还有些人讲，说中日之间出现了翻译的问题，日本讲的钓鱼岛的“国有化”，它所谓“国有化”应该翻译成“国管化”。由私人管理变成国家管理后，日本政府能够有效地阻止日本民间人士登岛、开发等行动，反而会降低中日之间的冲突。

这些舆论在国内都能见到，而且也都是中方的一些专家学者在这么讲。从这点来看，特别值得我们警惕。

历史是一面镜子。我们可以看，当年“七七事变”是怎么发生的。“七七事变”发生的原因就是所谓几个日本士兵无端地丢失，最后日本士兵找着了，然而仗已经打起来了。

另外“七七事变”的发生，当年日本人说我没有侵占你中国啊，我就是要推动“华北自治”。什么叫“华北自治”呢？就是日本找出了一批汉奸代表日本的利益，在华北进行所谓表面上的管理，用部分效忠日本的中国人当傀儡来推行“华北自治”。

日本发动“七七事变”，说我不是要侵占你，我只不过是“华北自治”。那么当然，日本把华北整个全占领了，它的嘴脸也露出来了，也没有所谓“华北自治”这么一说了。

历史是现实的一面镜子，我们以史为鉴，看看危机是怎么发生的，国家之间大规模的冲突是怎么发生的，就是这么一点一点地积累。

当对方在步步蚕食、步步紧逼的时候，如果我方步步后退、步步妥协，将会给对方造成极大的错觉，对方的冒险性、对方的危险性，都会极大地提升。这对我们今天是一个非常好的历史借鉴。

从日本一步一步企图蚕食钓鱼岛的整个过程中，我们能非常清楚地看出来这种态势。最初是私人登岛，然后是日本政府所谓的劝阻。然后又有所谓私人登岛建灯塔，中方要求日方拆除，日方就讲，第一，这个灯塔是私人建的；第二，这个灯塔有利于航行，有利于过往船只的安全，大家都获益，大陆台湾都获益，所以说不拆除也可以。

然后是私人买岛，非常奇怪的事情，中国的领土被日本私人具有。日本人又解释说，我们的政治体制跟你们不一样，你看我们就是这个体制，就是私营，我们也没有办法。现在东京都知事出来要购买，也就是所谓半国家化购买，接下来日本野田政府和石原共同完成了一出双簧戏。

野田就说，与其东京都来购买可能引发日本和中国之间更大的冲突，不如我日本政府购买反而能保持和平，用这些东西来麻痹中国人。

所以，当日本人提出所谓国有化钓鱼岛的时候，不管翻译成“国有化”还是“国管化”，毫无疑问，这是日本国有化钓鱼岛的一个重要步骤。

否则，我们的国家主席胡锦涛、人大常委会委员长吴邦国、国务院总理温家宝，三位重要领导人不会全部出来发出非常强硬的声音，阐述中国的根本性立场，表示在主权上我们绝不会做半点退让。

这些警告日本应该看得很清楚，今天的中国跟过去的中国是不一样的，日本把过去那些有效的伎俩，拿到今天来使用，最后要搬起石头砸自己的脚。

日方对中方的反制还是估计过低。不管是日本右翼还是日本的执政当局，还没有深刻地领悟到钓鱼岛事件对中日关系带来的巨大损害——我们讲不是一般损害，是巨大损害。

有些日本媒体在报道中说，中日关系是2005年小泉参拜靖国神社以来最糟糕的，这些日本媒体看得太轻了，中日关系不是2005年以来最糟糕的，而是自1972年中日建交以来最糟糕的，而且是最危险的时期！

日本所谓“购买”中国领土钓鱼岛的举动在中国社会激起深刻而且全面的反弹，这种全面性涉及各个阶层、各个领域，各个不同阶层，不管是发达地区还是不发达地区，不管是蓝领还是白领，不管是领导者还是被领导者，中华民族在这个问题上同仇敌忾，保持了高度的一致，而且表现出了极大的义愤。

日本太低估了中国领导层的反应，也太低估了中国的民意。如果日本不做调整的话，中日关系的全面恶化将难以避免。

针对日本政府的这种所谓“购买”钓鱼岛的举动，我们要采取实质性的步骤，绝不是对日本发出警告的问题，一定要有实质性的步骤，这个步骤绝不单单是围绕钓鱼岛开始的，而是综合性的。它不仅仅包括海洋权益问题，而且应该包括双方的经济关系、政治关系，以及各方面关系，都要做一个重新的评估和考量。

公布领海基线最重大的意义，就是用法律的形式把钓鱼岛归属中国固态化下来。而且，我们所公布的领海基线，与台湾方面公布的领海基线是完全一样的，完全重合的。这就说明，海峡两岸的中国人都共同认定，钓鱼岛是中国领土不可分割的一部分，这是我们建立的一个非常好的法理基础。

当然，我们对日本的这种购岛行为的反制，我个人觉得，绝不仅仅是公布领海基线的问题和仅仅派船去巡航的问题。

当日本把钓鱼岛作为一个问题、作为一个危机挑起来了，我们应对危机的反应应该是更加全面、更加多元的，绝不仅仅是日本指定这个岛，就在这个地方我们发生冲突，别的领域不要涉及，这是不可能的。

公布领海基线也好，派船巡航也好，只是反制日本野田内阁购岛行为的第一步，后续还有若干的步骤。我们必须做好中日关系全面恶化的准备。

中日关系全面恶化，这是谁都不想看到的。改革开放以来，中日经济的合作给双方都带来了很大的好处。日本曾经也给我们提供过一些开发援助，对中国的经济也起到了非常好的作用。中国给日本提供的巨大的市场，也成为日本经济还能够增长、还能够维持繁荣的一个根本性因素。

国际贸易有个准则：两个国家之间的贸易量如果超过2000亿美元的话，这两个国家就有重大利害关系，不仅有必要建立紧密的经济关系，而且有必要建立紧密的政治关系，甚至军事合作关系。中日之间的贸易达到3000亿美元，远远超过这个数字，可见中日经济交往之深。

但是在今天，从中国人的一厢情愿来看，我们非常希望和日本建立一个非常好的经济关系，包括政治互相理解的关系。

但日本做出这样的选择，一而再，再而三地不顾中国的警告铤而走险，完成所谓钓鱼岛的“国有化”，迫使中国无法选择。当日本开始主动寻求和中国对抗的时候，我们也不能做出任何的躲闪。

中日合作双赢的局面是明显的，中日对抗双损的局面也是明显的。既然日本不怕承担代价，中国人更没有必要怕承担这个代价。我们经常讲，中国离了谁都行。

我们以前就是自力更生、奋发图强，今天我们虽然广泛利用了全球化的进程中国际资金、国际技术、国际资源和国际市场，但是对中国来说，世界要大得多，我们的资源要比日本强得多。

日本要通过钓鱼岛颠覆“二战”成果

日本首相野田佳彦确定了要把钓鱼岛争端国际化的方针，他要在联合国大会发言时表明日本的立场，还要争取美国、越南、菲律宾的支持，以迫使中国在它们的“外交围堵”下做出让步。

日本采取了一系列反常举动，当然也跟日本右翼的梦想是联合在一起的，希望日本成为一个“正常”的国家。

日本所谓想成为“正常”国家是什么意思？就是要整个推翻“二战”结束后由美国、苏联等世界大国所规定的，从《开罗宣言》到《波茨坦公告》《雅尔塔协定》这一系列文件所规定的日本的地位。日本要整个颠覆这样一种地位。

当然日本用一个非常巧妙的方法，希望实现这种颠覆。就是表面上日本与某国的领土之争，或者与韩国有关独岛的争端，或者与中国的钓鱼岛争端，或者与俄罗斯关于南千岛群岛的争端，日本就是要通过这一系列表面看好像是领土争端，实际上是要颠覆整个“二战”的结果，从而达成日本右翼的梦想。

日本所有的规划是非常可笑的。包括像东京都的石原慎太郎，他最早写的书《日本可以说不》，矛头直指美国。当时他的意思是说，日本至今仍然是美国的殖民地，所以日本必须从美国那里独立出来，才能获得这样一个政治地位，主要对准美国说“不”。

那么今天，同一个石原，说“不”是对着中国来的。而且用他最初准备说“不”的美国做日本的背书，所谓《美日安保条约》。这是日本在国际政治中玩的小伎俩，是小心眼，不是大心眼，这种伎俩成功的希望微乎其微。

日本这种举动是对“二战”反法西斯战争正义性的一种挑战，如果对日本为“二战”翻案的行为放任不管的话，必将贻害四方、后患无穷。

从这点来说，美方尤其要注意。

美国实际上在中日之间玩火，它一方面对日本讲，《美日安保条约》适用于钓鱼岛——美方现在直接称“尖阁群岛”了；另一方面又对中方讲，美国在领土争端上不持立场。

美国玩的这种两面派手法，实际上最后要伤及自身。因为日本如果对“二战”成果做根本性的翻案，那么主要是翻美国。日本觉得“二战”后国际社会给了它很多强制性的东西，包括联合国托管了日本的很多岛屿，美国在日本大量驻军，限制日本的宪法、日本非武装的条文等，对它加以各种各样的限制，日本觉得这些限制最大的来源就是美国。

实际上日本最终要颠覆“二战”成果，最重要的就是颠覆美苏达成的“二战”后《雅尔塔协定》所确立的国际秩序。

“宣传战”

日本一方面不承认钓鱼岛存在领土争端；另一方面却在国际上就钓鱼岛问题展开“宣传战”，宣讲自己的东西，驳斥中国方面的，实际上是自陷困局。

当然国际上对日本这种心理也能够理解。如果有某个地区处于争端，那么实际控制的一方总是不想把它说成争端，为了强化自己的实际控制而不承认存在争端，这是国际上一种通常的现象。

因此，就日本不肯承认钓鱼岛存在领土争端这一点来看，国际上其实很多国家都明白这明显是个争端。大家都明白日本的不承认是从策略上考虑的，而不是说实际上不存在争端。

从日本的策略上考虑，最好不要承认存在争端，一旦承认争端，那么就要对它的实际控制带来很大的挑战，将来要留下很大的隐患，所以硬着头皮也要顶住，这是日本的一种心理。

在钓鱼岛主权归属问题上，日本最大的弱点就是缺乏有说服力的证据，它在国际上展开“宣传战”很难达到期望的效果。

从日本方面来看，现在一个最大的弱点就在这里。因为在钓鱼岛的归属问题上，包括是谁最先发现、最先命名，从历史文献上来看，日本很难拿出像中国这么多的材料来。日本只能从1895年甲午战争之后搜罗的那么一点儿东西，证明所谓钓鱼岛是它的，这是日本的难点。

日本想突破自己的弱点，所以拼命在国际上做宣扬，弥补自己的短板。包括日本首相野田佳彦在联合国的发言也是这个意思，希望让钓鱼岛问题在联合国引起比较大的反响，这都是日本的一种战略安排。希望从历史法理这方面，尽量摆脱目前所处的被动地位。

分化海峡两岸

正当中日钓鱼岛主权争端持续紧张的时候，日本外相玄叶光一郎突然表示，希望早日重启日本和中国台湾关于台湾渔船在钓鱼岛周边捕鱼的渔业协议谈判，并声称钓鱼岛问题尚属悬案。

日本外相做这个表态，表示希望重启所谓的日本与中国台湾的渔业协议谈判。这个谈判被日方单方面搁置了很长时间。以前是台湾很积极，日本很冷淡。因为日本认为不存在争议，也没什么可谈的，这东西就是我的，你台湾一点份儿都没有。

现在在强大的压力之下，尤其是在日本完成所谓的钓鱼岛“国有化”进程后，海峡两岸的保钓行动风起云涌。日本面临着巨大的压力，在这种情况下，日本选择了这样一种方法，试图要分化两岸的力量。

海峡对岸的马英九曾经对日本记者讲过，在保卫钓鱼岛的问题上，台湾绝不与大陆采取联合行动。马英九讲完这话之后，大陆的民众非常失望，岛内的民众也非常失望。马英九遭到了岛内民众很大的压力，后来又把他的话做了相应的调整。

调整以后，海峡两岸在保钓方面是不是采取统一行动，大陆方面当然认为统一行动是最好的，台湾方面过去说不会采取统一行动，现在不置可否，保留了一个模糊的空间。

这一点是日本最害怕的，日本最担心的就是海峡两岸共同采取保钓行动，因为那样的话，日本面临的压力要比现在大得多。日本在完成对钓鱼岛所谓的“国有化”进程之后，深深地感到了越来越大的压力。

那么怎么化解这个压力？日本想了一招，那就是分化海峡两岸。先跟你弱小的力量谈一下，把这个力量分化开。它估计跟大陆很难谈得通，所以先与台湾就渔业问题开始谈判，而且局部地承认与台湾就渔业问题有争议，不是在主权问题上，而是在渔业问题上有争议。

虽然是日本释放出一点儿东西，但是也能看见日本的逐步后退。当然，它是后退出一个空间，先把台湾的力量化解在海峡两岸共同保钓的行为之外，然后再单独对付大陆。这是日本要与台湾开展所谓渔业谈判的全部底牌。

面对钓鱼岛其他一些海洋权益问题，有国人主张，海峡两岸的军人应该共同捍卫“祖权”，这个“祖”是祖宗的“祖”，呼吁台湾与大陆建立统一战线共同维护海洋权益。

这样的说法很值得海峡两岸考虑，因为海峡两岸同属一个中国。虽然在台湾方面有不少“深绿”的人认为，台湾要独立出去。可是我们从历史上看，钓鱼岛是台湾宜兰县管辖的，台湾又是中国的一个省。从这个大的方面来看，从中华民族的共同利益来看，海峡两岸在完成解决这些所谓东海的权益问题方面，对海峡两岸无疑是个共赢的局面。这种共赢是什么？是中华民族的共赢。

从这些方面看，在东海、南海，海峡两岸的合作，是一个中华民族共赢的局面。在东海、南海问题上，如果出现一些不和谐的声音，出现分裂的话，很可能就是中华民族内部被对方各个击破。而在这两个问题上，如果说大家都认为自己是中华民族的共同体，那么开展合作获得的完全是一种共赢的局面。

当然在这里面需要的是一种更大的民族包容心，超出意识形态、超出社会制度、超出现在这种所谓统独的争论，寻找更大的共同点，那么获得的毫无疑问将是两岸很大的共赢。

但这是一种设想，达到这种设想其实非常难。难在哪里？实际上日本早已考虑防止这种局面的出现了。为了防止海峡两岸出现这样一个共同的立场，解决东海问题，甚至解决南海问题——日本方面早做了深度防范。这些深度的防范，从台湾方面的一些政治人物，像李登辉、陈水扁的种种表现都能看出来。日本所做的工作，从一定程度上说是颇有成效的。

台湾方面有些政治人物打的什么旗号？打着所谓维护本岛的利益，维护台湾的利益，从这样一个立场出发。实际上是什么？实际上破坏的是中华民族的总体利益，而且迎合的是日本的利益。

日本非常乐见海峡两岸的分裂，因为只有海峡两岸分裂，它才能够从这些分裂的现状中，从这种矛盾中找到缝隙，实现自身的利益，这是日本的考虑。

我们要防止这些事情出现。我们经常讲历史呼唤大胸襟的问题，而且同时呼唤大荣辱的问题。

我们经常说，人民创造历史，但是从历史上看，在历史上小人物和大人物是共存的。你说陈水扁这样的人物他算什么人物？那是非常典型的小人物。什么样的叫大人物？就像孙中山这样的，以国家民族为奋斗的志向，而不以个人的利益、集团的利益为志向。

像孙中山、毛泽东、邓小平这样的人是大人物。只有这样的大人物才能书写大历史。怎么样共同书写海峡两岸、中华民族的大历史？书写的历史是大历史还是小历史？当然也取决于我们的胸襟和气度，和我们具体的追求。

美国在钓鱼岛问题上态度暧昧

美国在钓鱼岛问题上的态度，始终不明确。

不明确本身就是美国的一种政策。2012年7月9日，美国国务院官员发表了谈话，认为钓鱼岛是日本的。如果是官方正式谈话，国务院机构、人员的姓名都有，但是这名官员拒绝透露姓名，这个谈话是非正式的。

即使它是正式的，钓鱼岛适用于《美日安保条约》的某一个条款。但是他马上又说，美国不介入有关钓鱼岛的主权纷争。实际上美国的态度是含糊的。

美国的战略还是相当老辣的，美国存在于亚洲最大的理由就是中日纷争。当然从这点来看，我们非常遗憾，中日长期处于这样一个状态。

中方态度始终是所谓一衣带水，免除日本的战争赔款，推进中日经济的交融，想从这个方面巩固和搞好中日关系，但是非常困难。日本高官"参拜靖国神社"，名古屋市长不承认"南京大屠杀"等一系列问题，对中日关系产生非常大的冲击。

这种对中日关系的冲击，没有一次是中方挑起的，全部是日本主动挑起的，导致了中日关系出现这种僵局。

而中日关系的僵局，是美国乐于见到的。

美国跟日本人说："中国有野心要把钓鱼岛吃掉，美国得帮助日本保卫钓鱼岛。"而且还讲中国对朝鲜半岛等方面的威胁，就是打造所谓的"中国威胁论"，作为美国军事基地存在于日本的必要条件。

美国反过来又跟中国说："我不存在于亚洲，日本军国主义发展起来，那对中国是很不利的；我存在于亚洲，遏制了日本军国主义的发展。"

美国做的事情，两头讨好，两头取利。要揭破美国的这种花招，只有中日真正渡过自己的难关，真正能处理两个国家相互之间的问题，然后才能够让美国不在中日关系之间打入楔子。

中日之间单独处理中日关系，这是我们的希望。但是从日本政界看，根本不存在此种可能。日本政界还在想着脱亚入欧，还在想着利用美国的力量打压中国，然后实现日本在亚洲的最大利益，这种状态我们还看不到尽头。

在相当一段时间内，日本将继续作为美国的附庸而存在，而不是一个独立的力量，这是中日关系非常大的麻烦，也是中美日三角关系中一个不小的麻烦。

中日全面对抗，不符合美国的利益，美国不管是挑起中日的对抗也好，还是把中日之间的对抗控制在一个所谓可控的程度也好，核心都是为了实现其国家利益的最大化。

从表面上看起来，帕内塔的言行与希拉里国务卿有所区别，好像两个人在讲两种话。希拉里·克林顿到处煽风点火，到处讲《美日安保条约》适用于钓鱼岛。

帕内塔作为国防部长，访问日本时的讲话，是很有节制的，完全不像希拉里·克林顿那样直接。第一，美国国务院的政策和美国国防部的政策可能有细微的差别；第二，我们更愿意相信这是美国的两张牌，一个唱红脸，一个唱白脸。

希拉里·克林顿在亚洲到处煽风点火，据她说她是为和平而来，等她走了之后亚洲一片硝烟、互相对抗全面开始，眼看要把美国拉进来了，这时候帕内塔来了，帕内塔来了做什么呢？起一个灭火、安抚的作用，各方压制，他保持冷静，你也保持冷静。

帕内塔所说的保持“冷静”是什么意思呢？东方必须得保持巨大的争端，中日之间必须保持巨大的争端，这符合美国的利益；但是中日之间也不要撕破脸皮，真撕破脸把美国卷进来，这就不符合美国的利益了。

所以，美国在玩一个非常危险的游戏，既要挑动中日的不和，又要维持这种不和的强度，不要太过分，不要让双方爆发大规模的冲突，从而破坏整个世界经济发展的枢纽，那将对美国的利益造成重大影响。

因为美国无论在中国还是在日本都有巨大的投资，而且美国国内产业都非常依赖在中国、在日本投资所产生的效益。在美国经济雪上加霜的情况下，如果东方乱起来，如果中国、日本全面对抗展开了，对美国的利益毫无疑问将造成巨大的影响和打击。

所以，美国让一个国务卿，也就是它的外交部长，到亚洲来扮演挑起争端的角色，然后让一个国防部长，就是掌握武装力量的人，到这儿来扮演缓和矛盾的角色。

这实际上是美国政府的两张牌，不管是挑起中日的对抗也好，还是把中日的对抗控制在一个所谓可控的程度也好，核心的一点都是为了美国的国家利益，它所有的安排都是为了美国国家利益的最大化，既不是日本利益的最大化，更不是中国利益的最大化，最终都是要实现美国利益的最大化，美国玩弄的就是这个技巧。

美国常务副国务卿伯恩斯在访问日本时表示，希望日本不要再让事态升级。与此同时，日美计划进行日本自卫队和美军参与的联合军演，这将是日本和美国第一次在日本岛屿进行全面的联合夺岛演习。

美国对中国和日本这种矛盾的政策，实际上也展现了美国一种矛盾的状态。一方面，亚太地区是世界未来复兴的一个源头，是世界未来发展的中心，美国一定要进来分一杯羹，而且要在里面有足够的影响；另一方面，中国正在快速崛起，怎样能够有效地遏制中国？这也是美国必须加以考虑的，不仅要考虑，而且还要完成实际部署。

在这种状态下，利用日本分散中国的力量，间接地对中国产生一种遏制作用，这是美国一种合理的盘算。当然这种盘算是有限度的，弄得不好的话，这个牌是很危险的，这张牌打得不好就容易把美国卷进来。

把美国卷进来了以后，经济上还要花那么多钱支持军事行动吗？而且从国民的意志上说，美国人值得为这个它自己都承认主权存在争议的岛屿付出生命的代价吗？明显美国选民是不愿意这样做的，而且很明显美国政客为了自己的政治前途，也不能迈出极富风险的这一步。

美国既要把这把火烧到一定的温度，保持中日之间的裂痕，保持日本对中国的遏制，又要防止中日关系跨过危险的红线。跨过这个危险的红线，美国对亚太所有的盘算，美国经济恢复增长、对亚太未来的希望会全部落空。

因此，美国非常谨慎，它在反复地告诫日本。

当然美国在中国也讲这样的话，希望中方保持理性、保持克制，尽量用和平的方法解决。貌似公平，但美国内心完全清楚，完全是日本在挑起钓鱼岛的紧张事态，中国人本来就很克制。那么美国人虽然对中国和日本讲同样的话，实际上是敲日本的分量要重一些，就是说日本你不要再挑事了，这种局面再往前走就危险了，实际上是这么一种意思。

12. 台湾问题：中美关系的障碍

中美军事五次断交

回顾一下历史，从中美建交以来，中美军事交流一共中断了五次，1989年的政治风波、1996年的李登辉访美、1999年美国轰炸中国驻南联盟大使馆、2001年中美撞机事件，以及2008年美国对台军售。

这五次中美军事交流的中断，有共同的特点，都是美国先挑起来的。

一个主权国家在处理自己主权事务的时候，尤其涉及自己安全事务的时候，不得不做出相应的表示。每一轮军事交流的中断，不是我方主动做出的，都是被迫做出的，在严峻的安全形势之下做出的选择。

自2008年10月中美军事交流中断后，美方多次表达恢复与中国军事交流的愿望。因为中美军事交流是两国交流中建立深层互信的一个非常重要的部分。它也是两国关系的重要晴雨表，中美关系中止首先是军事关系中止，中美关系搞得好，军事关系能有很大的进展。从这个方面来看，中美军事交流的恢复，对两国关系有很大的指示意义。

这回中美军事交流的中断，主要起因是美国对台售武——美国对台出售了价值60多亿美元的武器，这在国际法上、国家关系法上是前所未有的。

国家关系史上很难出现这样的局面，一个国家对另外一个主权国家的一部分地区出售大量的武器，虽然宣称是防御性武器，但对这个国家的影响是非常重的。所以在这种情况下，中美军事关系暂时中止。

这种中断主要起因是美国对台售武，所以美国要恢复对华军事交流，表现出来相对比较积极的态势。首先是太平洋总部的司令基廷在多种场合发表讲话，表示对恢复中美军事交流寄予很大的希望。紧接着美国国务卿希拉里访华，她承担有美国军方一个很大的任务，美国军方要求希拉里做一个转达，希望恢复中美军事交流。

但希拉里在飞往日本途中，向媒体表示，美国将依据与台湾关系法，持续协助台湾防卫，出售防卫性的物资给台湾。

希拉里讲话的口径跟以前一样。以前每次美方对台售武，理由都是援引对台关系法。这个对台关系法是美国议会、参议院通过的一部国内法律。

这是一个非常荒谬的法律。以一部美国的国内法，凌驾于国际法和国际关系法之上，从这个层面也能看出，美国这种霸道的态势。

奥巴马上台之后，有过一些好的表示，要与中国建立一种良性互动关系，尽快从金融危机走出来。希拉里访华也带来很多好的信息，她还引用了中国一个成语叫同舟共济。

你说要同舟共济，一边跟着我们划船渡过危机，另一方面想着另外的问题，那对双方的关系是会带来影响的。

当然希拉里这个表态，也可以理解为她的惯常政治表态。因为这是奥巴马上台之后，希拉里作为国务卿首次对亚洲出访，她必然要履行美国对日本、对韩国所谓的安全承诺。包括她援引对台关系法，要说一些面子上的话。

中国人还有一句话，叫听其言观其行。最重要的就是看她做什么，她说一说可以，我们听了。那么她如果继续对台售武，尤其是进攻性的武器，那就是另外一回事了。

但说实话，进攻性武器、防御性武器是很难划分的。

比如说20世纪90年代初美国出售给台湾的F-16，还有法国卖给台湾的幻影2000战斗机，那是防御性武器吗？完全是进攻性武器。

她解释说，卖给台湾进攻性武器，但是没有弹药，比如说中程的空对空导弹、空对地导弹，台湾买了一大批，被美国扣住不交给它，放在美国，放在关岛，放在冲绳保存，一旦需要的时候，再给台湾方面支付。

实际上，美国所谓仅出售防御性武器的承诺已经被打破了，美国1982年的《八一七公报》中所说的逐年减少对台售武的承诺也被打破了。现在都是动辄几十亿美元、上百亿美元的大单子。

不要说两军关系了，这对两国关系都产生很大的影响。

中美军事交流恢复正常交往，前提是必须双方注重对方的安全关切。尤其是美方要尊重台湾问题涉及中国国家核心利益。

美国霸权主义

对于美国对台军售的行为，中国政府表示强烈谴责与严正抗议。美国国务院辩称，美国对台军售有利于台湾安全与稳定，美方这种说法，毫无疑问体现了四个字——霸权逻辑。

美国自认为在这个世界上所有话都得听它的，所有地区安全都得由它来维护，所以它宁可把这个国家看作永久分裂的两个部分，以前对待德国——东德、西德是这样，今天对待朝鲜也是这样，那么对待台海两岸也是一样。

当 1989 年柏林墙倒塌，两德面临统一的时候，当时美国总统老布什态度很明确，他反对两德统一。

当时西德——德意志联邦共和国的社会制度、意识形态和美国完全一样。但在追求国家统一过程之中，在两德即将合并的时候，美国坚决反对。美国甚至一度想拉拢苏联的戈尔巴乔夫，制止两德统一进程。

更何况我们的社会制度、意识形态跟美国完全不一样。在未来海峡两岸统一，美国肯定要想尽种种办法，使用各种各样的手段阻止中国完成统一的进程。这一点，实际上通过对台售武已经表露得很明显了。

邓小平同志讲，中国人民从来没有做对不起美国人民的事情，那么我们今天有必要反过来想一下，为什么美国反复在做对不起中国人的事情？为什么美国反复做了对不起中国人的事情，我们采取适当的措施，只不过表达一下我们有限的愤怒和有限的抗议，竟然引起美方舆论如此大的反弹？就是说好像中国人天生应该吞下苦果，只有美国对台军售，中国人气都不吭，而且我们还要说美国对台军售有利于西太平洋地区、有利于东亚地区的和平，美国人才算满意，才算找到了理想的伙伴。

这种理想的伙伴，在殖民主义时代是有的。但在今天一个独立的中国，从 1949 年毛泽东宣布，中国人民从此站起来了后，永远不要期待中国作为一个主权国家能够同意、能够容忍、能够默许美国对中国的一部分出售武器！

美国人在反复讲中国威胁论的问题。我们看美国现在面临的安全问题是什么，中国面临的安全问题是什么。

中国面临的依然是最传统的安全问题，就是主权的独立和领土统一问题。美国丝毫没有这个问题，美国领土能到夏威夷、能到关岛，没有哪一块土地还没有统一。从这个意义上讲，中国和美国的安全追求是完全不一样的。

中国今天依然在完成最传统的任务，如何有效维护领土的完整、主权的独立和民族的尊严。美国却是在追求在全世界的行动自由，对全世界主要区域的控制、主要资源的控制。

那么在这种程度上，中国怎么威胁它了？它对中国一个主权国家的一个省出售武器，那么明显对中国领土完整、对中国民族尊严、对中国主权独立都构成了严重威胁。当中国人认识到这种威胁并采取反制措施，是完全可以的。

我们可以反过来看，欧洲包括日本都有一些论调，阿拉斯加在追求独立，夏威夷在追求独立。那么，如果中国向追求独立的阿拉斯加、夏威夷出售武器，美国会做何反应？美国肯定暴跳如雷，肯定认为战争来临，肯定要宣布应该进入战争状态了。

当美国奉行霸权主义的时候，它期待别的国家吞下它给别人所服的苦果，随着中国人民真正站起来，不仅从物质上站起来，而且从精神上站起来，美国人永远不要期望中国人能够吞下这个苦果。

完成自己的国家主权独立、领土完整，这是我们坚定的信念，这是多少代中国人努力的目标，我们绝不会放弃，绝不会因为美国人对台出售武器，就对我们的目标产生丝毫的动摇。

军事服从经济

军事不是一个单独的领域，军事实际上服从于政治，那政治服从什么呢？政治在今天很大层面上服从于经济，所以马克思有这样的论断，叫作一切源于经济。

马克思分析资本主义基本规律，就是从资本入手、从剩余价值入手，揭示资本的秘密、资本的规律。所以马克思讲一切问题缘于经济。中美关系也是这样。

当然我们按照马克思的论断来观察中美关系的话，会发现中美似乎分歧很大，比如说不同的社会制度、不同的意识形态、不同的国家战略目标追求，好像这些不同，都要引导中美走一条冲突的道路。

但是今天有一个最大的趋同倾向，就是中美所组建的中美经济的互补性、柔和性，这成为世界经济一道奇观。所有人都没有想到，中美经济关系能达到这样的程度，比如 2008 年，中美之间的贸易突破 3300 亿美元。这个贸易量是非常大的，实际上已经超过美国其他贸易伙伴。

美国与北美贸易共同体，加拿大、墨西哥的贸易，有很多优惠的边检、免检，无关税、退税等一系列优惠，对中国它有很多的限制，比如禁止高技术对中国的出口，禁止进口一系列的中国货物。在这样的限制条件下，既然中美贸易达到 3300 亿美元，超过美国与欧盟的贸易，超过美国与日本的贸易。可以想见，中美贸易量已经达到了双方互补的程度。

美国人生活中很难离开中国，这是一个全新的关系，双方的国家关系，是建立在这样基础之上的，双方的政治关系也不得不按照经济调整。

军事关系也是这样，军事要服从于政治、国家利益的需求。所以我们经常讲，不管美国军方对我们如何不满、对我们如何警惕、对我们如何怀有冷战思维，它都不得不照顾美国的国家利益。

虽然希拉里作为克林顿总统的夫人，曾经到过中国，但她 2009 年这回身份不一样，作为国务卿，尤其是新一任奥巴马政府的国务卿第一次出访。她按照顺序走着，日本、韩国、印度尼西亚，然后到中国。美方宣称最后一站中国是此次亚洲之行最重要的一站。

这一站很多实质性的东西很难谈到，但是她到中国访问，希望双方领导人之间建立了解、建立信任，这一点比什么都重要。

美国资深外交元老、泰斗基辛格曾经跟希拉里讲过，在中国方面争取领导人与领导人之间的了解和信任，比谈具体事情重要得多。基辛格讲美国人主要热衷于谈具体的事情，而在中国，首先是取得信任。就是你值不值得谈，你值不值得信任，你怀有什么目的，你怀有什么企图。领导人之间建立信任，这在东方政治中是很重要的。所以基辛格告诫希拉里，要切记这一条，跟中国领导人建立信任。

所以说希拉里到中国来，当然目的性是有的，但是具体的成果她并不在意。她实际上在做一次试探之旅、信任之旅或者是建立基本关系之旅。

当然希拉里之行成果明显。她访问结束之后，中美恢复军事交流的常识性会谈就开始了。

中美国防会晤

2009 年 2 月 27 日、28 日，中美两国国防部在北京举行了年度工作会晤，中国国防部外事办公室主任钱利华在会晤一开始的时候就说，这是从两国关系的大局出发，中方才同意美方提出国防会晤的提议，但两军关系的恢复和发展任重道远，因为目前障碍一个都没有排除。

影响中美军事交流的第一大障碍，那就是 2008 年 10 月中美军事交流被迫中止的原因——美国对台军售。对一个主权国家的一个省出售武器，这样的行为是任何一个主权国家都不能够容忍的。

第二个大障碍，是美国连续多年对我国进行沿海的侦察，海军的、空军的，主要是海军的，包括水文地质调查，水深探测、海地洋流温度等一系列的调查。

这些调查离我们的沿海非常近，完全深入我国 200 海里专属经济区，有时候甚至逼近我毗连区，由此也可能引发一系列的海上冲突。2001 年的撞机事件，就是这样一种性质。

这些都是美方做得很明显的影响中美两军正常关系的行为。

当然，还有些潜在的、对中国军事包围的问题。美国与我周边国家达成的一系列的军事协定中，包括《美日安保条约》、对韩条约、美泰等一系列的军事协定，这些对中美关系也构成潜在的损害。

因为这一切潜在的意识是，以中国为主要的假想对手，构筑起潜在的或隐形的军事包围。包括 2000 年美国所公布的核打击目标，把中国列为美国未来的核打击目标，这是很明显的，造成中美军事障碍很大的因素。这些都是军事方面的行为多。

还有另外一方面就是，美国国会通过了一系列的法律文件，实际上也构成了中美军事发展关系的障碍。比如2000年美国国会通过的《迪莱修正案》，这个《迪莱修正案》对中美双方军事交流的内容和交流的场所，包括交流的层次都做出了若干个限定，都是造成中美军事交流的主要障碍。

在这次中美国防会晤工作中，中方提议把“尊重”“互信”“对等”“互惠”作为发展两军关系的基本原则。

因为国家之间发展关系，是有双方要遵守的基本准则的。比如说，新中国成立之后所提出的和平共处五项基本原则。长期以来我们一直在遵守这五项基本原则，对任何国家都是这样。

建立中美关系三个联合公报也是这样一个性质，就是一个基本的准则。当然，有时候美方违反了这些准则，比如《八一七公报》，美方有时候就违反，它违反的时候，我们就拿出这个公报提醒它对公报的违反，这就是规范、约束双方行为准则的一个基本的条文。

中美的军事关系是高度敏感的，建立难、损害易。中美国家关系的损害首先从军事关系的损害开始，中美国家关系的恢复，军事关系最后恢复。

中美是两个大国，这两个大国建立长期的稳定关系，不但有利于中美双方各自的安全，而且对亚太地区的安全都有非常大的帮助。在这种情况下，能不能建立一个稳固的中美双方关系的准则，是很有意义的。这样一个准则，如果双方都能做到约束和规范，对于中美双方发展关系毫无疑问是有帮助的。

小布什的认识

美方在中方关切的核心利益台湾问题上，从小布什政府以来，美方越来越清醒，越来越重视了。

过去我们说台湾问题涉及国家核心利益的时候，美方在很大程度上以为这是很简单的政治宣示。2002年小布什总统在北京访问的时候，清华大学那场提问对他的刺激是很深的。

当时是由小布什总统自己指定提问的学生，而不是中国这边的人来指定。小布什指定第一位学生站起来了，问了台湾问题，第二位学生站起来又问了台湾问题。小布什感到非常吃惊，又是台湾问题！

从这一系列的提问，一个政治家也好，一个军事人物也好，他认识到一个感性的问题。这种感性认识的珍贵程度丝毫不亚于理性认识，甚至没有感性认识就没有理性认识。

小布什通过和普通中国人的接触，通过和普通中国学生的接触，他感觉到了台湾问题在中华民族的整个意识和整个国家利益中占有至关重要的分量。所以在小布什总统的整个任职期内，他对这个问题是很重视的。

中国有这种很强大的民意，在台湾问题上毫无让步的余地，台湾问题涉及中国国家核心利益。在这个问题上，不管美国的政界，还是美国的经济界，包括美国的军方，都有了越来越深刻的认识。

奥巴马的压力

新世纪进入新阶段，美国面临困境，伊拉克、阿富汗两场战争的危机，再加上一场金融危机；而中国在维持国际社会和平、维持国际社会经济增长的作用大幅度提升了，中美关系处于跟过去完全不同的平台上。

所以国际、国内很多人都做出评估，在这种情况下，美国对台售武应该更加谨慎，甚至会最终取消。实际上，国际之间力量角逐，往往没有这么简单。

奥巴马来访的时候，力图避免访华之前做出对台售武的决定。他把这个决定往后推迟，这可能是一个技术处理，就是尽量保持访华期间中美的良好关系和良好氛围。

那么结束访华之后，就可以对台售武吗？这是中美关系中一个很大的问题。

从美国方面看，仅做些功利考虑，只是在奥巴马访华之前增加一些双方友好气氛，访华之后，美国可以马上做出对中国不利的行动，这不是两个国家互相信任的正常交往。

虽然对台军售最终决定的单子放在了奥巴马的办公桌上，但是毫无疑问，来自五角大楼——军方的压力还是很大的，甚至包括来自美国产业界的压力。

军方的压力，要求增强台湾方面的武装力量，增强和大陆抗衡的力量；经济界和国防军工界的压力，毕竟这是一笔大单子，60 多亿美元的交易。

我们当然希望奥巴马取消对台军售，但是我们也不得不看到，我们的希望在很大程度上只不过是一个泡影。因为美国的政策不是以一个人所决定的，这是美国长期、固定的国策。

只要一个国家存在军售的缝隙，从美国国家利益来看，它肯定要钻这个缝隙。

俄罗斯媒体称，美国透露对台售武的消息，它的时机暗藏着玄机，美国是想通过威胁与台湾进行武器交易，来说服中国在联合国安理会支持伊朗核问题。

这种分析有存在的可能。在西方政治里，讨价还价，用利益交换达成目的，这是一种通常的手法。但是我们依然要强调，这是两个完全不同的问题，如果把一个中国内政问题和伊朗核问题联系在一起的话，不但牵强附会，而且这种联系对中方来说，是完全不可接受的。

我们一旦接受了，以后势必会出现更多的问题，都会以台湾问题作为绑架。就像恐怖分子进行恐怖行为，绑架一个人质提出各种各样的要求。美国是不是通过对台军售，作为绑架中国的手段？这一点是很危险的。

回顾近 30 年的历史可以看到，美国政府时不时就会利用对台售武，来刺痛中国，它的依据就是所谓的“与台湾关系法”。

我们必须采取反措施，这个反措施必须使对方受到惩罚、损害。我们应该给世界一个强烈的信号：任何人侵犯中华民族的利益、侵犯中国的国家利益，都不可能不遭到报复，都不可能毫无风险、毫无代价就做出这样的事情。

附：中美三个联合公报

1972 年 2 月 28 日签订的《中华人民共和国和美利坚合众国联合公报》（《上海公报》）、1978 年 12 月 16 日发表的《中华人民共和国和美利坚合众国关于建立外交关系的联合公报》（《中美建交公报》）、1982 年 8 月 17 日签订的《中华人民共和国和美利坚合众国联合公报》（《八一七公报》）。美国在三个联合公报中均强调坚持一个中国原则，它们是中美两国关系以及我国台湾问题的重要历史文件。

在《八一七公报》中，关于对台军售问题，美方做出三点承诺：1. 美向台出售武器在性能和数量上不超过美中建交后近几年的水平；2. 美国准备逐步减少对台的武器出售；3. 经过一段时间使这个问题得到最后解决。

13. 中美军事关系，损害易，建立难

中国军力报告

自从 2000 年以来，五角大楼每年都向国会提交所谓中国军力情况的年度报告。大多是在每年的 3 月份发表《中国军力报告》，2010 年推迟了 5 个月才公布。5 名共和党参议员为此曾给国防部长盖茨写信，质问为什么报告迟迟没有公布，有的美国媒体报道这件事情的时候，用了这样一个标题“盖茨，国会催你交中国作业了”。

其实 2008 年和 2009 年的报告都有推迟，但是 2010 年推迟的时间更长。这 3 年报告推迟的原因，我觉得相差无几，基本上都是美国在考虑对中国的评价问题，会不会引起比较大的动荡，会不会引起一些不必要的麻烦?

《中国军力报告》从名称上做了些修改，已经改成了《中国安全发展报告》。这种变化主要是，奥巴马政府力图体现一些他的所谓新政，对中国新的认识、新的估计、新的评价。但是明显的矛盾是，五角大楼在炮制这个报告的时候，那种冷战思维始终无法得到解脱。所以虽然报告的名称换了，由《中国军力报告》换成了《中国安全发展报告》，实际上内容基本上还是换汤不换药。

那么从美国的执政当局就形成很大的难题，想力图以一种新的思维来处理与中国的关系，但是每每发现，代表自己政策宣示的这些重要文件出笼，还是冷战思维那一套。

所以这是推迟发布的一个重要原因，就是怎样把报告的内容调整过来，把一些语气调整过来，更加符合奥巴马执政当局对中美关系，尤其是对中美军事关系的考虑。

当然还有另外一个原因。因为这个报告从来都有两个版本：一个是内部

本，一个是公开本。我们可以想见，美国调整的主要不是内部本，内部本对中国的评价不会发生大的改变。它主要想调整的是公开本，公开本怎样适应新政策的走向，这是它主要考虑的。

所以从这个角度来看，内部调整基本不变，公开调整就是词汇、概念、说法的变化而已，不涉及到很多实质性的问题。但就这些说法、概念的变化，也足以令美国人从 3 月一直忙活到 8 月。

中国现在每年被出《中国军力报告》的“待遇”，是冷战时期苏联才享受过的。当苏联解体之后，美国起初认为全世界是无对手的，经过 1991 年到 2000 年一个很大的调整，最后认为中国是个对手。

2000 年，美国国防部按照国会的要求出这样的军力报告，就是一个非常明显的转折。一个国家要让国防部针对另外一个国家做出一个军力评估，实际上就是对这个假想敌的追寻。

你反过来看，中国从来没有出过《美国军事力量报告》。我们的所有东西放在桌面上，不会往桌子底下塞什么东西。我们不会评估对手有什么发展，对手的强点在哪里，对手的弱点在哪里。美国搞这个是很多的。当然它有个前提，就是对手。如果没有对手这个前提的话，它不会做这样的报告。

美国内部也有不少的清醒人士。自从《中国军力报告》出笼以来，美国有不少的清醒人士发表观点声称，美国一定要防止预言的自我实现。

所谓预言的自我实现，就是你把这样一个国家树为你的对手，然后发表针对它的报告，进行有关针对它的军事部署，然后针对它拉拢同盟，企图包围它。然后就像希拉里在越南的东盟会议上所讲的，南海关系美国的国家利益。包括军演，在“天安”号事件还没有完全搞清楚的情况下进行军演，而且军演的一部分矛头针对中国。

当你这样做，当你采取这样措施的话，那人家，比如说中国，肯定要为了防卫自己的安全，做出一些应对。那么最后的结局是什么呢？就是你要造一个对手，结果最后这个对手真的变成了你的对手。这就是预言的自我实现。

这是美国面临的非常大的问题。

我们在与美国交涉的时候，其中很重要的一点就是，要求美国停止发表类似于这样的视中国为战略假想敌的报告。那么美方不管怎么样，从表面上还是做了一些调整，把《中国军力报告》调整为《中国安全发展报告》了，我们姑且相信这是个善意的表示。

《中国军力报告》可以说是一份充满了政治意味的文件，历来都会受到中美关系大局的影响。中美关系呈现出非常复杂的局面，我们要理性看待中美关系，首先一点就是从国家利益的层面上审视。

从国家利益的层面上审视，你就会发现美国很多行动是必然的，它必然会这么做，不是个意外。所以我们尽量排除意外感，或者说，我们希望它不要这样，它偏偏这样了，我们这种挫折感，也必须得排除。

很多中国人以为，金融危机期间我们帮了美国很大的忙，为了帮它解脱危机，购买了大量的美国国债。在朝核六方会谈中，我们起了非常积极的作用；在处理伊朗核问题的时候，我们也尽我们所能，做了我们所能做的事情。为什么美国还没有完全走出金融危机，马上就对台售武了，马上就会见达赖了，马上就迫使人民币升值了，马上又宣称南海关系美国国家利益了？它还挑动越南——这个挑动不是背地里谈，而是公开地挑动越南、东盟与中国的对立。

我们很多人感到意外，很多人感到挫败。我觉得我们今后不应该有这种意外感和挫败感。你的意外和挫折感来自对美国抱了过高的希望。

我们今后对自己国家利益要清醒冷静地审视，你要相信美国为了维护它的利益，必然要做出这样的事情来。它不做是奇怪的，做才是必然的。

怎样有效维护我们的利益是当务之急，而不是发出那种怨言，就是我对你做了那么多事儿，你怎么对我不够意思。国际政治中不讲这个。国际政治中讲的是利益，讲的是实力。中国人只有踏踏实实地维护自己的利益，踏踏实实地建立维护自己利益的实力，这才是我们将来唯一的出路。

盖茨访华

美国防长盖茨 2011 年访华被认为是中美两军关系回暖的一次破冰之旅，也是中美关系的“触底反弹”。

事实上，这次盖茨的访问毫无疑问是中美两军关系史中一个小小的转折点。对中美两军关系来说，毫无疑问是一个好的事情。因为两个国家，两支军队必须得交往，必须得了解对方，减少误判，而且在国际更大的层面力所能及地展开一些国际合作。

比如说亚丁湾的护航，虽然中美的两支舰队并没有展开实质性的配合，但是在互通情报方面还是卓有成效的。包括一些海盗劫持船只，中国海军成功地解救，把这些海盗击退，美国海军方面给我们提供的信息还是起到了一定的作用。

如果说这两个军队对抗的话，那么给西太平洋的形势，包括给东亚的形势，当然给国际安全形势，肯定要带来很大的变数，而这两个军队如果能够在一些方面，首先从非战争军事行动，非传统安全领域开展合作，然后逐步深化合作的话，对全世界肯定是好消息。

我们不能期望中美两军关系是一马平川的，包括盖茨访问完了之后，就能够很顺利，我们可以看到，美国对台售武依然在进行。这些影响两军关系的因素依然存在，怎样在这样的环境中，保持中美军方的接触，这对我们来说，毫无疑问也是一个课题。

参观过第二炮兵司令部的外国领导者屈指可数，尤其是像国防部长这样的领导者，这是中方给盖茨一个很高的待遇。美方包括盖茨本人，对这个安排也满意，也不满意。

满意的是，中方的接待，包括军事参观项目给他很高的规格，他是满意的。不满意的是，因为这不是第一次——拉姆斯菲尔德是第一个参观二炮司令部的美国国防部长，他期待中国给他看从来没有任何国家领导人看过的东西。

这点其实我们强调得比较多，要对等地交往，就是美方也应该给中国人看看它们不愿意给中国人看的东西。这是个交往的对等。从这个对等的角度来说，起码中方展现了很大的诚意，就是尽力做到了，满足美方提出的标准。

在盖茨访问中国期间，美方提出，希望在中美战略与经济对话框架下，建立一个新的机制，称为战略安全对话，希望中美双方相应的外交和防务领导人参加这个机制。

美方这个建议，实际上也不是一个很新的东西，它们以前就提过。美方这个建议，很可能是对中方一些建议的回应。

比如说，中方反复提出，鉴于中美两军的关系随意性很大，使中美的军事关系遭到严重破坏的，往往是对台售武。日本人评论说，台湾问题绑架了中美两军的关系，当然“绑架”这个词用得不太合适，因为不是它绑架了的，每次对台售武都是美国方面主动的，当然台湾方面也有要求。

在这种情况之下，中方其实原来已经提出来了，怎样使中美两军趋于一个正常的关系，而不是随意被单方面破坏的关系。

中方提出，尊重互信、对等、互惠的问题。盖茨来，也提了，他也认为在交往中应该有些原则，尊重、互惠他也提了，但是最关键的对等他没有提。

从我方来看，我们希望从中美两军的关系方面，建立一个相对正常的机制。当然从美方提出的要求来看，它希望这个机制扩大到不仅仅是军事交往，也包括安全方面的一些交往。

从单纯的军事交往来看，美方设置的障碍越来越多。美方有一条很重要的原则，就是不能通过军事交往提升中国人民解放军的能力，所以很多参观项目他们不让看，很多交往不能进行。

从美方的意思来说，要扩大会谈的主题，不要老拘于军事了，从安全这个更大的层面上来看，那安全的范围就大了，包括经济、文化、信息、网络，包括人员交往的安全。美方想用一个更大的范围，来涵盖这种起伏不定的中美军事关系，这是一个理由。

冷战时期，以美苏为首的两大军事集团全面对抗、势不两立。以北约对抗华约，双方的导弹和核武器互相全面地瞄准，你能摧毁我多少遍，我也能摧毁你多少遍。

中美完全不一样，中国和美国的贸易额接近4000亿美元，这是个天文数字，预示着两国的经济交往在空前地加深。我们并没有组织军事集团与美国对抗，也没有企图取代美国主导的那些东西，而且我们多次声明，我们并不准备把美国从西太平洋赶出去，这些都是中方所做的很明显的、和冷战对抗期间苏联不一样的。

但是我们在这个过程中，也有我们自己的秉持。《环球时报》有篇文章，说当美国人质疑中国军力发展的时候，更应该提问的是中国人，中国应该反问一下，美国人在西太平洋拼命地加强部署，要在西太平洋取得绝对的优势。意味着美国人认为中国的经济发展是一个随时可以被敲碎的蛋壳，这是不行的。

当美国在西太平洋拼命增强军力的时候，我们既要在这种情况下维持中美的军事交往，也要达成一种平衡，捍卫我们的安全。我们不能把我们的安全变成一个美国人随时可以敲碎的蛋壳。

在中美军事交往中，美国人可能也会越来越清楚：中国增强自己的国防能力，不是为了跟美国一决高低，而是为了有效地捍卫自己的国家安全。

中美安全对话

2011年5月，第三轮中美战略与经济对话在美国华盛顿举行，与前两轮相比，首次邀请中方高级军事代表出席是一大看点。中方代表是解放军副总参谋长马晓天上将，美方代表是太平洋司令部司令威拉德上将，双方高级别军事代表参与战略与经济对话。

从此次双方参与成员可以明显看出，中美的利益点正在逐步扩大，或者正在明显地扩大，当然也可能是问题点、矛盾点的扩大。中美两国国家利害相关，虽然双方的政治制度、意识形态、战略意义追求完全不同，但是两个国家从经济上结成了密切联系，双方贸易额将近4000亿美元。在国际上，两个主权国家之间的贸易量如此之大，在世界历史上是前所未有的，这是非常新的局面。

中美关系的发展，之前叫战略经济对话，没有一个“与”字。实际上，这个“与”字是很有讲究、很有意味的。过去中美之间的对话，只是经济问题对话，也就是经济方面的战略问题对话。从2009年、2010年开始有所改变，金融危机之后，中美双方达成共识，成为战略与经济对话，不仅仅是经济方面的战略问题，更是战略问题和经济问题的对话。一字之差，差别很大。

之前的对话，有国务委员参加，没有军队代表参加，这次马晓天副总参谋长的参加是个非常大的进展。他原来是国防大学的校长，作为代表团成员参加中美战略与经济对话，这昭示着中美双方关系的全面性，不仅仅是经济，同时包括外交、政治、军事。

中美军事关系可能是最敏感、最容易受到伤害的，一旦出了问题，双方都不由自主地采取一些停止交往的措施，军事上相互不信任，关系恢复时间很长。

中美战略与经济对话涉及的军事问题，主要就是怎样尊重中国的国家主权领土完整。中方并不要求与美国协调在非洲、太平洋、美洲、中亚的利益。美国作为一个超级大国，要保持全球的行动自由，保持对全世界所有重要资源、重要通道的控制。而中国奉行主权独立、领土完整和民族尊严，这是双方一个非常大的分歧点。

对台问题美国人最不愿意谈、最不愿意接触，却愿意谈别的问题。如果中美之间在台湾问题上不能相互谅解、相互尊重，那会很麻烦。因为台湾涉及中国的核心利益，台湾是中国领土不可分割的一部分。面对这样敏感、要害的问题，中国的执政者都不会有任何犹豫。对美国来说，台湾在美国的万里之外，作为美国战略棋盘的一个棋子，它不愿意放弃并希望其发生作用。所以，如果说中美之间的分歧，这是最大的问题。

如果在这点上不能够相互理解、相互认识、相互尊重，那么中美关系会有很大的麻烦。因为它影响的绝不仅仅是中美双方的军事关系，会直接反映到政治关系，甚至到经济关系中去。

美国白宫国家安全会议，前亚洲事务主任杰弗里·贝德认为，中美安全对话，低于当年的美苏水平。其实他这个估计本身就有点过高。

从双方力量对比来看，中方并没有达到当年苏联的程度。当年美苏战略和武器，基本上是势均力敌，苏联的弹头要比美国多，美国的运载工具要比苏联多。而在战略武器层面，中国与美国相去甚远。

比起当年美苏对抗，中国的强项在于中美经济的交往。当年，美国与苏联相互划分独立的政治体制、军事体制和经济体制，双方几乎不相往来，经济贸易量很少。今天，中美贸易量很大，两国间的交易量达到近4000亿美元。这是苏联远远达不到、望尘莫及的。

所以，中美关系与过去的苏美关系有完全不同的特质。如果以过去苏美关系分析，无法有效地理解中美关系，而且也无法驾驭这个完全不同的关系。

陈总长访美

中美军事关系，矛盾很多，导致中美军事关系首先受损，进而国家关系受损。实际上，从对危机的管控来看，双方都在探讨如何建立一种新型的中美军事关系——就是双方有没有合作的准则，建立关系、认定的准则。

对于中方提出相互尊重合作互惠的问题，合作、互惠可以讲，至于相互尊重，美方始终往后闪，不太愿意承认。

相互尊重，是中美新型军事关系中很大的障碍。就中方而言，建立任何国家间关系，相互尊重是必然的。而美方却认为，相互尊重是国家对国家实力的尊重。

比如说美方太平洋总部司令出访中国，要求中方总参谋长会见。对于中方而言，美国太平洋总部司令相当于中国一个战区的司令。而美方认为太平洋总部和中国最高军事长官平起平坐。

美国在太平洋总部经常召开太平洋地区的国防部长和总参谋长会议，很多国家都参加。其实这个会议很荒谬，美军一个战区司令，在夏威夷召集环太平洋各国的国防部长或者总参谋长参加会议。这是中美讲的相互尊重吗？

美国人的尊重是对实力的尊重，如果没有足够实力，想相互尊重很难。2011年5月中国人民解放军总参谋长陈炳德访美，提出建立相互尊重、合作互惠的中美新型军事关系。美方对此提法加以默认，至少表明了它对中国上升的国家力量一种不情愿的承认。

此次陪同陈炳德总长访问美国的七位解放军将领当中，既有总部负责作战、情报和外事的高级将领，还有三大军区、四大军种的高级将领。网上对于中方出访的八位高级将领有过多解读，包括一些媒体评价，说中方总长出访，挑选陪同人员十分重要。

其实，这只是一个例行活动，对中方意义很大，却有局限，并不是说中美关系通过此次访问就会出现天翻地覆的变化。陈总长的出访班子，是一种例行选择。无论是谁去，都要完成一种选择，至于是不是代表一种重要的意义，不必做过多解读。

因为中美军事关系将进入政治化、常态化。过多地解读，恰恰就证明一种不正常的心理。然而，毕竟中美关系时好时坏，麻烦的时候比较多。所以，要理性看待此次中国总长时隔 7 年的出访，国外的媒体不由自主地做了过多解读。

中美双方在战略与经济对话框架下举行了首次战略安全对话，取得了一些成果，比如说中美两国同意启动亚太事务磋商。有评论称，中美对话已经从试探、吵架，发展到具有建设性。

从试探、吵架，过渡到建设性，也要冷静地对待。建设性一样是吵架，好朋友之间也会出现争吵，更何况美国对中国猜疑这么大，争吵是难以避免的，并不是说从吵架到建设性，就不吵架了。

双方在发展中，如果有分歧，就互相敌视、敌对，然后互相对立，那对中美甚至整个世界都没有好处。有分歧可以坐下来谈如何解决。但是，坐下来谈也不意味着所有问题都能解决，不能解决的就保留，但要保证在这个过程中不断地沟通，不要产生误解，这才是建设性的。

所谓建设性，绝不是不吵架。建设性是双方认识到双方的问题、利益，不能掰开问题看利益、抽掉利益看问题，它是个固成体。

美国一直称中国军事透明度不够，是中美两国军事发展的一个障碍，要求中国加大军事透明度。不但美国人提，其他很多国家也提，甚至国内一些学者也认可。

事实上，各个国家的军事透明度都有问题，包括美国。

美国就完全透明吗？2006 年中美联合军演时，参观美舰，只能看中甲板、顶甲板和指定的一层，禁止拍照。这是透明吗？

所以这其中有舆论主导权的问题，有点像中国人讲的三人成虎，一个人说虎来了，两个人说虎来了，没人相信，三个人说就相信了。国际舆论主要掌握在西方手里，当一个国家说中国不透明，大家半信半疑，三个国家都说，就让其他人信了，以为中国真是不透明。

新风格冷战：空天一体战

2011 年 11 月，五角大楼揭开一种新型作战概念的神秘面纱，该计划要求美国空军、海军和海军陆战队准备战胜中国的“反介入／区域拒止武器”，包括中国的反卫星武器、网络武器、潜艇、隐形飞机和能够打击航母的远程导弹。

俄罗斯《观点报》认为，美国这种对抗中国的军事计划，是模仿冷战时美国对抗苏联的方法，表明在结束伊拉克和阿富汗战争后，美军开始准备将军事重点转向中国。

按照美方自己讲的，美军提出的空海作战就是针对中国的，这一点五角大楼讲得非常清楚。《华盛顿邮报》援引奥巴马政府一位官员的话说，“空海作战这种构想就是要用新冷战的方式应对中国的一个重要里程碑”。

这不是来自中国民间的猜测，或者是来自中国官方的判断，这是来自美国官方的发言。我们对此不能加以轻视，必须高度警惕。

当我们正在追求双方共赢的时候，美国人在做单赢的事情，美国人想构建希望能够摧毁中国的军事力量。美国所说的空海作战，主要是为了限制当美国海军离中国比较近的时候中国的弹道导弹对美国海军的威胁。

中国弹道导弹对美国海军威胁到哪里去了？是我们要威胁夏威夷的珍珠港吗？明显不是！是我们要威胁美军在印度洋的游弋、在太平洋的游弋或是在大西洋的游弋吗？也不是！我们只是要保卫我们自己家门口的安全。

美国把自己的武装力量顶到别人的家门口来了，还说别人的防卫行动威胁自己的安全，我觉得世界上再没有比这个更加霸道的说法了。

就像一个人，你要闯入人家院子，邻居当然要采取反制措施。在这种情况下，你说邻居的反制措施对你构成了威胁，威胁在哪里？在人家的家门口。

美国说中国有反介入、所谓区域遮断能力，说中国人民解放军要奉行这样的战略，这都是美国强加给中国的。这是一个非常荒谬的事情，美国人很像堂吉诃德，与一个看不见的魔鬼在搏斗，如果事实上没有这个魔鬼的话，就把它想象出来。

美国的这种说辞已经提出10年了，在“9·11”事件20天之后提出来，说中国人民解放军要采取所谓反区域遮断的战略。10年以后美国搞出针对中国的空海作战，这是美国人明显在号召冷战的一个姿态。

美国宣称海空战理论源于对中国新式精确打击的担忧，称中国的这种能力威胁到了战略航线以及其他国际海域的航行自由。

美国所说的航行自由是其国家核心利益所规定的美国具有在全世界的行动自由，它的这个行动自由，就是任何人不能对我施加任何威胁。

另一方面，美国要保证对世界主要水道和航道的控制。比如，美国海军就宣布过，要确保对世界上16条重要水道的控制，大西洋、印度洋、太平洋，包括马六甲海峡、直布罗陀海峡、苏伊士运河、巴拿马运河等，这些关键性的水道全部要在美国人的控制之下，这是美国人讲的全球行动自由。

这种自由是美国一家的自由。自由来自限制，一个人跟一个国家一样，如果一个人想在社会上为所欲为，这是他个人自由的最大实现，那么他影响的是其他很多人的自由。

美国所追求的这种单一国家的自由，那就意味着牺牲别人，别人就要做出相应的牺牲。

美国11支航母编队全世界巡航，从来没有任何一个国家、任何一个力量阻止美国海军和商船在任何地方通行，充其量也就是索马里海盗在那儿捣乱。而且事实上索马里海盗捣乱还是很有选择的，一般还不怎么惹美国的船只。美国的全球航行自由没有受到任何影响。

在这种情况下，美国突然间爆出来说在南海的航行自由受到影响，说将要受到影响，按照中国人的话说，这纯粹属于鸡蛋里挑骨头，是为美国下一步在亚太部署做准备，同时用这理由为美国所谓的海空作战做出“合理”的解释——你看我的航行自由受影响了，所以我必须得在西太平洋或在某一个区域加大投入、多建基地、密集巡航，来保证我的自由。这完全是美国在国际政治中以阶级斗争为纲的政治转化为军事的趋势。

中美国防部长会晤

建立中美新型的两军关系，就是要打破“大国对抗”的思维定式，摒弃冷战时代那种建立军事同盟，增强自己的安全而不顾对方安全的这种单边主义倾向。中美要建立新型的军事关系，如果没有这一点，其他的很难做得到。

2012 年 5 月，中国国防部长梁光烈会晤美国国防部长帕内塔，中美之间达成军事交往的共识。第一，“共识”里讲到要“相互尊重、互利共赢”，发展健康稳定可靠的两军关系；第二，就是双方互相访问，减少分歧；第三，是在人道主义救援减灾军事档案等方面的交流合作；第四，是举行中美双方参加的演习，主要是人道主义救援减灾、反海盗等这样一些项目的演习。

应该说，有共识总比没有“共识”强。

在“相互尊重、互利共赢”这点上，美国坚持“对台售武”，明显就是对中方一种不尊重的表示。包括美国派出军用飞机、军用舰艇对中国沿海进行的抵近侦察等一系列的行为，都不利于达成“相互尊重、互利共赢”的局面。

而从中美双方达成的共识和交流的内容来看，实际上中方还是想和美方开展一种全面的军事交流，但是，美方在一些交流项目上往后退，缩小交流的范围，限定交流的内容。美方主要集中在人道主义救援、减灾、军事档案、环保、教学、文体等领域开展交流与合作，而不是在其他军事领域，比如双方军队参加的军事演习等深层次的军事交流。

中美举行的联合演习虽然很引人注目，但这个联合演习的内容是人道主义救援、减灾、反海盗等，两军合作还停留在一些表面的交流，而不是深层次的。

在这些内容中可以看出，合作交流仍是“初级”的。

而且，就是这个“初级”交流，美方能不能够遵守，本身都是一个不太容易的事情。因此，达成这样一个初步的共识，对双方来说有一定的约束力，是一个努力追求的目标，而不是一个现实。

如果以为达成了共识，双方就完全地相互尊重和互利共赢了，这只是理想而已。

当然，有交流比没有交流强，有沟通比不沟通强。但也不可能通过中国的防长9年来第一次访美和美国防长也到中国来访问的这种交流，就一下子解决中美双方军事中的很多问题，这是很困难的。比如说，最关键的是对台售武问题。

中美双方见面握手很重要，但是即便不见面不握手，通过一些行动，对双方的关系走向也能做出比较冷静的判断。当然毕竟是见面了、进行了登上领土的访问，是很重大的事态。但是，也不宜把它说得非常大，好像双方的关系一下要就此发生什么重大的转变，也没有这种可能。

14. 冷静看待中俄关系

新星号事件

2009年，中国货船“新星”号在俄罗斯的纳霍德卡附近海域被俄罗斯军舰开火击沉了，船上10名中国船员有3人获救，其他7人失踪。

这个事件，和不久前中俄达成的250亿美元的协议是非常不相符的。它对普通民众的感情损害程度是很大的，与中俄两国之间进一步加强联系，建立牢固的关系影响也很大。

姑且说俄方说的都是真实的，这个船就是违法了、违法出港逃跑，然后紧急缉拿追捕，追的过程中连续发炮不停，拖回来的过程中沉没了。俄罗斯外交部反复发表声明讲，俄罗斯边防军人的行为是合法的。

但是我觉得我们一定要注意一点，从俄方来说，也要非常注意这一点。就是你合法是合什么样的法？这点里边特别强调开炮的问题，开炮阻止它的航行把它扣押，可以。击中船的一部分使船停止前进，也可以。但把船击沉造成人员伤亡，这个问题性质就不一样了。

炮弹打了五百多枚，你要是警示性的射击用得着这么多炮弹吗？而且沉船了之后，有船员落水，俄罗斯以风浪太大为由抢救不及时，这些都给双方关系带来很大的影响。

中俄之间发生不愉快的事件，以前曾经有过。比如 2005 年，当时有过一次吉化公司的爆炸案，松花江水污染，流到黑龙江里，对整个黑龙江水系都有一些污染，其中包括俄罗斯边防城市哈巴罗夫斯克。

当时中方做了大量补救工作，包括给俄方提供大量的援助物资，清污的物资，而且中方还专门把水道堵住，保证乌苏里江的水不被污染，保证哈巴罗夫斯克有两道取水口是干净的。

因为当时事件起因是由于我们造成黑龙江的污染，给俄方带来了损失。所以虽然当时天气很冷，我们的武警官兵和解放军战士，就在冰天雪地里筑坝，把水道堵死，保证乌苏里江的水是干净的。

为了减少污染，和对俄罗斯方面的影响，我们是竭尽所能。当时俄罗斯远东当局，发出一些很不友好的信号。首先事发是由于我们的一些不慎造成污染，确实给双方带来很大影响。

但是一方面中方做了大量补救措施；另一方面，俄罗斯高层普京出来就讲了，不要因为这个事情影响中俄之间的关系。

按照中国的话说，要从中俄关系的大局出发。大局是怎么建立的，也是通过小局、通过局部建立的。所谓千里之堤，溃于蚁穴，一些小的方面有可能对大的方面造成很大的损伤。

新星号被击沉，中国船员出现伤亡，这引起世界舆论的广泛关注，俄罗斯在处理这个事故中，仅仅说所有行动是合法的，与我一点关系都没有。这对中俄的传统友谊，对未来的影响都是很大的。

在金融危机过程中，美方不断有学者提出来，一定要加强美国和中国联手对世界的拯救和管制。美方有人提出 G2 的问题，说 G7 不起作用、G8 不起作用，G20 集团也不太起作用，真正起作用的是 G2。就是中美两国加起来经济总量达到 17 万亿美元，左右世界经济，真正地把世界经济从萧条中拯救出来。

实际上这是美国人的单边设想，中国人并没有加入美国人的这种呼吁，但是毫无疑问，这种说法也引起了俄方的警惕。因为这次金融危机，当然对美国经济冲击是非常大的，对中国经济冲击也不小，但对俄罗斯经济的冲击更大。

俄罗斯在普京执政的8年中，经济恢复主要靠两根支柱，就是石油、天然气。石油、天然气价格下降，对俄罗斯影响非常大。那么在这种情况下，俄罗斯方面当然出现一些说法，认为中国受的影响不大，中国有2万多亿美元的外汇储备。好像中国要凌驾于俄罗斯之上了，中俄这种传统的平等、伙伴关系，是不是要改变了，中国是不是要超俄罗斯一头了？

这是俄罗斯一些学者的说法。美国所谓的G2，中美联手共管世界，这种说法也是美国个别学者的说法，完全没有进入各自的领导层。

我们对这些说法也是一笑了之。我们清晰地认识到中国实际上客观所处的国际地位，而且我们清楚地认识到面临的困难。绝对不会因为各种各样的说法而飘飘然。而俄罗斯方面，就认为中美要联手，把俄罗斯放到一边了。

俄罗斯的这个说法也是俄罗斯一些学者的分析判断，任何形势下各个国家不同学者，各种各样的分析判断都是有的。最主要的是，这是不是俄罗斯领导层的判断。

俄罗斯领导层梅德韦杰夫、普京，他们的判断不会像俄罗斯个别学者认为的这样。他们对中俄关系发展的远景，还是能做出非常冷静、客观的判断。中俄发展关系、中俄建立战略协作伙伴关系，在未来有非常大的发展空间，双方的国家利益有非常大的增进空间。

中国坚持不结盟

2011年8月，中国人民解放军总参谋长陈炳德访问俄罗斯时，与俄罗斯联邦武装力量总参谋长马卡洛夫共同商定，于2012年举行海上联合军事演习，并签署了演习备忘录。

这次联合演习，是在胶东半岛举行的，是中俄联演以来第一次大规模演习。当然，也是中俄两国海军的首次演习。

20世纪50年代初期，也就是中苏同盟时期，毛泽东曾经激烈地反对与苏联搞联合舰队。而今中国和俄罗斯太平洋舰队在黄海海域举行大规模的海上演习，已经说明中俄双方的关系发生了巨大的变化。

从俄罗斯方面看，苏联解体了，俄罗斯继承了苏联的主要武装力量。从中国方面看，中国走上了改革开放的道路，中国虽然坚持不结盟的政策，但通过这种友好的联合演习，稳定了周边的安全形势，同时提高自己的军事技能和军事水平，这是非常有必要的。

20世纪五六十年代中苏有军事同盟的关系，但双方那种对抗性和互不信任是根深蒂固的。而今天看来，起码中方把不结盟作为一个主要的国家政策。俄罗斯没有宣称不结盟，但是也不准备搞军事集团。

双方正在进行比较密切的军事合作，对双方，尤其对中方来说，演习提高了海上联合军事行动的能力。

西方媒体，还有跟着西方媒体炒作的国内媒体，重点不做军事解读，而做政治解读。它们的言论主要有："这里面蕴含着什么样的意义啊？中国和俄罗斯是不是要同盟？这个演习是不是冲着日本去的？"等等。这样的政治解读，可能各媒体有各媒体的用心，但不能安到中国和俄罗斯双方建立友好关系的问题上。

中俄的海上联合军事演习对于稳定西太平洋的形势，提高中俄两国在西太平洋海域捍卫自己国家安全的能力，肯定是有很大帮助的。

中俄双方开展军事合作和交流的空间很大。从中国军队来看，自20世纪50年代、60年代起，不管是陆军、海军、空军，延续的武器系统基本上是当时苏联援建的。今天，我们陆军装备的国产化完成了，海军、空军装备的大量国产化也完成了。但从总体来看，苏联的武器系统对我们依然影响很大，包括它的军事科技、国防工业等。

毫无疑问，今天西方代表了最高的军事科技水平。但是，如果从西方开展类似合作，从总体来看有几点困境。首先西方不会给予，像欧盟对中国的武器禁运，美国更不用说了，而且审查制度十分严格。其次，中国的武器系统跟俄罗斯有一种天然的亲近关系。

从以上两点可以看出，排开双方的政治关系、国家关系，仅仅从武器装备的系统性来看，俄罗斯对中国来说显得更适合一些。

而且，军事合作并不是为了双方搞军事同盟。实际上，俄罗斯对中国是颇有防范的，最好的装备并不会给中国。

俄罗斯历来暴力执法

2012 年 7 月，俄罗斯边防巡逻艇在俄罗斯专属经济区向越界捕捞的中国渔船开炮，并在追赶的过程中与渔船发生碰撞，造成 1 名中国船员失踪。对此，俄罗斯联邦安全局东北边防局表示，俄方采取的行动属于合法行为。

我们还记得，2009 年，中国的“新星”号货船被俄罗斯军舰开火击沉，包括 7 名中国人在内的 8 人失踪。当时俄方也表示，俄方采取的行动是合法的。

这是俄罗斯国家政策中，就我们中国人来看，非常怪异的地方。

中国和俄罗斯正在国际大格局进行一些有效的配合。比如上合组织，双方合作得非常好，包括在叙利亚的问题上，双方合作得也不错，现在俄罗斯采取这个行为，让中国人感到非常不理解，如此粗暴的执法，而且对准你的这样一个重要朋友。

这从我们中国人的感情上来说，是难以理解的。

当然我们从一个习惯的传统上来看，俄罗斯历来是这样的，对中国渔船开枪，对日本渔船开枪，对韩国渔船开枪，它从来都是这样的。我们很少听见，甚至没听见过，日本对俄罗斯渔船开枪，韩国对俄罗斯渔船开枪，更不用说中国向它们的渔船开枪了。

当然我们从感情上，还是很难以接受的。俄罗斯这种暴力执法，为什么不能够在国家关系上，采取文明执法的态度呢？

这些涉及俄罗斯民族的性格和行事的方法，俄罗斯就是这样，并不要求你全国保持一致，中俄友好，中俄合作，然后所有中国人都对俄友好。俄罗斯并不是这样，边境有边境的做法，在联合国有联合国的做法，他们是截然分开的。

这点我们不适应，但这就是国际政治，我觉得我们有必要适应一下，我们要学会用这样的手段，国家利益就是国家利益，个人感情、领导者之间的感情，那就是感情归感情，利益归利益，在利益面前，任何人都不会让步，俄罗斯也是这样。

所以从这个角度也看得出来中国和俄罗斯关系的复杂性，我们并不是天然的盟友，天然就是朋友，天然就是伙伴，我们在有些问题上是一致的，有些问题上是不一致的，有些问题上我们是合作的，有些问题上我们是对立的。

比如说这次事件，就引发了中国民众非常强烈的反弹。我们外交部发言人员也讲了，希望俄罗斯做出解释，希望俄罗斯不要采取这种暴力的执法行为，这都是我们今天非常明确的态度。

但是从这点看，中俄关系，也应该持一个比较冷静的看法，不要以为中国和俄罗斯在某些问题——比如说在叙利亚问题上进行了有效的合作，中国和俄罗斯就是天然的盟友了，国家利益就完全契合了，这还是不一样的。

现实看得多，看得冷静，更加扎实，而不是充满了热情，充满了想象力，结果两国关系受到挫折了，大家都受伤了。

中国以中国人的利益为出发点，俄罗斯以俄罗斯人的利益为出发点，寻找到两国利益的结合点，这是今天的重点，也是发展一个长期的、可持续的、友好的战略协作伙伴的基点。

衰退的无奈，霸权的代价（美国篇）

最让美国白宫头疼的就是五角大楼，因为它常常惹是生非、制造事端，与政府大唱反调。对于五角大楼来说，通过冲突获得更多的经费，完成机构的扩张和膨胀。这点是很明显的。

美国冷战思维永不退潮。苏联解体后，美国盯上了日本，然后是中国，开始年度发表对中国武装力量的评估。

中东和阿富汗对美国战略能力的消耗，不是一时半时的。这些牵制，导致美国在全球行动能力捉襟见肘。所谓的美国重返亚太，是个伪命题，因为美国从未真正离开。

1. 标榜新闻自由的美国，媒体成为军方替罪羊

美国国防部一位官员披露，国防部用纳税人的钱雇佣私人公关公司，调查阿富汗随军的美国记者，并对他们的报道按照正面、负面和中性的标准进行评估，同时还提出如何影响新闻报道的建议，这是对军人誓死维护的美国宪法的完全不尊重。

记者和军队打交道不是新鲜事，但让文字或摄影记者随军前往战场，是从美军2003年入侵伊拉克才开始的。支持者认为，这样可以使记者更贴近现场，以便迅速报道战地新闻。反对者认为，随军报道这种形式，可能会使记者更加同情所报道的军人，而且记者出发前要签署限制报道的合同，所以这种方法无益于提升报道的客观性。

以美国为代表的西方社会一直标榜新闻自由，其实美国军方对媒体的操纵，是个很长期的问题，它不是短期的事。就这样美国媒体还被调查，确实是有点冤，因为在美国政府部门的干涉下，美国媒体其实已经非常配合了。

出现这样的倾向，大家不应该感到奇怪。因为世界上的纯粹新闻自由少而又少，几乎没有。新闻就是这样，事件的选择很能表现本身倾向。比如今天发生了100个真实事件，但就报道了5个，其他95个不报道，所选择的这5个肯定就带有很大的倾向性。

美国人很重视新闻舆论的力量，最为典型的就是越战。美国人说越战是败在电视屏幕上、败在新闻传播上的。整个脱离了政府的控制、脱离军方的控制，整天报道美军的伤亡、官兵怎么思念家乡、越南那个地方环境怎么恶劣，最后导致美军士气、美国国内士气的瓦解，导致国内的反战浪潮风起云涌。

我觉得美国政府和军方做出这样的总结，也是很荒谬的。美国跑到越南丛林里打这么一场战争，说是为了保卫美国民众的安全，这太离奇了，谁相信呢！媒体就讲了一些战场具体的报道，就被说成是战争失败的罪魁，而不承认自己的战略决策出了问题，这就是找一个替罪羊的方法。

他们认为越战期间没有掌控新闻媒体是个大问题，所以从技术层面，从军队透明度，做出了很大改进——尝试对新闻媒体的主导。比如1991年海湾战争，美国人充分调动媒体，把对手搞臭。海湾战争，借助萨达姆入侵科威特，把萨达姆搞臭——把敌人描绘成全球最凶恶的魔鬼，美国人就成了替天行道；伊拉克战争，把萨达姆再次涂黑，把美国在伊拉克的军事行动作为解放者的行动呈现在全世界面前。相比越南战争，这次新闻媒体总体上非常配合美军在伊拉克的行动。结果，战局僵持多年打不下来，损失巨大，遭遇恐怖袭击不断，伤亡数字一个劲儿往上升，这种情况下媒体怎么有效报道？

美国的新闻媒体不得不慢慢修改自己的立场，不得不报道比较趋于真实的情况，比如说阿布格莱布虐囚案。美国军方又说，新闻媒体又在起坏的作用。实际上，媒体揭露的只是美国军方问题的一小部分，还是以国家利益为重没有揭露更大的问题。

所以可以看到，美国军方对媒体的操纵，实际上是长期的问题。美国媒体已经非常配合军方了，做了很多工作，为这两场战争做了极大的吹嘘。最后是军方自己把事情搞砸了。

伊拉克战争不行了，转到阿富汗，可同样的问题又出现了，是谁在把阿富汗的局面搞砸？军方不由自主要寻找替罪羊，媒体就是这样的替罪羊角色。

2. 美国冷战思维永不退潮

对于美国国防部发布的《中国军力报告》，大家已经不感到陌生了。从2000年开始每年发表一期（2001年除外），其实每年内容都差不多，也没什么新意。美国对中国每年发布一个军力报告，这是一个什么样的待遇？这是冷战时期针对苏联的待遇，每年发布苏联武装力量发展的评估，完全是一种冷战的思维、冷战的模式和冷战的做法。

我们曾经跟美方做出交涉，说这是美方的冷战思维。当然美方辩解，说国防部没有办法，这是国会通过的法案，国会要求我们每年发布一个全面研究中国人民解放军建设、发展、内部改革、武器装备的报告，我们必须按照国会的要求做。

实际上一个巴掌拍不响，这并不单单是美国政界的要求，本身美国国防部就有这样的要求。再退一步讲，起码它能控制发布的时机。比如说2008年是在3月初发布的。当时中方跟美方交涉提出过这个问题，要求美方不要在3月初发布。因为当时的3月20日台湾在进行“大选”，你在那时就讲中国的军事威胁，散布一些子虚乌有的东西，会影响海峡两岸的形势和台湾的“大选”。这个发布时机非常不好，但是美方坚持，又说是国会要求必须在这个时间发布。

那我们可以看，2007年是5月份发布的，再往前也是这样。所以，它不光是发布内容的问题，它发布的时机也跟美国政治、美国战略做配合。它要选择一些它认为最恰当的发布时机。

而2009年，不管是中国周边形势，还是世界的整个形势，因为金融危机的影响，已经进入另外一种局面。海峡对岸由于陈水扁的下台，两岸关系进入积极发展态势。美国很难选择一个理想的时期发布报告，所以它的时期很难有特定针对的对象，当然也还是有一些考虑的，比如在3月初，美国无瑕号侦察船在南海中国专属经济区侦察，搜集水下资料的情况。

当然还有一个中长期的趋势，就是海峡两岸关系的缓和。马英九上台之后，明确推进两岸关系发展。“汉光”演习的时候，不再以中国人民解放军为假想敌，还提出不首先开第一枪的问题。不再像陈水扁以前，搞什么决战境外，什么先期反制、可能先期攻击大陆的城市，比如说厦门、上海这样的城市，甚至还包括攻击香港。

虽然说语言不具备实质性的意义，但起码是一个良好的表示。面对这种良好的表示，面对海峡两岸关系，包括军事关系有可能进一步缓和，美国这时候抛出一份《中国军力报告》，还是有阻止两岸政治关系、军事关系进一步沟通缓和的作用。

2009年的军力报告，最令人注目的一点就是，渲染大陆导弹对台湾的威胁。两岸形势正在走入全面缓和，正在获得一种对双方都有利的和平发展空间。这个时候通过夸大大陆导弹部署对台湾的威胁，渲染一种台海形势紧张的假象。再通过大陆和台湾地区的军力对比分析，要求台湾尽可能多地购买美国武器，为美国对台售武做铺垫。

当时，中美两国首脑马上就要在伦敦第二次峰会上举行首次会谈，按照世界舆论的评价，就是一个世界最大的债务国美国和一个世界最大的债权国中国，两国元首的会晤，决定世界经济什么时候能够复苏，或者这两个国家如果出大麻烦，世界经济将会在一个长期、中长期进入衰退。美国国防部此时发布《中国军力报告》，想影响奥巴马的对华政策，这是一个更大的政治意图。

其实有一个很明显的现象，五角大楼和白宫的政策是不太一样的。对奥巴马这样一个黑人总统上台推行一系列有点比较左翼的政策，五角大楼——国防部颇不以为然。包括奥巴马想缓和与伊朗的关系，要直接和伊朗会谈，国防部长盖茨就明显表现了不同的意见。

盖茨认为对付伊朗必须施加巨大的军事压力，只有这样才能进行有效的会谈，实际上这是间接地对奥巴马政策提出质疑。

包括南海无瑕号事件，都能看出这样的阴影。美方潜入我国专属经济区侦察被驱逐，像这样的事件早就不是第一次了。但是美方以前没有炒大事件，这回炒大了，这是美国军方非常明显的态度。长期在美军太平洋总部担任领导的基廷（海军上将），对中美军事关系一直持相对客观的态度：反复讲过两军要建立交流，不应该直接发生冲突。但是，基廷在国会上忽然改变态度，有意把无瑕号事件炒大。他讲中国海军的发展，中国潜艇可能对美国构成威胁，中国近岸海军力量的增强，要向蓝色海洋跨越，极度夸大所谓的中国威胁。基廷的发言，也是非常具有政治性的，根本不是一个纯粹军人所讲出来的话，根本不是事实。

这点可以看到，五角大楼也好，太平洋总部也好，这一批美国军人的政治诉求。从盖茨不同意奥巴马对待伊朗的政策，到基廷在国会做证，强烈抨击中国海军的发展，颇有点醉翁之意不在酒的意思。这些美国军事领导者，他们最大的意图似乎并不是真的针对伊朗和中国，而是针对美国执政当局。

当然这个军力报告是国会让国防部写的，国防部可以说自己是被动的，国会让写，这是美国国内立法，我没有办法，我只好写。但是写成什么样子、什么时间发布，国防部具有很大的主导权。

美国国防部通过军力报告这种所谓国会交给它的任务，反过来影响国会，影响美国政界，力图对美国还没成形的对华政策施加影响，成形后再影响就很难了。在整个政策制定过程中施加影响才能达到效果。还想通过种种方法，对美国对伊朗的政策、对朝鲜半岛的政策、对美国各方面外交政策造成影响，把军方利益加进去。

军方有单独的利益，这一点在美国表现很明显。举个例子，在美国国会，它的参议员、众议员，在维护本州利益上是不遗余力的，如果本州有一个军事基地，那么不管美军怎么裁军，绝对不能裁这个基地，因为这一个基地的存在，能给周围带来很多的收入。一个基地要投入很多的人力、物力，会引起周围消费发生变化，对周围商业、服务业等各种行业的带动是很明显的。不管怎么裁军，我要保留我的选区之内的军事基地，保持军工厂正常生产，这一点在美国政界表现得很明显。

那么对于美国国防部来说，它是一个利益集团，也是很明显的。一旦国际军事形势缓和了，还要它干什么？不能维持庞大的国防开支和庞大的全球部署的军力，那它是不高兴的。所以从国防部的利益来说，它宁愿世界上有些地方不断地冒烟、不断地起冲突，好有充足的理由从国会获取充足的经费，然后变为最强的力量。

美国国防部的强势地位，从拉姆斯菲尔德这个强势的国防部长来看非常明显，而不管是科林·鲍威尔，还是后来的赖斯，国务卿的弱势也很明显。有一个资料讲过，美国的中东司令部一年获得的经费达到500多亿美元，数目非常大。而美国国务院一年的经费大约就是100亿美元的样子。美国国务院维持全球外交，还不如一个地区司令部的经费多，所以美国国内舆论就讲，国务院对中东问题的政策很难推行。为什么？因为没有足够的经费支撑。而国防部很有钱，能够组织非常强的研究力量，研究出一些中东问题的报告，得出对它有利的结论。因为它的钱比国务院多得多，所以它在中东地区美军中央总部的影响力比国务院要大得多。

随着军力的扩张，随着美国冲突地点的增多，当然给美国军人带来了伤亡，但是对于五角大楼来说，通过冲突获得更多的经费，完成机构的扩张和膨胀。这点也是很明显的。

美国进行他国军力评估，在冷战时期主要针对苏联，苏联解体之后没有了。因为美国做这样的评估，主要针对它所认定的战略对手。比如美国绝不对文莱做评估，绝不对巴基斯坦做评估，也绝不对印度做评估。它觉得这些力量不够资格、不是对手。它能够通过有效的方法影响的国家，它觉得都不够资格。

冷战结束，因为苏联解体，美国对一个主权国家进行军力评估的做法大概停了10年。这段时间它在观察，谁会是美国的下一个战略对手。美国最初盯住日本，按照20世纪80年代末、90年代初那种态势发展，可能在一段时间内，美国要做日本军力评估了。后来美国认为不用，因为通过美国遍布日本的军事基地，日本还是牢牢在美国的掌控之中，日本力量对美国军事力量的依赖，日本逃不出美国的手心。所以它认为日本虽然在经济上给美国很大的挑战，但不足以成为美国安全的对手。

经过10年的考虑，美国越想越觉得，发展速度越来越快的中国可能是未来美国的对手，开始年度发表对中国武装力量的评估。这种做法带有很大的冷战思维，所谓冷战思维就是单赢思维：我赢了你必然得输，你赢了我必然得输，这个世界只能有一家赢。

其实情况是这样吗？我们可以看，美国在对我们进行全面军力评估，而我们没有对美国做。从新中国建立开始，我们从来没有主动以哪个国家为假想敌，从来没有对哪个国家发布过这样的报告，因为在一定程度上来说，这是干涉别国的内政。

这些观点美国是没有的。你认为你不是它的主要对手，它说是，它就这么评估。这就充满了冷战思维，充满了帝国思维，充满了单赢思维，这在小布什政府表现得非常明显，只能我赢，我的利益高于一切，我的利益比全球利益都高。

冷战思维、单赢思维、帝国思维，集这些思维之大成者，才能搞出这样的报告来。中国外交部发言人秦刚曾经说过，在国外有一种鬼魂叫冷战，有一种病毒叫中国威胁论，冷战鬼魂附体的人携带中国威胁论的病毒不时发作。说得很生动、很幽默，而且切中要害。

3. 让白宫头疼不已的五角大楼

美国国防部是一个年轻的部门，1947年才成立，最初国防部叫战争部，也有人翻译成军事部。随着海军力量的强大，战争部后来演变成陆军部和海军部。一直到第二次世界大战时，美国还是以陆军部、海军部作为两个指挥机构，后来在空军上出现问题。当时陆军有一部分陆军航空兵，海军也有舰载机——海空队，只有空军没有成立独立军种。一直到1947年，美国国会通过了国家安全法，设立了一系列机构，国防部正式设立，才把空军划出来成为独立军种。

所以从美国的军事指挥体制来看，空军是很年轻的军种，国防部也是一个很年轻的部门，都是1947年诞生的，诞生的根源是“二战”中的矛盾。

“二战”中，美国作为战胜国在亚洲战场打败了日本，在欧洲战场打败了德国，当然也有同盟国的很多国家参与，但美国无疑在其中做了很大一部分贡献。美国在“二战”中不但取得多次战争胜利，还给其他盟国提供了大量物资支援，包括英国、苏联、中国等。

很多人都觉得美国的体制在“二战”中是卓有成效的，但这杯“苦酒”只有美国人自己知道，美国总结出“二战”中很多问题：陆军指挥问题、海军指挥问题、陆军与海军协调问题、陆海军与政府协调的问题、军事政策与外交政策协调问题。比如资源分配的抢夺，优秀人才大家都想挖，适合服役年龄的青年，大家都想争，国会拨的经费各军种都在争，矛盾很大。这一大堆问题和矛盾怎么解决呢？就是成立一个国防部，下辖陆军部、海军部，把空军划出来单独成立一个空军部，由国防部把美国军队内部军令系统都加以协调。

有媒体评论，最让美国白宫头疼的就是五角大楼，因为它常常惹是生非、制造事端，与奥巴马政府大唱反调。比如奥巴马刚刚在伊朗新年的时候发表了表示友好的视频讲话，美国军方突然高调宣布驻伊美军击落了伊朗的无人驾驶飞机。

其实五角大楼与白宫唱反调，它的权力是很有限的。美国宪法明确规定，美国总统是三军总司令，国防部的首长必须服从总统。从法律角度上说，这是毫无疑问的。有时给外界一种错觉，国防部发出的声音好像跟白宫不太一样，实际上虽有差别，但在一些政策原则方面，国防部是不敢越雷池一步的。

国防部可以在职权范围之内发表一些不偏离大政策、大原则的言论，但如果超出大政策、大原则的话，国防部长就只能下台了。美国国防部长能当满一任的很少，拉姆斯菲尔德从 2001 年到 2006 年，当了五年半的国防部长，在美国的国防部历史上并不多见。

国防部不是政策的制定者，是美国高层政策制定的参与者之一，不是主要决策者。当然国防部长本身的权力还是不小的。比如“黑匣子”问题，这个黑匣子不是飞机的黑匣子，是指总统不离身的保镖提的黑箱子，也就是所谓的核按钮。美国总统有一个核按钮，俄罗斯总统也有一个核按钮，走到哪儿都是最引人注目、最悬乎的东西，好像世界的命运就掌握在这个核按钮上。实际上情况没有那么简单。从美国来看，发动战略核武器进攻需要“两人规则”，英文叫 two-man rule，不是总统下令摁了核按钮就能发动核战争的，必须得国防部长和总统两个人都同意，这就是两人规则。不然万一总统得了精神病，要打一场核大战，一个人就能启动核按钮，把整个地球拖入灾难境地了，这肯定不行。

平常大权、政策制定权、发动战争权、停止战争权总统都占主导，但发动核战争必须两个人都同意，从这个角度又凸显了国防部长的独特地位。

美国学者普瑞斯特写过一本书叫《使命：动用美军发动战争与维持和平》，在这本书里他认为美国国防部派驻全球各个地区的司令官，在海外所发挥的外交和政治作用，超过美国国务院派出的各位大使。他说得很有道理。

美国有九大联合司令部，在海外主要是：太平洋总部、中央总部、欧洲总部、北方总部、南方总部，其他还有联合部队司令部、特种作战司令部、战略司令部、运输司令部，但是具有全面统辖一个地区武装力量，包括陆海空三军的，主要就是太平洋总部、中央总部、欧洲总部、南方总部和北方总部这五大总部。

很多美国媒体揭露，这五大总部的总司令过着帝王一般的生活，耀武扬威，权力非常大，经费非常足。比如中央总部，因为它要指挥伊拉克战争，美国一年在伊拉克花费900亿到1000亿美元，中央总部能操控的有200亿到300亿美元。而美国国务院一年经费不到70亿美元，不足一个地区司令部经费的五分之一、四分之一。

美国太平洋总部我去过两次，在夏威夷。太平洋总部是怎么介绍自己的？首先展示一个图，从美国的西海岸到非洲的东海岸，太平洋总部管辖了地球表面56%的面积。这不是明显胡扯吗！管辖地球表面56%的面积，把中国全部算在内，把俄罗斯的一部分也算在内，把朝鲜、越南全算在内？牛皮吹得非常大。

太平洋总部经常召开一些会议，比如环太平洋地区各个国家的国防部长会议、陆军司令会议、海军司令会议、空军司令会议，要其他环太平洋国家国防部长、陆军司令、海军司令到夏威夷参加这个会议，美军太平洋总部司令主持会议。你说他狂不狂？他非常狂，俨然是这个地区的酋长。

太平洋总部司令访问中国人民解放军，我们发出邀请的是广州军区司令或者南京军区司令，因为太平洋总部是美军五大总部之一，所以我们以七大军区之一的名义发出访问邀请，但他们觉得我们应该以总参谋部的名义发出邀请，用军区的名义是把他们看低了。

太平洋总部自诩管辖地球表面56%的面积，牛皮吹得非常大。我们中国人民解放军不管辖别人的领土，我们七大军区就管辖中国960万平方公里的国土面积，我们不把别人的领土划到我们管辖的范围。当然我们也不承认它的划分。我们还是坚持军区司令发出对太平洋总部司令的邀请，仅此而已。

美国前国防部长拉姆斯菲尔德曾经对美国国务院官员说，我们浪费的钱比你们得到的拨款都要多。这体现了五角大楼的权力无限膨胀，美国外交政策军事化。首先要纠正一下，对于美国国务院其实我们翻译得不太准确，中国国务院，对整个国民经济、内政、外交、军事、经济、武警部队等都管辖，权力范围非常大；而美国国务院实际上就是外交部，只管外交，国务卿就是外交部长，与内政毫无关系。所以翻译成美国国务院是很有问题的，因为跟我国的国务院一对照的话，实权范围完全不一样。

这个矛盾出现的核心就在于，美国是一个崇尚力量的国家，奉行力量原则。通俗点说就是，谁的拳头大、谁的嘴巴大、谁有力量，谁有发言权。它在全世界推行外交政策，或以力量为后盾、或以力量为先导。所以美国国务院虽然对国防部颇有微词，但也没有太多办法，因为美国外交的开路者是军事力量，收拾摊子也是军事力量，它是力量建国、力量立国、力量开拓，一个建立在力量基础之上的强权。这也是国防部经费最多、力量最强、声音也最大的原因所在。

美国国防部也有很多文职人员，除了参谋长联席会议主席是军人，国防部长、副部长大多是文职人员，国防部下边的陆军部、海军部、空军部的部长、副部长也都是文职人员，只有陆军参谋长、海军参谋长、空军参谋长是军人。所以说，国防部与国务院的矛盾，很难叫军民矛盾，因为文职官员之间的矛盾不叫军民之间的矛盾，实际上是美国不同施政力量之间在施政手段、施政理念、施政目标等一系列问题上产生的矛盾。

4. 海外基地维持美军全球霸权

从传统来看，美军最大的基地多数在德国、日本、韩国。后来做了一些调整，德国的驻军逐步撤出。从美国驻军分部情况看，太平洋总部的力量已经超过欧洲总部。

基地是美军的一个固定驻守地点，是美军指挥机构和部队结构的设置，就像中国人民解放军几大军区，沈阳、北京、济南、兰州、广州、成都军区等，如果算起来，七大军区是驻守在国内不同的地点，我们没有海外基地。美国不一样，美军原来最大的是欧洲总部，现在最大的是太平洋总部，还有南方总部、中央总部等，几个总部都是海外的。

比如驻地在夏威夷的太平洋夏威夷总部，以美国第 50 个州夏威夷为核心整个铺开。夏威夷太平洋总部包括日本、韩国以及菲律宾的一部分；美军太平洋总部包括整个越南战争期间在越南、东南亚一带，包括现在新加坡的樟宜海空基地，可见美国的海外驻军范围相当大。

据美国人自己介绍，美军五大海外总部，加上运输司令部等其他特种作战司令部、航空司令部叫九大总部。海外作战司令部全部驻在海外，全部依靠海外基地的支持。

麻烦的是，组建非洲司令部是从中东总部里边分出一部分力量，直接牵扯一个海外基地问题。非洲司令部总部建在什么地方？它在非洲选了几个国家，其中大多数纷纷表示反对。只有一个利比里亚曾经表示愿意——因为有比较大的利益诱惑，结果遭到北非国家一致反对，最后没有办法只好缩回去了。

后来美军只好把非洲司令部放在德国。美军最大的基地体系原来在德国，但是后来在中东地区、伊拉克地区、阿富汗地区的势力范围越来越大。在伊拉克战争之前，海湾战争期间，美军实际上在科威特、阿联酋有不少基地，以及装备的固定存放地点。它能够在1991年海湾战争中迅速把伊拉克共和国卫队从科威特驱逐出去，就靠周围大量基地的支撑。

之后在沙特、巴林、科威特、阿曼、也门这些中东基地群的基础之上，在伊拉克的基地群也非常大了，已经伸到中亚了。从总体来看，美军从欧洲转向亚洲的过程中，在中东和中亚地区形成了庞大的基地群，日本和韩国也有相当庞大的基地群。

美国就像一个巨大的章鱼，恨不得把军事触角伸到世界上的每一个角落。在海外建军事基地，必须有强大的国力作为后盾。既然花费这么多的银子，那么这些军事基地在维护美国的战略利益方面确实发挥了很大的作用。

美军全球霸权，不仅仅是总统声明，已经实现全球部署，基地就是一个关键点。不仅是屯兵，而且它的生活、影响力也在里边。这些基地当然花费很大，不仅仅是军费开支的问题，比如2008年美国的军费开支为5000多亿美元，占全球军费总量的40%。实际上这个开支还没有把另外一笔钱算进去，就是反恐战争费用。它是列在普通军费开支之外的。也就是伊拉克战争、阿富汗战争，这两场战争的钱是由美国国会单独拨的。伊拉克基地、阿富汗基地形成中东和中亚基地群，这两个基地群的开支在军费之外，由反恐费用支撑。

美军实现全球到达、全球影响，基地绝不仅仅是跳板，实际上是发力点。2003年，小布什总统声明要发动伊拉克战争，这个力量从哪个地方发出来呢？

它不是从美国——当然美国有大量的运输工具，而是从科威特、阿曼、卡塔尔、巴林的美军基地发力的。当时出了问题的是土耳其，美军在土耳其有大量基地，但是土耳其考虑到种种因素，不允许美军使用这些基地直接攻击伊拉克。就因为这个举动，给美国造成了非常大的困扰，甚至直接影响当时第一数字化师——第四机步师的部署。如果土耳其允许其在土耳其基地部署，当时就会对伊拉克形成南北夹攻之势：南面从科威特打，北面从土耳其打。

美军内部，还有我国的军事分析员、评论员都在讲，随着美军机动性提高，如果投送力量能从本土直接到达全球，基地还有什么意义？而且信息网络连接、对全球情况的掌控，以及部队运输工具的改变，一切都证明：基地意义不大了。再加上维持基地费用很高，和当地的民众多多少少会发生一些冲突——大家可以看到日本、韩国民众连续抗议飞机噪声对当地环境的污染；冷战期间，在德国驻守兵力很多的时候，德国民众的抗议；包括日本禁止美军航母进入日本港口，自民党政府跟美国达成秘密协议："你可以不事先声张，悄悄地进来。"在日本掀起轩然大波——这都是海外基地带来的麻烦。

这种论调讲多了，产生一种假象：好像海外基地有消亡的趋势了，好像美国人开始带头率先裁减基地了。美军确实在调整压缩基地，但是这个基地减少，不是说基地没有用了，主要是财政开支太大、安全态势的转换和战略重点的转移。比如欧洲基地量非常大，德国的基地量非常大，已经逐步关闭、逐步减少，把部队调出来，把装备转移出来，把基地交给当地人。

真正由于信息化速度、远程投送的发展而缩减的基地，我们并没有看出来。现存的这些基地，在海外仍然起着非常重要的作用。你远程投送力量再快，在伊拉克、阿富汗作战，你的轻装人员可以用飞机很快输送过去，但是重装备比如坦克——一辆坦克 40 多吨，美军坦克已经达到 58 吨，M1A2 达到 62 吨——这么大的重量，飞机没有办法运送。而靠海运，一般是 20 天到一个月，甚至还要多。怎么办？还是得靠基地事先大量储存。

有基地储备人员、物资、油料、装备、弹药，使未来在全球行动时非常快速而全面。如果标一个世界地图的话，可以看到，美军基地在全世界星罗棋布。它把不重要的基地撤了，但是那些重要的基地还在各个要点，中东、中亚、东亚、西太平洋包括欧洲，这些地方基地密集，屯兵、囤积装备，为未来的军事行动做支撑。

即使在信息化条件下，即使在远程投送能力加强的情况之下，海外基地对美国这种全球行动的国家来说，仍然有非常重要的作用。

5. 脱离伊、阿战争，美国“重返亚洲”

美国的战略安排，第一个层次是国家安全战略层次。在这个层次定期发布国家安全报告评估，由美国总统签署发布，这是最高的层次。

第二个层次是国家防御层次，也是定期发布报告，由美国国防部长签署。

第三个层次就是军事战略层次的报告，是由参联会主席，相当于各国军队的总参谋长签署。

美国最高层次的国家安全战略报告，涉及整个国家安全的方方面面，第二层次的国防战略报告，涉及整个国防，主要讲的是作战问题、部队建设包括装备发展等这些非常具体的军事问题。

2011 年的美国国家军事战略报告，是从 2004 年以来第一次做出修改。这次报告发布间隔超长，跟以前是不一样的。之所以间隔时间这么长，是因为从美方来看，好像军事战略问题基本解决了。就是国家安全战略报告和国防战略报告这两个层次，已经把大量的军事问题涵盖其中，把问题解决了。

当时美国面临的最大问题，就是在国家安全战略和国防战略指导下进行的伊拉克战争和阿富汗战争。这两场战争都带有很大的政治意味，美国从 2003 年以来，焦点一直在伊拉克战争的问题上，所以在很长时间里，美国的军事战略报告就闲置了。

在时隔 7 年多以后，美国重新搞了一个军事战略评估，实际上是一个很明显的信号，就是美国从伊拉克和阿富汗这两场战争泥潭中解脱，到了对美国军事做全面评估的时候。要提出新的军事目标，新的军事发展点、增长点，可以把伊拉克战争、阿富汗战争放入历史了。

这个报告的关键词就是中国、中国，还是中国。当然，它这里面直呼中国不多，大量用“某国”这样的语言代称中国，比如它说“某些国家正在发展反介入和区域封锁的能力”等。

从这点来看，这是美国一个很大的转向。你说它是完全针对中国，也不尽然。所有的军事都是为政治、为经济服务的，没有单独于政治和经济之外的军事。

美国人曾说过，21 世纪是亚太世纪，他们对这一点看得非常清楚，世界未来经济发展的重心，在往东亚尤其是西太平洋这一带转移。从中国、韩国、日本，然后到新加坡、越南这一带，包括印度，是世界上经济发展最活跃、世界未来的经济重心，当然必定是世界未来的政治中心。在这种情况下，美国的军事重心必然要往这个地区调整，与美国在这个地区的利益和这个地区未来的地位相适应。

当然这里边也有对准中国的趋势，包括在关岛，包括驻日、驻韩的美军，包括在阿富汗的部署。但是说完全针对中国，还不能这么说。这个战略重心东移，完全是针对世界巨大的利益趋向而来。

其实，美国的战略重心东移，10 多年前克林顿政府中后期就在筹划了。主要是苏联解体了，俄罗斯表面上好像和西方的制度完全一体了，美苏在欧洲的争夺局面结束，当时就提出战略重点东移。尤其是小布什政府上台，发生的中美撞机事件，可以当作美国战略东移的很大由头。当时看来，中美之间的对抗似乎难以避免。但随着“9 · 11”事件发生，之后就是反恐 10 年，美国的战略注意力、战略视野和战略资源都被反恐所分散了。

每个战略转移都要有长期铺垫，国际形势使然。东移已是一种迟滞的行为，被阿富汗战争和伊拉克战争延迟了。现在美国大张旗鼓地重返亚太，时机非常糟。美国恰逢金融危机，国力透支，因为两场反恐战争的影响，美国在全世界的形象衰落，损失也很大。此时战略东移，美国捉襟见肘，并没有那么雄厚的经济、政治资源。所以如何有效实施东移，是一个很大的难题。

当然，国际舆论都在高调地讲美国重返亚太，国内也有一些舆论跟着美国人讲，说美国重返亚太。这么说，好像是之前美国有一个空缺，不在亚太了，今天重新回来了。我们必须指明一点，美国从来就没有离开亚太，重返亚太这个概念是美国人自己造出来的。

美国在日本有大量的军事基地，哪一天撤离了？美国在韩国有大量的军事基地，哪一天撤离了？美国对台军售，哪一天停止了？包括美国对菲律宾施加的影响，对东南亚国家所施加的军事影响，包括与澳大利亚、新西兰的准军事同盟，哪一天停止了？一天都没停止，所以说美国在亚太从来都是存在的。

当然伊拉克战争、阿富汗战争期间，美国的战略注意力、战略资源和战略视野主要放在了这两场战争之上，有些时候顾不上亚太了，但在亚太始终存在，所谓重返亚太实际上是个伪命题。当然，从实质意义来看，美国的战略重点是在向亚太转移，这种转移一直没有完成。

虽然美国表面上从伊拉克战争解脱了，但伊拉克的问题还没有完，它只不过是从台前退到了幕后，伊拉克对美国还有很大的牵制。第二就是阿富汗战争的影响至今也未完。在这种情况下，美国担心的是美国人自己营造的一个噩梦，它认为在美国忙于伊拉克和阿富汗这两场战争的时候，中国、印度借机获得很大的发展。

中国的发展，印度的发展，世界东方格局的变化，首先是两个国家经济建设取得了非常大的成就，物质财富极大增长，这个增长是因为两个国家没有发生战争。虽然很多西方人在挑动印度与中国不和，恨不得印度和中国打一仗，两个东方大国来互相比拼、互相消耗，但是印度和中国虽有边界矛盾，但可以坐下来谈。美国人就认为好像是因为美国无暇东顾了，亚洲的格局才出现了重大的变化，所以必须回来。

美国所谓的重返亚太，实际上是在之前的基础上，要在亚洲投入更多的战略资源、更大的战略注意力和更宽的战略视野。

把战略重心重新部署在亚洲，毫无疑问这是美军一个重要的战略目标，而不是现实。现实是美国确实在朝这个目标大幅度推进。比如充分利用朝鲜半岛形势恶化，使美军在韩国的驻军得以巩固。原来在韩国的驻军，2012 年指挥权要全部交给韩国，在朝鲜半岛形势紧张的情况下，韩国总统李明博访问美国，主动要求美方把指挥权延续到 2015 年，奥巴马欣然接受。

美国还充分利用了中日钓鱼岛争端，煽风点火，添油加醋。通过钓鱼岛问题，一手控制日本，一手牵制中国。钓鱼岛撞船事件之后，日方力图把钓鱼岛的归属问题拉到《美日安保条约》里面去，日本就觉得傍了个大款，有美国人在后面支持自己，感到心里有底。当然美国不表明直接支持日本，也不表明直接支持中国。当着日本，美国说可以援引《美日安保条约》；当着中国，美国又说不介入中日双方的争端。这是美国做得非常巧妙的地方。中日之间的矛盾成为美国存在于这个地区最大的理由。

中日关系恶化，对美国来说不是坏事。因为之前的历届日本政府，美日因普天间机场搬迁问题发生纠纷，几乎到了翻脸的程度。现在好了，钓鱼岛争端起来，美国反复提示日本，你看这个东方巨人对你的威胁多大，然后日本做了一系列的选择，包括修订《防卫计划大纲》，以中国为主要假想敌，迅速强化《美日安保条约》。美日因普天间机场产生的矛盾，在美国人祭出一个以日美安全大局为重的旗号后，日本过去不想吞的苦果也只能吞下去了。这是美国人非常老辣的地方。

之后美国又不失时机地提出来美中日三方的会谈，似乎要为钓鱼岛纷争做一个调解。实际上，只要它做了调解，就会产生中日争端都要美国来表态这么一种导向，这是美国所希望达到的。对此中国方面回应得很好，钓鱼岛的归属问题自古已经有定论，不是争议的问题，没有必要请美国人做这样一个调解。

美国有一种战略思维搞得很深，就是挑起地区矛盾，利用国家之间的矛盾，然后打进楔子，最终取得地区安全的主导权。这显示出美国玩弄地区平衡的一种高超技术。每当亚洲形势缓和的时候，总能出现一些波折。这是美国的战略思维，可以说比较成熟，也可以说比较老辣。

美韩军事关系、美日军事关系都得到了巩固。再加上美国国务卿希拉里带头挑动东盟各国，质疑中国在南海的权益，又引发东盟各国对中国的警惕，对美国产生依赖。

东北亚有韩国、日本；东南亚有东盟；中间有台湾，对台军售，保持所谓的一种特殊关系。这就是美国所谓的重返亚洲。但这种重返，毫无疑问是美国这一轮重新的部署、一种重新洗牌，强固过去的盟友、支点，争取新的盟友、支点，营造一个遏制中国发展的空间。

有的学者讲，歼 –20 隐形战斗机试飞之后，美国认为中国军力发展很快、军事科技发展很快，所以担心中国反进入，把美国阻止在区域之外，所以美国对中国施加强大的压力，进行比较强力的遏制。这些学者的研究还是不够的，这种中国反进入的论调，根本不是在我们的歼 –20 试飞之后提出来的。2002 年“9 · 11”事件刚刚过后，美国国家安全战略报告就提出来两个概念，一个是反进入，一个叫区域阻止，就是针对中国的，实际上时间非常长了。它并不是根据我们装备的发展提出来的，其实我们有没有武器装备的发展，它都要提出并进行，这就是美国所谓的预防性战略。

当然，绝不仅仅是遏制中国。虽然在一定程度上，美国是拉印度遏制中国，但是到一定的程度后，印度人就会发现，美国在遏制中国的同时也在遏制印度。

美国国防部长帕内塔在海军船厂视察时，不小心说漏了嘴，美国对中国和印度的崛起必须保持高度的警惕，发展中大国，美国都是所谓“一视同仁”。这是印度开发洲际弹道导弹，引发美国的强烈反弹。印度要打中国，战区导弹就可以了，搞什么洲际导弹？洲际导弹覆盖全球，就把美国也覆盖了。

所以美国对印度的警惕性，一点都不低。遏制印度向印度洋方向发展，同样是美国的一个战略重点。

6. 美国单边主义被迫终结

美国军事上提出一个全球到达的概念，就是组建、营造一支具有全球到达能力的军队，对全世界可能也是一种威慑。但是实际上并没有达成，制约美国的，主要是国力层面。造成美国国力受到重大消耗的，就是伊拉克战争和阿富汗战争。奥巴马之所以能够当选，其中一个重要因素是向选民许诺从伊拉克撤军。

从 2003 年到 2008 年年底，美国在伊拉克的战争费用超过 8000 亿美元。有两位美国学者联合写了一本书，叫作《三万亿美元的战争》，这本书其中的一个作者是诺贝尔经济学奖的获得者。3 万亿美元的战争，指的就是伊拉克战争。这两位学者讲，截至 2008 年年底，美国直接战争费用超过 8000 亿美元，间接的费用包括对国民经济的拖累，包括对伤亡人员后续的抚恤——2008 年美国在伊拉克战场死亡军人突破 4000 人，负伤超过 5 万人，包括军队装备损耗带来大量生产、效益方面的影响，包括对美国国内社会的冲击，国内反战各种游行造成的社会成本。从这些方面，不完整统计，伊拉克战争起码要消耗美国 3 万亿美元。

这代价是极其高昂的。美国国力受到巨大损耗。所以奥巴马上台，许诺减少伊拉克的驻军，并在 16 个月之内从主要战区撤出。但是他还有另外一个许诺，就是增加在阿富汗战场上的投入。

之前美国和北约其他国有个分工，美国主要负责伊拉克战争，然后北约其他国，德国、英国、法国、意大利主要负责阿富汗战场。但是阿富汗战场发生了混乱，形势急剧恶化，塔利班武装袭击越来越频繁，阿富汗有五分之三以上的领土被塔利班掌握。美国从伊拉克撤出后，势必加大对阿富汗战场的投入。

所以，中东地区对美国战略能力的消耗，不是一时半会儿的。增兵阿富汗实际上给美国增加一个新的损耗点，这些东西的牵制，导致美国在全球行动能力呈现捉襟见肘的有限性。

美国从伊拉克的撤出，实际上象征着美国单边主义的终结。虽然单边主义超出军事意义，主要是一种国际政治利益，但单边主义对国际军事有非常大的影响，这影响就是不管任何国家反对，只要美国认定了，就一定要打。阿富汗战争、伊拉克战争就是这样。

可以设想，如果伊拉克战争非常顺利，美国单边主义在全球继续推行，那就是想打谁就打谁，根本不受什么国际法、地区法的约束。就像前总统小布什“9 · 11”之后在美国国会的演说一样，他说任何地区、任何国家现在都必须做出选择，或者与美国站在一起，或者与恐怖分子站在一起。这是国际政治力量前所未有咄咄逼人的腔调，全世界国家你们现在都得选队站，或者跟美国站在一起，或者跟恐怖分子站在一起，没有第三个选择。这腔调太霸道了。

由于美国在伊拉克遭到的困境，很多美国人包括民众、政要都把责任推到小布什一个人身上，说是小布什一个人捣的乱，是小布什单边主义导致了美国的灾难。可是很多人都忘记了，当年阿富汗战争、伊拉克战争在国会通过的时候，可是零票反对，大家都支持的。

幸好的是，2009 年单边主义在全世界退潮，美军逐步撤出伊拉克，把伊拉克防务交给伊拉克当地的政府负责。当然这并不是一种理性的回归或者良性的回归，这是面对美国实力衰退的无奈，美国面对两场战争和一场金融危机——阿富汗、伊拉克战争和 2008 年 9 月份以雷曼公司破产开始的美国金融危机，对美国国力造成严重的损耗。

摒弃单边主义，完成战略收缩，依然维持美国在全球的霸权，这是任何美国总统不管黑人还是白人一个共同的追求。所以，奥巴马犹豫再三，最终还是做出了从伊拉克撤兵、在阿富汗增兵的决定。他在接受诺贝尔和平奖的时候，在奥斯陆有一篇演说，演说中非常明确地讲到几点，一是讲不讲规则问题，像恐怖主义不讲规则，就要动武；第二就是人权问题，因为人权问题就要干预所谓的暴政。

从这篇演说可以看出美国对于在未来保持世界霸权、保持全球动武能力的追求，即使奥巴马总统上台也没有做出改变。主动出击、主动选择打击对象，这些追求也不会改变。

7. 美国利用救灾，控制海地

海地一直被看作是美国后院的门户，是一个被人戏称为离上帝太远、离美国太近的国家。从地理位置上看，海地处于中美洲，在古巴的边上。古巴长期是美国的心病，所以美国对海地、多米尼加的关注力度相当大，力图利用海地、多米尼加对古巴形成夹击的态势。

据说海地政权长期不稳，政府治理不是很有效。如果说以前这还只是传言的话，那么通过 2010 年那场地震就能看得非常清楚。在自然灾难面前，海地政府基本失效。行政管理、行政控制权，由美国迅速地全面接管。“卡尔文森”号航母，再加上3万人以上的派驻部队，实际上对海地实行了军管。海地政权实际上是被美国人全面接管了。

这给中美洲甚至南美洲各国都做一个示范，就是这个地方有了乱子，必须由我美国来处理，没有我谁也处理不了。

因为美国派遣救援海地的军队过于庞大，所以引起了外界的怀疑和警惕，一些欧洲和拉美国家纷纷质疑美国的做法。意大利国防部发布声明很不客气，说美国你这是救援吗？你完全是军事占领。

但是对于美国来说，维护其在中南美洲地区的利益，是优先考虑的，这个考虑是放在其他考虑之前的。所以它对于控制局势投入非常大，对于真正的救援物资、救援设备、救援力量——医疗、后勤、工程、舟桥这样的部队投入并不多。美国投入的是大量荷枪实弹、全副武装的士兵，武装直升机、航母、作战舰艇全部到达。这种救援就与一场大规模的战略交织在一起。

当然，从国际救援规则来看，军队去也是有必要的。因为当时海地陷入了混乱，政府控制权失效了，管理社会的能力已急剧降低，大量的政府官员放弃了自己的职守，不知跑到什么地方去了。在这种情况下，也确实需要一支力量维持海地社会的正常运转，维持秩序、完成灾民的救治，尽快让海地从灾难中恢复过来。关键是从国际规则来讲，这个力量应该由联合国出。

实际上在海地整个救援过程中，从号令发布、救灾物资调集到机场、港口的指挥和救灾物资的分发，还有各个部队任务区的分派等，联合国和美国的维和力量发生了非常大的矛盾。美国有很多理由，它认为联合国的反应是无力的，联合国的行政效率是低效的，所以它要主导。

中国有一句老话，“名不正则言不顺”。美国也讲究这个，但是它反而觉得联合国是“名不正则言不顺”，它理所当然地认为海地是它的后院，应该由它来负责，它设立在佛罗里达州的南方总部，负责南美洲、中美洲所有的安全事务。

在此之前，海地不管发生地震还是海啸，救援工作基本上是在当地政府主导、联合国提供辅助的情况下进行的。海地这回出现了一个全新的情况，总统府都震塌了，政府几乎完全失效了。不但要组织救援，而且要组织行政管理、组织日常的保障，联合国短时期之内调动这么多的力量，确实有点难。

这时美国人乘虚而入，展现大量的力量。从好的方面来看，靠这些力量把海地的基本秩序维持住了。对于海地不管是维和还是灾难救援，那是有好处的。问题出在中长期，处理到了后期，政府重新组建，恢复行政职能和最后善后的时候，连带出来一系列问题。谁来执政的问题，不得不看美国的脸色，因为美国把这个国家实际控制了。

中国也积极参与了海地地震的救援行动，这回有非常杰出的表现。首先一点就是，中国与海地没有外交关系，海地长期以来承认的是中华民国。在这个国家政府还不承认中华人民共和国的前提条件下，我们一直履行联合国维和的职能，派出了民事警察，长期在海地执行救援任务。而当海地遭遇大灾难，我们又投入了大量的人员、物资，几千万的投入，在海地开展救援。

如果说中国要解脱这个国际义务，是有非常充分的理由的。你都不承认中华人民共和国，跟我们没有外交关系，我们何必做这么大的投入呢？但是我们还是基于基本的国际主义义务和人道主义精神，投入大量的人员、物资，包括医疗后勤方面的救助。中国的民事警察、中国的维和力量，对海地这个不承认中华人民共和国的国家，主要援助的是受苦受难的人民。

从海地的灾难救援，取得的是正反两方面的经验。

美军在海地救援中扮演的角色，很难分辨什么是正面的，什么是反面的。但是有一个非常有力的提示，就是在这种灾难救援中，军队的远程投送能力极其重要。因为在这种远程灾难救援中，尤其像海地这种当地的行政机构几乎全部瘫痪的情况下，如果没有这样的救援，这个国家势必陷入一片混乱。

这对和平时期建军，提出来一个非常高的要求。在这种非战争军事行动中，在多元化军事任务中，往往要求的是这种远程投送能力。这个远程投送主要是以空中投送为核心。如果单讲投送的话，我们陆上机动是没有问题的，包括“跨越 –2009”演习，我们的铁路机动、公路机动都很不错了。从这次海地救援来看，中国作为联合国安理会常任理事国，为了履行国际义务，像这种跨越大洋的救助也是难以避免的。对于远程投送能力，人员的输送，物资装备设备的输送，人员去了以后投入救援时差的转换等，对于一个国家的物质力量和精神力量都提出了很大的考验。

8. 维基解密，美国外交间谍化

“维基解密”网站从 2010 年 11 月 28 日开始，逐步曝光了 25 万份美国的外交机密文件，将诸多美国外交内幕和盘托出。这些文件是美国在全世界的 270 多个外交机构与华盛顿之间的来往密电。

美国一些政治人物发出声明，要封闭这个网站，这个网站曝光文件的来源和动机是一回事儿，而我们更看重的是，网站强行解密的这些文件向世人展示的东西。

西方的媒体评论，这是一场全球外交的大灾难，说是全球外交灾难倒不至于，确实是以美国为主的西方外交的灾难。因为这 25 万份文件，主要是涉及与美国关系不错的盟国，包括英国、法国、意大利等欧洲国家，也包括亚洲一些盟友。内容是美国外交官对他们所在国政治人物的评论，在微笑握手合影的外交辞令之后，是非常尖刻的评论。

从这些大量的文件中，可以看出美国的外交是多么唯我独尊，多么以美国的利益为中心，与美国在表面上所说的考虑全世界利益，考虑全世界人权，是大相径庭的。甚至对它的盟友的评价都非常尖刻。美国这些外交官在做这些评论的时候，肯定没有想到，有一天这些评论会被世人知晓，所以弄得他们非常狼狈，非常尴尬。

这些曝光的内容，包括对法国时任总统萨科奇的评价，包括对俄罗斯时任总统梅德韦杰夫的评价，包括对英国时任首相卡梅伦的评价，也包括对德国总理默克尔的评价，都是相当苛刻的，而且好像都带着人身攻击、挖苦的恶意味道。

这个文件一曝光，美国非常紧张，国务卿希拉里连续亲自给法国、阿富汗、阿联酋、英国等各个国家的领导人打电话解释。美国国务院的发言人克劳利在文件曝光之前，曾反复强调说，美国外交官不是间谍，外交官搜集信息，对信息做出分析评价，世界各国都一样。还专门强调，外交官向国务院的报告，他们搜集的信息和分析评价，并不影响美国的外交决策。克劳利说的这个话简直就跟说梦话一样，外交官直接向美国国务院反映带有他们感情色彩的评价，怎么可能不影响外交政策呢？再说，克劳利反复讲美国的外交官不是间谍，所有国家外交官都搜集对方国家各种各样的情况。那么维基网站曝光这些东西后，你还敢说吗？

美国国务院要求在联合国的外交官，通过物质的、精神的奖励，在当地大量培植给美国提供情报的线人，要搜集联合国和其他政要的各种私人资料，包括他们的 E-mail，通信的情况，包括电话通信情况，甚至 DNA 的数据，你掌握别国外交官的 DNA 数据是什么意思？这种文件曝光，真是太令人震撼了。连联合国秘书长潘基文也不能幸免。而且当时美国驻联合国的外交官被要求，要注意搜集潘基文在伊朗问题上的真实态度。

你说你这是外交官的行为吗？这完全就是非常标准的特务活动。这是曝光文件的维基网站给国际政治立下的一个大功劳，让人们看见这么一种霸权政治、霸权外交。表面的仁义道德底下，所进行的是一些不计后果的卑劣行为。这不是你的对手涂抹你，是你自己展现的最真实的、不为世人所知的一面。这不是别人对美国的诬蔑，这是美国外交官的真实记录，是对美国外交的真实记录。

所以有评论说，维基解密网站解密的这 25 万份报告，是美国外交遭遇的“9 · 11”。震动之大，对美国的国际形象影响之大，是可想而知的。

从表面上看，这个事件产生的影响不会很大，因为这批曝光的文件主要是美国的盟国的。这些盟国跟美国结盟也是为了利益。其中曝光的大部分国家领导人，包括法国、英国、德国的这些领导人，被美国这么肆意地、加以侮辱地评论，他们能够吞下这个苦果，是因为他们没有办法，美国是老大，为了他们的利益只能吞下。

近期不会发生大的问题，但是从中长期来看，美国外交信誉受到影响，大家不得不非常小心谨慎地与美国结盟，非常小心谨慎地与美国沟通，因为任何情况都有被曝光的可能。这对美国所谓军事同盟的网络和安全同盟的网络都会造成很大的冲击。说通俗点就是，你作为一个老大，以这种方式来对待你的同伙，同伙值不值得把砝码都押在你身上，要考虑考虑。

在这些文件曝光的当月，瑞典警方发出国际通缉令，指控“维基解密”网站创始人阿桑奇对两名女子实施性侵犯，次月英国警方逮捕了阿桑奇。2012 年 6 月，阿桑奇在保释期间进入厄瓜多尔驻英使馆寻求政治庇护。之后阿桑奇亮相厄瓜多尔驻英国大使馆阳台，公开批评美国总统奥巴马对“维基解密”网站发起“政治迫害”，同时呼吁释放美国指认的向“维基解密”泄密的美军士兵。

阿桑奇在“阳台演讲”中不说英国，也不提瑞典，偏偏用了很长的篇幅来说美国。看来他也知道，英国和瑞典揪住他不放的背后正是来自美国的巨大压力。对维基解密的政治迫害，暴露了美国宣扬言论自由和信息透明的虚伪和双重标准。

这其实是个很矛盾的现象，美国在全世界到处讲互联网的好处，包括奥巴马、希拉里，到处讲人家封网是如何不对、互联网给全世界带来了多大的福音。然而，正是希拉里 · 克林顿领导的美国国务院，不遗余力地对阿桑奇和维基解密明里暗里进行打压。

可以看出，不管是美国宣称的所谓信息透明、民主人权，还是互联网给全世界带来的变化，当这些对美国有利的时候，美国是全力支持的；但是当互联网出现以阿桑奇为代表的另外一种声音——当然他不是唯一的力量，他只是个比较突出的力量——这时候就产生另外一种效应：美国搬起石头砸自己的脚。

阿桑奇解密的不仅是美国驻世界各地的外交信函，还有关于美国在阿富汗战争、伊拉克战争的一些秘密文件，向全世界展示了美国这两场战争决定不是基于人道主义干涉，不是基于人权，而全部是依据美国的国家利益。为此可以没有理由找理由，可以出了问题掩盖问题。当美国这种行为被披露在世人面前时，美国国务院觉得非常丢脸，所以拼命地要堵住阿桑奇的嘴。

阿桑奇捅了美国的马蜂窝，揭露了美国不为人知的一面，它说的人道主义干涉、人权至上，都是非常冠冕堂皇的一面。桌子底下的那些勾当被暴露出来，美国非常恼火。

美国打压阿桑奇，其实就是在打压互联网给美国带来巨大冲击的另外一面，它尝到了互联网带来的苦涩滋味。这是国际政治中一个非常有趣的现象。当美国把互联网作为颠覆很多国家的一种工具的时候，突然发现，自己的形象也被很大程度地颠覆了。

美国对维基解密的打击或者利用，完全取决于美国的国家利益，体现了鲜明的美式实用主义特点。美式实用主义是从美国建国至今保持长久不衰的最基本主义，就是只要为了美国的国家利益，可以说任何话、做任何事情。举个例子，为了挑起中日持续争端，希拉里对日本讲钓鱼岛问题，说可以援引《美日安保条约》。但是当希拉里访问中国的时候，需要中国给美国开出个相应的大单子，比如购买更多的美国国债的情况下，希拉里能说出很多让中国人喜欢听的话。美国在一些场合说这样的话，在另一些场合说那样的话，所以如果拿一个固定的场合下美国人的话来代表美国的立场，那是不对的。美式实用主义的唯一原则，就是紧紧围绕美国利益。

对阿桑奇的迫害，美国也是感到非常为难的。因为对于美国的所有打压，阿桑奇敢于公开站出来说。他就像是个刺猬，美国抓住他的话，他扎手；不抓他的话，他又到处捣乱。这对美国来说，是一件非常麻烦的事情。

当然，美国跟阿桑奇的暗中交易肯定也非常多，暗中肯定开出了很多条件，可能是这个条件没有满足阿桑奇的要求，所以阿桑奇就公开站出来说。对于美国来说，公开的打压和暗中的胡萝卜，两手是要共同使用的，这是美国惯用的政策。

阿桑奇今天已成为一个国际符号，美国要把他简单消除已经不太可能了。如果能让阿桑奇闭住伤害美国国家利益的嘴，让这张嘴揭露别的国家，这对美国来说是好事。所以美国封杀他，也不是单纯地要把他完全封死，就是封死对美国不利的部分，阿桑奇如果发布对美国有利的东西，美国还是很乐意看到的。

瘦死的骆驼比马大
（俄罗斯篇）

苏联解体后，俄罗斯的经济逐步走出苏联腐败阶段的阴影，但国防建设还在这个阴影中徘徊。不仅仅是单一军种的问题，俄海军、空军，甚至陆军都存在一些问题。

普京从叶利钦手中接掌政权之后，一个理想就是向西发展，普京认为这是俄罗斯的未来。但是，北约东扩的壁垒和欧盟东扩的壁垒，对俄罗斯形成强劲的关闭态势。

1. 出兵格鲁吉亚，俄罗斯大国地位崛起

2008年8月8日，有两个大国登上世界的舞台，一个是举办奥运会的中国，另外一个就是与格鲁吉亚起军事冲突的俄罗斯。

大家习惯把格鲁吉亚与俄罗斯的冲突作为俄罗斯重新恢复大国地位的标志，但是其中值得注意的是，在这次冲突中，俄罗斯呈现相对的被动性。从战役、战术层面看，冲突不是俄罗斯挑起的，是格鲁吉亚挑起的，这是一点；第二点就是，虽然从冲突中看，俄罗斯面临挑战时表现出一定的主动性，但是从一个更大的战略背景来看，俄罗斯总体还是被动的。

因为它的行动范围，实际上就是苏联的范围，就是独联体的范围。实际上，引发俄罗斯这个行动的原因，就是北约东扩已经挺到家门口了，波罗的海三国变成北约成员国，北约的飞机，包括预警机、战斗机都驻留在波罗的海三国，直接对俄罗斯的安全构成了威胁。而接着下一步，乌克兰有可能加入北约。而当时格鲁吉亚正在积极申请加入北约，它对南奥塞梯动手，就是想迅速完成领土统一，这是加入北约的先决条件。

乌克兰、格鲁吉亚都加入北约，这是俄罗斯难以容忍的。实际上俄罗斯从北面、西面、南面基本上陷入了北约的合围。所以虽说表面看，俄罗斯在与格鲁吉亚冲突中相对咄咄逼人。但是总体看，俄罗斯还是对这么多年来北约东扩、对西方发动的颜色革命，进行一种带有相对被动性的反击。

俄罗斯的反击实际上是一种恢复。恢复什么呢？首先是俄罗斯大国的意识，维护自己主权的利益范围，而这个利益范围绝不仅限于现有的国土、领土、领海和领空的范围。“我原有的利益范围，我一定极力地保持它”，这是一种俄罗斯恢复其大国意识很明显的表现。

尤其在与格鲁吉亚冲突之后，俄罗斯宣布外交五项原则。在其中公开宣布，俄罗斯不承认现有的世界秩序。俄罗斯认为现有的世界秩序，是在一国独霸局面下形成的，俄罗斯要求打破这种一国独霸的局面。俄罗斯要求对现在的

国际政治、经济秩序，做一次重新调整、改革。这一点，是非常前沿的。

对美国人来说，首先没想到俄罗斯在与格鲁吉亚的冲突中所表现出的这种坚定性。另外更没想到，俄罗斯借着冲突居然做出这么多的文章来。

一个国家，如果不富的话，强军永远只能是梦想。就在普京当总统这 8 年，俄罗斯经济取得了长足的进步。俄罗斯外汇储备达到 4000 多亿美元，而普京刚上台的时候也就 100 亿美元，甚至有时候连 100 亿美元都不到。俄罗斯的国力增长很明显，国力增长给军队实力的恢复起了关键性的支撑。

但是俄罗斯经济增长过分依赖于石油和天然气，从 2008 年 9 月份起，国际油价急剧下降。一度从 147 美元一桶高峰值，下降到 30 多美元一桶，这对俄罗斯是致命的打击。可以说，俄罗斯的外汇储备有 1000 多亿美元不翼而飞。这样一来，它的经济又处于一个比较困难的境地。

这是俄罗斯 2008 年戏剧性的变化。一场地区冲突，对大国地位崛起起到非常重要的作用，在大家都对它刮目相看的时候，又在金融危机中遭到重挫，这种重挫对俄罗斯经济、国力、军事活动，都有很大影响。

在格鲁吉亚采取军事行动决策以前，它是得到西方尤其美国默许的。因为没有美国默许，格鲁吉亚采取这样的行动是很困难的。虽然行动中美国也提供一些帮助，比如说派舰队进入黑海，派军用运输机给格鲁吉亚运送一些急需的军用物资，所谓人道主义物资。但是这些行动完全没有像格鲁吉亚的萨卡什维利所想象的那样，提供直接的或者相对直接的军事援助。这实际上表现出美国在全球战略行动能力上的有限性。美国并不是像很多人想象的那样，今天它想打谁就打谁，想到哪里就到哪里。

美国军事提出过全球到达的概念，就是组建、营造一支具有全球到达能力的军队。这种理论对全世界可能是一种威慑，但是实际上，当外高加索发生剧烈冲突的时候，美国人并没有达成，一天、一周、一个月并没有产生这样的反应。而制约美国这个反应的，主要还是国家政治层面，政治层面包括国力层面。伊拉克战争、阿富汗战争对美国国力拖累非常大，奥巴马当选，他的重大许诺就是撤出伊拉克，这起到了非常关键的作用。

格俄冲突后，萨卡什维利本人抱怨极大，说美国把他出卖了，西方把他出卖了，甚至包括北约把他出卖了。我在行动之前，西方起码是默许这个行动的。结果从头到尾美国除了提供有限的人道主义支援，没有什么实质性的反应。北约也是这样，萨卡什维利非常不满意。正因如此，北约于 2009 年 5 月在格鲁吉亚举行了军事演习，这轮演习带有一种很大的安抚性质，就北约来说，也不愿意萨卡什维利这么一个倾向西方的人物黯然下台，给以后树立不好的榜样，所以通过一场演习对萨卡什维利起到政治声援的作用，也是对格俄冲突中没有及时提供实质性支援的一种补偿，一种为时已晚的补偿。

格鲁吉亚这个地方是高加索地区欧亚分界的一个区间，更加关键的是，里海的石油要通过格鲁吉亚输往土耳其，这是一条关键的地段。格鲁吉亚在这么一个地方，身价倍增。如中东地区的石油充满了风险，中亚的石油尤其是里海的石油成为西方油气资源供应非常理想的来源。

俄罗斯拥有巨大的油气储存，但是西方由俄罗斯提供的能源和天然气不太稳定，而且容易被俄罗斯在关键时候加以所谓的政治敲诈。比如说 2008 年向乌克兰供气的停止，西方很担心这一点。今天落在乌克兰头上了，明天落在自己头上怎么办。所以从东亚开辟一个新的途径，有里海方向丰富的油气储存，有一个固定输出渠道，这是很重要的。格鲁吉亚就成为这样一个关键点，它是连接里海和黑海中间关键的地段，在高加索这一块格鲁吉亚的地缘意义就变得非常大。

里海的石油包括哈萨克斯坦、阿塞拜疆的石油，要通过这样一条输油管线，横跨格鲁吉亚然后穿越土耳其，到达欧洲。这是西方所说的安全线路，它是经过这样一些对俄罗斯怀有敌意的力量，土耳其不用说，格鲁吉亚也是这样。不用经过乌克兰，不用经过俄罗斯，不用经过白俄罗斯。这是西方的考虑。

萨卡什维利能在国际舞台上扮演一个比较令人瞩目的角色，并不是他具有多么大的力量，也不是格鲁吉亚本身具有那么大的地缘力量，是西方世界需要借道，输油管线通过格鲁吉亚。身价无形中提高了，也只不过是前台木偶角色，他本身的自主性很有限。当他自主了一下，采取军事行动的时候，没有西方的支持，他完全失败了。西方对他的支持确实很有限，搞一场演习可以，支持一场战争那是另外的事情。

应对北约军演，俄罗斯表现得非常明显，取消参与北约军事会议。当然一场演习从实质上不伤俄罗斯皮毛，对俄罗斯实质利益没有影响，这些国家演习完了还得撤回去，格鲁吉亚的南奥塞梯、阿布哈兹，俄罗斯宣布承认它们独立，演习本身对于萨卡什维利所设想的南奥塞梯、阿布哈兹回归格鲁吉亚丝毫没有帮助。

北约军演只能给萨卡什维利短期的政治安慰，并没有一些太实质性的结果。但是，北约在俄罗斯家门口炫耀一下武力，很有象征意义。所以正因如此，很多国家不愿意为了大国之间的对抗，扮演一些炮灰角色。所以有些国家退出了这个演习。

2. 从独联体看大国政治的要害

2009 年 2 月，独联体成员国首脑在莫斯科签署协议，同意组建集体快速反应部队，俄罗斯总统梅德韦杰夫说，这支快速反应部队“在作战潜力方面不比北约部队差”。这个消息在西方引发了不小的震动。几乎与此同时，吉尔吉斯斯坦宣布将关闭美军使用的马纳斯军事基地。

独联体组建快速反应部队，可以对比一下欧盟。欧盟的快速反应部队，在北约长期打压之下，进展非常慢，因为北约觉得欧盟没有必要再单独搞一套。当然欧盟不这么认为，欧盟想独立于北约，说穿了就是想独立于美国。因为北约是美国主导的，北约快速反应部队基本是在按照美国人的意志行事。欧盟想搞自己的，实现自己的完全主导。

欧盟的快速反应部队，以德国、法国为主，搞起了一支一两万人的部队，但是在北约打压之下，常规的军事行动基本没有。而大的演习，像国际上一些非传统安全事务，参与得也很少。欧盟的快速反应部队是雷声大雨点小。

独联体的快速反应部队，在独联体内部是一个新生事物，而独联体在欧洲范围、世界范围，甚至在俄罗斯和独联体范围内部，基本上被认为是一个行将消亡的组织。大家都认为它会越来越衰弱，越来越只有象征意义，直至最后消亡。而现在既然要组建独联体的快速反应部队，仅仅是这么一个表示，也足以让人对独联体未来的命运刮目相看了。

所以，独联体的快速反应部队，组建之初是政治意义大于军事意义的。就是宣布独联体作为一个政治实体，而俄罗斯在这个政治实体中居于主导地位，实际上给全世界一个非常深的印象。

有人把它比喻为新的华约组织，这是言过其实了。从政治实体上看，独联体是非常松散的国家形态联盟。它与北约完全不一样，与过去的华约也完全不一样。过去华约这样的军事集体，与北约抗衡，不仅负责地区安全，甚至带有一定的攻击性。北约、华约都是军事同盟，是冷战的产物。而独联体组建共同安全部队，并不能说是独联体国家结成了军事同盟。它只是投入一些有限的力量，完成一些各国政府允许的边境控制、安全稳定、反恐等有限的军事任务。如果以北约和华约的意识来认识独联体快速反应部队的话，实际上是一种冷战思维的表现。

在独联体快速反应部队宣布组建的前一天，吉尔吉斯斯坦宣布将要关闭美军使用的马纳斯军事基地，这个基地是当前美军在中亚的唯一军事基地。这个问题有很微妙的地方。

独联体要组建联合部队，吉尔吉斯斯坦要中止美国因阿富汗租用这个军事基地的协议，其中毫无疑问具有一定必然性。因为独联体组建快速反应部队的时候，并不希望独联体国家内部还有其他力量介入，比如说美国对吉尔吉斯斯坦、乌兹别克斯坦的介入。但是如果把这个问题上升到说是俄罗斯的一场阴谋，故意把美国从中亚排挤出去，这也有点言过其实。

吉尔吉斯斯坦作为独联体成员，2005 年就非常正式表示过要废除美军租用军事基地的协议。当时美国的国防部长还是拉姆斯菲尔德，在独联体的一次会议上，吉尔吉斯斯坦明确表示，要求中止美军在吉尔吉斯斯坦基地的协议。拉姆斯菲尔德反应非常剧烈，就讲阴谋论，认为这是俄罗斯和中国的阴谋，让吉尔吉斯斯坦把美国挤出去，符合俄罗斯和中国在中亚的利益。当时中俄提出了完全不同的意见。吉尔吉斯斯坦作为一个主权国家，当时出租基地是吉尔吉斯斯坦与美国达成的协议，要停止协议也是一个政府对自己国家利益做出的判断。这与中国、俄罗斯的态度毫无关系。

就在吉尔吉斯斯坦提出中止协议的同时，俄罗斯宣布向吉尔吉斯斯坦提供总额 20 亿美元的贷款和 1.5 亿美元的金融援助。很多人说，你看俄罗斯把吉尔吉斯斯坦买通了。但是你要看到，从2001年12月，美军开始租用吉尔吉斯斯坦这个基地，近8年的时间，吉尔吉斯斯坦有很多的教训。第一经济收益并不是很大，美国付的钱并不像希望的那么多。第二政治麻烦不少，美国人并不是单单利用这个基地完成对阿富汗的军事支援，它利用在吉尔吉斯斯坦这样一种军事存在，干了很多事情，比如在乌克兰、格鲁吉亚、吉尔吉斯斯坦驱动的颜色革命。这对吉尔吉斯斯坦政局造成一定的冲击和不稳定。

所以吉尔吉斯斯坦政府实际上是本着国家利益做出的选择。说做这个选择，是在俄罗斯的压力之下，在俄罗斯20亿美元的引诱之下，这种说法就太轻率了。如果要比美元，美国比俄罗斯多得多，美国的经济总量是俄罗斯远不能比的，美国的军费开支5000多亿美元，约占全世界军费开支总和的一半。俄罗斯也就是美国的十几分之一，要说凭钱收买对方，俄罗斯是肯定比不过美国的。

所以说在西方主导世界舆论的情况之下，很多舆论主体实际上戴着一种有色眼镜。美国的插足就是合情合理的，租约到了我不想让你租了，必须停止了，就说对方有什么阴谋。

奥巴马上台以前讲得很清楚，要逐步撤出伊拉克，加强阿富汗战场。他上台后，所进行的战略部署就是从伊拉克战场逐步撤出，然后加强阿富汗战场，是相对同步进行的。阿富汗战场还没有加强，就受到这么大一个挫折。吉尔吉斯斯坦基地损失，毫无疑问对美军的下一步行动产生非常大的阻碍。这个基地是美国人在阿富汗周围所拥有的一个最可靠的、物资转运量最大的基地。如果这个基地真的被收回了，对美军在阿富汗的行动肯定带来很大的影响。

那么这可能也是国际政治错综复杂的一个侧面，从这个方面看，奥巴马政府当即做出了一些要缓和美俄关系的表示，我们从中也能领悟到大国政治的要害。

美俄的关系，实际上在小布什政府后期已经搞得很僵了，非常僵。主要原因是小布什政府咄咄逼人的政策，把俄罗斯逼到墙角，毫无退缩空间。俄罗斯与格鲁吉亚的冲突，还有宣布要在加里宁格勒部署伊斯坎德尔导弹，实际上都是被逼到了国家利益底线的一种反弹。

美国人太步步紧逼了。比如说 1989 年柏林墙倒塌，1991 年苏联解体，然后两德合并列入议事日程。当时北约方面、美国方面，包括德国方面都明确承诺——这是全世界有目共睹的明确承诺，北约势力的范围以德国的领土为终点，不超过德国的领土。可是现在北约东扩的范围已经到达什么地域了？不仅仅是德国的领土，今天已经到达波罗的海三国了——拉脱维亚、立陶宛、爱沙尼亚，下一步就要走到乌克兰，走到格鲁吉亚，已经把俄罗斯在这儿的空间挤压得所剩无几了。这对俄罗斯的刺激巨大，它的这种被逼无奈的选择，到最后也颇带点铤而走险的味道。

美俄关系走到这种僵局，美国被迫退出吉尔吉斯斯坦基地，也不排除具有俄罗斯影响的潜在背景。这么对抗下去，美国人也深深尝到付出代价的滋味，所以也发出一些缓和与俄罗斯关系的信号。

当然信号归信号，有没有实质性的行动才是关键。奥巴马上台后，俄罗斯方面为了表示改善美俄关系的善意，就讲停止在加里宁格勒部署伊斯坎德尔导弹，这是俄罗斯作为一种交换条件的观望。俄罗斯在观望什么呢？观望美国是不是在波兰和捷克继续完成导弹防卫系统的部署。如果奥巴马政府终止小布什政府这个错误决策，那么俄罗斯可以不部署。如果奥巴马继承小布什政府的这种做法，俄罗斯的反应也是可想而知的。

所以我们可以看出大国关系的这种联动性。欧洲的牌牵扯到中亚，中亚的牌牵扯到中东，中东的牌可能再牵扯到非洲，一环扣一环。

奥巴马要重振美国经济，妥善处理伊拉克战争和阿富汗战争，解决巴以问题、朝核问题和伊朗核问题，可以说都离不开与俄罗斯的交好和合作。要从小布什政府那种强烈的单边主义改变，借助国际力量、周边力量，调解然后推动斡旋来解决问题。美俄关系的缓和，是奥巴马政府一个中长期选择。

3. 俄罗斯有尚武传统，瘦死的骆驼比马大

俄罗斯历来有尚武传统，它是第二次世界大战的获胜者，在冷战期间很长时间，是与美国平分秋色的一个超级大国。俄罗斯虽然国力衰退了，从前的苏联解体，很多国家都独立出去了，今天即使有个独联体，也是一个很松散的国家形态联盟。但中国有句老话叫“瘦死的骆驼比马大”，俄罗斯作为苏联的核心，依然秉承了沙皇时期、苏联时期的一些尚武传统。

俄罗斯历史上多次有过这样的问题，比如从查理十二世到拿破仑到希特勒对俄罗斯的入侵，俄罗斯这种尚武的传统，一方面来自对西方入侵的防御；另外一个方面，就是它向东部、向南部这种扩张的势头。

2009 年，国际金融危机对俄罗斯财政计划、振兴经济计划、振兴军队计划都有很大的影响，甚至连最近的服装改革都要往后推迟。在这种情况下，俄罗斯要进行一场规模浩大、深入的军事改革，在军队内外都引起非常大的争论。所以，俄罗斯举行了一次盛大的阅兵仪式，就是要展示自己的兵力，展示反侵略的能力，此举对俄罗斯来说具有重要意义。

俄罗斯这次阅兵把“家底”都拿了出来，包括坦克、导弹、飞机等。除了军舰之外，俄罗斯通过阅兵，实际上把陆军、空军最先进的装备都过了一遍，规模很大，给人印象很深刻。

这个印象深刻，主要是它的武器装备系统，大部分都是苏联时期留下来的，或者是苏联时期已经设计好的。说实话，俄罗斯拿出的新东西并不是很多。在这场大阅兵当中，人们既看到俄罗斯军队一些最先进的、最尖端的武器，比如像 S–400 防空导弹、洲际弹道导弹，同时也看到从 1956 年就开始服役的“爷爷级”的轰炸机和苏联时期留下来的过时的装备。

俄罗斯让这些老装备参加阅兵，不单单反映军事方面的困窘，实际上也是一种自信，有的成功设计能维持很长时间，比如美国的 F–4 鬼怪式战斗机，就是 20 世纪 50 年代设计的，一直到 90 年代初才退出现役，服役时间将近 40

年；苏联设计的米格－21服役期限从20世纪50年代一直到现在，中东还有一些国家仍在使用。

成功的装备设计，服役期是相当长的，不能说一些老装备就没有战斗力，尤其是老旧装备经过电子化改造之后，往往还能焕发出一些新的东西，美国的F－15、F－16也是这样，这两款战斗机，服役时间都在30年以上。当然，俄罗斯目前的经费、科研、人才流失都有一些问题，但是如果在世界范围内衡量的话，俄罗斯的军事技术在世界上仅次于美国，居于第二位。

俄罗斯军队的改革，从新国防部长谢尔久科夫上任以后，改革力度令人震惊，步伐非常大。谢尔久科夫受到的非议也很多。他很年轻，20世纪60年代出生，当过兵，看简历顶多是一个中尉的军衔，没有任过很高的职务，在由军官出任国防部长的俄罗斯军事体制里边，他就受到很大的质疑。谢尔久科夫最成功的经验是，以前搞过企业，家具公司搞得比较成功。他在国防部长任上，搞大规模的改革，对军队做“伤筋动骨”的变化，在俄军内部引起广泛的质疑。一个家具公司经理，能不能搞好这场军事改革，能不能成功地规划一个军队的改革？

我们从美军来看，美国两任国防部长对美军改革起了很大的作用，一任是越战期间的麦克纳马拉，他完全引用了美国企业管理，把所谓战略管理这方面的理论弄到美国国防部管理里边去，对国防部、对五角大楼的日常管理往战略管理方面偏移起到非常大的推动作用，这是一个典型的地方商人当了美国国防部长。

拉姆斯菲尔德也是。拉姆斯菲尔德曾任美国海军军官，后来是一个地方大企业的董事长。他进入国防部之后，改革方案非常详细，虽然他下台了，并且由于伊拉克战争声名狼藉，但是拉姆斯菲尔德的很多改革方案，是非常激进的。他的激进改革方案被采取了一部分，并没有完全实施，但是给美军也带来很大的震动、很大的改变。

这些人在军队改革中，力度非常大，但是能不能成功，很难说。比如拉姆斯菲尔德的改革方案，在美军内部引起非常大的争议，很多军官反对他，就是因为他过于激进，过于削减了地面部队，使美军难以适应像伊拉克这种旷日持久的地面作战行动。

俄罗斯也是这样，谢尔久科夫的改革方案也非常激进。军官数量削减一半，由30万人削减到15万人，削减力度非常大。军队人数削减到100万以下，俄罗斯包括军队内部很多人都质疑，俄罗斯国土如此辽阔，1700多万平方公里的领土，100万以下的军队能不能有效维持？另外，他对俄军指挥机构也做了很大调整，比如从军区、集团军、师、团这四级，变成军区、作战司令部、旅，实际上取消了作战师。取消作战师这个编制，在俄军内部引起更大的争论，说美军现在的基本作战单元就是作战师，那么俄军现在变成以旅为主要的作战单元。其实美军也想改成以旅为主要作战单元，拉姆斯菲尔德就推进这样的进程，但是失败了。

这个改革非常激进。对司令部人员也做了大幅度削减，比如俄罗斯国防部中央机构人员，加上总参谋部，总共不到1.1万人，要减为3500人，有约三分之二的削减；像海空军司令部削减人数也都在一半以上。这种削减，实际上砍了很多职务，不光是军官的人数砍了、总部的人数砍了、指挥机构的人数砍了，很多将军还要降为上校，很多上校要降为中校甚至少校，原来俄军有一个军衔叫准尉，主要是从事技术领域方面的任务，享受军官的待遇。现在这一轮改革方案，就把准尉的军衔取消，降为士官。

原来的俄军总长对于谢尔久科夫的改革方案颇不以为然，所以现在总长换成马卡洛夫大将。马卡洛夫对这个方案还是很支持的。

俄军改革方案的核心是，要在2015年建成一支机动性强、训练有素、配备最新武器装备的现代化军队。通过大幅度压缩人员、军官数额，腾出钱来搞装备。总体设想还可以，但是俄军内部好多人质疑，未来面对一场什么样的战争？从现在的国防部长谢尔久科夫和总长马卡洛夫他们所设计的方案来看，俄军未来主要是对付像美军所说的灌木丛林冲突和战争，就是小型的、地区的、快速反应式的冲突或战争。俄军内部很多人提出质疑，你未来有没有准备应对一场大规模的地面冲突，如果发生这样的冲突以后，怎么办？

俄军取消征兵制度，建立专业化的军队募兵制，没有预备役。应付这些常规的、中小型冲突，尤其小型的是可以的。如果未来应对一场大规模冲突，没有预备役怎么完成国防动员、怎么有效地把平时机制转入战时机制，这都是很大的问题。

谢尔久科夫和马卡洛夫的改革，在俄军中激起一次广泛的讨论、争论，深刻讨论俄军现在面临的问题，下一步的战略走向，这本身具有很大的意义，甚至这种意义比俄军进行改革的意义还要大。

这种改革就像高速公路上转弯，有些时候不能太急，高速路上绝对没有90度的弯，它的弯道一般比较缓，而且路边是斜的，汽车在不必减速的情况下，可以把弯转过来。那么谢尔久科夫和马卡洛夫的改革方案，弯比较急，就要求这个车开到这儿急减速，甚至要踩一脚刹车，对俄军来说震荡太大。俄军这么一辆长时间高速行驶的车，如果在弯道之前做急刹车动作的话，车上很多人要被甩下来，车上很多部件可能要被损坏。俄军面临很大阻力，这个急转弯的改革能不能有效推行，能不能按照时间结点在2015年到2020年形成什么样的能力，绝不仅仅是一个纸张上的问题，只要把它设计出来，未来就能够实现。它最终要通过人去实行，通过人员的变化、机构的变化最终实现这个改革。

这个改革甚至被视为自沙皇时期100多年来前所未有的。大约从1874年，当时由沙皇俄国的米柳京元帅进行了一次大规模改革，到现在100多年以来，俄军第一次采取这么大的动作，包括苏军时期。

改革对俄罗斯政坛的稳定，不会产生直接的影响，但间接的震动很大。因为俄罗斯没有需要武装力量急迫完成的任务，格鲁吉亚问题基本搞定了。它不像中国，比如台湾问题，我们国家统一没完成。俄罗斯的两个棘手问题，车臣问题基本摆平了，格鲁吉亚问题也已解决。没有当务之急要使用武装力量这样一个问题，所以它有这样的时间和空隙。

从中长期来看，车臣问题、格鲁吉亚问题并没有彻底解决，这一系列问题还要继续发酵，北约东扩问题，乌克兰是否要加入北约的问题，波罗的海三国加入北约的问题，俄罗斯认为它面临很现实的安全威胁，俄罗斯政坛反复强调，要保持一支强大的武装力量。

那么通过改革，到底是增强了武装力量还是削弱了力量？在俄罗斯政界也引起一些争论，当然俄罗斯军队总长马卡洛夫也讲了，恰恰通过俄军在格鲁吉亚的行动，证明俄军改革的必要性。因为在格鲁吉亚的行动中，证明俄军应对一场现代化战争能力还是有问题的。

看起来很矛盾，和平时期、稳定时期是军事改革最好的时期，但是和平时期军事改革完成之后能不能应对未来的挑战？当和平时期度过以后，未来危险来临的时候能不能拿出有效的能力来，对俄军是个很大的考验。当然，像这样的问题，不光俄军有，美国有，可能中国人民解放军也有：在和平时期军事改革，它的力度、步骤、最终形成效能和能不能有效推进，这些都需要加以综合考虑。

2011 年 9 月，俄罗斯太平洋舰队在堪察加半岛举行了近 20 年来规模最大的实战演习，50 多艘舰艇、50 多架飞机以及 1 万多名官兵参加。军演当中出现很多问题，包括大批导弹脱靶、装甲车抛锚、军舰故障等。另外，飞机的出航率也有很大问题，包括目标的锁定、攻击。部队的调动有效性也存在问题。从演习内部看，不仅仅是单一军种的问题，俄海军、空军，甚至陆军都存在一些问题。苏联解体后，俄罗斯的经济逐步走出苏联腐败阶段的阴影，但国防建设还在这个阴影中徘徊。此次太平洋舰队演习，由太平洋舰队宣布演习不成功，甚至失败。

我们客观冷静分析，一支军队，尤其是像俄罗斯这样一支继承苏军传统的军队，它敢于对全世界承认演习失败，这需要非常大的勇气。而任何情况下，发现问题就是前进的台阶。俄罗斯军队宣布自己的大型演习失败，一方面可以看出军队的千疮百孔，另外也可以看出这支部队改革的决心。

普京要求，在 5 年到 10 年内完全改装军队和舰队。俄罗斯军队一直在大力推进改革，军队内部有很多不同的声音。2011 年 7 月，有好几位俄罗斯军队的高级军官辞职，据说是为了表达对改革措施的不满。

其实，在当今国家安全态势剧烈变化的时代，任何一支军队都必须直面改革的考验，改革停滞将给军队战斗力带来严重损害。俄军要适应未来国际安全形势、国内安全形势的变化，打造一支适应变化的军队，包括撤销各大军区、成立各个战略方面司令部、大幅度削减机关人员，甚至削减将军，把军官的数额大大减少，充实一线作战部队。谁也不能否认俄军事改革的方向。但就其改革步伐看，步伐迈得过大了，从俄军总参谋长辞职开始，很多军官做出了剧烈反弹的举动。

当然，这些反弹要从两方面看，一是改革步伐不太适当，对军队“伤筋动骨”，引起军官反弹。所以，改革步伐必须得调整，以军队中高级军官能够接受的步伐，在不损伤军队主体的情况下，继续保持军队的战斗力。另外，做出这些调整的时候，必然对相当一批军官的利益产生影响，出现了以军官自身利益为重还是国家利益为重的问题。如果说以军官利益为重，损失的就是军队改革步伐。

另一方面，改革要有节奏，有节奏并不意味着不进行剧烈的变革。在当今经济全球化、国家安全态势剧烈变化的情况下，任何国家的军队都一样，必须面临这种改革的考验，停滞、稳定是没有出路的。

俄罗斯军队的改革，一个关键问题是要与俄罗斯的国家地位相适应。实际上，自苏联解体十几年之后，原来苏联制定的国家安全战略、军事战略对俄罗斯军队的影响还是很大的。但是它的大国企图跟过去不一样了，过去是超级大国，在全球担负有义务，今天虽然也想做超级大国，但它还只是地区性国家，它的国家利益就出现了很大的萎缩。这种萎缩跟经济发展有关系，最近几年也不尽如人意。

普京上来之后好多了，俄罗斯经济恢复主要靠的是能源——天然气、石油，金融危机对天然气、石油价格的打击很大，实际上又面临新一轮经济发展的困境。这些对俄罗斯国家利益、经济建设都有很大的影响。

俄罗斯传统武装力量陆军份额占得最大，这回削减最多的也是陆军。这次改革实际上是武装力量的转型——小型化，不再搞庞大规模的陆军。主要依靠现代化武器装备，核威慑，还有海空军，尤其是空军。

俄罗斯人做了调查，他们军队的各种战备效能都在下降，这没有什么奇怪的，不论未来画的烧饼多么香甜，在改革期战斗力下降是难以避免的。美军是这样，俄军是这样，我们军队未来要改革的时候也是一样。毕竟在军队改革或者军队建设转型期，老的能力正在逐步丧失，新的能力还没有形成。

任何军队改革都需要一段相对和平的稳定期，如果在此期间有大的动作、大的动荡就不是一个改革的好时期，俄罗斯军队现在就处于一个改革的好时期。周边安全形势稳定，大国关系稳定。如果说有问题的话，主要是国内经济问题。恰逢这个时期，俄罗斯军队通过改革，在有限军费的支撑之下，提升战斗力减少人头费、增加装备费，完成军队重新组合，对作战效能提升确实是有帮助的。

当然这里还需要一些魄力，因为任何军事改革——尤其这种大幅度调整改革，涉及军队的转型，涉及军队原有的方方面面利益。这个调整、改革，实际上是利益的重新组合，利益的转移。对原有这些利益集团也好，对原有利益范围也好，将产生很大的影响。所以说这也是改革的通病，任何国家的改革都面临这样的问题，美国的军事改革也不例外。

改革之前，欢呼改革的人到改革真正来的时候，往往成为反对改革的人。就是利益分配、利益调整对自己产生影响的反弹，这种利益影响有时候超出个人了——对个人当然毫无疑问是有影响的，它还涉及各个军种之间的平衡、武装力量与经济建设之间的平衡、军职官员与文职官员之间的平衡，多重平衡可能要被打破，出现重新的调整，影响还是相当大的。

所以邓小平同志讲过一句话：改革就是一场革命。改革对专业团体利益格局冲击巨大，对传统观念冲击巨大，对原有体制冲击巨大。能不能通过坚定的决心把改革推进下去，并且取得成果，这需要领导人的胆略。

可以说，军队的改革必须经过一个阵痛期，然后才能获得凤凰涅槃般的重生。中外军事改革因为怕疼退缩的例子很多，这就是为什么大多数军事改革实际上并不成功，也不彻底，就是因为各种利益、观念、思维的羁绊，或者意志不够坚定。

4. 北约、欧盟东扩，俄罗斯受挤压

俄罗斯的困境

欧盟 27 国和苏联 6 个加盟共和国，建立所谓东部合作伙伴关系，这个计划是欧盟的核心，要逐步消化东欧的区域。欧盟的这个计划跟北约一样，也

在东扩。北约东扩，挤压俄罗斯的战略安全空间，而欧盟东扩，挤压俄罗斯的经济发展空间。从安全和经济两个方面对俄罗斯形成挤压。

我们可以看出，东欧各国过去的分工体系已经完全消失了，欧盟要把东欧大量的国家纳入它的体系之中，实际上在玩一种新的分工体系，这种新的分工体系与以前的体系有类似的地方。体系一旦形成，就能够牢牢掌控这些国家的经济。不仅仅从地缘政治范畴、国家安全范畴，使这些地区脱离俄罗斯的控制和影响；更从经济层面，杜绝俄罗斯将来掌控这些地区的可能性。这对俄罗斯整个发展规划，实际上影响很大。

普京从叶利钦手中接掌政权之后，一个理想就是向西发展，普京认为这是俄罗斯的未来。普京是非常佩服彼得大帝的，彼得大帝就是将波罗的海的出海口打通，向西方发展。从西方获取技术、寻找发展空间，普京也是这个想法。

但是现在的矛盾是，俄罗斯把它的发展希望全部放在向西方发展的时候，它看见西方的壁垒——北约东扩的壁垒和欧盟东扩的壁垒，对俄罗斯形成强劲的关闭态势。那加入进去行不行？俄罗斯提出过加入北约的要求，北约置之不理；加入欧盟也没有可能性，这是俄罗斯面对的发展困境。

大阅兵反击

面对困境，俄罗斯在反法西斯战争胜利65周年，举行了大规模的阅兵，规模空前。这对俄罗斯来说具有非同寻常的意义。

第一点，俄罗斯正在从金融危机的阴影之下逐步走出，大规模的庆典可以提振国民的信心和军队的士气。

第二点，北约东扩，围绕俄罗斯未来地位的各种议论非常多，俄罗斯是不是重新走向强权？俄罗斯是不是重新恢复苏联时期的追求？

第三点就是卡廷事件的阴影。参加卡廷纪念活动的波兰总统飞机在俄罗斯失事，波兰政治精英损失非常大。当年的卡廷惨案是苏联造成的，现在波兰总统乘坐的飞机又失事了，那么是不是有什么幕后的动作？

这些实际上给俄罗斯的形象都带来一些影响。围绕卡廷事件，美国的

CNN、英国的BBC，搞了很多有关卡廷事件的采访，想把这件事情炒大。对苏联参加“二战”的作用也想整个否定，想通过卡廷事件，把斯大林描述得跟希特勒一样，造成了新一轮西方媒体、西方一些政治人物对俄罗斯的抹黑。

俄罗斯想证明在二战反法西斯战争中所起的重大作用，非常需要一个机会。那么这个机会出现了——庆祝反法西斯战争胜利65周年，俄罗斯当然要不遗余力地抓住，提振国民和军队的信心，从西方某种程度的抹黑中挣脱出来。正因为此，俄罗斯首次邀请了曾经和苏联结成反法西斯同盟的美国、英国和法国等一些北约成员国的军事部队参加红场阅兵。

因此，有人认为俄罗斯对以美国为首的北约有一点退缩的意思。实际上，俄美的关系不可能一直紧张下去，就像有一段时间中美关系比较紧张一样。少量先从美方开始，做出一些友善的行动，那么双方关系有所缓和。未来的大国关系就是这样，不断地斗争磨合，然后妥协，对俄罗斯来说也是一样的。

所以俄罗斯有一些适度的调整，并不意味着修改基本国策。如何有效地维护自己的地位，如何在世界全球化的进程中分得一杯不小的羹，在参加全世界现代化的进程中不让别人当作二等公民，这些基本的国家利益的追求，俄罗斯是不会改变的。跟美国斗一斗，或者缓和缓和，只不过是策略上的调整。

当然，西方媒体、政治家善于抓住这些蛛丝马迹，然后采取挑拨的措施。比如说普京和梅德韦杰夫的关系，他们非常善于把普京刻画为一个强硬派，把梅德韦杰夫刻画为温和派。实际上是一种策略性行为，这种行为就是为了分化俄罗斯的领导集体。

北约觊觎俄罗斯后院

克里米亚半岛的塞瓦斯托波尔，是俄罗斯黑海舰队的一个核心港口，如果这个港口取消了，这个舰队连个驻地都没有。从历史上看，克里米亚半岛原来是俄罗斯的一部分，20世纪50年代，赫鲁晓夫为了满足乌克兰领导人的要求，把克里米亚半岛划给了乌克兰。当时赫鲁晓夫也不知道将来苏联会解体，所以给现在带来了非常大的麻烦。

苏联解体以后，俄罗斯和乌克兰之间就克里米亚半岛的归属问题发生了纠纷，纠纷非常厉害，牵扯到了两个国家的民族感情问题。

2010 年 5 月，俄罗斯和乌克兰签署了一项协议，俄罗斯以七折的优惠向乌克兰提供天然气。作为交换条件，乌克兰同意俄罗斯的黑海舰队在塞瓦斯托波尔港驻扎期限延长 25 年。

从这个条约可以看出俄乌关系的缓和，乌克兰政权更迭，确实给乌克兰带来了实惠，带来了一个比较好的发展前景。乌克兰如果一味地向西方靠拢，一味地追求加入北约，而置东方的这个强邻于不顾，实际上会把乌克兰置于很大的困境。因为这个强邻不管是从地缘政治上、文化上，还是历史上都对乌克兰有巨大的影响，甚至包括天然气的供应都成问题。

这个条约签署后，维护俄罗斯安全的黑海舰队的基地就有比较长时间的指望。从传统上来说，黑海应该是俄罗斯的影响范围、势力范围，历史上，彼得大帝打开的是俄罗斯通向波罗的海的出海口。叶卡捷琳娜二世打开的是通向黑海然后进入地中海的这样一个出海口，这是俄罗斯与欧洲联系的两个出海口、两个大的通道。

所以对俄罗斯来说，塞瓦斯托波尔基地，关系到黑海舰队的存在，关系到舰队在黑海方向维护俄罗斯的利益，已经涉及俄罗斯国家的核心利益。

北约从来没有涉足过这个地方——“二战”期间那不是北约，是希特勒，希特勒的军队曾经占领过克里米亚半岛。除此以外，西欧的势力、中欧的势力从来没有达到黑海，北约也是一样。

北约东扩想把乌克兰装进去，装进去以后，北约的触角就能够达到黑海。所以这个地方是一个非常敏感的区域。对北约来说，这是一个非常前沿的区域；对俄罗斯来说，这里是后院。

2014 年 3 月 16 日，克里米亚举行全民公投，之后克里米亚加入俄罗斯，成为新的联邦主体。

北约反导步步紧逼，俄罗斯被迫反弹

2011 年 10 月，西班牙同意美国在境内部署四艘宙斯盾级驱逐舰，以此作为北约反导系统的组成部分。北约与俄罗斯关于反导系统的争执，在消停了一段时间之后，又开始加紧了。

这个问题离我们很远，好像我们关不关注都好。但是我觉得从俄罗斯的态度中，我们可以学一些东西。

北约在西班牙部署，完全是北约内部的事务，但是俄罗斯强力干涉。包括在小布什时期，俄罗斯对美国在波兰、捷克部署反导系统便强力地反弹。反弹三四年后，奥巴马政府上台把这两个项目取消了。按理说，美国在波兰和捷克部署，也不干俄罗斯的事情，是人家主权国家的事情，但是俄罗斯必须得做出强烈反弹。为什么？因为你在这儿部署，影响了我的战略威慑，影响了我国家战略的实施，对我构成威胁，所以我必须采取反措施。

俄罗斯作为一个大国，所体现出的这种大国利益，绝不仅仅局限在国境线以内。大国安全远远超出国境线，要对大范围进行关注。

从这个方面来看，有些东西是很值得我们学习的，就是俄罗斯的这种大国的战略安排和对周边安全的关注，不允许周边出现敌对集团对国家形成安全威胁。这是俄罗斯总体国家安全战略的有机组成部分，这给我们提供了很好的借鉴。

当然另一方面也能看到，俄罗斯所有的领导人，无论怎么要求俄罗斯融入西方，北约、欧盟对俄罗斯都有一种根深蒂固的警惕。美国要在波兰和捷克部署反导系统也好，北约要在西班牙部署宙斯盾级驱逐舰也好，其中的核心就是对俄罗斯深深的不信任，深深的敌意。这一点并不因为俄罗斯政权性质的改变而有所改变，并不因为俄罗斯由苏联社会主义经济变成今天的自由市场经济而有所改变。

这种敌视，这种战略安排，这种围堵，直到今天还在进行。这也给国际政治提供了很好的一个范例教训。其实国家利益远远超出了意识形态、社会制度。这些对立是根深蒂固的，不以单方面意志为转移。

你说俄罗斯想与西方对立吗？完全不想。它就一门心思想融入，但是人家不让它融入，人家就一步一步做出这样的防范。所以，表面看俄罗斯反弹很强烈，实际上是被动的，这是其被动的反应。

对于美国部署反导系统，俄罗斯并不准备建立自己的反导系统，而是采取加强核力量和高精尖武器研制等非对称措施予以反击。预计在10年之内，俄罗斯将对军队进行大规模、系统化的装备更新。计划花费约7700亿美元采购超过400枚洲际弹道导弹、大约100个军用航天器、600多架先进战斗机、数十艘潜水艇和军舰以及数以千计的军用车辆等军事装备。

这一点跟普京所追求的重振军事力量、建立强大俄罗斯的目标是一脉相承的。俄罗斯要走的道路，不完全是美国那种信息化的路子，那样投入巨大，以俄罗斯的经济实力难以维系。以俄罗斯的经济状态，要保证一个大国所应具有的影响，战略核威慑是一个根本力量。

北约建立覆盖欧洲的反导系统，对俄罗斯的战略核威慑有非常大的抵消作用。因此，无论是普京还是梅德韦杰夫，都一定会针对北约反导系统，采取强有力的反制措施。比如部署一系列的先进打击系统，确保摧毁美国在欧洲部署的反导系统，确保俄罗斯的战略核威慑对欧洲、对美国是有效的，以此为基础重振俄罗斯强大的军事力量。

自叶利钦之后，俄罗斯的任何领导者都明白，武装力量是支撑俄罗斯强大的一个最根本性的支柱。在叶利钦时期，俄罗斯武装力量的衰落，导致其陷入两场车臣战争，遭遇了数不尽的内部袭击和外部的蔑视。

而今俄罗斯的经济与叶利钦时代相比已经大不一样，普京描绘出的未来强大俄罗斯的蓝图中，武装力量扮演了一个重要角色。再加上继承自苏联的大部分遗产，苏联在军事上获得的辉煌——包括“二战”的胜利，在俄罗斯传统国家战略荣誉中，它的光荣与梦想，军事力量占的份额相当重。

谁在这里玩火？

（东北亚篇）

东北亚地区，是全世界经济活动最密集、产生新财富最集中的区域，同时又是军事对峙，包括冷战思维最严重的区域。东北亚地区的经济发展，主要是中国、韩国、日本发挥了经济发展的带头作用。冷战思维是谁在主导？是美国。

东北亚的争端对美国是有利的，它在摆平争端的过程中，实际上获得了对地区安全的主导权。中日韩三国紧密地团结在一起，是美国最不愿意看见的局面，这也将是它在东北亚面临的最糟糕的局面。

1. 美国屡施手段，意图搞乱东北亚

军事演习频发区

2011 年 2 月 28 日，韩国与美国举行联合军演，就在同一天，日本与美国的联合军演也在日本的横须贺基地展开。美韩、美日两场军事演习同步进行，这不是一种巧合。通过韩美、日美不断的演习，整个东北亚地区已经成为全世界军事演习频度最高的地区，这与韩、日、美所宣称的追求东北亚和平安全的秩序是完全不一样的。

演习的内容，像弹道导弹的拦截等一系列动作，明显是针对朝鲜的。但是朝鲜事实上已经表现得非常明确，第一，导弹技术很有限；第二，并不具备中远程的攻击能力。美日韩各方大肆操演，可以说是两种倾向，一种是在谋划一种恐怖宣传，就是对方根本不具有的能力，故意渲染对方有这种能力，然后再反过来说这种能力对自己造成多么大的威胁。

另一种，毫无疑问，就是加剧地区的紧张局势。这就是美国人经常说的，叫作预言的自我实现。你说谁谁谁很危险，你全力防范他、应付他，以至于你的所有行为被对方看成充满了敌意，对方不得不做出相应的防范，或者相应的一种反击态势，那么最终就形成你所说的，它是你的重大危机，它最终就真的变成你的重大危机。

由于东北亚区域频繁的军事演习，和平气氛受到极大破坏。韩国和日本都应该考虑，韩国也好，日本也好，最终的出路是什么呢？还是要进入东北亚的经济发展进程。如果说不以这个为要务，而以冷战思维为要务的话，对这个地区的各个国家一点好处都没有。

其实它们这种演习，本身就是设想，朝鲜民主主义人民共和国出现大的麻烦，它们来接收这个政权。不管韩国方面和美国方面怎么搞，搞得怎么悬乎，实际上从这个问题来看，韩国和美国是各怀心思的。

从美国方面来看，一旦半岛出现所谓的崩溃性形势，绝对不能让朝鲜的核技术被韩国方面所掌握。韩国方面呢，一旦朝鲜半岛出现崩溃性的形势，韩国方面一定要掌握朝鲜的核技术。那么通过这个演习，在演习的过程中，各自观察对方，对方的底案到底是什么，对方到底能动用的力量有多少，能控局的能力到底有多强。

美日韩军事同盟

2012年，韩国和日本原定于6月29日签署《军事情报保护协定》，由于遭到民众的强烈反对，韩国紧急宣布，推迟与日本签署《军事情报保护协定》。这个从表面看，好像是个情报的协定，实际上是个军事同盟的基础——美日韩军事同盟的基础。如果是仅仅交换情报的话，情况会变得非常简单。因为我们可以看到，美国与韩国有单独的军事协定，美国与日本也有单独的军事协定，那么现在美国其实想通过这个东西，把美国与韩国的、美国与日本的军事协定，搞成一个共同的美日韩军事协定，但是担心过渡太过剧烈，所以首先从情报交换开始。

从这个意义上来讲，这次韩国的民众表现得非常清醒，而且非常理智，这是让我们想不到的。韩国政府的意向是肯定要签，现在在民众的强大压力之下，韩国政府也讲了一句话，就讲有些东西我们还没搞清楚，包括这些相关的部门，没有把原始文本都提供给大家，提供给民众，让民众搞清楚，所以暂停。这是在韩国民众的巨大压力之下，韩国政府对自己国家利益的重新审定。

从韩国的民意来看，他们对自己的利益选择还是很正面的，韩国人自己都分析得非常清楚了，韩国对中国的贸易量已经超过了对日本和美国的贸易量的总和。这是今天非常清楚的，韩国你到底要干什么？韩国政府，你能代表韩国国家和民族的利益吗？你做这个事情的时候，是代表你执政集团的利益，还是你韩国国家民族的利益？在这个问题上，韩国人会做出他们清醒的判断和理智的选择，当然如果做出不清醒的判断和不理智的选择，又会怎么样呢，那么最终受害的肯定是韩国政府和韩国人民。

韩国像在金大中时期，提出来一个比较好的理念，就是韩国要做东北亚的平衡者。这个理念能不能做成是一方面，但这个理念起码不是冷战思维的理念，不是军事同盟的理念，不是结帮打架，然后背靠大树或者仗势欺人这样的理念。要做平衡者的理念，要做调解者的理念，这个理念比签署这种什么情报交换协议表现出来的观念强得多。

所以有时候讲，政治不光是前进的，政治后退的可能性也很大，包括国际政治，包括地区政治，它有前进，有后退，可能是进三步退两步，也可能是进两步退三步，都有这种可能。

独岛之争

2012年8月10日，李明博访问了韩国与日本存在争议的岛屿独岛（日方称竹岛），成为第一位登上韩日争议岛屿的韩国总统。对此日本方面紧急召回了驻韩国大使表示强烈不满和抗议。

这其实并不让人意外，这个举动是韩国历届政府一直想采取的行动。韩国对独岛（日方称竹岛）的占领，实际上不是李明博政府时期占领的，在前几任总统的时期，就已经完成了对独岛的实际控制和实际占领，李明博只是重申了一下。

当然，李明博作为韩国总统第一次登上独岛，这是个很大胆的行为，也是很坚决的行为。除了前几届政府的实际占领再登上争议岛屿，李明博这是个很前进的表示，这是李明博政府比韩国往届政府表明的一种更鲜明的态度。

李明博在日本战败日前夕，要求日本向韩国犯下的战争罪行道歉，韩国历届政府也是这样要求的。今天日本方面有意把韩国总统李明博的这种举动上升到一个更高的政治层面，作为打压韩国的一种表示，这是日本方面大力的炒作。实际上韩国方面的这种宣示是例行的，李明博的突破仅仅在于第一次以韩国总统的身份登上了独岛。

这个事件对我们的启示，并不是说这个争议岛屿是叫独岛还是叫竹岛、是韩国的还是日本的，这是韩日两个国家之间的问题。对我们来说，最大的提醒就是今天对海洋权益、对国家主权的这种争夺，我们中国人历来主张和平解决、谈判解决，但是国际上现在通行的做法是先占为主。

在这个岛屿争端中，韩国毫无疑问居于主导地位，韩国主动了，日本就被动了。韩国的主动来源于什么？来源于韩国的实际控制和实际占领。李明博登上独岛，只不过是把韩国的实际控制，从法律、国家领导人的层面上升到一个国家意志的行为。

这一点毫无疑问对日本的刺激非常大，所以出现了召回驻韩大使、向国际法庭起诉等一系列的行动。我觉得这突显了第二点提示，我们可以看到，当今的国际法是一个弱法，我们不要以为国际法就能够带来公平正义。

日本起诉已不是第一次了，日本曾经起诉过，因为韩国拒绝国际法庭的调解，所以说这种起诉是无效的。日本现在的起诉也是一样，韩国不会接受国际法庭的仲裁。不接受仲裁，就意味着到国际法庭的起诉是失效的，起不到作用。为什么不接受仲裁？因为韩国已经主动了，已经实际控制了。国际法庭仲裁，有可能仲裁这个岛屿是我的，那实际上已经是我的；也有可能仲裁这个岛屿是日本的，那我就吃大亏了，所以我不接受仲裁。现在很多国家对国际法庭仲裁的态度都是这样。

对美国来说，从近期来看美国不希望韩日之间撕破脸大干一场。当然，韩国与日本也不可能撕破脸大干一场，因为有美国在后面起一个协调的作用。而且无论是日本还是韩国，任何一方不获得美国的支持，都没有大干一场的能力。

比如说，日本动用军事力量，重新把这个岛夺回来，或者韩国动用军事力量，把日本要夺岛的企图在军事上加以消除，这些都不可能。正因为有美国和它们的双边军事同盟，它们的军事行动基本上被美国控制，双方都没有单独力量发动大规模军事行动的可能。

正因为如此，从近期来看，韩日之间不会发生大规模的冲突，因为美国在那儿控制着，它们打不起来；实际上从中长期来看，韩日之间的争端对美国是有利的。因为韩日之间存在争端，是美国存在于韩国和日本的一个非常大的理由。美军存在于日本，还能帮助你日本，保护其主权，包括受中国的威胁，甚至韩国的威胁；美军存在于韩国，又跟韩国说，你看我存在于这里，我能够有效防止日本、中国对你韩国利益的侵蚀。

美国人经常干这个所谓“鹬蚌相争，渔翁得利”的事情。双方有争端，它在不断地摆平，在摆平的过程中实际上它获得了最大的主动，获得了对地区安全的主导权。

从今天看来，不管是韩日的岛屿争端，还是中国和东盟几个国家就南海发生的问题，很多国家都有这个期望，希望引进美国的力量来摆平地区的问题。为自己撑腰，威吓对方。实际上美国所有的行动都是从美国的利益出发的，美国的所有行动要考虑符不符合美国的利益。地区内的很多国家想傍美国这个大款，威慑别的国家，我们可以从美国在韩日之间的这种态度找到一个清晰的例证。

美国的选择每一步都是精心考虑的，每一步都是为了美国的国家利益。美国不希望一个地区的几个国家铁板一块，全部结合起来。比如说，假设出现这样一种理想的情况，中日韩三国紧密地团结在一起，这是美国最不愿意看见的局面，这也将是它在东北亚面临的最糟糕的局面。

所以说这三个国家之间有争端、有分歧，对美国来说，感觉非常好。包括韩日之间存在争端，存在冲突的隐患，美国作为一个仲裁者、调停者，正好扮演地区大佬的角色，由此获得对地区安全的主导权，这是美国的中长期考虑。

韩国《导弹协议》

2012年10月，韩国宣布延长导弹射程，表面上看，是韩国公布对现有的《导弹协议》进行修改，实际上是美国人在后面主导的。美国同意以后，韩国才能够把它的导弹射程由300公里提升到800公里。这不是技术问题，主要是之前受美国人的限制。

美国之前对韩国的限制，主要是考虑韩国的导弹系统用于防御不能用于攻击。美国人对半岛的考虑发生变化后，允许韩国把导弹由300公里增加到800公里。

韩国延长导弹射程后，实际上它的覆盖范围包括了中国东北一些地区，另外也包括日本不少地区。当然对中国的威胁还是很有限的，因为韩国方面知道中国的反击能力。韩国增加导弹射程不是针对中国的，主要是扩大它的威慑范围。

当然，这个威慑范围实际上是双刃剑，一方面是对朝鲜形成一种威慑力量。实际上还有另外一点没有说出来，就是对准日本而去。因为当韩国把导弹攻击范围由300公里扩大到800公里时，日本的九州、四国、本州很大一部分区域已经在韩国的800公里导弹射程范围以内。

因此，任何一个政策的调整，尤其在东亚地区，其双刃剑趋势都非常明显。

韩美调整导弹射程后，朝鲜方面非常愤怒，马上宣布朝鲜的导弹能打到美国，公开表示了对韩国增加导弹射程的严重不满。

日本虽然没有吭气，实际上日本也非常不满。因为导弹不可能是个扇面的攻击，当攻击半径达到800公里的时候，它画一个同心圆。这个同心圆一画出来，令日本也颇为不快。那样就把日本的很大一部分范围，尤其是日本的主要工业区域都包括进了韩国的导弹攻击范围。

当然，假如日韩是一种同盟关系，就没有问题。但日韩关系是一种紧张的状态，而并非同盟的状态。只有《美日安保条约》和美韩之间的军事条约，美国在居间调解，美国在保证韩国和日本一定不要打起来。

韩美修改导弹协议，也成为美国实施双重标准政策的又一例证，对于伊朗和朝鲜发展导弹，美国大肆宣扬是巨大威胁，然而自己却带头违反限制导弹技术的国际规则。这也是以美国为主导的不公平国际秩序的一种明显体现。

现在的国际秩序就是这样，它并不是一个理想的秩序，而是西方主导的，甚至就是美国主导的国际秩序。这个国际秩序的核心是什么？表面上是要维护国际大家庭的利益，实际上维护的是以美国为首的西方利益。当然，美国的很多行动欧洲也不一定同意，不同意也没有办法。

谁能够拥有导弹或谁不能够拥有，谁的导弹射程可以达到什么程度，谁的导弹射程不可以达到什么程度，是美国在做这样一种规则。还包括很多国际规则，都是美国人在那里制定的，要求其他国家服从。当然，美国会打着联合国裁军或者世界和平的旗号。

亚洲地区尤其是西太平洋东北亚地区，是全世界经济活动最密集、产生新财富最集中的区域，同时又是军事对峙，包括冷战思维最严重的区域。东北亚地区的经济发展，主要是中国、韩国、日本发挥了经济发展的带头作用。冷战思维是谁在主导？是美国。美国与日本、韩国之间的《美日安保条约》《美韩军事条约》，这种冷战的思维、冷战的军事同盟在该地区仍然发挥很大的作用。

这种现象的存在，对于未来东北亚地区以至西太平洋地区的经济发展，带来的阻碍是极大的，将极大地影响这一地区未来的经济发展。在这种冷战态势、冷战思维主导下的国家政策，必然对这一地区本来应该取得的更大的经济发展产生极大的限制和阻碍。

2. 朝鲜半岛的战争疑云

朝核六方会谈自 2003 年启动以来，实际上取得了重大进展，包括朝鲜弃核问题上取得的重大进展。但是 2009 年出现一些明显的倒退，这个倒退如果客观分析，还是与各方能不能有效履行自己的诺言有关。

首先，从美方来看，美方不管小布什总统也好，奥巴马总统也好，都做了一些很前进的表示，包括用和平的手段解决问题，完成朝鲜半岛无核化，奥巴马政府还做出准备和朝鲜政府改善关系的表示。但是一旦涉及实质性的动作，比如说按照协议要求，朝鲜在炸掉反应塔之后，美方应该提供一些援助。这些援助，也不能说一点儿都没有执行，是执行了一些，但是至今没有按照承诺完成。朝方也是这样，因为美方没有完成承诺，所以朝方也拿出“你不完成你的承诺，我也不完成我的承诺”的态度。

朝方有一个世界著名的口号：以让步换让步，以强硬对强硬！所以双方就处于这样一个僵局。实际上从朝方看，朝方要改善和美国关系的意愿是相当强烈的，为此朝方甚至非常主动，不希望别的方面参与，朝方单独和美方接触。从这里边可以看出，朝方在改善与美方关系方面其实很积极，美方总体来看是语言多于行动，所以引起朝方一些猜疑、一些顾忌、一些反制行动、一些更强烈的行为。可能从朝鲜的角度，觉得是顺理成章的。

朝鲜说要发射卫星，在联合国已经做了申请，在国际空间组织也做了发射卫星的申请。其实朝鲜要发射的，不管是卫星也好，还是什么东西也好，实际上政治意义远远大于科研意义，甚至大于日方和美方说的军事意义。很大一部分还是要和美方讨价还价，主要还是针对美方的。

这样一来，其实是美国自陷困境，这个困境不是别人造成的，是美国自己造成的。人家发射的是什么东西，你搞清楚没有。朝方讲要发射卫星，而且已经向国际空间组织做出了申请。美方、日方都表示要拦截，都坚持对方是军事目标。这就是缺乏证据，你怎么证明它要发射的不是卫星而是军事目标呢？这是第一。

第二，即使是军事试验，它发射一枚导弹，美方、日方如果拦截，国际法依据在哪里？没有国际法依据。不要说对方发射卫星加以拦截，明显是侵犯别国的主权、权益，即使对方真是做军事试验，做这样的拦截也是明显违反国际法的，带有很大的挑衅意义。这个东西最初是由美方、日方炒出来的，表示它们要拦截。国际媒体广泛报道，实际上造成美方很难后退，自陷困局。美方实际上就是一种威胁，你不要发射，你要发射我就拦截你，结果弄假成真，陷入一种困境。真要拦截，依据在哪里？拦截失败带来什么样的影响？即使拦截成功，对地区关系、大国关系带来什么样的冲击？这些都带着非常大的变数，而且每一种变数中都包含着巨大的危险、风险。

设想一下，如果苏联发射武器，美国进行拦截，那意味着什么？那就是世界大战。那么现在美国自认为具有超强的力量，朝方处于比较弱小的地位。朝方发射卫星美方拦截，这是非常咄咄逼人的。

当然战争是不会发生的。因为这场战争如果发生，不符合各方的利益。就是朝核会谈六方，对六方来说都不符合，问题还是很明显的，就是坐下来谈，用谈判的方法解决问题。所以这些事情往往都是，开始的时候雷声非常大，然后掉几个雨点，最后都是通过外交的途径解决。

冰冻三尺非一日之寒，朝鲜半岛的紧张局势也不是一天两天形成的。其实任何局势都是政治的表现。2009 年美国新政府刚刚上台，必须有所作为，在朝鲜半岛上表现出强势的态势，因为奥巴马政府要对伊朗放软一下。对伊朗放软一下，对东方朝鲜就有必要放硬一些。说这是外交策略也好，国家政治谋略也好，国家战略总体规划也好，与其说是做给伊朗或者朝鲜看的，不如说是做给国内选民看的。尤其是对朝鲜半岛的处置方法，就是宣布进行大规模演习，而且宣布有可能要击落对方发射的导弹等一系列威胁，实际上主要是对美国国内舆论而言的。它主要不是军事考虑，而是政治考虑。

美军的顶级装备 F-22 猛禽战斗机和 B-2 轰炸机，据说都是雷达几乎捕捉不到的隐形战机，担负的主要任务是在朝鲜半岛发生战争时，攻击朝鲜主要战略目标和狙击朝鲜战机。把一种武器推到神话的地步，实际上并非如此。

就说隐形战斗机，一方面说可以隐形，另一方面美方正在极力阻止捷克“维拉”系统——无源探测雷达的出口，对世界任何国家都不行。因为捷克“维拉”系统能够发现美国的隐形飞机。

当然更不用说俄罗斯了，俄罗斯早就说过，它的无源探测系统比捷克“维拉”先进得多，早已破解了美国隐形战斗机的全隐身性能。从这点也可以看出来，当一种武器被抬到非常高的地位，好像靠它能决定一切的时候，本身就存在巨大的漏洞。

第二点就是 F-22 战斗机的高额战斗费用，现在奥巴马政府已经将 F-22 战斗机停产。一架 F-22 战斗机 3 亿美元，更不要说 B-2，一架 B-2 隐形战略轰炸机的价值在十几亿美元，最初出厂价都在 20 亿美元以上。当你把这些武器的性能推到一个至高无上的地位的时候，五角大楼人员其实内心在暗暗叫苦。

就是这些武器耗费极其巨大。它实际上占用了美国国防资源中相当大的一部分。如果这些先进的武器能决定一切的话，美国早用 F-22 和 B-2 把伊拉克、阿富汗搞定了。我们现在可以看到，实际情况为什么不是这样?

3. 谁在朝鲜半岛玩火？

朝鲜半岛的紧张局势实际上从 20 世纪 90 年代中期以来一直在降温，而在 2010 年突然之间升温，造成突然之间升温的，就是突发事件，这次突发事件就是天安舰事件。

当一个地区的矛盾积压到一定时期之后，它需要一根导火索，突发事件就扮演这样的导火索，使地区淤积的矛盾得以爆发，不管是总爆发，还是局部的爆发。

看起来，天安舰事件是如此荒谬，这个事件的荒谬程度，是近期国际政治、国际军事中难以寻找的。一艘护卫舰竟然被一枚鱼雷击成两截，从第二次世界大战结束以来没有这样的先例。这条鱼雷发自什么？据韩国方面讲是发自朝鲜的小型潜艇。朝鲜的一艘小型潜艇竟然能够携带如此威力巨大的鱼雷。而且朝鲜的潜艇技术之低、噪声之大，能够在这个地方长期潜伏，天安舰恰好在鱼雷攻击范围以内，在 10 公里以内发射鱼雷，把天安舰炸成两截？从军事技术上看，完全是天方夜谭式的神话。

当技术调查展开之后，美国和俄罗斯的代表都去了，美国的代表是很政治化的，他们的技术调查是从一开始就知道结局的。而俄罗斯的代表完成了他们的技术调查报告，向美方通报，向中方通报，天安舰事件从技术上讲是不可能的，它不可能被一枚鱼雷炸成两截。而且韩国在天安舰事件之初就讲过，周围 100 公里之内没有潜艇活动。因为潜艇即使进行攻击，把船炸沉了，潜艇也不可能悄悄撤走。周围包括韩国方面、美国方面，不管是空中的、海上的侦察都是很严密的。这是天安舰事件发生最初韩国方面的态度。当然最后大翻盘，说是被朝鲜方面一艘小型潜艇发射的高爆炸力的鱼雷所击沉的。我觉得这是对全世界的糊弄，对国际政治的糊弄。

当然不管怎么样，天安舰事件发生后，实际上给国际政治带来非常大的冲击，给地区安全形势带来非常大的冲击。当然从技术上看，天安舰不管怎么说被炸成两截了，有可能是被当地的、不知名的、很可能是第二次世界大战和朝鲜战争期间遗留的水雷炸成了两截。当然现在，这个事件很可能成为一个千古之谜了。

不管事件本身如何，它对半岛安全形势形成了重大影响。可以看出半岛形势的恶化，实际上是从天安舰事件开始的，包括延坪岛的炮击，韩国的军演，一副朝鲜半岛重新燃起硝烟的态势。危机各方对危机的操控和把握一定要注意的一点是什么？火不是好玩的，如果把火玩起来之后，不能及时有效地控制火源，不能够有效地把火源扑灭，最后很有可能引燃到自身。

半岛的紧张局势，韩国方面愿意看到吗？不愿意。朝鲜也不愿意。谁愿意呢？中国也不愿意。当然我们也不怀疑美国也不愿意让朝鲜半岛打起来，各方都不愿意。但是我们不得不警惕的是，在国际政治中总有玩火的力量和玩火的因素，这些玩火的力量和玩火的因素就希望地区存在矛盾，希望地区存在冲突，存在战争的苗头。但是当他们玩火到一定程度的时候，他们有些人能够发现，这火不受自己控制，燃烧到自己了。

朝鲜半岛的形势，虽然双方剑拔弩张，但是并不存在发生大战的条件，也不存在要蓄意发动战争的人。但是玩火的力量存在，玩火的因素存在，而且玩火的心理存在，这对半岛安全确实是非常大的威胁。

4. 美日军事同盟，两者各怀鬼胎

普天间事件

2010年5月16日，日本冲绳县1.7万名市民组成大约13公里长的“人链”，包围驻日美军普天间机场，反对在冲绳县内迁移该基地，要求美军早日归还基地。日本媒体进行的民调显示，受普天间机场问题的影响，鸠山政府的支持率首次跌到了20%的警戒线以下。这已经是日本民众第五次包围普天间机场。

普天间机场是个大麻烦，最初的时候，美国小看了它，日本小看了它，世界上其他国家也小看了它。

美国在普天间机场的驻军，产生了很大的问题，日本民众抗议，日本政府也抗议，美国自己也觉得应该从普天间机场撤出来。在冲绳保持这么大的基地，费用这么高，而且面临这么多的抗议威胁，意义已经不是很大了。特别是在当今世界各国都拥有弹道导弹的情况之下，冲绳已经不是很好的位置，而是一个比较危险的位置。美国人从战略、军事安全、军队安全上讲，都提出了要把普天间基地往后撤，撤到关岛一大部分，撤到日本本土一小部分。

那么，日本民众长期要求，日本政府也提出要求，美国也有这样的要求。按理说是各方一拍即合，各方都能够获利的事情，为什么还这么难？难就难在搬迁费用，最直接的就是谁来出钱的问题。

美国人习惯了费用由日本出。美国人讲，我这个机场、基地在这里，是保卫你日本的安全，我付出这么多年的代价，现在要走，旧的基地搬迁，新的基地建设，日本应该出钱，这都是为你的安全所花费的代价。这是美方的要求，而且一点儿都不觉得是过分的要求，认为是非常应当的。

再看日本，日本如果退回 10 年或 20 年，任何一届日本政府哪怕是小泉政府，这个苦果都要吞下，哪怕觉得很窝囊、很冤枉。虽说不会出到 100%，但它肯定要承担一大部分，70%至 90%，日本政府同意都是没问题的。但是日本现在又在新世纪这样一个转换的关头，力图充当政治大国，力图向全世界表现它一定程度上的独立性。

因为自“二战”之后，日本完全被美国控制，差不多是准殖民地这样一个国家。在全世界从来没有一个国家像日本这样，遍布美军的陆军、空军、海军基地，美军司令部都设在日本。日本长期就是在这样一种境况之下，希望获取一个相对独立的地位，日本过去是暗中追求，现在则是公开追求。比如说如果要成为联合国安理会常任理事国，你不仅对自己的安全负责，还得对其他国家的安全负责，日本就面临这种尴尬，自己国内遍布美国军事基地，你怎么能变成一个政治大国，怎么能显示自己独立自主的权利？

所以，日方就非常想在普天间机场的搬迁问题上，显示自己的独立性。那么表现在哪里？就是费用不应该由日本出，起码不应该由日本出那么多，这个费用由我们双方分摊。日本也承认，美国在保卫日本的安全上确实付出了很多，但今天你搬走，我可以出一部分，但是不应该出这么多。

当然，鸠山政府也低估了这个问题的敏感复杂性，双方在这个问题上难以妥协。现在问题僵在这里了，如果日本政府全面后退，按照美国的要求费用都由日本出，将给日本财政造成很大的压力，对民众也不好交代，还会给全世界一个印象，你还是美国的小钦差，人家让你交多少钱，你就出多少钱，你离一个负责任的政治大国还相去甚远。

但是美方在这个问题上援引惯例，以前的基地搬迁费用，一直都是日本出的。现在要搞这个特殊化，美国也难以退让。而且美国本身这种庞大的军队开支已经很有压力了。这可以从几个现象来看，美国对 F–22 这种先进的战斗机的采购，原来要 800 多架，压缩到 500 多架，再压缩到 300 多架，再压缩到 188 架，它没那么多钱。美国在伊拉克、阿富汗两个战场中的花销非常大，虽然美国是世界第一军费开支大国，后边六七个军费开支的大国全部加起来也没有美国的军费多，但它的手伸得太长了，要管的事太多，要花钱的事太多了。如果这样一个基地都要由美国负担几百亿美元，美国受不了。

所以从日本来看，好像普天间基地是冲绳当地民众的问题，从两个国家来看，是两个国家的经济问题，实际上渗透的是大国之间的问题。日本想立足作为一个大国的时候，大国的政治问题怎么解决？很难。这个问题解决，最终还是日本妥协，鸠山政府下台。毕竟普天间机场搬迁，主动权还在美国人手里，在美国的强大压力下，日本政府对美国说不还为时尚早。总的来说，日方被迫……不说全吞苦果，也是半吞苦果了。

离岛美日演习

“二战”结束之后，相当一段时期日本的离岛是被划分出去的。像日本的琉球群岛等，冲之鸟礁更不用说了，全部是国际托管，实际上就掌握在美国人手里。直到 1971 年，美国通过一纸归还冲绳的协定，才把这个岛屿还给日本——实际上从美国的内心来说，是不想还的。但当时美国迫于越战的压力，以及日本反复的抗议，不得不把这些岛还给日本。

但是美国人占据这些离岛，实际上是当时“二战”结束，雅尔塔体系对日本的一种惩罚，把离岛剥离出来。所以日本人在20世纪70年代初，冲绳、琉球群岛收回之后，内心是忐忑不安的，能不能长期据有，它并没有把握。

进入新世纪以后，日本反复强调这个问题。像冲之鸟礁这样一个礁盘，日本的很多政要都上去过，尤其是石原慎太郎，上了礁盘，做了很多“不惜战争、不惜冲突”的这种叫嚣，反复宣称日本对离岛的权益，不许任何人染指。而且，日本人在做这些事情的时候，做得非常巧妙，力图把美国拉进来，拉虎皮，做大旗，包住自己去吓唬别人。

虽然是日本自身的国家主权的追求，但是需要通过《美日安保条约》做一个背书。它可以说：你看，美国人承认这是我的土地，而且美国人承诺要保护的。包括所谓美日离岛演习，很大一部分目的也是这样。但是美国人有多大主动性？日本人有多大主动性？实际上，双方是各怀鬼胎，目的是完全不一样的。

从日本看，日本完全是通过美日离岛演习，夺回一个所谓的被其他国家所占的岛屿。实际上达到威慑的目的，通过美国来吓唬别人，就是利用所谓的《美日安保条约》，把所有的离岛都罩在里面。

而对美国来说，美方愿意与日本进行联合演习，有自己的目的。美方的目的是通过演习，证明一下美国在西太平洋的存在，证明一下美国在西太平洋说话的分量。那么美国是不是真的会为了日本离岛，牺牲自己官兵的生命，这要大大打问号的。毕竟最初把日本离岛从日本剥离出去的不是别人，恰恰就是美国。

其实，不要说离岛，就连琉球、冲绳的合法性，日本人也感觉很成问题。因为包括冲绳、琉球群岛也是1879年夺占的。日本人非常急于把这些自认为统治并不是太稳固的岛屿加以固化，最终完成对这些岛屿的实际占领。至于像钓鱼岛这样的岛屿争议更大，日本人心里更是完全没有底的。

从这些方面看，美日离岛演习，说是表现日本的自信，其实恰恰相反，表现的是日本的不自信、恐惧、虚弱。如果在国际法上已经合理合法，得到国际的公理支持，何必做这些东西？之所以做这些，就是急于通过武力，通过威慑，通过《美日安保条约》，通过军事同盟，把过去所占领的这些岛屿进行固化。

日修订《防卫大纲》傍美抗中

2010 年 12 月，日本政府通过了日本防卫省新修订的《防卫大纲》。《防卫大纲》是决定日本未来战略方向的重要文件，新版《防卫大纲》与 2004 年比较，有着巨大的变化，日本开始了冷战思维的回归。

日本新版《防卫大纲》里有两个基本点。不但继续依靠美日军事同盟，而且更加主动地向美日同盟靠拢，军事上亲美的特点表现得更加突出，这是《防卫大纲》表现出来的第一点；第二点就是日本所谓假想敌的调整，明确把中国调整为日本的主要假想敌。

日本 2004 年修订的《防卫大纲》，认为朝鲜是最大的威胁。在那之前，日本以俄罗斯作为最大威胁。2010 年的调整，以一种非常隐含的方式表明，中国是日本未来最大的威胁。日本未来要防范中国，主要依靠美国，实际上完成了一轮假想敌的改变。

从这点来看，日本就像美国一样，都通过一些手段，在中国获取最大的经济利益，然后在政治上打压中国，军事上对中国形成这种有形的和无形的封锁。而且日本这个动作与其说是做给中国人看的，不如说是做给美国人看的。看我多积极，我为你在东方构筑了包围中国的这样一个态势。依此还可以在美国人的面前讨价还价，争取在美国那儿分一杯羹。

至于其他的，像增加自卫队驻冲绳、驻外岛的兵力，还有把所谓静态遏制力量调整为动态遏制力量，都是围绕这两个基本点。

日本的评论家认为，新版《防卫大纲》显示的趋势是，日本未来将进一步在日美同盟的框架下出动自卫队与美军并肩作战，早晚有一天，自卫队将成为美国的雇佣军。

这个看法是略显偏激的。虽然日本自卫队的力量，最初是要借用美国的力量，但发展以后能不能一直跟在美国人屁股后面，那也不一定。

在“二战”的时候，日美之间交手打得如此之烈，双方创痛如此之深。美国每年都在纪念珍珠港事件，日本每年都在纪念广岛被原子弹轰炸的事件。实际上，日美两个民族、双方军队隔阂甚深，积怨甚深。在这种情况下，美方根本不相信日本能永远做自己的小喽啰，日方也不愿意永远跟在美方屁股后面走，这是一个未来的趋向。

所以对于日本武力的发展，美国实际上是抱着忧喜参半的心情。一方面，美国希望日本武力更强，与中国对抗，减轻美国的压力；另一方面，美国不希望日本坐大，因为从历史经验来看，日本坐大以后，美国担心新一轮的冲突发生。日本还会不会听美国的话，美国也并不是那么有把握的。

比如，日本前首相菅直人曾提出：在朝鲜半岛爆发战争或者朝鲜崩溃的情况下，日本将考虑派遣自卫队到韩国营救日本人。韩国高级官员称菅直人的话“莫名其妙、不现实”。这种设想在更早以前也提过。就是在甲午战争之前，当时的日本政府要到朝鲜半岛保卫所谓日侨的安全，这是日本动手的一个很明显的特征，包括入侵中国东北，入侵东南亚各国都是这样。

它寻找的是一个借口——扩大自己用兵权限的借口。要扩大用兵权限，这在和平时期想通过非常困难，像日本的国会就很难通过。如果能借助冲突，日本就有可能大大地提高自己的用兵权限。日本想将来往这条路上继续扩大防务力量，而且为在海外用兵做出这样一种铺垫。

5. 日本妄图推翻“二战”遗产

俄日南千岛群岛争端，由来已久。2011年这个问题被重新炒热，谁炒热的？客观冷静地说，是日本方面炒热的。

日本菅直人政府，有一批不成熟的所谓的政治家。因为任何问题的解决，不是靠吵闹，不是靠逞凶，不是靠耍狂，而是靠冷静的分析，当前国际有解决问题的时机时，你才可能解决。但是菅直人政府有一批政治家，不知因为什么冲昏了头脑，觉得好像自己一横，眼睛一瞪，把强硬的话一说就能够解决问题。这是把复杂的南千岛群岛问题看得太简单了。

好像说，俄罗斯今天经济发展困难，需要日本的援助，我可以用日元把俄罗斯卡住，用援助项目迫使对方就范。从这些方面来看，实际上证明日本政治的不成熟，包括它的外相。日本外相到俄罗斯访问，访问之前发表言论："宁可牺牲我个人的政治生涯，也要解决北方四岛问题。"这种言论，不只是不成熟，还带有非常大的狂妄，狂妄到把国际政治、国家之间的领土问题当成儿戏的地步。

你一个外相，别说贴上你的政治生涯，就是你贴上一百个，在目前这种状况下也解决不了问题。你的政治生涯和北方四岛问题相比，那是九牛一毛。

北方四岛问题，那是"二战"后所形成的结果，这个结果由《波茨坦协定》和几个大的国际公约所议定，千岛群岛当时归苏联。至于南千岛群岛到底是不是千岛群岛延伸的岛屿，这个问题扯不清，但是毫无疑问，当时的日本政府是承认的。现在你要颠覆当时确定的"二战"后这种大利益格局的国际文件和国家关系，难度非常大。

在这种情况下，日本三面出击，南面和中国钓鱼岛的争端问题，西面和韩国竹岛的争端问题，北面和俄罗斯北方四岛的问题。这展示出的并不是问题本身，而是一批日本不成熟的政治家高估了自己的能力，高估了日本的地位，是日本企图推翻"二战"遗产的一步棋。

但要推翻"二战"后的固定格局和成果，有这个企图和能不能达成，完全是两回事。有这个企图的人多了，当你的企图有非常大成功希望的时候，你做了而且能够做成，那你不愧是个政治家、战略家。当这个企图根本没有成功的可能，那你就是螳臂当车，就很可笑了，就是堂吉诃德似的人物了。

对于俄日南千岛群岛之争，美国外交部表示，美国政府承认日本对北方四岛（俄罗斯称南千岛群岛）拥有主权，非常清晰地体现了美式实用主义的嘴脸。这种实用主义根本没有什么原则、没有什么道义。南千岛群岛问题，是当初美苏之间达成的协议，作为苏联出兵远东，打击日本帝国主义的代价，美国完全同意将南千岛群岛整个割让给苏联。这是罗斯福和斯大林的一个交易。

结果现在，美国一方面对日本讲，我支持你的这种主权诉求。另一方面当俄罗斯外交部提出严正交涉时，美国驻俄大使说，这是一场误会，大家在引用不同的文件，我引用国务院的另外一个文件，那么这是一场误会。可见美国这种虚与委蛇的本事。

美国人说并没有改变“二战”以来所签订的所有国际文件的立场，但是像对南千岛群岛的这种表态，他说是一场误会。什么叫误会？误会到什么样的程度？在哪里发生误会？美国没有做出澄清。但是俄罗斯抓住这点穷追猛打，这点是很值得我们学习的。

美国明明知道日本要不过去这几个岛，它的核心，就是要加强美日军事同盟。因为这件事，对于加强美日军事同盟，日本做出了比较明确的表示。但是在此之前，日本政府摆脱同盟的倾向很严重，力图做一个独立的政治军事实体。

通过一系列的事件，包括钓鱼岛事件，不失时机地挑拨中日关系，然后日美加强军事同盟。再通过南千岛群岛事件，挑拨一下日俄关系。不管在南面日本和中国钓鱼岛的问题，还是在北面日本和俄罗斯南千岛群岛的问题，美国都扮演了一个渔翁得利的角色。根本不考虑国际文件、国际法的问题，它这种实用政治，根本没有什么原则或者底线。

俄罗斯在非常困难的时候，曾经做过一些局部性的妥协。

双方对北方四岛的争议，“二战”之后，不管是《波茨坦协定》也好，还是《雅尔塔协定》也好，规定的都是千岛群岛归苏联所有。当时争议的是，千岛群岛包不包括南千岛群岛。作为千岛群岛的自然延伸，俄罗斯方面是肯定的，美国方面也是这么认定的，日本当时也接受了这些协议，所以当时苏联完成了实际的行政管辖和占领。

日本人后来反复声明，南千岛群岛不是千岛群岛的一部分，而是日本领土的延伸，这是一场永远说不清的官司。赫鲁晓夫出于经济利益的考虑，曾经想把其中两个小岛——齿舞和色丹归还日本，当时日本人不愿意，要一揽子交易，这个时机错过去了。在叶利钦政府时期，俄罗斯又感到比较困难，当时又曾经有意向，把齿舞和色丹归还日本。当然代价是日本要对俄罗斯做一个非常巨大的资金补偿，就是巨额的投入，还有一些低息贷款，各种各样优惠的经济援助。那么日本当时又是由于想一揽子接收四岛，又失去了机会。

所以，之前俄罗斯经济最困难的时候，是有以日元换岛屿的计划的，日本错过了机会。现在俄罗斯的经济形势并不那么困难了，现在再让其退让，俄罗斯怕远东的领土会有连锁反应。在南千岛群岛的问题上退让了，让出去的绝不仅仅就是齿舞和色丹这两个岛屿，是整个板块的松动，就像当初苏联解体一样。当时波罗的海三国率先独立，戈尔巴乔夫同意了，戈尔巴乔夫当时想的是，你们这么想脱离出去，那就脱离好了，脱离出去以后你们就能看见脱离苏联的坏处。结果没想到的是，波罗的海三国的独立是苏联整个板块解体的开始，这三个板块一松动，其他的“哗啦哗啦”全部松动了。

出于历史经验的考虑，北方四岛对俄罗斯来说是非常敏感的问题。所以，梅德韦杰夫作为俄罗斯总统，登上南千岛群岛，这是前所未有的。这个信号非常强烈，就是俄罗斯一定要控制这块土地。

永不休止的枪声

（中东·北非篇）

美国入侵伊拉克的时候有两个目标，第一是清除伊拉克开发的大规模杀伤性武器，后来经过对伊拉克的实质占领，发现伊拉克没有大规模杀伤性武器，第一个目标没有了；第二个是在伊拉克树立一个中东的民主样板，结果伊拉克成为中东的暴力样板。

拉登最初是美国人培养的，为了指使他与苏联对抗，给他提供美元、装备和各种各样的保护。苏联解体之后，他把枪口转过来对向了美国。拉登之死，可以说曾经美国的一支枪，今天又死于美国的乱枪之下。

1. 伊拉克：一块难啃的肥肉

撤军还是隐形占领？

美国从伊拉克撤出，是一种必然，是它国内非常强烈的需求。

2008 年年底，美国在伊拉克、阿富汗两场战争中的支出已经达到 8300 亿美元。而 2009 年奥巴马政府批准的救市计划才 7780 亿美元，与美国在阿富汗、伊拉克战争中的消耗，都不能相比。而且这个救市计划还有赖于其他国家购买美国的国债，而它在阿富汗、伊拉克的战争支出是实实在在的财政支出，这是远不能比的。

这场世界金融危机，对全世界的经济造成了巨大冲击，引发的最直接的原因是次贷危机，而实际上也是在伊拉克和阿富汗的作战费用给美国经济雪上加霜，起了非常大的破坏作用，使美国政府的财政赤字大大增加。

从伊拉克撤出，不是来自不同派别的不同政治诉求，而是美国到了小布什政府后期实际上已经形成了民主党、共和党一致的理念：为了挽救美国经济，为了保存美国国力，必须从伊拉克撤出。

小布什政府后期，与伊拉克政府达成了在 30 多个月内撤军的协议。奥巴马政府当然毫无疑问要兑现他的竞选诺言，要完成撤出，制止美国巨大的财政伤口进一步出血。经济在那儿不断地流血，一定要止血，如果止不住血，挽救国内经济是很困难的。比如说，因为还没有撤军，奥巴马政府必须支付 2009 年伊拉克、阿富汗美军的作战费用 1000 多亿美元。

所以说它现在为了挽救整个美国经济，重振美国国力，要从这个巨大的消耗中解脱出来，就像当初从越南那个泥潭里拔出腿来一样。无论如何一定要把主要力量撤出来，尽量减少在伊拉克的消耗。

当然另一方面，伊拉克也绝不是一个鸡肋，它确实是一块肥肉。伊拉克的石油产量排世界第三，很多储量还没有查明，是世界上还未查明储量最大的一个国家。美国如果能够控制伊拉克的石油，对于未来在国际石油供应方面，在国际石油价格的制定方面，都能起到非常大的影响力。所以说，它也绝不会因为军事撤出，就把自伊拉克作战以来，美国在伊拉克所获得的利益全部抛弃。所以说要有3万人到5万人的驻留，驻留的规模比大家想象的大得多。你说它是完成了撤军，还是另外一种隐形的占领？在一个国家驻留五六万的军队，你还说你完成了主要作战力量的撤出，这个很难让别人信服。

有人认为驻伊美军的撤离将使伊朗失去制衡的力量，导致伊朗的地区影响力进一步扩大，这种前景，美国已经充分考虑到，并做了些适当的安排。

比如说，它立足打造一个强大的伊拉克对伊朗做些抵消，而且力图想使伊拉克什叶派执政以后亲伊朗的色彩尽量淡化。美国在伊拉克还有驻军3万到5万的情况之下，任何一届伊拉克政府不管你多么具有什叶派色彩，你亲伊朗的步骤也是很有限的。

在这种情况下，伊朗要扩大它的影响，在西面有伊拉克美国驻军的相对阻碍，在东面还有美国在阿富汗采取的军事行动，加上在一定程度上巴基斯坦相对不稳定的局面，美国在巴基斯坦西部山区采取的大量行动，不排除美国在巴基斯坦的一些局部区域也采取一些军事行动的可能。

在这种两头夹击的情况之下，实际上伊朗的活动空间还是有限的。

中东民主样板

2010年8月31日晚，美国总统奥巴马在白宫发表讲话，正式宣布结束美军在伊拉克的作战任务。这场历时7年多的战争共造成4000多名美军士兵丧生、大约10万名伊拉克人死亡，共耗费了至少7500亿美元的军费。

奥巴马的讲话传达了最清晰的信息，是美国从这个泥潭里把腿拔出来了。他说现在从军事活动转入到政治外交活动方面。那么实际上，还有5万多人留在伊拉克，在从事军事顾问和实际的、间接的指挥。

另外，听了奥巴马这个讲话，不由得把他与当年福特总统从越南撤出的讲话做一个对比。

1975年，美军在越南战败，全面撤出越南，作为全面撤出东南亚的先导。

二者有很多类似的地方。

都是在一个地区的作战难以持续了，想用军事手段取得胜利完全失去希望之后的撤出；都是最初的许愿与最后的结果相差巨大。

当初美国人在越南战场的许愿，大多数人都不知道或者不记得了。但是大多数人都记得，2003 年美国入侵伊拉克时有两个目标，第一是清除伊拉克开发的大规模杀伤性武器，后来经过对伊拉克的实质占领，发现伊拉克没有大规模杀伤性武器，第一个目标没有了；第二个是在伊拉克树立一个中东的民主样板。

结果伊拉克成为中东的暴力样板，恐怖分子集结，各种各样的恐怖手段，内部的冲突，宗教、教派的冲突，还有东西方的各种文化之间的冲突，全部汇集在那儿，成为一个国际暴力冲突的培养皿。它所谓中东的民主样板也烟消云散。

这是一个和越南战争雷同的地方。

和越南战争不同的又是什么呢？

美国在越南那次是彻底的溃败，越南人民军占领了西贡，美军全面撤出。而这一次，美军还没有到那个地步，并没有到对方把首都都占领了。从表面上看，还是美国支持的政权在维持着治安，维持着社会秩序，美军在这样一个社会秩序还算是说得过去的情况之下撤出来。

第二点很大的不一样，是当年美国从越南撤退后，很多所谓的南越难民跑到了美国去。我们 1997 年在美国学习和 2001 年在美国讲学的时候，都看见有不少，就是当初与美国合作的越南人，后来因为害怕遭到清算，最后都跑到美国去了。

但伊拉克没有。美国从伊拉克撤出，不管是伊拉克的富商，还是曾经配合过美国工作的伊拉克人，都没有跑到美国去，这是一个非常大的不同。

为什么？因为美国对伊斯兰教的信仰，几乎是举国一边倒的排斥情绪。甚至还怀疑奥巴马总统不是一个真的基督徒，而是一个潜伏的穆斯林——在“9 · 11”事件的遗址旁边，伊斯兰清真寺应不应该修建的问题上，奥巴马就说了句应该修建，结果一下遭到很多美国人对他的怀疑。说他的名字里有一个侯赛因，那他是不是一个潜在的伊斯兰的信徒，会给美国带来很大的威胁。

这种怀疑是对伊斯兰教的排斥和极度的不信任。

在这种情况下，在伊拉克战争中和美国人进行了完美合作的伊拉克人，也不敢跑到美国去避难。因为美国社会对伊斯兰世界、伊斯兰信仰极度排斥，他们能感觉到这种威胁。

伊拉克战争这把火是美国点起来的，美国的撤出绝不意味着伊拉克战争的结束，伊拉克这个脓疮还要继续溃烂，这是一个没有办法的事情。美军在伊拉克的撤出，很大程度上有点像当初从越南撤出，就是从一个麻烦丛生的地方解脱出来，这个地方的麻烦我再也弄不了了，我干脆拔出腿来算了。所以这个撤出不是光彩的，不是能奏着军乐，升着军旗，然后接受人民夹道欢送的。

美国2003年入侵伊拉克的时候，说要通过伊拉克树一个中东民主的样板。这样一个美好的前景，首先讲给美国民众，让美国民众相信了，然后讲给全世界，让全世界大多数国家相信了。

而它现在撤出了，撤出的是一个什么样的地方？一个充满麻烦、充满暴力、充满混乱的区域，而不是一个所谓的民主样板。

美国撤出了，给伊拉克人民留下的是战乱，是继续的死亡和冲突。我们可以看到，当初美国入侵的时候和撤出的时候，伊拉克国内、普通民众所发生的天翻地覆的恶劣变化，非常值得全世界思考。

当初很多人相信美国是给中东带去民主，是给伊拉克带去福利的，结果现在美国一看这个摊子越来越烂，拔腿就走了。留下个更烂的摊子，让伊拉克人自己去收拾，自己去面对这种困境，叫伊拉克人自己管理自己，自己治理自己。如果一开始你就是为了让伊拉克人自己管理自己，那打这仗还有什么必要吗？萨达姆也是伊拉克人，他们本来就是自己管理自己的。

伊拉克人这种困境，绝不是自己造出来的，而是美国造出来的。按照美国人所宣称的义务来说，这并不是一个很负责的表现，如果负责的话，应该真的把伊拉克打造成中东的民主样板。

从总体来看，美国2003年是怎么进入伊拉克的，进入的那些理由，和今天怎么撤出的，撤出的理由，做这么一个对比，对美国在整个中东扮演的角色，可能会有一个更清楚的认识。

美国现在的当权者离小布什还比较近，还不愿意做出检讨。从一个历史的长时段来看，伊拉克战争的荒谬程度不亚于越南战争，甚至有过之而无不及。美国人在后世肯定会做出这么一个评价的。

伊拉克战争在美国的战略心理中有一个极大的阴影，哪怕是一个美国人都没有了，全部都撤出来了，它给伊拉克留的烂摊子，在中东形成的影响，在世界舆论中形成的影响，始终是悬在美国头顶上的一柄达摩克利斯之剑。

伊拉克一天不达到真正的和平繁荣，充满战乱，充满爆炸，大家就会想到一个责任者，这就是美国。它全部撤出了，想了断这个事情，也没那么容易。这会长期对它形成一种牵制。

当然美国腾出力量来了，在别的方面可以多使用一些力量，比如说加强阿富汗战场，比如说加强梦寐以求想加强的亚洲方面。当然阿富汗也做了撤军的许诺，跟伊拉克类似，在许诺没有实现的情况之下的一种强制撤离。当军费实在开支不下去的时候，那必须得撤离。

阿富汗、伊拉克两场战争的费用，美国已经花了超过 1 万亿美元。这 1 万多亿美元，都注入所谓中东的两个黑窟窿里面去了。

那么你给当地带来了什么呢？在伊拉克留下了上千个烂尾工程，盖了一半干不下去了。双方都有抱怨，伊拉克人说美国人干一半不干了，美国人说伊拉克在当地修建的建筑质量太差，根本就没法再继续施工。从这些方面都能看出来，这就是用武力支撑的美梦的破碎。

你的美梦破碎了，你终归是美国人，可以一走了之。遭受最大痛苦的其实是当地的、普通的、无依无靠的伊拉克人民。当然对美国来说，承受代价的是美国的纳税者们，他们大量的钱财，1 万多亿美元被扔在了这两场发动战争之初的目的和结束战争的目的是大相径庭的、消耗极大的战争之中。

盖茨的演讲

美国最高军官是在国防大学学习的，西点军校是初级军官的一个学校，但是不管美国总统也好，美国的国防部长也好，参联会主席也好，都把西点军校作为他们发表重要演说阐释政策的一个场所。国防部长盖茨在任最后一次演说就在西点军校。

盖茨对美国陆军的现状是颇有不满的。对他所接手的工作，也是不尽如人意的。他在演说中，对美军的现状还是做了些粉饰，但是从他的演说中能看出来，他对美军的不满。

这样一支军队长期陷入战争，那么这个军队由于长期作战所带来的一系列问题，包括军队纪律问题、轮换问题。盖茨还毫不客气地讲了些高级军官的问题。长期在国外作战，一个高级军官掌握几百万美元，随意支配，所以养成了脾性。再让他们回来，回到一个正常国家的正常状态下的军队，将军们整天面对计算机，面对报表，搞些训练计划，审批训练计划，是难以安抚的。

当然长年累月的战斗、战争，对美军实战经验也有些提升作用。另一方面所带来的副作用就是，伊拉克战争也好，阿富汗战争也好，并不是标准意义上的国家与国家之间的战争，这是一种灌木丛与火式的所谓对付恐怖分子的战争，这种战争带有非常大的唯一性，给军队带来一系列的影响。

军队这种非正规化的倾向，造成对军队正规化建设的耽误、军事变革的滞后等一系列的问题。当然这些东西盖茨不满意，说出来了，至于怎么解决，他是顾不上了，他的任期就要结束了，新的部长就要接任了。

盖茨在演讲中说了这样一句话，他说如果未来任何国防部长建议总统再次向亚洲、中东或者非洲地区大规模派遣地面部队，都应该检查他的脑子是否正常。

这话讲得很有意思。按照我们通俗的话说，谁如果决定向中东、亚洲这样的地域出兵，派出地面部队，让大规模的陆军参与的话，他的脑子肯定进水了。从这个话来看，盖茨还是很直接的，而且不失为坦诚。

美国在 20 世纪 50 年代、60 年代，曾经两次陷入亚洲大规模的地面作战，一次是朝鲜战争，一次是越南战争。这两次战争美国人都吃了大亏，从那以后，实际上美国人已经定出了一个规则——内部心照不宣的规则，就是一般情况下不要在亚洲动用大规模的地面部队。

对中东没有，尤其是 1991 年海湾战争得手之后，好像觉得在中东这个区域进行军事行动是毫无问题的。但是从 2003 年再次发动伊拉克战争，到战斗部队正式撤出，还有两三万军事顾问在那里。战争持续了近 10 年，对美国的国力、军力消耗很大。

于是，又产生了一条可以与 20 世纪 50 年代、60 年代卷入亚洲相媲美的经验，就是在中东这些地区和国家，不要做大规模的地面部队卷入。这些话，带了点事后诸葛亮的倾向。因为已经大规模地卷入过，吃过很大的亏了，所以以后不要大规模卷入了。

当然也可以说是亡羊补牢，既然吃了大亏了，吃一堑长一智，应该学得更加聪明一些。所以盖茨讲出这话，是美国从朝鲜战争、越南战争、伊拉克战争、阿富汗战争所得出的一种惨痛的教训。

最严重的战略失误

2011 年 12 月 18 日，最后一批驻伊拉克美军完成了撤离行动，伊拉克战争宣告结束。值得注意的是，最后一批驻伊美军是趁着夜色悄悄离开的，由于担心叛乱势力发动袭击，美军把这次撤军行动当成一次战斗任务来执行。因此，俄罗斯媒体评价说，美军是夹着尾巴离开伊拉克的。

打一仗容易，撤退却很困难。越南战争时，美军是从美大使馆房顶坐直升机离开的，而这次是乘着月色走的。

从 2003 年 3 月 20 日发动伊拉克战争开始，8 年多的时间里，从小布什总统到拉姆斯菲尔德国防部长，到当时的国务卿、国家安全委员会主任，谁也没有想到这场战争会搞成这样。当时，小布什预算只要 600 亿美元就能在很短时间内拿下这场仗。所以美国发动伊拉克战争时，把石油战略储备调到了 150 天。有石油储备，无论国际油价怎么波动，对美国经济影响都不会太大。

出乎意料，美国自己都没想到，胜利来得这么快，令全世界瞠目结舌。3

月20日发动战争，4月9日占领巴格达，推翻萨达姆政权。

2003年5月1日，当小布什总统在“林肯”号航母上宣布伊拉克主要军事行动结束的时候，更出乎意料的事情发生了，伊拉克主要军事行动刚刚开始。

当时，美军在伊拉克的伤亡也就100多人。而今死亡人数突破4500人，负伤人数3万多，直接军事费用完全不是小布什预算的600亿美元，而达到1万多亿美元，间接军事费用，像战伤、抚恤，还有企业转产损失、长途运输等，全部费用加起来达3万亿美元。

这给美国经济、国力造成了非常大的影响。当2008年金融危机发生的时候，美国国力因为伊拉克战争的严重透支，而无法有效应对。就像英国《卫报》评论说，美国以最铺张、最不计后果、最具毁灭性的方式展现其实力，随后马上就开始衰落，主要指的是伊拉克战争对美国的巨大冲击和影响。总结伊拉克战争，美国战略界一些清醒人士已经认识到了：现在还有大多数利益相关者不允许做出不太一样的评价，而随着时间推移再来审视这场战争，肯定是“二战”结束以来美国所犯的最为严重的战略错误之一。错误进入伊拉克，导致美国国力大衰。

错误进入伊拉克有两个原因：第一，伊拉克在开发大规模杀伤性武器，事后证明是子虚乌有；第二，萨达姆与本·拉登的联系，事后证明也是子虚乌有。发动战争的两个理由都不成立，都是主观想象，强加于人。

这就是战略判断所出现的重大失误，给美国带来了重大的影响。

2. 阿富汗：帝国的坟墓

奥巴马的战争

美国人把伊拉克战争说成是小布什的战争，把阿富汗战争说成是奥巴马的战争。这个黑锅，奥巴马不想背也得背。

实际上，阿富汗战争也是小布什总统的战争。小布什在台上的时候，首先发动的是阿富汗战争，以为阿富汗战争搞定了，然后发动伊拉克战争。结果在伊拉克战争期间，塔利班死灰复燃，给他造成极大的麻烦，小布什是完全没有想到的。

奥巴马上台，他有一个非常大的限制，就是民主党人的身份和有色种族的身份，而且以前跟军队没有发生过任何关系。所以奥巴马一方面要退出伊拉克，另一方面必须做出一些鹰派的、强硬的表示，所以他必须在阿富汗有所作为。

奥巴马就失误在这一点，轻看了阿富汗，他以为伊拉克是个硬核桃，非常难啃，小布什啃了 8 年都没有啃动，奥巴马不啃它了，集中在伊拉克的力量投入阿富汗，把这个软柿子吃掉。因为这个软柿子好像曾经被吃掉过，而这个柿子硬起来，主要是伊拉克战场分散了美国人的注意力和兵力，导致了塔利班的坐大。现在把从伊拉克抽出的兵力全部投入阿富汗，再让北约其他国家加紧对阿富汗的军事援助，两三年之内摆平阿富汗不难。

这是奥巴马的失误。

所以如果从这个角度上来讲，说阿富汗战争是奥巴马的战争，其实也不为过。因为这场战争奥巴马寄予希望，想通过摆平阿富汗，获得他在美国军队、在美国保守力量中的威望，在全世界也树立他这样一个鹰派的角色。

因为大家都觉得，奥巴马与奶油小生是相距不远的，他非常需要自己有硬汉的形象。阿富汗是他塑造硬汉形象的一个场地。

但是，美国媒体把阿富汗战争称为奥巴马的战争的时候，他同样陷入了困境。阿富汗战场绝不像他想象中的那么简单：仅仅靠兵力投送、资金投送就能够搞定。

撤军的话，以什么样的方式撤军呢？以伊拉克那种战略目标基本没有达成的方式撤军，他是不甘心的。不以这种方式撤军，那以什么方式呢？

阿富汗问题的高级顾问霍尔布鲁克，突然间病死了，这对奥巴马打击非常大。他对阿富汗问题并不了解，国务卿希拉里也不了解，两个人都是门外汉，两个门外汉在指挥这场军事行动。

那么军人是了解的，但是这些军人想一打到底，要一打到底，你必须给我钱，你必须给我部队，国内能够容忍一打到底吗？国内还能给你那么多钱吗？阿富汗、伊拉克战争花了1万多亿美元了，按照美国人的统计，间接军费加起来将近3万亿美元。在美国经济如此困难的情况下，阿富汗战争还要做多大的消耗？

一个是美国经济的恢复，一个是阿富汗战场的投入，对奥巴马来说，确实是在两难之间。

据说霍尔布鲁克临终讲了一句话，说我们无论如何必须得从阿富汗这个地方退出来，不能在那儿待了。阿富汗以前被称为帝国的坟墓，埋葬了大英帝国，埋葬了苏联，接下来开始埋葬美国。

奥巴马有撤军计划，他的撤军计划是光荣的撤军计划，是达成战略目标的撤军计划。但是他的目标太难达成。阿富汗的领导人卡尔扎伊，美国对他的评价，第一是个骗子，第二是个言而无信的人，第三是个反复无常的人。这是美国外交官、美国国务院对卡尔扎伊的评价。

卡尔扎伊是美国所支持的阿富汗领导人，但美国人根本不信任他。更好的人能不能找着？如果能找着，美国人早把他换掉了。

这是美国在阿富汗的困境。所以说当我们在东方，在朝鲜半岛问题、东海问题、台海问题、南海问题看美国人咄咄逼人的时候，同时也要看到它的色厉内荏。要看到，它表面上口大气粗，背后捉襟见肘。

帝国的墓地

奥巴马当初的竞选宣言就是结束伊拉克战争，把美军从伊拉克撤出来，一定取得阿富汗战争的胜利。当了总统之后，才知道阿富汗问题的复杂性。他想部分收回竞选总统时的这个承诺。

美国政界、军界、国会争论很长时间，最后达成增兵3万的方案，这是折中的方案，比奥巴马最初设想的增兵五六万已经大打折扣，而且增兵3万最后还留一个虚口，就是在一年多的时间要撤出。

奥巴马在西点军校演说要大举增兵，实际上不是他的本意，这种政策调整是对军方压力的一种妥协，对阿富汗形势的一种妥协。

阿富汗战场有一个特点，在西方被称为帝国的坟墓。英国在这里被埋葬过，打了很长时间，也没有把他们所谓的荒蛮之地搞定。之后苏联入侵阿富汗，从 1979 年到 1989 年，10 年间大量的投入、大量的损失，最后造成苏联国力重大消耗，导致戈尔巴乔夫不得不惊醒，也一定程度上导致了苏联的解体。

美国人当初讲，阿富汗 10 年把苏联消耗光了，但是美国人一个月就把阿富汗搞定了。说的是阿富汗战争从 2001 年 10 月 7 日发动，到 10 月底把阿富汗塔利班政权推翻了，他们以为胜利到来了，没想到真正的麻烦是取得所谓胜利之后。

而在美军撤离之后，所谓的胜利还能维持多长时间，美国人不知道。

在阿富汗新战略当中，奥巴马提出希望北约盟国能够再向阿富汗增派 7000 人到 1 万人的军队。北约也看美国的态度，奥巴马的方案从增兵五六万，调整到 3 万，那么让北约增兵 1 万，北约很难听从。北约许诺增兵 5000，这就像自由市场讨价还价一样，而且什么时候完成 5000 的增兵，还有一个过程，漫长的过程。

2009 年 8 月，英军全部从伊拉克撤出，此后伊拉克只有美军在独当一面了。而在阿富汗，美国人想让大家分摊风险，把北约成员国绑在同一辆战车上，很多国家没有办法，必须得这么做，但是绝不是主动的，不是自愿的。比如德国，是欧盟的钱袋子，是资金最充裕的。但德国又是出兵最少的，德国不愿意出人。因为阿富汗那个地方与德国没有什么密切相关的利益，那儿的利益只与美国相关。

美国经常把中亚作为世界上最后一块战略真空地带，一定要把腿插进去，这是美国的战略追求。但是这种所谓世界霸权的战略追求，并不符合欧洲的霸权追求。德国在欧洲还是颇有影响力的，就觉得在中亚这个地区，在阿富汗这个地方，插一腿有那么大利益吗？当然德国属于北约，有义务，没有办法拒绝。法国也是这样，半信半疑。

真正跟着美国人干，心比较铁的是英国人。但那也是布莱尔真正跟着美国人干，真正跟着小布什干，心很铁。而英国首相布朗，对奥巴马的阿富汗政策，是很有保留的。当然布朗对传统英美友谊还是维持的，但是关键是走到哪一步，涉水也不会太深，起码在阿富汗这个烂摊子里涉水不会像美国人那么深，这样容易拔出腿来。

其实连奥巴马本身在阿富汗也是半信半疑的。奥巴马竞选许诺的时候，他做出撤出伊拉克的许诺。为了表示他的强硬，他讲要在阿富汗剿灭所谓的恐怖主义。后来发现这个任务很重，想完全靠军事手段解决阿富汗问题不是一个好选择，奥巴马也做出这样一些调整。在这样的情况下，请北约成员国象征性地做一些支援。

如果阿富汗的局势真的平定有望，利益比较大，大家奋勇而上占点便宜也是可以的。但阿富汗那个地方没有资源，没有多么重要的战略地位。在这种情况下，阿富汗本身对北约的吸引力很弱。那么麻烦很大，吸引力很弱，可想而知北约成员国对阿富汗是怎样的态度了。

这就是一个烂摊子，谁来收拾谁麻烦。美国人惹的麻烦，现在让北约帮着收尾。北约里边对此事打折扣最大的法国就讲得很清楚，增兵不可能，但可以帮助训练阿富汗的军事人员。从这里可以看出，美国和北约对此事都三心二意，持续 8 年多的阿富汗战争，变成了各方都三心二意的战争，相反塔利班倒非常坚定，一定要把政权拿过来。

据英国《泰晤士报》披露，意大利驻阿富汗部队，曾经向塔利班交保护费以求平安，加拿大方面也被指责有过行贿塔利班武装分子的行为。

这些事情就好像市场经济的价值规律在战场上的延续。刚看到这个消息，感觉比较可笑，但是事后一想也觉得很合理。像加拿大、意大利不愿意为美国人承担风险，于是只能尽量减少与当地部族、塔利班和各种势力的冲突。意大利、加拿大采取这些行动，确实出于它们自身利益的考虑。对加拿大来说，在地球另一端，非跑到阿富汗山区来维护所谓的利益，利益在哪里？看不见摸不着。

实际上阿富汗战争，已经让美国人转化了，主要作战对象是塔利班，而不是全球反恐了。虽然塔利班也被列入包庇恐怖分子的组织，但毕竟不是一个直接的恐怖组织。美国打着反恐旗帜打击塔利班，口号针对性不是很强，存在很大的问题。北约表面上听从美国的调度，实际上都在各想各的事情、各出各的招数、各解各的困境。

阿富汗大选，可能是自西方推崇颜色革命以来，按照西方的论调给所谓民主抹黑最大的一次大选。大选中确实有一些不太合适的动作，这是阿富汗选举各方都承认的，包括监督阿富汗选举的国际组织。美国方面也提出很大的质疑，重新选举后，结果还是一样，从这点可以看出，阿富汗通过民主程序建立稳定的政权，这个希望早已破灭。美国、北约也都知道。

大家只能承认卡尔扎伊的政权，虽然也想换马，但是换不了。通过一个民主选举的政权，就取得阿富汗政治稳定、有效抑制塔利班，对此美国和北约都不抱什么希望。民主号召力是十分有限的，当把这样一种东西强加给阿富汗的时候，阿富汗的文化、特殊的地缘政治、特殊利益所起的反弹，对西方、北约都是非常大的教训。

英国作为老牌帝国主义，早就在这个地方吃了大亏，所以在阿富汗问题上，英国人一直非常低调。美国人在阿富汗看够了苏联的笑话，为了反苏，当时在阿富汗支持游击队，包括支持拉登在阿富汗与苏联对抗，美国中央情报局都做过很大的努力。后来美国又反过来了，认为阿富汗问题很容易解决，一手民主、一手武力，结果都陷入了困境。

战场上陷入困境，怎么打？主要对手是谁？打了将近10年还没有完全弄清楚；民主程序推行那么多年，结果发现阿富汗民主被篡改得越来越厉害，越来越变味，越来越脱离西方所谓的民主价值观和运行程序。

从这点来看，西方、美国不说万念俱灰，但也都是想方设法尽快逃离这个帝国的墓地。

谎言

2010年8月，美国公布要在阿富汗扩建三个军事基地的最新计划，从总体看给人一个印象，好像美国在扩建军事基地，要在这儿常驻。从中国古代兵法的角度来看，这就是所谓的增灶减兵，兵力在撤，但是不断地增加做饭的灶眼，可以给对方一个假象。

美国和北约在阿富汗面临的关键问题是运输问题，也就是后勤支援的能力。它们的后勤支援很大程度上依靠吉尔吉斯斯坦几个有限的基地，那几个基地的吞吐量已经固定了，而部队还在不断地扩充，不断地增兵，美国在增兵，要求北约增兵，那么后勤供应很成问题。

而在阿富汗境内建几个基地，也只是为了在阿富汗军事行动的方便，这几个基地并不具有非常重要的意义。从资金投入来看，也并不是很大。三个基地，就两三亿美元，这对于花钱大手大脚的美国人来说，那会是非常简陋的基地，而且肯定不是永久性的基地。

从这两点可以看到，虽然雷声很大，其实这三个基地在阿富汗战争中的作用是很有限的。美国人就是在模仿伊拉克模式，就是看菜下饭，有便宜就多吃一些，没便宜见好就收，随时撤退。

北约驻阿富汗最高文官塞德威尔在接受记者采访时曾表示，阿富汗喀布尔儿童的生活环境，甚至比纽约、伦敦更加安全。

这位先生的话，说出来后，可能自己都感觉到有问题。他这个话到底该怎么理解？他是在抬高喀布尔的生活质量、安全系数，还是在贬低纽约、伦敦的生活质量、安全系数？

这个话可以反过来理解，就是纽约和伦敦的孩子们所面临的安全问题比喀布尔的孩子们还要严重，所以喀布尔儿童所生活的安全环境，比纽约和伦敦还要好。

当然他这么说，可能是为了解释北约在阿富汗行动的有效性。你们看，我在阿富汗搞了这么多年，使阿富汗的儿童获得了比纽约和伦敦更加好的安全环境。他的本意可能是这个，但是他这个叫过分比喻。

你再正确的事，过一步就是谬误，这显然就出现一个非常荒谬的态势。阿富汗经常有包括汽车炸弹这样的爆炸事故发生，是不是纽约的交通事故、伦敦的交通事故同样也多，儿童们在街上也同样危险？

阿富汗是个乱局，不管你怎么说，喀布尔的儿童安全问题，是全世界有目共睹的。

美军虐尸视频引起国际舆论一片哗然，视频中，4 名身穿美国海军陆战队军服的士兵对着地上的3具疑似塔利班武装人员的尸体小便，尸体上血迹斑斑，而美军士兵却一边撒尿一边大开玩笑。

很多人都觉得美国是全世界的“人权卫士”，或者美国进行的战争叫高科技战争、精确打击的战争，而且美军大量宣传他们对无辜平民的保护。其实，从阿布格莱布监狱发生的虐囚丑闻到在阿富汗发生的虐尸事件，都可以非常清楚地看出战争真实的一面。

不管战争发展到什么样的程度，也不管技术含量有多高，它对普通生命的摧毁和不尊重至今没有改变。不管美国的文明程度有多高，也不管美国在全世界宣扬的追求或者维护的所谓人权价值有多么亮丽，这就是战争真实的一面。

只要战争依然在继续，不管西方宣称的战争有多么正义，像这样丑恶的行为都无法避免。

大家对美军士兵的行为感到非常震惊，实际上这只是冰山一角而已，没有暴露出来的这类事情还有很多。

在伊拉克战场上，美军的巡逻车队被路边炸弹袭击后，美军士兵冲到炸弹爆炸发生地附近的村庄，推开门就扫射，把村子里的男人都拉出去，16岁以上的男人全部枪杀。这些行为和美军在越战中对整个村子的居民进行屠杀是毫无二致的。

从这一点可以看出，美军进行的所谓帮助伊拉克建立民主秩序，帮助阿富汗建立民主秩序战争的另外一面，是对普通人生命的摧毁和对人权的蔑视。

当然，这起事件对世界其他地区来说，更加真实地了解了这种战争的真实情况。对美军的反恐作战将产生非常不利的影响，美国宣称的道德正义感会受到极大的破坏。

伊拉克战争最后被颠覆的原因实际上有两个，一个是发动战争的理由——伊拉克有大规模杀伤性武器被颠覆了；另外一个就是阿布格莱布监狱的虐囚事件，让美国国内舆论产生了非常大的震惊。

很多从伊拉克返回的美国军人被誉为英雄，后来大家发现，这些被称为英雄的人在当地做出了多么丑恶的事。这事又延伸到了阿富汗，再一次对美国国内舆论、对世界的舆论产生了极大影响。这些在阿富汗作战的美国军人，到底都干了些什么事情？

驻阿富汗美军士兵把《古兰经》等宗教书籍当成垃圾焚烧，这一事件激起了穆斯林民众的反美浪潮，抗议冲突造成多人死亡。塔利班制造自杀式炸弹袭击，宣称是对焚烧《古兰经》行为的报复。

焚烧《古兰经》事件，引发了阿富汗如此大规模的动荡，以致整个阿拉伯世界的强烈反弹，不过是根导火索而已。

怨恨积压已久，美国占领阿富汗的10年间，所谓精准制导武器打击、无人机打击对无辜平民带来不小伤害，据北约统计，每次打击大约造成30%无辜平民的伤亡，实际数字比此统计还要高。

10年来，美国对阿富汗进行的行动，在阿富汗民众心中埋下了愤怒和仇恨，阿富汗民众没有先进的武器，他们的反弹、怒火长期压在心里。

美国作为一个占领者、胜利者，居高临下地带来资金、民主、制度等，以施舍式的姿态对待阿富汗人民，而且你必须得接受，不接受也得接受。美式制度、理念必须接受，不接受也得接受。这种施舍式、强迫式地推行其民主制度的方式，最后导致现在的结果。

焚烧《古兰经》事件，难道只是个别美军士兵或军官的错误吗？不是的。

从阿布格莱布监狱“虐囚”事件，到焚烧《古兰经》的一系列事件，反映了表面宣称是世界上最讲人权、最讲民主的国家，实质上对其他宗教信仰、人种、文化背景的蔑视。

美国前总统小布什曾讲过，称“美国是世界要仰望的灯塔”。尽管美国宣称了如此多的理念，实际执行时，对不同文化、不同人种和所占领国家无辜平民的生命、生存权利和人格尊严的蔑视，与其宣称的理论完全背离。

这就是在阿富汗、伊拉克等中东国家，当美国用武力强行推行民主理念时，遭遇巨大反弹的原因。

支奴干坠落

2011 年 8 月，驻阿富汗美军一架 CH–47“支奴干”大型直升机在阿富汗东部被击落，共造成38人死亡，其中包括22名美国海军“海豹突击队”特种兵，创下阿富汗战争 10 年来单次损失最惨痛纪录。这也是 1987 年美军特种作战司令部成立后，伤亡最为惨重的一次事件。

这对美军的打击是很大的，尤其是这个行动不是普通的任务。你比如说坐了一直升机的非战斗人员，医疗救护或者是伤员，那这个意义完全不一样。这次它上面坐的全是武装人员，尤其有 22 名海豹突击队员遇难。一开始美国人把这消息压得紧紧的，但是第二天不得不披露这个消息了。

他们是正在执行一项重大任务的，阿富汗瓦尔达克省有一个地方被认为藏有高级的塔利班人物，这架直升机是担任突击任务的。就像之前不久在巴基斯坦境内突袭拉登的住地，美军就是使用了两架直升机得手的，那么这次几乎是如法炮制，当然直升机的型号不一样，突击拉登的是两架很先进的美军隐形直升机，这次是一架比较普通的 CH–47“支奴干”。

这一架直升机因为运量大，可载的人多，参加任务的有 38 人，其中海豹突击队员有 22 人，可见战斗任务还是比较重的。当然，除了这架直升机之外，肯定还有一些相同的直升机，没有被击落的。

在执行一项重大任务的过程中被击落，其中还包括美军 3 名空中作战指挥人员。这对美军来说，打击确实比较大。

当然，就一个大规模的战争形态来看，38 名军人的死亡，其实也并不算什么大事，但是在美军阿富汗战争里，具有标志性的意义。它所造成的心理损伤、心理冲击，比实际损失要大得多。

它是 10 年阿富汗战争单项军事行动中最大的损失，而它恰恰发生在一个非常敏感的时刻，就是美国总统大选在即。第二年美国总统大选，阿富汗也是奥巴马总统许诺军事行动要尽快结束然后撤出的这么一个地方。

在之前不久，美军也讲了很多阿富汗战局相对比较稳定的话。这时，直升机被击落，遭到大损失，对美军造成的打击是很大的。

我们可以想想，1993 年、1994 年，美军在索马里的军事行动失败，直升机被击落造成人员伤亡，索马里的游击队员拖着美军的尸体在街上游行，导致克林顿决定从索马里撤出，不再参加联合国这样的任务。单起事故导致重大军事行动转折，这是不乏先例的。

当然，通过这次事件美军就停止在阿富汗的军事行动，然后开始撤出，这是不可能的。美军在阿富汗有既定的目标，虽然有严重损失，但必然要把阿富汗的军事行动继续下去，目标不会变。

这次行动，无疑对撤军时间表有很大的打击，因为奥巴马定的三步走的时间表，不管怎么定，实际上有一条原则，就是光荣撤出。

我胜了，我撤出，把作战任务交给当地的部队，然后在阿富汗境内我都担任顾问，慢慢实现阿富汗人打阿富汗人的目标。这是光荣退出的一种策略，最后对国内、对全世界宣称，我在阿富汗主要军事行动目标全部达成，所以我撤出了。

当你宣布能够开始逐步撤军的时候，尤其是要实施第一步撤军计划的时候，发生了这个事件。塔利班竟然有能力把你的直升机击落，造成阿富汗开战 10 年以来最大的一次战斗伤亡，这对撤军时间表打击很大。

当然美国人也讲了，说塔利班组织能够把直升机击落，纯属偶然。

他们用反坦克的火箭筒打的，叫作火箭助推榴弹，就是我们讲的火箭筒。用火箭筒把直升机打下来，这种概率确实非常低。美国人反复声明，这只是塔利班的一次偶然，不能因为这个事件就说明塔利班已经掌握了打击直升机的地对空导弹。

这个偶然，实际上表现了军事素质。运动中的直升机被反坦克火箭击中，这种概率确实非常低，你要打运动中的直升机，有个提前量的问题，而且反坦克火箭筒的射程是非常有限的。据阿富汗塔利班发表的书面声明，是在大约 137 米之外发射的反坦克火箭筒，击中了直升机，这个距离还是很近的。

离得这么近，可能是美军大意了，飞行高度非常低，或者是到达任务区，发现没有塔利班高级人物隐藏，然后重新起飞，在这个过程中被击落了。但是毫无疑问，不管怎么偶然，这给双方造成的心理冲击还是很大的，首先对塔利班方面的鼓舞是很大的，另外对美军士气的打击是很大的。在这种情况下完成光荣撤出，无疑增加了难度。

颠覆战争获益论

美国实际上是在战争中发展起来的，通过南北战争完成了国家的完全统一，然后通过与西班牙的战争完成了第一次殖民扩张，把古巴、菲律宾从西班牙的手中接过了很大一块殖民资产。然后“一战”“二战”，美国全部是胜利者，奠定了全球霸主的地位。

美国以前在战争中没有吃过亏，从20世纪50年代开始，在朝鲜战争、越南战争中吃亏了。那么美国人也有理由，认为那是冷战时期，朝鲜背后有中国，中国背后有苏联。越南战争呢，中苏两大国并肩站在越南的背后，不好打。

冷战结束以后，美国连续得手，海湾战争得手了，科索沃战争得手了。这两场战争得手，使美国人更大地增加了战争既得利益的倾向。但是紧接着，阿富汗战争和伊拉克战争旷日持久，对美国人的打击很大。

美国因战争而获益的理论，开始慢慢被颠覆。伊拉克的“腿”慢慢拔出来了，阿富汗还拔不出来，这是美国人也没有想到的。当塔利班没有了，对手是谁，没有想到。美国这个行为本身就在制造仇恨，本身就是在培养自己的敌对力量。

就像美国前副国务卿阿米蒂奇在“9 · 11”事件十周年时所说，10年来，美国把主要精力集中在反恐战争这个非常狭窄局限的议题上，向世界输出怒火和恐怖，在阿富汗和伊拉克深深陷入战争泥潭，消耗了自己的经济实力和金融实力，以致美国对全球的领导能力发生了动摇。

两场战争持续了10年，以致很多美国人都在检讨，这是反恐胜利的10年，还是美国输掉的10年，值不值得把如此大的力量集中在反恐议题上，堆积在阿富汗和伊拉克这两个战场上。

说到“反恐”，就要关注一个关键人物，那就是本 · 拉登。拉登成为恐怖主义的象征，成为一个符号。而实际上，击毙拉登到底有多大的意义，美国的内部评估非常清楚。

拉登最后是藏匿在一个地方长期深居简出，甚至深居不出的，已经失掉了实际的影响力。更多的意义就是象征性的一个人物，他的生命也成为一种象征性的“东西”。

他跟外界毫无联系，只通过小毛驴传递纸条联系，这种速度和范围，怎么可能领导一场全球性的恐怖活动？根本没有这个可能了。

当然，击毙拉登，美国也具有象征性的成果。但是，世界恐怖主义行为会因拉登的死亡而终止吗？做不到。因为拉登本身已经不是世界恐怖分子具体行动的筹划者，只不过是个精神领袖而已。

美国人认为恐怖行为是由拉登煽动的，却忽略了阿布格莱布监狱的虐囚事件所激起的伊斯兰世界的怒火。遭到路边炸弹袭击之后，美国士兵冲进村庄对平民开枪，也制造了新的仇恨。阿米蒂奇讲，美国向全世界输出怒火和恐怖。

中国有句话叫种瓜得瓜，种豆得豆。输出恐怖，你得到的必然是恐怖。

意大利的一位教授说过，这些恐怖行为核心是对不公平的一种反抗，对不公平世界秩序的一种反抗。如果认为现存世界全部是合理的并坚持，你就永远搞不清楚恐怖主义为什么会产生。当然，这是一种极端的行为。大多数国家和人民是不会同意这种极端行为的。

分析恐怖主义和其造成的后果是两回事。仅仅用恐怖分子造成的后果来分析，和用恐怖分子产生的根源来分析，效果是完全不一样的。

最终，对全世界恐怖行为的治理，必须从根源上做文章，而不是一茬茬地割韭菜，再一茬茬地长出来。

3. 利比亚：从国内矛盾到国际矛盾

卡扎菲的政治力

2011 年，利比亚陷入了混乱的局面，美国和北约盟友进行军事干预。利比亚之所以能引起这么大的关注，一部分是因为卡扎菲张扬的性格，另外一个因素就是利比亚蕴藏了大量的石油，其对全世界油价的影响和对各国发展带来的利益是显而易见的。怎样保持在利比亚的影响、怎样保持在利比亚既得的利益、不让利比亚的石油资源被他们不希望的人所控制，是欧美追求的主要目的。

中国有句老话叫墙倒众人推，墙快倒了，大家一定要上去使一把劲，好像这个墙是我推倒的一样。如果墙不倒呢？墙不倒为什么就没有众人推呢？在卡扎菲政权比较软弱的时候，鉴于突尼斯和埃及的经验，人们都预料卡扎菲将迅速倒台。但随着局势的发展，并不像最初人们想象的那样简单，卡扎菲下台不是那么容易的，代价也不会很小，这就让欧美各方犹豫了，到底要不要进行军事干预？以什么样的方式干预？

在利比亚设立禁飞区的问题也曾一度被搁置。禁飞区是军事干预中最早提出来的一个实施方案，但是禁飞区的实施首先要清除利比亚的防空体系，就意味着战争。军事干预也是政治家说着容易，具体实施并不容易，更何况美国当时战线已经拉得很长了。在这样的情况下，实施军事干预的难度是很大的。

美欧力图把卡扎菲包装成一个绝对的独裁者，首先把他的名声彻底地诋毁，这样一来军事干预就会比较容易。但卡扎菲这人的手腕也很可以，他宣称他正在和基地组织做斗争，而且他还发出恐吓，如果他倒台了，地中海周围的秩序要发生比较大的混乱，大量的撒哈拉以南的非洲人就会跑到欧洲去，会给欧洲南部带来比较大的混乱，对欧洲一点儿好处也没有。欧洲有没有这种担心？确实有。这些情况使干预变得更加复杂。

而且卡扎菲做得比较巧妙的是，他把一场拥护派和反对派的斗争变成了一场部族之间的斗争，这样就容易把情况搞复杂，很难说谁是谁非了。不管是美国还是欧洲，陷入这种部族斗争，最后都会有些难以自拔。

伊战、阿战的伤疤

美国参加军事打击利比亚的行动，国内一直有很多质疑和批评的声音。比如对利比亚的军事行动目标不清晰、期限不确定，而且在行动前没有和美国国会充分地协商。

奥巴马在美国国防大学发表演讲，为美国发动和参与对利比亚的军事打击进行辩护，也没能完全打消这些疑问，因为奥巴马当时处在一个很矛盾的境地。他竞选总统时说要结束伊拉克战争、要体面地取得阿富汗战争的胜利，结果又开始了一场利比亚战争。

当然他有个理由是，在利比亚的行动不能称为战争，但西方各国对利比亚采取的行动，绝不仅仅是建立禁飞区的问题，还包括空袭总统府、轰炸地面目标，导致了不少平民的伤亡。

奥巴马还在演讲中对发动军事行动的目的做了很多解释，他连说服自己都很难，想说服别人就更加困难了。这场军事行动既没有明确的目标，也没有明确的指挥者，甚至没有非常明确的对手——联军的对手绝不仅仅是卡扎非。在这种情况下，怎么能让美国选民接受对利比亚的军事行动呢？尤其是有伊拉克战争的惨痛教训和阿富汗战争流血的灾难，怎么能够让美国选民相信巡航导弹能完成对别国人权的维护？

有人说过，美国总统更善于发动战争而不是结束战争。世界战争的难题都是这样。打一仗容易，收拾摊子困难。奥巴马要收拾的两个摊子——伊拉克和阿富汗都是小布什留下的，深知其中的难处。他会不会也给后人留下一个烂摊子，造成麻烦，这是他执政的一个很大的难题，也是他中长期面临的一个最大考验。所以，奥巴马政府在对利比亚的空袭行动中，一方面采取了行动，对美国选民做了解释；另一方面畏畏缩缩、犹犹豫豫，急忙把指挥权交出去。

美国人历来在任何军事行动中必须获得主导权，必须掌握指挥权。韩国军队要谋划自己的指挥权，美国人非常不满意；日本自卫队也想谋求自己的指挥权，美国人也是绝不放手。空袭利比亚不一样，美国急于把指挥权推给北约、推给欧洲国家。由此可见，一方面它采取了军事行动，一方面它充分地预留了后路。如果利比亚真的成了烂摊子，美国做好了抽手的准备。

如果没有越南战争的教训，美国不会在越战以后表现出持续多年的谨慎。如果没有伊拉克战争的教训，利比亚战争中它也不会表现出这种谨慎。伊拉克战争，当时小布什总统认为600亿美元就可以打下来，结果直接军事费用超过了 1 万亿美元。美国每天在利比亚消耗 1 亿美元以上，如果持续下去，就不仅仅是个军事行动的问题了。

所以，美国舆论包括美国的执政者出现一些转向，不像之前发动阿富汗战争、伊拉克战争时出现一边倒的支持。这主要来源于前面的执政者所做的错误决定，遗留下来的惨痛教训。阿富汗战争和伊拉克战争的伤疤还没有完全好，美国还没有忘了疼。

奥巴马政府陷入了一种自相矛盾的境地，多次表现出自相矛盾的态度。曾经表示美国必须介入利比亚，如果不介入就影响了美国的执政道义。后来又声称不以推翻卡扎菲政权为目的，如果以推翻卡扎菲政权为目的将使联盟陷入分裂。紧接着又提出卡扎菲必须下台，卡扎菲不下台行动就没有达到目的，等等，释放出大量自相矛盾的信息。

包括奥巴马上台之前，曾经说，美国总统根本没有权力在一个其他力量没有对美国本土安全造成致命性威胁的情况下擅自动用武力。利比亚政府对美国的安全构成威胁了吗？它根本没有这个能力！既然如此，美国不也对利比亚动武了吗？实际上奥巴马也违反了他的竞选诺言。

利比亚战事让英法美在内的西方国家陷入了一种很大的矛盾之中。两害相权取其轻，怎样攫取各自最大的利益同时避免各自最大的损失，是对这些国家的严峻考验，它们都在摸着石头过河，走一步看一步。

外力介入引人警惕

利比亚战争，很难简单地说是卡扎菲与西方国家的对垒。表面上看好像是这样，实际上，当西方国家强行要改变一个阿拉伯国家的社会制度时，将会给阿拉伯世界带来巨大的问题。卡扎菲执政后期，实际上把很多利比亚的部族都给得罪了，很多部族长老都反对他，卡扎菲颇有点四面楚歌的架势。之后发生了一个比较怪异的变化：利比亚几个大的部族首领，都表示了对卡扎菲的拥护。从这里我们可以看出，利比亚的情况有一个矛盾转化的过程。

利比亚与国际社会的矛盾在激化，激化的原因就是西方世界对利比亚的制裁，经济制裁、政治制裁、军事制裁，禁飞区的设置和发动直接的战争行动。

利比亚国内的矛盾随之发生转化。当西方与卡扎菲的矛盾激化，采取了军事手段、战争手段的时候，卡扎菲与国内各部族之间的矛盾正在弱化。在大敌当前的情况下，很多部族长老修改了和卡扎菲完全对立的方略，宣布了对卡扎菲的支持。这并不是出于他们怎么喜欢卡扎菲这个人，而是出于一种民族感情。

利比亚战争，对阿拉伯世界来说是一个非常大的教训。自己地区的问题，必须自己解决。如果地区问题自己觉得解决不了，就邀请别人来解决，那么就会面临很大的麻烦。

阿盟是一开始要求西方介入解决的，之后阿盟又说西方违反了联合国禁飞区的决定，采取了过分的行动。这是阿盟本身的一大失误，当阿盟采取了邀请地区外的力量来解决地区内部问题的时候，就已经埋下了祸根。

当西方用巡航导弹来改变阿拉伯世界一个主权国家的政府时，实际上给阿拉伯世界的动荡留下了一个更大的隐患，使阿盟将来产生分裂的可能性更大。这对阿拉伯世界如何保持内部团结来说，是一个非常大的警示。

战争好打，尾难收。请神容易送神难，神来了以后，神会反客为主；神来了以后，他什么时候走那就由不得你了。

西方如此猖狂，不听阿拉伯国家的招呼，强行改变一个国家政权。但是从西方来看，是阿盟先邀请我来干事的，至于你对我干的事不满意，干了一些你不允许的事，你也得承担这个后果。

这对阿盟来说，教训很大。当然所有的地区组织，非盟、东盟都应该从中吸取教训，引以为戒。

法国的荣光

有位法国评论家，带有几分扬扬自得评价，说三场战争法国都参与了，利比亚、科特迪瓦还有阿富汗。他讲从近代以来，法国连续参加三场地区性的冲突甚至战争，是前所未有的。为什么说他带有扬扬自得的口气呢？因为他说好像是法国恢复了拿破仑时代、路易十四时代的光荣。这种帝国倾向是很危险的。

法国曾经有位非常清醒的领导者戴高乐，“二战”以后，阿尔及利亚独立，戴高乐作为军人是不同意的，采用了非常强硬的手段镇压，最后不行。戴高乐比较明智地从阿尔及利亚撤了出来，同意阿尔及利亚独立。同时戴高乐要求北约出去，让北约的指挥机构从巴黎搬到布鲁塞尔，戴高乐建立了法国独立的国防系统，而不是在北约的束缚之下，听美国人的招呼。这是当年的法国。

今天的法国完全不同，不仅恢复加入北约，还力图在北约中扮演军事主导，尤其是美国交出对利比亚空袭的空中力量指挥权后，法国整个统治阶层表现出一种不太清醒的状态：美国退出了，我成了主导对利比亚空袭、对科特迪瓦作战行动的力量，好像是一个给我带来很大光荣的事情。

中国有句老话叫“露多大脸现多大眼”，美国难道不想主导吗？美国在任何情况下是一定要争夺主导权的。美国为什么要退出去？明显看到这不是一个香饽饽儿，而是一个泥潭。美国感到很危险，所以就往外撤。再加上还没有从伊拉克、阿富汗战争的泥潭里拔出腿来。奥巴马政府虽然特别想介入，但是前面的教训太深刻了，所以表现出一种警惕和警醒。

法国自从越南战争之后，长期没有参加国际事务当中大规模的军事干涉，吃的苦头好像并不太多，只有 20 世纪 50 年代在阿尔及利亚的行动失败了，在苏伊士运河的作战失败了，那两次给它的教训是很惨痛的。但是法国好像有点忘乎所以了，想恢复帝国的梦想与光荣。

法国之所以在国际舞台上如此“活跃”，其中有法国国内政治的因素，但争取选票只是部分原因。更加重要的是，法国当今的统治者个人色彩非常强，想做出几件惊人的事情，希望能够青史留名。

由此来看，法国的统治者已经忘记了拿破仑的那句话，什么时候该扮演狐狸，什么时候该扮演狮子。法国如果想一味地在国际上扮演狮子，让人家在你的狮吼之下服从，那就太轻看今天这个世界了。法国今天既没有这样的政治影响力，也没有这样的军事实力。

北约对利比亚的空袭还不到一个月的时候，英国和法国就公开宣称“弹药储备不足、飞机数量不够”，呼吁美国赶紧重新加入空袭利比亚的行列。

西方国家过低或者过轻看待了利比亚局势，以为依靠发射几百枚巡航导弹、上千枚精确制导炸弹就能改变一个国家的政权。这种实例在科索沃发生过，在阿富汗、伊拉克也都实现了。为什么在利比亚就实现不了呢？

美国有过这样的教训。曾经以为依靠先进武器取得胜利非常轻易，结果挺进一个国家的首都、改变了国家的政权，却陷入了长期的、难以自拔的灌木丛林火式的抵抗。美国的巡航导弹、精确打击武器无疑是世界一流的，但是它也知道这些东西——我们姑且称之为“战争快餐”，这种“战争快餐”带来的后续效应极难处理。因此，美国比英国、法国表现出更大的警醒。然而，英国尤其是萨科齐领导下的法国却还陶醉于美军的精确制导武器对政权改变的梦境之中。

在西方国家当中，美国知道用现代化信息作战的技术改变一个国家政权，表面上看很容易，实际上带来的负面效应非常大。它是做得最多的，同时也是得到最多教训的。英国和法国做得少，不过英国还全力介入了伊拉克战争，也深知伊拉克泥潭的滋味。但法国人没有尝到这个滋味，法国对阿富汗战争的介入是很有限的，这次法国大张旗鼓、大打出手，明显是低估了这种军事行为的代价。

北约罔顾联合国决议

关于利比亚问题，开始联合国通过的是设立禁飞区方案，而北约采取的却是所谓的“斩首”行动，直接打击对方的主要领导人。不管这个领导人怎么样，他毕竟是这个国家通过一定的法律程序所产生的。北约在这个国家政权并没有更迭的情况下，直接对这个主权国家的元首实施所谓的“斩首”行动，这不是联合国的授权，远远超出了联合国设立禁飞区的要求。北约开了这种先例，未来是非常危险的。

北约的这种军事行动——对利比亚展开空袭、对卡扎菲进行“斩首”行动，不但是对联合国安理会通过的禁飞区决议的超越，实际上也是对联合国的亵渎，北约把联合国的决议不当回事，完全是篡改，表现出对联合国的大不敬。

这一点甚至比空袭利比亚、把卡扎菲炸死更加严重。北约把联合国安理会通过的决议作为一个敲门砖，把这个门敲开了，砖头往外一扔，开始为所欲为。

姑且不论卡扎菲个人的名誉、命运怎么样，北约的这种做法是在执行联合国的决议中开了非常坏的先例。在这种情况下，联合国安理会不吭气、各国都不说话，包括联合国秘书长不发出声音，实际上是联合国自己贬低了自己的身份。

在美国发动伊拉克战争的时候，当时没有取得联合国的授权，因为中国和俄罗斯都不同意采取军事手段解决伊拉克问题，还有德国、法国等很多国家也都表示反对。当时英美无法在联合国拿到允许它们在伊拉克采取军事行动的入场券或敲门砖，就单独行动了。英美单独行动以后，时任联合国秘书长的安南发表了非常强硬的讲话。安南的讲话，大意是说美国采取这样的行动将要引发全世界更大规模的动荡，这是对全世界、对人类和平的一种破坏。

而当联合国通过的设立禁飞区的决议被北约演绎成一场空中战争的行动时，联合国没有吭气，联合国秘书长没有吭气，这使全世界对联合国的威望、尊严、效率提出了很大的疑问。

利比亚的后患

北约 2011 年 10 月 31 日结束在利比亚的军事行动。在之前的 7 个多月里，北约的军事行动直接帮助利比亚“全国过渡委员会”扭转战局并最终取得胜利。

北约宣布结束在利比亚的军事行动，说明它不愿意再为利比亚付出更多代价。利比亚要实现和平稳定，还有一个漫长而艰难的过程。

北约宣布结束在利比亚的军事行动，并不意味着利比亚的冲突结束了。在是否结束军事行动这一点上，北约与利比亚“全国过渡委员会”的意见明显不一样。

利比亚“全国过渡委员会”要求延续北约的军事行动，很明显就是因为国内有些力量还没有摆平，有些力量还没有消除，所以要求北约继续保持空袭、保持军事压力的态势。但北约不愿意就此付出更多代价，因此北约在往后退。

利比亚要实现部族武装之间的协调，从而组成国家的统一力量，利比亚各地不以抗议、武装冲突为建设国家的根本，而投入到经济建设之中，比如说投入到发展工业、发展农业、发展石油、发展旅游等，这是一个重大而艰难的转折。

利比亚在经过8个多月的战争以后，武器扩散问题已经成为一个国际性问题，这些失散武器不仅有众多的小型武器，还包括5000多枚便携式地对空导弹。此外，利比亚执政当局确认，在利比亚境内存在化学武器。

利比亚在卡扎菲时期囤积了大量武器，这些武器最后广泛地流入民间，这对利比亚的安全和北非的安全来说，确实不是一件很妙的事情。尤其是那几千枚肩扛式对空导弹流入民间，用这些武器袭击民航飞机是很容易的，给这一带的航空带来很大威胁。这些武器被什么人掌握不得而知，个人的恐怖行为都能够给国家带来很大的损失。

当然，操作地空导弹这类比较复杂的武器需要训练。受过这种专业训练的人毕竟是有限的，所以武器硬件流出去了，软件不一定能跟上去。此外，这样的导弹平常都需要大量的保养、维护，包括存放的温度、湿度都有一定的要求。

可以想见，大量的武器流出去，尤其是这种高技术武器，最后由于保管和维护不善，最终要被废弃掉。不能说流失出去几千枚导弹，这几千枚导弹都会形成威胁。但是将来毕竟会有少部分要流入到一些专业人士手中，对这些人来说，导弹的保养维护以及使用都没有问题，以后将要造成威胁。谁手中掌握这些武器，肯定是不愿意轻易交出来的。

4. 叙利亚：代理人的战争

俄罗斯的反对

就在叙利亚局势日趋紧张之际，三艘俄罗斯军舰进入叙利亚塔尔图斯港水域。同时传出，俄罗斯唯一一艘现役航母“库兹涅佐夫”号也将在其他军舰的护卫下，赴地中海东部进行远洋巡航。

叙利亚危机成为继利比亚之后又一个令全世界瞩目的焦点。在俄罗斯出动军舰之前，美国已经宣布“布什”号航母要驶向叙利亚。俄罗斯军舰和“布什”号航母几乎同时驶向叙利亚，这绝对不是巧合。

叙利亚危机下一步将怎样发展？西方会不会按照利比亚的模式来解决它？西方有相当多的人在做这样的筹划。但是俄罗斯起码给了世界一个非常明确的信号，就是叙利亚不可能按照利比亚的模式来解决。

如果说之前在利比亚问题上，俄罗斯还有些含糊的话，那么在叙利亚的问题上，俄罗斯表现得非常清晰而且坚决。

首先在联合国安理会上阻止了对叙利亚的制裁。因为在 2011 年 3 月，联合国安理会在就利比亚设立禁飞区问题进行表决时，中国和俄罗斯都投了弃权票。结果，北约完全把联合国视同儿戏，一步步地从禁飞区到袭击总统府，到攻击地面军事目标，再到直接参与军事行动，全部打着联合国决议的幌子，将禁飞区的决议实际上变成军事干预的决议。这种急功近利的做法，从短期来看达成了北约的目的，但从中长期来看，做了一个非常不好的范例。

所以，当北约提出对叙利亚设立禁飞区时，俄罗斯和中国投了否决票。没有联合国赋予的合法外衣，北约对叙利亚进行军事干预的难度和风险必然要极大提升。

而在安理会表决之前，俄罗斯已经毫不犹豫地阐明了自己的态度，另外还派遣军舰到叙利亚的近海。

派遣军舰象征着俄罗斯对叙利亚的坚决支持，这种支持更大的是政治意义，并不意味着几艘军舰去了，就能够改变整个叙利亚的安全形势，这主要还是表明俄罗斯对叙利亚的态度。

从这点来看，俄罗斯在做出国家声明之后，往往会有些军事动作对国家声明做出补充，做出有力的支持，表明我的声明不是闹着玩的，是有军事实力支撑的。

另一方面，即使俄罗斯的军舰驶向叙利亚，俄罗斯在叙利亚政权进一步缓和与民众矛盾方面也做了不少的工作，敦促叙利亚当局采取进一步的措施尽量往改革的路上走，尽量减少与民众的对立，尽量减少流血伤亡，尽量不要让西方捕捉到干预的口实。在这一点上，俄罗斯做出了很大的努力，一点儿不亚于大家看到的派遣几艘军舰的行动。

中国的反对

中国在联合国安理会扮演常任理事国这个角色后，投的否决票是很少的，如果比较起来，中国比美国投的否决票那是少得太多了。这回中国在联合国安理会就叙利亚问题进行表决时，行使了否决权，这是一个大国在国际政治中明确的态度。

当然中国和俄罗斯一样，核心反对的一点是什么呢？就是反对外部势力强制地改变一个国家的政权。

叙利亚有很多的问题，中俄的基本观点一样，那就是叙利亚所有的问题让叙利亚人民自己解决。当然，并不是说对叙利亚的问题视而不见，俄罗斯和中国都提出了交涉，要求叙利亚执政当局推进改革，要求双方通过对话来解决，要求最终通过叙利亚人民来决定叙利亚的权力分配，而不是像今天这样，由大国，由西方，甚至阿盟，这些外部力量决定谁来领导叙利亚。

这会给全世界开一个非常坏的先例，这一点已经在利比亚有过教训了。

中俄如果为了讨好西方、避免矛盾，也可以同意西方主导的阿盟提出的决议。假设这个决议形成了，中东地区必将出现一片乱局，最终给包括叙利亚人民在内的中东地区人民造成非常大的伤痛。

中国和俄罗斯站在一个维护地区和平和中长期利益的出发点上，承担风险在联合国行使否决权，这一点是非常重要的。

代理人的战争

美国关闭了驻叙利亚的大使馆，所有使馆人员撤出叙利亚，英国、比利时等欧洲多国也纷纷召回各自的驻叙利亚大使。这种举动是西方要对叙利亚进一步采取行动的强烈信号，它们极力想在叙利亚复制利比亚的模式。

就像利比亚一样，外部势力向叙利亚内部反对派力量提供各种各样的帮助，包括提供军火、资金、意识形态的帮助、媒体上的宣传，实际上完全在操纵一个地区的局势。

在联合国安理会决议讨论之前，欧美实际上已经下定决心了，就是一定要推翻巴沙尔政权，已经完全不希望这个政权存在。所以撤出大使、关闭使馆并不奇怪，这是早晚的事情。

时间如果往回看一看，欧美正在围攻利比亚的时候，当时叙利亚的局势已经出现了初期的混乱，当时它们的主要精力都放在了利比亚，所以英美政府都做了很多的声明，说叙利亚与利比亚完全不一样、叙利亚有它的特殊情况、希望叙利亚的问题和平解决等。那时是因为利比亚没有被吃掉，现在利比亚的问题解决了，它们对叙利亚的态度就不一样了。

在中东地区，伊朗和叙利亚两国的局势都非常紧张，比较而言，西方更可能先对叙利亚动手。有句话叫堡垒最容易从内部攻破，从内部因素来看，叙利亚排在西方的第一号。

伊朗不管是“块头”、人口、国民经济总量，还是军事力量都比叙利亚要高一筹，而且伊朗内部也相对稳定。

叙利亚已经形成了一定规模的反动派，当初利比亚在大乱、叙利亚在小乱的时候，西方就感叹，说利比亚有成形的反对力量、占领了港口、建立了临时政府，感叹叙利亚没有这样成形的反对力量：第一，反对力量是分散的；第二，反对力量非常小，没有武装力量，而且没有占据任何一个城市。

就这么短短几个月后，叙利亚反对派成形了，占据了城市，拥有了武装力量，开始了武装反抗。所以，你说叙利亚的乱局是人民起义，还是一场代理人的战争？

海湾各国这回扮演的角色，包括卡塔尔、沙特非常积极地推动颠覆叙利亚，当然它们有教派的问题，有传统的地缘政治上面的诸多矛盾。但是用外力解决阿拉伯世界内部的矛盾，最后要给阿拉伯世界带来很大灾祸。

如果叙利亚出现大乱，叙利亚的局势糜烂到最后不可收拾，这种糜烂将要蔓延，对中东地区、海湾地区带来非常大的灾难。

叙利亚政权之所以还没有出现像利比亚那么大的乱局，是因为叙利亚总体上来看，领导层、宗教力量、传统势力基本上团结在执政者周围。作为叙利亚执政党的复兴党，党员人数有200多万，遍布全国，有很大的执政资源。

叙利亚的问题不是内部局势控制不住了，整个要翻盘，问题是外部力量从各个管道介入非常多。几乎全世界的媒体舆论都在骂它，西方的力量包括周边阿拉伯国家都在提供各种的支援，武器的支援、资金的支援、人员的支援。叙利亚内部的反对派因为外部的支持，得到了空前的鼓舞，所以干劲也非常大。

叙利亚的问题是什么呢？因外部力量介入陷入高度的孤立所带来的国内重大的动乱。如果外部势力致力于缓解叙利亚的局势，叙利亚能够走上对抗双方用对话和谈判的方式，和平解决存在的争端，这是一个合理的出路。

而不是说通过武装力量，支持一派、打压一派，推翻政权。推翻政权接着是什么呢？不是建设，而是清算，一定要清算前执政者的种种行为，这个清算涉及范围会非常广泛，那么叙利亚会陷入一种长久的宗教之间、部族之间、政治势力之间的相互报复。这种报复会使叙利亚陷入中长期的混乱，给普通的叙利亚人民带来非常大的灾难。

所以俄罗斯派特使去，促进叙利亚内部通过和平的方法来解决争端，尽量减少外部势力的干预。

全民公投

叙利亚举行的新宪法草案全民公投，获得了高票赞成。这回的新宪法草案公投，实际上是国际社会广泛呼吁的，包括中国、俄罗斯。叙利亚进一步进行政治体制改革，和民众对话，这是其中的方法之一。

这回的公投，按照叙利亚政府公布的数字，大多数人都参加了，而且新宪法获得了大幅度的支持，将近 90%的支持率。叙利亚的新宪法，明显引进了多党制，引进了总统任期制。如果叙利亚没有这场国内的动乱，公平地说，在阿拉伯世界把所有国家的宪法都做一比较，叙利亚通过的这个新宪法要更接近于西方所谓民主的标准。其实反对叙利亚的，要求给叙利亚反动派提供武装的很多阿盟国家，它们的宪法，包括多党制的问题，包括自由选举的问题，包括总统任期制的问题，这些问题都没有解决。

非常滑稽的是，叙利亚在力图做政治体制改革，实际上就是从语言的立场往后退，然后与反对派形成对话，但是西方舆论就一句话，巴沙尔必须下台，不管你通过的东西和我多接近，你必须下台，这成为一个前提了。

所以说这是叙利亚局势很复杂的地方。它并不在于叙利亚巴沙尔政权能够做什么，而是你做什么都不行。

叙利亚之友会议

叙利亚之友会议，实际上是在利比亚之友会议的巨大阴影笼罩下召开的。阿盟国家在这里边扮演一个前台主导的角色，不管后台——美国、北约怎么支持，阿盟毕竟在前台扮演一个主要角色。

那么阿盟各成员国已经非常明显地看到了，利比亚之友会议之后，北约进行空袭的军事干预，整个利比亚陷入一片混乱。而且利比亚当时的领导人卡扎菲最后被打得满头满脸都是血，被以非常残忍的手段给处死了。这不符合国际上一般的人道主义，更不要说西方把人权、人道主义抬到如此高的地步。这是利比亚之友会议的一个重大成果。

当然这个成果、这个阴影压在阿盟各国领导人的心里，谁都不好说什么。

他们都是阿拉伯国家的领导人，虽然都希望卡扎菲下台，希望卡扎菲被审判，希望通过法律的方式处置卡扎菲，但是谁都不希望用这种非人道的、非法的、暴力的方式处置卡扎菲。

从这点来看，利比亚之友会议，给叙利亚之友会议提供了一个非常恐怖的先例。

所以在这次叙利亚之友会议上，阿盟主张用非军事手段的方法来解决问题。这一点是美国和欧盟都没有想到的。

当然，阿盟也没有想到，在军事干预的问题上，北约和美国也在往后退。那么它们往后退的原因是什么呢？不是说不想军事干预，主要是时机不成熟，主要是叙利亚内部还是铁板一块，高度稳固，没有出现大规模的官员叛逃，没有出现驻外大使的反水，也没有出现比较像样的军队哗变。

这些东西没有出现，那么军事干预的时机就不成熟。时机不成熟而强行干预的话，势必代价巨大，美国还没有走出金融危机，欧盟的欧债危机日渐加深，谁也不愿蹚这浑水。

安南的六点和平建议

叙利亚政府表示接受联合国和阿盟叙利亚危机联合特使安南提出的六点和平建议，其中包括立即实现有效停火。叙利亚局势迈出了平稳的第一步。

得到西方大力支持的叙利亚反对派，关键的态度是巴沙尔政府立即下台，政权更迭。包括美国、欧洲若干国家都宣布过，不承认叙利亚政权的合法性。事实上，西方最主要的目标是颠覆叙利亚政府。

安南的六点建议里面，没有提出现政府立即下台、更换政权的问题。并不是西方容忍了，关键在于安南的有效调解，考虑到了叙利亚的现实。

叙利亚的政权由现政府掌控，半数以上人拥护，无论普通民众、宗教界人士，还是军队、政府官员。并不是西方媒体所渲染的那样，巴沙尔政权已经成为孤岛，全民孤立，99%的人都反对现政府。

事实并非如此。不能单凭媒体声音的大小衡量谁代表真理。叙利亚现实局势，能够僵持如此长时间，包括安南在内的很多人进入叙利亚都得出结论，并不是外界所想象的那样，推翻叙利亚政权就马上迎来一片光明，实际情况要更复杂。

实际上，巴沙尔政权在当地所得到的拥护，比外界揣测的要巩固得多，所以才会有这种调解方式以及调解可能的出现。

安南呼吁，巴沙尔政权是否下台，由叙利亚人民自己决定，正是中国和俄罗斯在安理会一直倡导、主张的。中国、俄罗斯都不主张叙利亚政权由外部政权来改变，即叙利亚政权的任何变更，都应该由叙利亚人民决定。

实际上，安南的建议采纳了中俄在联合国安理会所秉持的立场。当然也不能简单地说是安南靠向中俄。安南主要靠向的是叙利亚的现实，而中俄也是主要考虑到叙利亚的现实，叙利亚执政当局也同意安南的建议。这是各方基于叙利亚现实而达成的妥协，包括欧美，也不得不接受这个现实。

西方在等待时机

2012年6月，土耳其一架F-4型战机被叙利亚防空部队击落，叙利亚称战机侵入叙领空，出于自卫将其击落。而土耳其方面称，战机只是短暂进入叙利亚领空，是在国际空域被击落的。

叙利亚的局势，就像一个火药装得非常足的火药桶，至于火星从什么时候产生，何时会爆炸导致爆发一场大规模的、外力干预的战争，可能还在等待一种时机。

国际媒体，所谓国际媒体实际上就是西方媒体普遍报道，土耳其战机是在国际空域被击落的，这种说法水分很大。

从叙利亚的防空力量来看，土耳其的飞机是被地面炮火击落的，不是被防空导弹击落的。即使是被防空导弹击落的，叙利亚的防空导弹也必须能达到国际空域，这个范围就太大了，一般的地面防空火力不可能达到那么远。

当然如果土耳其战机低空侵犯叙利亚领空，飞离叙利亚领空的时候遭到叙利亚地面火力的射击，最后坠落地点在国际空域，这种可能性很大。至于说在国际空域就被击落，那就太高看叙利亚的地面防空能力了，它达不到那么大的范围。

西方对于这一事件的调子总体还是比较低的，包括北约方面也发表声明，不会因为这起事件就将如何地干预。这一事件虽然可以成为一个干预的借口，但证据显示，这架飞机是侵犯了叙利亚的领空，如果因此而导致北约大规模的军事干预的话，从国际道义上很难成立。

而且从实力上来看，西方还没有做好立即投入大规模军事干涉叙利亚内部争斗的准备。

回顾利比亚发生内乱之时，死伤人数不过几百人，西方国家就积极开展了军事干预，卡扎菲在北约战机轰炸7个月后暴尸街头。反观叙利亚，据西方媒体称死伤人数已经近万人，但以美国为首的西方还没有表现出动武的意愿。

西方最大的顾虑就是，担心军事干预久拖不决。利比亚内乱之际，西方很快军事介入，把联合国通过的设立禁飞区的决议迅速变更成空袭的决议，根本不顾联合国基本准则，迅速扩大军事行动范围，它们当时就料定卡扎菲政权能够迅速被推翻。但利比亚战事拖了3个月，也是西方没有料到的。

当然，西方最终还是成功地实施了对利比亚政权的颠覆，但没有任何两场危机是一样的，也没有任何两场战争是一样的。

正是因为西方对付卡扎菲这样一个武装力量比较弱、全国人口比较少、在全国相对陷入比较明显孤立状态的政权，尚且用了3个多月的时间。而叙利亚政府拥有全套俄式装备，军事训练也比卡扎菲的力量有效得多，军队作战能力也比卡扎菲的力量强得多，而且得到社会各阶层相当多的拥护——巴沙尔政权的稳定性也比卡扎菲强得多。

在这种情况之下，对付叙利亚明显会旷日持久，这一点是西方不愿意接受的。

所以在西方看来，不妨维持一场代理人的战争，尽量用叙利亚人打叙利亚人，让他们继续内耗。消耗到一个足够的程度，当巴沙尔政权摇摇欲坠的时候，那才是西方出手的最佳时期。

人权的幌子

中国和俄罗斯在联合国第三次否决西方提案，这个提案，包括对叙利亚的谴责，对叙利亚实施制裁，实际上是为下一步的军事行动做一个铺垫。

这个决议从更大的范围来看，本身是违反《联合国宪章》基本准则和基本精神的。《联合国宪章》规定了一个国家主权独立、主权事务不容他国干涉。

我记得美国的战略人物基辛格讲过一段话，他说按照当今的这种人权高于主权的干涉原则进行下去，那么国际规则应该重新写。联合国建立的基础是什么呢？是主权国家的基础，是尊重主权国家的独立。

实际上现在西方推行的这一套，包括人权高于主权、人道主义干预，完全超越了《联合国宪章》。这种做法再深入下去，联合国的存在根本就没有意义了。

所以中俄连续三次否决，不是说中国正在保护叙利亚政权，具体说就是在保护巴沙尔本人。中国否决这个决议，是要维护现今的国际秩序，维护《联合国宪章》的基本准则。

主权国家，不容颠覆。如果这个原则被颠覆了，表面上打着人道主义干预、人权高于主权这样的口号，实际上会给世界带来更大的混乱，将有更多人的基本权利——基本生存权、发展权，受到影响和挑战。

伊拉克就是一个典型的例子。

伊拉克又发生一起叫人体炸弹的袭击，死了100多人。在伊拉克战争以前有这个局面吗？没有。伊拉克现在是典型的烂摊子，美国已经撤出去了，把一个烂摊子留了下来。这就是打着人道主义干预、打着人权高于主权的旗号所进行的干预行动最后留下来的局面。

叙利亚政府负责军事安全的4位重量级官员在首都大马士革被炸身亡。如果制造事件的是针对美国的力量，肯定就会被描述为一场典型的恐怖主义袭击，列为西方坚决要打击的目标。但这是叙利亚反对派的行动，在西方的描述中，就成了正义的行动、正确的行动。

这就是美国给世界带来的双重标准，引起了世界上很大的混乱。只要得到西方认可的恐怖主义活动，就是正义行动；针对西方的恐怖主义活动就是罪恶行动。

当然我们从现今的情况看，因为西方掌握了舆论的主导权，占据了所谓的道德制高点在判断道义是非，在这样的情况之下，确实在叙利亚引起了很大的混乱，挑起了内战的升级。

在西方的强大压力之下，四面的武器都在偷渡入境，到处都在开记者会，把叙利亚政府一个小的缺点放得很大，把一个大的优点压得很小，叙利亚政府正在变得越来越困难，正在出现一个非常危险的局面。这种破坏性，这种严重态势持续下去的话，受损最大的还是叙利亚人民。

这一点是中国和俄罗斯都不愿意看到的局面，为了制止叙利亚局面继续恶化，中俄采取了否决提案的办法。另外，俄罗斯国防部发言人放出消息，俄罗斯海军三大舰队的多艘军舰将在地中海集结，在那里组成一支联合舰艇编队进行军事演习。

当然，按照国际上通行的说法，俄罗斯方面说这是个例行的军事演习，与叙利亚局势本身没有直接关系。就像美国在太平洋集结，与菲律宾搞演习一样，也说与南海的争端没有任何关系。但是这些演习的目的都是不言自明的。

俄罗斯在地中海的演习，实际上是针对叙利亚局势的行动，对叙利亚政府的间接支持。

5. 巴以冲突：生存地的战争

2008年12月27日，以色列对加沙发动了代号为“铸铅”的大规模军事打击，这是自1967年中东战争以来以色列对该地区发动的最大规模的袭击，成百上千的巴勒斯坦百姓无辜地成了战争的牺牲品。

虽然巴以冲突持续时间很长了，但是这场战争对于国际社会来说，还是突如其来的，谁也没有想到事情会闹得这么大。

从巴勒斯坦方面看，哈马斯首先没有想到对它的火箭袭击，以色列会做出这么强硬的反应。以色列的官员在全世界到处宣扬，反复讲以色列受到哈马斯火箭弹的袭击，努力争取国际舆论的同情。

哈马斯说，为什么袭击你，因为你长期封锁我，不给我一个合法政权应有的生存权利，你想扼杀我。不管怎么说，哈马斯是加沙地带的巴勒斯坦人用民主选票选出来的，但是以色列拒不承认这个组织的存在，不承认它执政的合法性，对加沙地带连续封锁。

这就是冤冤相报，再往前追溯的话无尽头。

以色列发动军事行动的目标，说是为了制止对以色列南部的火箭袭击，有必要对哈马斯进行沉重的打击。沉重到什么地步呢？最好是推翻这个政权。

然后推翻政权还不行，以色列又提出哈马斯组织得到了伊朗的支持，实际上是伊朗在整个巴勒斯坦地区的代言人，要通过打击哈马斯来打击伊朗。

我们看，就是这样一步一步地，军事目标越来越高，当然风险也就越来越大。

对加沙地带采取的军事行动，已经与打击伊朗联系起来了。你说这个目标能达到吗？根本达不到。

有舆论分析认为，以色列如果成功推翻了哈马斯在加沙地带的领导，那么加沙地带将变成无人区。

以方希望阿拉伯联盟或当地联盟或外界插手，组织一个临时政权把加沙地带管起来。问题是，以色列所设想的这个合理政权从哪里产生呢？谁愿意接手这个烫手山芋？阿拉伯国家没有人愿意。加沙地带也很难产生一个取代哈马斯组织的力量，那么必然变成一个真空地带，这个真空地带最后必然还要产生大量的对以色列的袭击。把哈马斯推翻了，这种袭击也阻止不了，军事胜利获取不了和平。

小布什政府讲，以色列行动有它的合理性。实际上是美国政府对以色列的偏袒，历届政府，不管是共和党政府，还是民主党政府都是一样的。

每年美国给以色列提供的经济援助、军事援助数目都很大，军事援助基本上都在 20 亿到 30 亿美元。在中东以色列是美国长期的铁杆盟友，而且是美国在整个中东地区最坚定的利益体现者。这个军事同盟、战略同盟关系是非常深的。所以说，想让美国给双方各打 50 大板，求一个公平，是很困难的，拉偏架的可能性更大。

当然，美国会考虑阿拉伯世界的反应。即使是美国所培养起来的伊拉克政府，在巴以冲突中也不是和美国站在一起的。在这种情况之下，美国为了维持在中东地区的影响，也必须做出一些有条件的放弃，有条件地让以色列做出让步，起码面子上要过得去。

奥巴马执政，所采取的方法和小布什政府有较大区别。就像希拉里所谓的灵活实力，已经不能像小布什所谓的硬实力——一意孤行的实力了。灵活实力的灵活在哪里呢？就是说机会许可，那可以展示实力；如果机会不许可的话，主要利用联盟的力量，而美国不一定时时都要在第一线，可以退到第二线去。

美国绝对不会让自己直面哈马斯的，因为美国和以色列一样，不承认这个政权的合法性。美国要利用法塔赫的力量，把巴勒斯坦分裂成很大的两块，法塔赫一块，哈马斯一块。实际上这也是以色列敢对加沙地带动手的原因。

沙特的外交大臣费萨尔就讲过，他说如果巴勒斯坦不分裂的话，以色列不敢像今天这样大动干戈。巴勒斯坦的分裂，哈马斯和法塔赫之间互相攻击、互相拆台、互相向对方开枪，实际上已经给了外界很大的利用空间。美国在做斡旋调停的时候，必然利用这个空间。

以色列这回的行动，是准备得很充分的。它与 2006 年以色列与黎巴嫩发生的黎以冲突，以色列当时陷入被动有很大的不同。当时以色列出现了很大的伤亡，军事行动持续时间很长，国际舆论谴责得非常厉害，以色列国内舆论也发生了分歧，所以那场仗以色列收尾收得非常糟糕。

这次以色列变聪明了。首先，国内舆论巩固，一致同意以色列的军事行动。火箭弹对 20 万以色列居民的威胁，这是一个非常好的行动由头；另外，以色列向加沙地带推进的时候小心翼翼，非常谨慎，尽量避免己方人员出现大的伤亡。

这对哈马斯是非常不利的。如果以色列真正陷入了加沙城进行巷战，以色列可能会发生比较大的问题，但是它没有。以色列四面封锁，让哈马斯陷入一个比较困难的境地，就靠有限的几条地道，补给供应量很有限，有不少地道还被以色列发现了。哈马斯的火箭弹发射一枚少一枚，虽然可以自己制造，但是制造也赶不上使用数量。

从战术层面来看，哈马斯是有困难的。

关键的问题是，以色列可以在战场上取得胜利，但是换不来长久的和平。在战略上的损失，是整个阿拉伯世界对以色列的反感。

这轮巴以冲突之初，阿拉伯方面还是比较温和的，像埃及、沙特、科威特最初还认为是哈马斯胡来的，就这么拿火箭弹袭击，导致局面破坏。埃及、沙特、科威特的领导人，有的是点名谴责哈马斯，有的是不指名谴责哈马斯。

但是随着军事行动的持续，随着大量巴勒斯坦无辜平民伤亡的出现，尤其是妇女、儿童伤亡的出现，埃及、沙特、科威特的领导人都闭嘴了，再继续谴责哈马斯，在阿拉伯世界已经成为丢失人心、丢失选票的举动。他们对哈马斯过去的行为都沉默了，都反过来共同谴责以色列，要求以色列立即停火，停止屠杀。

到最后，以色列发现，整个对手是伊斯兰世界。

这场战争双方的目的都达不到。

彻底铲除火箭弹的袭击，这是以色列的第一点目的；第二点是要彻底铲除哈马斯——所谓的恐怖主义组织从海外得到的援助，不管是通过地道、海运，还是各种偷运得到的，要彻底铲除；第三点是要彻底铲除叙利亚和伊朗对哈马斯的影响。这些目标都实现不了，就连第一个彻底铲除火箭弹的袭击，都做不到。

以色列的目的达不到，那么哈马斯的目的就能达到吗？

哈马斯的目的是通过这样的袭击，换取以色列对其合法性的承认，解除对其的封锁，使其顺畅地在加沙地带完成对政权、对整块领土的掌控。这也很难，以色列很难容忍这个政权的存在。

所以局面最后陷入了困境，双方谁都不可能打到底，因为打到最后不是战场实力的问题，是国际环境问题。以色列即使有这样的力量把加沙城夷为平地，但是没有能力承担如此巨大的国际责任。

为什么以色列在军事行动中封锁各国的媒体了，包括西方的媒体。西方媒体到战场第一线采访，全部被拒绝，不让去，挂了牌子：就到这儿了，STOP，全部停步，不许往前走了。理由是到前方不能保障你们的安全，实际上是短兵相接，出现人员伤亡的时候，以色列不愿意让媒体记者哪怕是西方的记者接触到前方出现的大量的人道主义灾难。

以色列难以承受国际谴责的重担，所以坦克也好，大炮也好，还有空中打击力量——武装直升机和无人机，全部都掌握在以色列手中，但是军事手段运用很有限度。

从哈马斯方面来看，哈马斯根本就没有打到底的实力，哈马斯方面与其说通过火箭弹袭击以色列，不如说是打给别人看，显示自己存在的。我的意志，通过我的手段还在执行，显示的成分很大。所以虽然火箭弹对以色列人民的生命财产并没有造成很严重的影响，但是还在不断地发射。

哈马斯知道自己干不到底，但必须通过这些东西来显示自己的存在，然后获得国际舆论的支持。如果哈马斯不采取行动，默默地被隔离、被封锁在加沙地带，就是自取灭亡。

双方都有双方的难题，双方也都有进行军事行动的必要性，这就是中东非常大的困境。

巴以冲突，当然能够实现停火，因为双方都需要喘息。可是根本问题还没有解决，包括巴勒斯坦建国问题，耶路撒冷的分治问题，以色列归还或占领巴勒斯坦领土的问题，这些问题得不到解决，巴以冲突真正停止是不可能的。

巴以之间最根本的问题，牵扯到双方必须承认对方生存的合理性、合法性。既然阿拉伯世界包括埃及、叙利亚都承认以色列建国，以色列必须承认巴勒斯坦建国，尊重联合国的决议，尊重巴勒斯坦人的生存权。

冤冤相报，无止无境。《圣经》上记载，原来巴勒斯坦是以色列的生存地，后来以色列人被罗马人赶走了，以色列人流失家园一千七八百年。后来阿拉伯人、巴勒斯坦人进来了。今天的巴勒斯坦土地，是阿拉伯人在公元 6 世纪到 7 世纪进来的。

以色列人一定要明确这一点，土地是你们的，你被罗马人赶走，在全世界流浪，流浪了 1700 年，你今天回来建国，你不能再把别人赶走，让别人流浪。

今天的世界，是共生的世界，只有共生才能共存，最后才能共赢。如果想单纯地生存，把自己的生存建立在别人毁灭的基础上，那和平就遥遥无期了。只有互相尊重，明确自己和对方都有生存的合理性、合法性，都有获得好的工作条件、生活条件的权利，最终才能真正实现巴以和平。

6. 以色列的未来危机

以色列面临的外交危机是全面的，不是一两个国家出现变异的问题，而是以色列周边的地缘政治版图发生了非常大的变化。当我们说颜色革命的时候，那么可以说，以色列周围的颜色全部变了，这给以色列带来的冲击非常大。

以色列的传统安全是由两个地区大国支撑的，其中一个是埃及，《埃以和平协议》保障了以色列西部的安全，包括西奈半岛。以色列的东部安全主要由土耳其保障，土耳其作为中东地区最大的伊斯兰国家，又是北约成员国，它的武器系统、军事联盟、政治关系以及在西方具有的影响力，为保障以色列东面安全提供了可靠的战略后备。

但是，以色列的东西地缘政治版图都发生了变化。埃及变了，土耳其也变了。以色列总统佩雷斯在欧洲会议上发言时，土耳其总理埃尔多安毫不客气地指责他对黎巴嫩居民的屠杀，并且愤而退场，矛盾闹到桌面上，一点儿面子都不给。

美国鼓动中东的所谓颜色革命，闹到最后有点搬起石头砸自己脚的意思。其实，以色列对中东的变局从一开始就非常警惕，当西方在欢呼、美国在欢呼的时候，以色列在保持沉默。它知道由于中东的政治版图改变，自身下一步的安全问题将大大增大。

在几次中东战争中，以色列都是胜利者，而且通过对巴勒斯坦的领土占领，以色列的领土比过去扩张了好几倍，首先是来自美国和西方的支援，其次是以色列在中东实施各个击破的策略。先对付西面的埃及，再对付东面的叙利亚，再把约旦摆平，一个一个击破。

在今天看，其一，西方对以色列的支持力度有所降低；其二，中东过去的各个独裁政权分崩离析，导致中东政治颜色趋于一致。这种变化给以色列带来非常大的问题，它再想各个击破中东的政权，可能性越来越小。

长期以来，以色列主要通过与中东国家执政者的个人关系达成外交关系的突破。中东的民主化进程，民众和民间对政府决策的监督越来越强，而中东民众反以色列的趋向是非常强烈的。这让以色列以往惯常的外交手段——通过和一两个国家领导人关系搞得不错，从而获得安全保障越来越难行得通。

它将不得不面对愤怒度越来越高的中东民众，而不是面对一两个执政者。一两个执政者随时可能下台，而民众是不变的，这是以色列外交面临的最大问题。

中东地区爆发大规模战争的可能性很小，因为打仗是需要钱的，要有资金和资源。而中东经过新一轮的民主化浪潮、茉莉花革命，凡是发生这些革命的国家都元气大伤。从埃及开始，到突尼斯、利比亚、叙利亚，即使政权完成了更迭，但国家也元气大伤，根本没有能力发动一场国家之间的战争，如果发生战争，国家经济恢复将是一个漫长的过程。

所以，就中短期来看，以色列是相对安全的；但是以色列的安全危机主要在中长期，当这些国家国民经济恢复以后，可能以色列的危险也就到来了。

7. 伊朗的战争疑云

攻击伊朗的困难

有媒体预测过美伊开战的时间，当然这是媒体在炒作。理论上，一个国家对另外一个国家会有作战计划，不客气地说，美国也有攻打中国的计划。对这些不要感到奇怪。

比如说冷战期间，美国制订了非常详细的和苏联进行核大战的计划，在这个计划没有公布之前，我们好像以为美国就是追求世界和平、绿色环保的。怎么有这种计划，核大战对世界多污染啊。这就是我们把事情看得太天真了。

美国发生过一系列泄密的事件，它没有办法了，只有公布。这没什么可吃惊的。而且，在相当长一段时间之内，美国没有能力攻打伊朗，这个问题是很明确的。因为计划与实施是有非常大距离的。一个国家制订登月计划，那实现需要多少年，距离很大。计划制订是一方面，实施是另一方面。

而且公布计划，并不是显示美国有多么大的威慑力，只是证明美国为了维护它的利益，做好了一切手段的准备，包括战争手段。

中东动荡以后，茉莉花革命导致埃及政权垮台，利比亚政权更迭，突尼斯、也门和叙利亚也陷入动荡，使整个中东地区充满变局。

在此变局中，美国和西方国家，都在揣测谁是最大受益者。有人说可能是伊朗，也有很多人说是西方。

在伊拉克战争、利比亚战争之后，萨达姆、卡扎菲被相继绞死、打死。这给世界其他国家领导人两个提示：一个是与西方、美国作对，是不会有好下场的；另一个也说明，与西方、美国作对，手中没有“家伙”（核武）是不行的。

第二种趋势更为危险，实际上提示中小国家如果不拥有核武器，可能会被西方任意“肢解”。

对于这种心理，美国心知肚明，非常担忧伊朗在利比亚之后，核步伐会加快。所以，各方面的警告，各种各样的分析、评估都浮出水面，各种各样的威胁和演习也都出来了。实际上，都是在给伊朗发警告，不要再往前走了。

至于美国要对伊朗动武，时机不太成熟。因为整个北非地区刚刚到手，就像吃了一大块东西，还没消化完，肚子还在隐隐作痛。如果再吃一大块东西，吃不下去了。

对伊朗动武，还要等待。要把中东地区“消化”得差不多了，从阿富汗腾出手来，北非也不要产生大动荡。在这些条件都满足的情况下才有可能。

2012 年 1 月，俄罗斯副外长加提诺夫表示，俄罗斯不允许发生针对伊朗的军事打击。

这个表态是非常明确的，明确了俄罗斯的国家立场和国家意志。这种国家立场和国家意志，绝不仅仅是为了俄罗斯本国的利益——当然任何国家的政策都是从本国利益出发的，但是俄罗斯发出的声音、立场，意味着其坚决不允许对伊朗发生大规模的军事打击。

俄罗斯这个立场，实际上代表了整个中东地区，包括海湾地区的国家利益。所有海湾地区的国家，包括沙特、科威特，它们也知道在这个地区爆发一场大规模冲突，对国际油价会产生致命的影响，对国际秩序也会产生致命的影响。

如果说美国和伊朗发生严重的冲突，对世界经济的打击会是非常大的。从这里面来看，俄罗斯的声明，甚至超出了俄罗斯国家的经济利益。因为就俄罗斯来看，俄罗斯是石油、天然气出口大国，如果美国和伊朗的战争爆发，国际油价、天然气价格肯定上涨，俄罗斯无疑是其中的受益者。它出口的石油、天然气，就可以提价，就可以获得更多的经济收益。

但是俄罗斯的这种表态，说明它不干这种仅仅因为国家的经济利益，而毁弃国家的政治利益和地区的安全利益的事。这个行为，代表了国际上一种清醒的、理智的正义。

制裁与抢先制裁

2012年2月19日，伊朗宣布停止向英国和法国出售石油。法国和英国从伊朗进口的原油数量很有限，伊朗原油只占法国进口量的3%至4%，而占英国进口量的比重更低。伊朗对英法首先采取“断油”措施，心理打击胜过实际影响。

这场禁运与反禁运斗争的大幕才刚刚拉开。伊朗的反制措施比欧盟的措施要早，走在前面了。像意大利、西班牙、希腊这些国家进口伊朗石油的比例，比英法都要大。但是伊朗首先宣称对英国和法国实行石油禁运，因为英法是欧盟制裁伊朗的挑头国家，虽然数量不大，但是政治上的象征意义很大。

所以，伊朗并没有选择从伊朗进口石油量比较大的意大利、西班牙等国。这是一个策略性的考虑，既要对欧洲表示一种强烈的态度，同时也要分别处置。

分别处置就是所谓“枪打出头鸟”，针对禁止从伊朗进口石油的态度最坚决的两个发起国——英国和法国，采取这样的制裁。当然，这样的制裁对英法影响不是很大，英法从伊朗进口石油的比例不大。而且英法力推欧盟对伊朗实施石油禁运的时候，它们已经做好了充分的替代准备，这是毫无疑问的，但另一点也是毫无疑问的，就是心理上的打击。

因为像英法这样的国家，英国曾经是日不落帝国，法国的殖民地也曾遍及非洲、拉丁美洲、大洋洲。这些国家从来都是制裁别人、收拾别人收拾惯了，别的国家对它们实施制裁，这好像有点前所未有。

所以英国和法国的舆论，尤其是英国的舆论反弹非常强烈，与实际受损的程度是不相称的。

西方愿意有人冲在前面扮演一个非常凶恶的角色，以便推行胡萝卜加大棒的两手政策。石油禁运是经济上的一个大棒，但还需要有军事上的大棒，那就是美国、以色列。

美国当然不便出手，伊拉克战争刚刚收拾好摊子，阿富汗战争还没有收尾，奥巴马总统又要忙于竞选，加上从金融危机之后经济一直都没有缓和。

因此，让以色列扮演军事上的大棒，是很有必要的。起码是一种威慑，让伊朗老实一些。当然这个威慑的程度不能太过了，如果弄假成真，反倒不好收拾。

美欧对以色列反复发出警告，因为以色列似乎想真干了。美欧不希望以色列把事情闹大，闹得不可收拾。

对付伊朗跟以前不同，以色列炸毁过伊拉克的核反应堆，2007 年又炸毁了叙利亚的所谓核反应堆，这两次的成功袭击，前一次成功导致第二次成功，第二次成功很可能导致第三次惨败。对于这一点欧美心知肚明。

尤其是伊朗也在吸取伊拉克和叙利亚的教训，核设施一般都是分散的，而且深埋地下。以色列具不具备深层钻地弹？把以色列的武器库中所有的武器加起来，要摧毁伊朗核设施的难度也很大。

以色列的空军也很难穿越好几个非盟友的国家，有些甚至是跟以色列敌对的国家，比如叙利亚。而且以色列的飞机在什么地方进行空中加油，有多少的空中力量来保障空中加油机的安全，都是问题。

所有考评完成后，欧美得出一个清晰的结论——以色列无法摧毁伊朗现在的核设施。既然无法摧毁，那你的空袭和打击行动只能把局面搞得更烂，引发伊朗大规模的报复，这种报复肯定要把地区形势搞得一塌糊涂。

欧美对以色列提出警告，要求以色列冷静，不要轻易动手。如果以色列有充分的能力能够在一个上午把伊朗的核设施全部摧毁，那么欧美不会对以色列提出警告，它们反而会鼓动以色列这么干。

伊朗军舰过苏伊士

2011 年 2 月，两艘伊朗军舰清晨进入苏伊士运河，大约 12 小时后驶离，向叙利亚方向驶去。这是伊斯兰革命以来，伊朗军舰第一次通过苏伊士运河。在混乱的中东局势面前，伊朗的举动引来各种各样的猜测。以色列外交部发言人帕勒莫尔 22 日表示：“这是挑衅行为，国际社会应做出坚定反应。”

其实对于任何一个军队来说，海军舰艇的调动、部署是正常的。伊朗的军事力量长期处于一个恢复期。伊朗在伊斯兰革命之后，很长的时间之内国防投入是不够的，力量恢复始终是不够的。再加上长期以来，美国、以色列对它的威胁。伊朗主要发展陆军、空军，而且主要是防御的力量。那么海军是传统和攻击的力量。对伊朗来说，发展海军主要针对的是霍尔木兹海峡的问题。

伊朗通过苏伊士运河，到叙利亚去，可以看出是伊朗海军力量比较大的成长，这样一种显示。除此之外，并不具有非常意义。

有评论指出，伊朗海军要如何如何，伊朗要联合叙利亚如何如何。其实它和在地中海一带活动的美国海军的实力是无法相比的。这些主要是来自西方的揣测而已。西方的很多军事评论家、政治人物，在评论事情的时候，其实戴着很大的有色眼镜。

可以算算，苏伊士运河每一个月通过的各个国家的军舰数量，数量很多，各个国家都有。那么伊朗通过一下，就成为很大的问题了？其实大可不必说得那么悬乎。

以色列总理内塔尼亚胡指责伊朗，利用埃及的政治危机派遣军舰通过苏伊士运河。埃及的政治变故，从突尼斯开始，到埃及，到利比亚，冲突、震荡很大，确实对中东的地缘政治格局影响很大。

对中东这些变化，包括美国欧洲都在欢呼，认为中东的变化非常好，认为是中东民主派的胜利。同时非常有意思的是，伊朗也欢呼，伊朗认为是伊斯兰革命势力的胜利。这是一个非常怪异的现象。

而中东政治格局的变化对以色列来说，是受影响最大的。以色列跳出来指责伊朗，这是很怪的事情。以色列为什么不指责美国？为什么不指责欧盟？以色列指责伊朗要利用中东的政治变故达到自己的目的，那么以色列从来不会说西方、美国利用中东的政治变故要达到什么目的。

因为从根本上来说，西方和美国毫无疑问是以色列的铁杆盟友。从这点来看，内塔尼亚胡的讲话也是戴着有色眼镜的，“欲加之罪，何患无辞”，看你不顺眼，你做什么都不顺眼。你不要说军舰通过，即使军舰不通过，怎么看都不顺眼。

持续动荡的中东局势让美国国防部也感到忧虑。美国第五舰队司令部采取特殊的安保措施，“企业”号航母战斗群开进埃及的苏伊士运河。

从这点可以看出，美国的政治人物和军队的反应是不一的。这是美国政治格局的政治选择，包括国家战略选择的两面性。

一方面讲，支持中东的民主革命，主持中东的和平演变。话讲了很多，实际上这种表面上的话，就是为争取中东民众，包括走向街头的民众对美国的支持。

从军队来说，是不一样的，军队是非常现实的。像穆巴拉克这样的政权，长期是美国非常友好的盟友。这种政局的突变对美军的基地，包括以色列的安全要产生影响，突尼斯也是这样的状况。

中东未来变局如何？是走向更加亲西方，还是走向更加反西方？这一点是个变数。从美军的动作里，可以清楚地看出来美国对这种安全战略的担忧。

实际上军队的动作完全是得到国内政治人物批准的。就是要严防中东的变局成为一种朝向反西方势力发展。在这种情况下，怎样有效维护美国的利益？包括怎样有效维护美国在当地的军事利益？美国在当地就是维护以色列的利益，当然还有其他包括一些美国的投资、美国的侨民。

一旦出现反西方的伊斯兰势力当政，那对美国来说是非常不利的。美国所有的军事动作，就是要维护在中东既有的战略利益，不让因为中东变故出现大的损失。

伊朗截获美国无人侦察机

伊朗在本国境内截获了一架美国无人侦察机，美国总统奥巴马要求伊朗归还无人机，遭到伊朗方面的断然拒绝。

派遣一架高空无人侦察机，潜入另外一个主权国家的领空实施侦察，这明显是在侵犯一个国家的领空。然而，这样一种明显侵犯一个国家领空、违反国际法准则的行为，在国际上并没有进行广泛的讨论。

大家讨论的是什么呢？是美国一件高技术武器被伊朗打了下来、拿在手里了，大家在讨论这个。

起初美国说这架飞机不是被伊朗掌握的，说伊朗展示的图片是假的，这架飞机只不过是和美国地面控制人员失去了联系。之后，美国总统又公开要求伊朗归还飞机。

从这里面就暴露了几个矛盾：第一，明明是侵犯一个主权国家的领空、违反国际法准则的行为，美国没有做出丝毫的道歉。

第二，美方起初说伊朗提供的无人机图片是假的，之后又大力索要，那你前不久讲的话是真的还是假的？

由此可见，当一个国家控制了媒体、舆论后，可以把视听扰乱到什么样的地步！明明是美国违反国际法准则、侵犯一个国家的主权，实施战略侦察，然而它却把大家的注意力引到什么高技术武器上来。为了避免所谓的技术流失，美国要认真地对待这个事情，要求伊朗方面归还。

这从头到尾都是由美国所主导的舆论演出的一场闹剧。

当然，美国肯定也不会因为这个就对伊朗动武。如果它真的因此就对伊朗采取大规模军事行动，甚至战争行动，从国际道义上来说，美国就先输理了。因为是你侵犯人家主权国家在先，任何一个国家都要做出这样的正当防卫。稍有理智的人都知道，以这个理由作为发动战争的理由，那就太糊涂了。

8. 应对埃及乱局，显示美国以利益优先

对埃及所发生的大规模骚乱，政权发生了严重动摇，美国国会连续提出质疑，花了那么多钱，建立了如此庞大的情报系统，却对埃及事变掌握得并不清晰，事先没有得到明确的报告。情报部门也反唇相讥，现在的网络所起的作用与民众情绪的捉摸不定，情报系统很难做出非常准确的判断。

美国对埃及的事态陷入一种非常矛盾的状态中，从国务院、特使到总统奥巴马，态度不一的变化，也能看出其中的矛盾。

美国一贯支持颜色革命，不管是玫瑰花革命，还是茉莉花革命，美国从来都是支持的，甚至暗中推动。埃及是美国在中东最重要的盟友。1973 年，第四次中东战争结束后，美国维持中东稳定，埃及是最主要的帮手，当时和埃以达成的和约还导致了埃及前任总统萨达特被刺杀，同时又导致了以色列

总统也被刺杀。可以看到，中东维持和平之艰难。

从这些情况来看，美国在中东陷入了非常复杂而且难缠的利益纠葛之中，一方面美国一定要保持在中东的影响，尤其是在埃及和以色列；另一方面又策动支持中东所谓的民主力量、自由力量，追求自由人权。但是在中东的民主运动发展到一定程度的时候，超出了美国的掌控。这一点表现得最为矛盾。

这有点像《叶公好龙》里的“叶公”，表面上推行民主自由的价值观，但是局势真的发生变化，又怕伤及自己的利益。

1979 年伊朗革命把亲美政权推翻，这种形态的革命按照今天来看，美国毫无疑问应该是支持的，但是伊朗从此走上一条坚决的、彻底的反美道路，这是美国完全没有想到的。

埃及会不会出现反美政权，这是美国最大的担心。

美国采取的策略是两面下注：一方面考虑到埃及的政局，对闹事民众要起一种安抚的作用，表现美国对埃及依然具有巨大的影响甚至是决定性的影响，对民众的行动要有一种有限的支持。

另一方面，对美国传统盟友——埃及的执政当局也要表现一种有限的保护，这从美国派驻埃及问题特使的表态就表现得很明显，他要求穆巴拉克政府继续执政到权力平稳过渡。

两面下注的核心是：保持美国在埃及的影响。因为埃及对美国来说太重要了，如果穆斯林兄弟会、伊斯兰色彩很浓的一些群众组织，在埃及的议会、政党具有了决定性影响，对美国来说毫无疑问是一个巨大灾难，对以色列来说也是个巨大灾难。

美国所坚守的国家利益绝不是全世界人民的自由平等，核心是美国的利益。不管埃及民众怎么闹，美国权衡的还是怎样实现在现有复杂情况下的利益最大化。

走上街头的民众，虽然呼喊的口号都是一样的，但是美国要看民众的诉求是什么。如果民众的诉求都是推翻现政权，那美国还要做这样的权衡，推翻现政权是有利还是不利。如果推翻现政权有利，那么毫无疑问，美国认为民众的诉求是正当的应加以支持。如果推翻现政权可能带来不利影响，那么这个支持承诺会大打折扣。

在价值观和利益的选择上，美国肯定是把利益排在优先的位置。

9. 中东乱象：巴勒斯坦建国的时机

中东乱局导致地缘环境出现变化，为巴勒斯坦争取建国提供了一个比较有利的时机。出于铁杆盟友以色列和自身利益的考虑，美国反对巴勒斯坦建国。

巴勒斯坦自 1988 年宣布建国以来，已获得国际社会的普遍认可，各国纷纷在道义上给予支持。2011 年 9 月，巴勒斯坦民族解放组织在联大会议上要求联合国承认以 1967 年战争前边界线为国界、以东耶路撒冷为首都的独立巴勒斯坦国，并给予巴勒斯坦联合国会员国的身份。

巴勒斯坦自治政府主席阿巴斯坦言，美国和一些欧洲国家的政府曾告诉他，如果巴勒斯坦坚持要加入联合国的话，“情况将非常糟糕”，但是他无意退缩。

巴勒斯坦从国土、资源、意识、力量储备包括国际影响，应该说到了一个比较适合的时机。尤其是从突尼斯开始，席卷中东的所谓茉莉花革命，一批亲以色列的政府纷纷垮台，包括像埃及政府等都面临着非常大的压力。从中东的地缘环境来看，对巴勒斯坦比较有利。

中东大面积完成政权更迭后，新政府对巴勒斯坦建国的态度至少不会比以前的执政者要差，而且很多要比以前的执政者更先进一步。从这点来看，巴勒斯坦在阿拉伯世界具有更强有力的后援。因此，它提出加入联合国也是一个水到渠成的事情。而且作为一个国家来说，巴勒斯坦早应该走到这一步，它有充分的合理性。

以色列是美国全球最铁杆的盟友，也是美国在中东实现力量存在或影响存在的一个最关键的钉子。如果让美国抛弃以色列，连想都不用想，那肯定是不可能的。当以色列反对巴勒斯坦建国的时候，美国的态度毫无疑问要跟以色列保持一致。

很多美国政治家都到处做工作，表面上的工作、台下的工作都在做，就是要反对巴勒斯坦建国。美国当然也有自己的利益考虑，不仅仅是为了以色列的利益。巴勒斯坦建国之后，从巴勒斯坦这样的力量构成来看，美国非常担心比较极端的力量领导巴勒斯坦政府，担心巴勒斯坦政府将来变成一个新的中东暴力来源。

实际上，巴勒斯坦的国土丢了那么多，连以前的权益都没有恢复。虽然奥巴马也承认并同意巴以边界恢复到 1967 年的状态，但最大的阻力来自以色列，而且奥巴马也只是说说而已。

巴勒斯坦为什么要建国？就是要通过建国，向全世界昭示巴勒斯坦国的存在——巴勒斯坦国的领土在哪里？它的国际条约规定是什么？它应该履行什么样的国际义务？国际社会应该对这个主权国家给予什么样的尊重？通过确认这一切将为巴勒斯坦带来很大好处。

在巴勒斯坦加入联合国问题上，美国明确表示反对，并威胁说要在安理会动用否决权。当出现需要美国不得不单独动用否决权的情况时，美国为了以色列和自己在中东的利益，也会单独动用否决权。

但在出现这种情况前，美国肯定会游说英法，让英法站在自己一边。还会游说俄罗斯和中国，而且还会游说联合国安理会不要就这样的议题进行表决，目的就是为了避免最后这种摊牌局面的出现。

如果最后摊牌的局面对美国有利的话，美国早动用了。正因为摊牌局面于美国不利，所以它肯定要极力阻止。巴勒斯坦加入联合国，是一个外交战、国际关系战，非常复杂，变数非常大。

10. 反恐与本·拉登之死

为什么反恐越反越厉害?

全世界都在齐心协力反恐，但是全世界的恐怖主义好像越来越猖狂了。实际上，美国和英国针对阿富汗的局势，已经在讨论为什么反恐越反越厉害，越反越蔓延。

英国作为一个老牌帝国主义国家，它的很多观点是很老辣的。英国人就讲，如果你认为过分使用武力就能够完全平息恐怖主义，那你就太轻看恐怖主义了，把问题看得太简单了。像美式战略文化，对武力的崇尚，这是治标不治本的。

小布什到伊拉克，飞过来的靴子就很能说明问题。这个靴子被国际媒体、阿拉伯媒体炒得一塌糊涂。沙特商人要出价 1000 万美元，买剩下的那只靴子。扎伊迪的靴子已经成为阿拉伯世界一个圣物了，抬到这么高的地位。

扎伊迪用靴子砸小布什的行为，在伊拉克和整个伊斯兰世界都受到广泛欢迎。由此就能知道所谓的恐怖分子他们的底蕴，他们的基础了。

当然，支持扎伊迪这个记者的行为，并不能说就是支持恐怖分子，不是这个意思。它只是说明了一种非常深刻的社会情绪，这些情绪反对外国驻军、反对外国控制、反对外国操纵。这些情绪就是恐怖分子能够加以利用的，使他们的力量、金钱源源不断。

这也是在国际上治理恐怖分子一个很大的问题、很大的难题。

拉登之死

国际政治发展到今天，出现了一个非常怪异的现象，就是有一个人跟一个超级大国对抗，对整个世界舆论的影响巨大，而且还是个病魔缠身的人。当然，这个人背后有基地组织。

随着这段历史的过去，多少年后再回忆起这段历史，我觉得可能会感到非常荒诞：这样一个人竟然具有这么大的能量！那么他的能量是从哪里来的呢？我们甚至来不及考虑这个人为什么可以获取这么大的能量。

美国在欢庆拉登死亡的时候，很多美国人忘记了——美国执政者或许没有忘记，只不过不愿提起，那就是，拉登是谁培养的？

拉登的名望、名声，到拉登集团，最初是美国人培养的。为了指使他与苏联对抗，美国给他提供美元、装备和各种各样的保护。

苏军在阿富汗陷入泥潭，拉登因此声名大噪。苏联解体之后，他把枪口转过来对向美国了。

所以，拉登之死，可以说曾经美国的一支枪，今天又死于美国的乱枪之下。

国际政治中的这些荒诞，被过多的欢呼庆祝所淹没，以至于我们并没有思考这件事到底意味着什么。20 世纪到 21 世纪国际政治中极其不健康的因素没有涉及。

今天，一方面在欢呼胜利，另一方面在准备新一轮危险的到来，拉登的死到底意味着什么？是反恐战争的结束，还是反恐战争新一轮的开始？

我觉得讨论不出一个明确的答案。而且在相当一段时期内，想真正认识这段历史可能比较困难，可能需要经历一段相当的历史纵深以后，才能再审视这段历史。比如，反恐战争、阿富汗战争、伊拉克战争，拉登集团的兴起到覆灭证实了什么？

他绝不是个孤立的个人，是国际政治中的一颗棋子，但这颗棋子在自我活动，获得自我意识之后，“潘多拉的盒子”打开了。很多人说，拉登虽然死了，但是这个盒子没有关上，国际恐怖主义还在蔓延。

拉登死后，美国国务院发布第一道指令就是对全球旅游的美国人提出警告，要小心对方的报复。猛一看，好像是拉登打开了潘多拉盒子。但是，拉登背后没有人吗？是谁把拉登放出来的？

其实拉登本身就是潘多拉盒子中一个怪异的变形体，那么又是谁把这个变形体放出来的？谁真正打开了潘多拉盒子？我觉得这是国际政治中值得我们长久推敲、思考的，而绝不是表面的欢庆，或者表面的痛恨，或者如释重负，这些不能从根本上解决人类发展到今天所面临的诸多的共同问题。

解决一个拉登，好像就有了一个光明的开始，我觉得这样的评价过高了。在这些欢呼声中，人们恰恰忘记追寻整个事件的根源——拉登是从哪里来的？今天把他抛到大海里，真的就一切都结束了吗？这是通过“拉登”兴衰的整个过程遗留的问题，甚至比现在已经终结的问题还要多。

长期以来，拉登已经成为一个政治符号，只要产生恐怖主义的土壤和根源依然存在，还会有另外的“拉登”式人物出现，美国的反恐战争就仍然会继续。

长期以来，拉登实际上已经不具备太多军事指挥权力，或者具体部署权力，他的主要任务就是逃亡。“9 · 11”以后，尤其阿富汗战争、伊拉克战争以后，他并没有参与国际上各种各样的恐怖袭击。

这个符号消失以后，恐怖主义行动，包括恐怖主义集团不会因为这个人物的消失而销声匿迹。因为产生拉登的根源不是拉登本人，这个人消灭了，而产生拉登的土壤和根源依然存在，还会有另外的人物再出现。

当然，另外的拉登还会出现，但是要像拉登那样成为一个派别主义的领袖，具有那么大的国际影响却不容易。

毫无疑问，拉登之所以有如此大的影响，媒体宣传起了很大作用。不仅是阿拉伯世界、恐怖集团的宣传，还有西方各个主流媒体，都在不遗余力地把拉登妖魔化、神化、鬼化，拉登的形象被极度放大。

拉登既是一种恐怖主义的产物，也是一种媒体的产物，包括电视、网络，到全部的新兴媒体的产物。拉登就是这么一个被各种各样的力量、矛盾、手段所营造出来的产物。

这个产物粉碎之后，营造他的手段、条件依然存在。所以，难保不营造出其他这样的人物来，尤其是对美国来说，拉登的终结并不意味着就是美国反恐战争的结束。

在拉登死后，伊朗很快就提出一个非常尖锐的问题，说美国没有继续存在于阿富汗的理由了。拉登之死，各个派别及不同的利益集团，都要从中实现本集团利益的最大化。于是在国际政治中出现了非常荒诞的一幕。

巴基斯坦的困境

巴基斯坦从本 · 拉登被美国特种部队打死之后，面临着内外交困的难题，一方面是美国怀疑巴基斯坦内部一直有人在庇护本 · 拉登；另一方面巴基斯坦国内的民众，质疑政府和军队为什么没有有效地捍卫国家的主权。

美国突击本 · 拉登的行动，从军事常识理解，如果得不到巴基斯坦政府的同意，包括军队情报部门的有效配合，行动根本难以实施，更不要说成功。当然，巴基斯坦政府和军方不愿意承认，因为其敏感性，杀伤力太大，会严重影响政府形象，所以巴政府现在极力回避。

1979 年的伊朗危机，即所谓的（国民）经济革命或伊斯兰革命，当时美国大使馆的成员作为人质被扣留 400 多天，美国军队利用直升机救援，结果，直升机在沙漠里损失惨重，摔了几架，整个救援行动失败。当年卡特政府没有继续连任，与此有非常大的关系。

因此可见，美国此时行动之所以能够成功少不了巴基斯坦的帮忙。巴基斯坦如果没有帮忙的话，美国人做不成。但是巴基斯坦帮了忙还不能说，这个是非常难的问题，那么美国人在巴基斯坦最难的时候，往给他帮了忙的人伤口上撒了把盐，这一点是很糟糕的，导致巴国整个军方、政府变得更加被动，无法回应民众的愤怒。

因为巴基斯坦政府宣布不知晓此事，就是说美国的所有行动，没有经过主权国家的允许。那么依据国际法，在主权国家领土、领空上实施“定点清除”，严重违反了《联合国宪章》，侵犯了主权国家的权益。对此，巴基斯坦政府怎么向民众交代？

奥巴马政府也知道，这个行为实际上是对主权国家极大的侵犯。于是，美国反守为攻，反而指责巴基斯坦长期庇护拉登，希望就此让大家的注意力转移到拉登为什么能在那个地方生活五六年，用这种视线转移其对国际法的亵渎。

美国过河拆桥已成习惯，像以前越南的阮高祺、阮文绍，韩国的李承晚、朴正熙都是这样，用过了就抛弃。

如果美国认为巴基斯坦没有什么用了，可以解除与巴基斯坦各种各样的条约，或者援助项目。然而，美国从战略角度考虑不会这样做，因为巴基斯坦仍然是麻烦非常大的地方，将其推到另外一边，对美国并不是一件好事。

美国与巴基斯坦的关系一直非常复杂，冷战时期，巴基斯坦扮演美国马前卒的角色。美国在营造全世界反对社会主义体系同盟的时候，巴基斯坦就成为美国制定中央条约组织，围堵苏联、中国的战略棋子。

“9 · 11”之后，美国开始反恐，美国指责制造“9 · 11”事件的拉登住在巴基斯坦和阿富汗交界一带，指责巴基斯坦支持塔利班。

塔利班和巴基斯坦的关系是非常深厚的。塔利班是在巴基斯坦的支持之下才获得阿富汗政权的。今天美国把塔利班与恐怖组织完全划在一起，当年却没有做出这样的选择。美国当时甚至找人与巴基斯坦谈判，让巴基斯坦逼迫塔利班把拉登交出来。

塔利班不愿意把拉登交出来的原因，并不是不愿意配合美国的全球反恐，而是担心交出拉登后，美国的下一个目标就是自己。

所以，塔利班没有把拉登交出来，美国把塔利班政权推翻，把其列为恐怖主义组织。

从巴基斯坦的角度看，结交一个友好、和平、安全的阿富汗，非常符合自身利益。但为了配合美国全球反恐，得到其援助，巴基斯坦做出了很大牺牲，抛弃了盟友塔利班。

10 年来，巴基斯坦为美国反恐事业做出大量牺牲。巴基斯坦穆沙拉夫等政权纷纷倒台，后来的政权处于不稳定状态。恐怖主义活动由阿富汗迅速蔓延到巴基斯坦，巴陷入国内极其动荡的政局。

比起 10 年反恐以前，巴基斯坦不论是周边关系，还是国内关系，都已经大大恶化。

美国如果对巴基斯坦做出过分的举动，会给全世界做出一个样板，牺牲自己很大利益，跟着美国人干，干到最后落的是这样的下场。

实际上，这很值得国际政治深思。

巴基斯坦还有利用价值

有人认为，美国的严厉指责，是想让巴基斯坦成为阿富汗失败的替罪羊。要做到这一点很难，因为阿富汗战争本身不是巴基斯坦人发动的，他们是反对这场战争、反对阿富汗继续动乱、希望阿富汗的形势及早归于平静的。

战争是由美国发动的。美国胁迫巴基斯坦，同意抛弃塔利班，然后再推翻巴基斯坦和塔利班。导致现在阿富汗的局面，美国也没有办法收拾。

2002 年，美国在阿富汗战争刚刚“得手”，推翻了塔利班政权，用一个月的时间占领喀布尔，美国国内一片欢呼，美国不需要任何人的支持就能够达到任何目的。从那种高昂的气调，到现在到处寻找替罪羊，确实形成很大的反差。

当然，美国今天也知道自己反恐战争的戏演得不是太好，国家付出了很大的代价，而如何演下去也很难，尤其是在阿富汗。在阿富汗的任何行动，如果没有巴基斯坦的支持就更难了，而且在印巴之间，还需要保持一种微妙的平衡。

虽然美国对印度下了很大的赌注，包括核试验以后，解除印度的核禁止及各种制裁，又承诺给印度提供最先进的武器，但是美国对印度的防范始终是根深蒂固的。美国希望印度和中国打起来，印度向北边扩张可以，但是印度向南边扩张，在印度洋扩张，这是美国很忌讳的。

美国一方面支持印度，一方面还需要制约印度，需要与巴基斯坦保持这样一种关系制约印度，在中亚有一个稳定的战略基地，保持优势地位。

美国绝不会在印巴之间完全抛弃一方，完全站到另一方，这是美国所谓战略平衡原则所不允许的。美国在中亚要获得巨大利益，还需要一个稳定、亲美的巴基斯坦，所以根源上是不会抛弃它的。

附 1：也门，基地组织的主要活动地

也门位于阿拉伯半岛的南端，以前很少有新闻媒体关注它。实际上它以前也不是一点儿事没有，在“9 · 11”事件之前，当时美国的“科尔”号军舰被炸成重伤，就是在这个地方发生的。当然，“9 · 11”事件把它冲淡了，很多人忘记了这个事。

也门长期政府不是很稳定，政治派别活动也比较多。也门政府有效掌控局势的能力不是很强。在这样的情况之下，它成为基地组织的一个活动场所，这没什么奇怪的。

按照美国人统计，基地组织活动场所非常多，像沙特、阿富汗就不用说了，还有巴基斯坦，包括前不久西班牙也被圈定为基地组织活跃的地方。

如果仅仅说基地组织活动的地方，那它的范围太大了，但是通过底特律炸机未遂案，美国人认定也门成为基地组织活动主要的地方，成为国际恐怖活动主要发起的地方。当然这是美国人的标准。因为发生了一个事件，要把美国人的飞机炸了，美国人就认定这是基地组织活动最主要的地方之一。

美国采取了一系列措施，包括中央司令部彼得雷乌斯带着奥巴马的亲笔信，亲自赴也门。欧洲在也门也采取了一系列的动作，首先是关闭使馆。关闭使馆实际上是一个很危险的信号。根据美国在阿富汗作战、在伊拉克作战，包括在科索沃作战的经验，要发起军事打击，首先关闭使馆，撤出自己的人员。

美国参议院国土安全委员会主席利伯曼访问也门后，说过这样一段话：“伊拉克战争是昨天的战争，阿富汗战争是今天的战争，如果我们不先发制人，也门战争也许将是明天的战争。”

他这番话，就是说如果也门不有效制止恐怖主义的话，有可能是明天的战争，美国人正在做这个打算。包括他们关闭使馆，撤退人员都有这样的迹象，但是后来有所缓和，美国使馆又重新开放了，英法的使馆也重新开放。在这方面，英法都紧随美国之后看美国人怎么做，美国人要打击，他们就往外撤；

美国人不打击，他们在那儿驻守一段时间也可以。

至于美国人会不会打击，我们可以看美国面临的困境。

当然它不一定是部队直接进入，可以实施外科手术式的打击。如果发现有所谓基地组织的训练营地、大本营，可以通过空中打击，用巡航导弹直接摧毁这个基地。

但是这么做会带来一系列问题。比如说外交问题，你用高技术武器打击一个主权国家领土范围内的土地，实际上相当于对这个国家不宣而战，这在国际法上是行不通的，必须通过也门政府的同意。

但是要同意另外一个国家来打击自己国内的某一个地方，这对任何一个主权国家来说都是下不来台的，面子上是抹不开的。也门政府如果同意美国在也门实施外科手术式的打击，实际上就等于宣布自己政府的无效。我无法有效管理国家、我无法有效恢复秩序，所以外国人可以在我国土地上任意地行动。

所以在这种情况之下，美国要实施外科手术式的打击，想取得也门政府的同意是非常困难的，几乎是不可能的。

所以也门政府自己在抓紧时间，派出军队、警察清剿，而且在力图维持秩序，就是为了避免给美国打击提供借口，实际上也就间接否认了美国用高技术武器实施外科手术式打击的可能。

没有这种可能了，美国只有另外一种可能，那就是彻底撕破面子，不管也门政府同意不同意，我坚决要打。就是说表面上对恐怖分子宣战，实际上连带着把也门政府也卷进来了。这种战争规模就比较大了，不仅仅是空中打击的问题，还要加以实施地面的战略，甚至在必要的时候推翻也门政府。

做到这一步对美国太难了。

要完成大规模的地面部队进入，推翻也门国家的政权，实施稳固占领，摧毁所谓也门的恐怖主义基地。美国在经过两场战争——伊拉克战争和阿富汗战争的消耗，已经没有这样的能力了。

美国现有的能力就是打一把就跑，也就是外科手术式的打击，定点摧毁。但是这个方法就像前面讲的涉及主权国家、涉及国际法的种种问题。国际法是不同意这种行为的，也门政府也无法同意这种行为。

实际上美国陷入一种两难境地，当然这个是其自己造成的。当它把一种东西渲染过大，国际媒体关注过多的时候，实际上导致自己进退两难。

恐怖主义作为一个国际现象，不管手法合理不合理、对不对，原因是东西方巨大的差距，或者按照美国人的说法是文明巨大的差异。当然仅仅差异没有问题，文明的差异已经存在多少年了，差异本身不会产生冲突。冲突是怎么产生的呢？当你把差异强行抹平的时候，比如说你觉得它的制度是不合理的，你觉得它的宗教信仰有问题，你觉得你的制度是全世界最优的，你要拿你的制度来改造它，那就产生冲突了。

当美国力图在中东树立一个所谓民主样板的时候，一切问题都随之产生了。小布什发动伊拉克战争，他的目的是在伊拉克打造中东的民主样板，就是美式的样板。当然跟当地的伊斯兰教的教规，跟当地的政治习俗产生了非常大的冲突。

西方在也门也是这样，当西方力图用西方模式对也门加以改造，必然又要陷入类似于阿富汗、伊拉克的泥潭。

西方遭遇此起彼伏的恐怖威胁，从根源上来说，还是西方外交政策的弊端所导致的。有媒体评论认为，凡是美国军事染指的地方，总会是一团糟，在伊拉克是这样，在阿富汗、巴基斯坦是这样，在也门也将同样如此。

附 2：恐怖手段首创者

猛虎组织 1976 年成立，它因斯里兰卡政局不稳、经济难以发展、社会不公等问题而生。

猛虎组织存在这么多年，甚至一度控制斯里兰卡三分之一的领土，而且在国际上产生很大的影响，有源源不断的人加入它的队伍，效忠它，最多的时候队伍发展到几万人。它所具有的影响，在斯里兰卡代表了一些人的利益，否则它不可能支撑这么多年。

猛虎组织干了很多事，其中包括大量恐怖主义事件。今天在世界上看到的恐怖主义活动，自杀性爆炸这种惯用的手段，首创者就是斯里兰卡的猛虎组织。

它能在那么长时间内还得到相当一部分人拥护，确实有它存在于斯里兰卡国内的需要，就是人民对经济发展不平衡、对政治腐败的一种极端反抗，甚至采用恐怖主义手段反抗。

2009 年猛虎组织被打败，首领被击毙，实际上反映了斯里兰卡政局趋稳。

斯里兰卡政局经过调整之后，政府领导国内经济、掌控国内政治越来越成熟，能够有效地掌控局势，通过掌控局势使越来越多人不站在某个组织一边，而是站在国家这边。

真正通过和平、发展解决问题，而不是通过暴力行为解决问题，是斯里兰卡唯一的思路。通过多年实践，它明确了大多数斯里兰卡人求稳定、求安定、求和平、求发展的需求，认识到通过暴力改变一些东西很难，还是要通过和平发展的手段解决比较容易。

实际上，与其说这是猛虎组织的失败，不如说是斯里兰卡人民做出的正确选择，对和平发展的选择，对恐怖行为、暴力行为的抛弃。

“虎患”目前可以说平息了，是不是彻底很难说。如果斯里兰卡政治再出现震荡、再出现别的问题的话，在斯里兰卡北部、猛虎组织发源地贾夫纳半岛，不排除死灰复燃的可能。

消除根源，实际上就是消除贫困。

消除贫困、消除社会不平等这种命题，是历史的命题，不仅是对斯里兰卡，对其他国家也是一样。

斯里兰卡猛虎组织从小到大，从兴到衰的整个过程，可以看到斯里兰卡的发展起伏和人民选择的起伏。斯里兰卡这么多年实际上走了一段弯路，我们希望猛虎组织被平息之后，它真正走上正路。

斯里兰卡长期以来与中国保持友好的关系，中国人非常希望斯里兰卡保持稳定，保持与中国的友谊。斯里兰卡的稳定、经济的发展，对我们来说是一个很好的事情。

斯里兰卡岛屿风景如画，具有很多发展旅游经济得天独厚的条件，把这些条件充分利用起来，斯里兰卡的经济发展前景还是非常好的。

附 3：印度应对恐怖活动乏力

印度遭到恐怖主义袭击，十几个人就能掀起大波浪，真是让人感到很吃惊。

印度这么一个大国，对恐怖袭击的控制能力竟如此之弱。恐怖行动持续了三天，造成 195 人死亡，伤者 300 多人，在这种情况下，国际恐怖主义全球连锁的行动能力，使人有了重新的认识。

从印度孟买遭到大规模恐怖袭击，我们也能看到，一个特定的国家维护自己安全能力的有限性。

很多国家把主要精力放到应对传统安全威胁上，比如印度。印度主要发展海军，海军非常强。发展中国家的海军中拥有航母是屈指可数的，印度就拥有航母。

它在与巴基斯坦的边境、与中国的边境都部署了非常强的力量。

它的空军装备有苏 –30、苏 –33、苏 –27 战机，都是从俄罗斯进口的最好的飞机。甚至西方有报道称，俄罗斯对中国出口的飞机，比对印度出口的飞机差一个档次。

从印度的国家力量来看，印度已经缔造一个在发展中国家非常显著的陆、海、空力量。但是在这场非传统安全威胁中，我们突然发现印度的应对竟如此无力。十几个人的恐怖袭击，基本上使孟买乱作一团。

它的指挥体系处于崩溃，它的警察力量和军事力量，安全部队和政府的协调，千疮百孔。同时开始反应之后，安全部队也好，警察也好，包括最先出动的少部分陆军也好，装备之低劣使人感到吃惊。

印度的警察、印度的陆军竟然还在使用“二战”时的枪械，甚至还有“二战”之前的步枪。这让我们感到非常吃惊。

维护内部安全的部队警觉居然这么低，装备居然这么老旧，反应居然这么慢。所以使这么一个比较有限的恐怖袭击——十几个恐怖分子居然在孟买掀起这么大的波浪。

这对我们也是一个很大的提示。当一个国家过度关注外部安全的时候，怎样应对内部安全？当一个国家主要安全形态由传统安全转入非传统安全的时候，怎么完成有效应对？这可能是一个国际性的问题。

附 4：俄罗斯的车臣反恐经验

车臣是俄罗斯联邦的一个加盟共和国，位于北高加索地区。俄罗斯与车臣的矛盾，可以追溯到 18 世纪上半叶沙皇对车臣的入侵。19 世纪，沙皇俄国经过近半个世纪的血腥战争把车臣纳入帝国版图。“二战”期间，斯大林曾经以车臣和德国侵略者合作为由，把全体车臣人押上火车赶出世代居住的故土，发配到中亚和西伯利亚。20 多年后，当流放的车臣人被允许重返故乡时，他们发现故乡已经被迁移来的俄罗斯人、乌克兰人、北奥塞梯人所占据，新的民族矛盾由此积聚。

1991 年伴随着苏联解体，车臣开始闹独立。俄罗斯在车臣反恐问题上付出了沉重代价，包括 4000 多名军人的生命和上千亿美元的资金，而且 10 多年来车臣反政府武装实施多次恐怖袭击，还造成大量的平民伤亡。

俄罗斯作为一个多民族国家，车臣实际上是俄罗斯多民族的一部分，历史上，俄罗斯的大民族主义对它有过不公平的待遇。当然它也有一些自己本身的问题。在苏联的后期，车臣发展还是可以的，苏联当时的民族政策做了一些调整，按照我们的话说，对边远地区、民族地区还有一些优惠政策，发展还是不错的。苏联解体以后，独立成为一种风潮，大家纷纷要求从所谓苏联帝国中分裂出来的时候，车臣扮演了至关重要的角色。当时杜达耶夫——车臣分裂的第一人，他本身还是俄罗斯军队一个空军少将，俄罗斯航空兵师长，后来从事车臣分裂活动。

从车臣分裂运动开始，那些分裂分子许诺给车臣人民的诺言一个都没有实现。车臣整体生活水平急剧下降，当然这种分裂暴乱给俄罗斯也带来很大的伤害，4000 多名军人死亡，俄罗斯付出了非常大的代价，才把车臣稳定在俄罗斯范围以内。

1994年到1996年第一次车臣战争，俄罗斯方面基本是失败的。从1999年到2000年第二次车臣战争，俄罗斯采取非常强硬的行动，基本把车臣叛匪镇压下去了。俄罗斯在车臣采取一系列稳定行动，总体看来是比较有效的。

20世纪90年代初期、90年代中期，车臣成为俄罗斯一个溃疡急性阑尾炎，完全是溃烂的阑尾，给俄罗斯国家带来剧痛。这个病不能说根治，只能说得到极大缓解，基本上把它稳定住了，实际上问题最终没有解决，就是车臣叛匪力量并没有最终消失。

但是局势大大缓解了，全面战备状态可以解除了。但是车臣方面的问题其实并没有完全解决，弄不好的话，还会出现问题。这里边涉及俄罗斯在受到世界经济影响，重心从反恐转到发展经济。能不能有效支撑车臣经济振兴，这是个大问题。

如果车臣经济长期得不到振兴，难保不出现大的问题，所以想把车臣保持在俄罗斯境内，就必须把车臣经济搞上去，必须使当地人民生活水平提高，必须使他们的生活水平远远超出叛乱之前。使每个居民切实感觉到，这种独立这种叛乱我自身要付出很大的代价，却根本摘不到果子。

车臣问题发生的时候，正是俄罗斯力量最孱弱的时候，20世纪90年代初苏联解体，从波罗的海边缘板块爱沙尼亚开始，最后一发不可收拾。接下来西方又试图让俄罗斯高加索边缘板块也就是车臣出现松动，从而使俄罗斯再度分裂。在车臣问题的较量上，俄罗斯靠的是领导人的意志。

叶利钦在解决车臣问题上不乏意志，他想彻底解决车臣问题，但是当时俄罗斯军队能力太差了，国防开支没有。部队得不到训练，战备值班部队寥寥无几，军事素质大大下降，对付叛匪非常吃力，这使俄军当时吃了一次亏。在1999年到2000年车臣战争期间，俄罗斯军队完成一定的恢复。关键是有普京这种领导。普京有非常大的特点，在车臣问题上他基本上做到，硬的时候比叶利钦还要硬，软的时候比叶利钦还要软。所以车臣领导人把普京称为救星。实际上他现在已经实现车臣政局的稳定，因为车臣当地选举的人控制着车臣的局势。他就是软硬兼施，比较好地控制了车臣的局势。

这些当然与军队能力有关系，但是也不可能靠军队完全平定的。军事力量只能解决叛乱本身，等叛乱之后大量的事务还要靠当地人处理。所以说，普京表现出了强硬的一面，又适度表现出软的一面，用车臣当地的人来控制管理车臣。这样就完成了比较好的过渡。俄罗斯就能够稍微超脱一点，在更多时候以仲裁者相对独立的身份跳出这个局面，来看局面的发展。实际上它的控制能力更强了。

在打击车臣分裂主义和恐怖主义方面，俄罗斯积累了一些经验。它毕竟不是常规的武装力量，是叛乱的力量，而叛乱的力量得到国外广泛的支持。俄罗斯在与它作战中已经学会割断它的资金来源。如何阻断来自外高加索，包括从格鲁吉亚，从其他方面，甚至包括中东这个方向过去的国际恐怖分子，也是非常重要的一点。这些国际恐怖分子在车臣帮助车臣叛军作战，给俄罗斯军队造成了很大的伤害。如何孤立他们？就是切断他们的来源，包括他们的物流、人流、财流。就像你肌体上生了一个溃疡或者一个毒瘤的话，你首先怎么办？截断给这个毒瘤提供营养的血管，就能让它枯萎，枯萎以后再切割它。俄罗斯比较好地做到了这一点。

现在反恐绝不单单是一个军事问题，它涉及政治问题、财政问题、金融问题，还涉及国际关系问题。必须要求各国都不能支持这个，而且做出实质性的反应。俄罗斯就提出了它的威慑，如果它发现车臣叛匪在海外建立营地，它可能要采取先发制人的打击。比如如果发现车臣的营地设在格鲁吉亚，甚至出现在土耳其，有可能先发制人进行打击，发动空袭。这套是从美国学来的，所谓先发制人打击，实际上是威慑的行为，也对周围力量对车臣叛匪的支持起到一定程度的遏制作用。

附 5：洛克比空难，美英起争端

2009 年 8 月 20 日，苏格兰司法当局称，鉴于洛克比空难制造者迈格拉希身患晚期前列腺癌，准予其提前结束在苏格兰的服刑期回国。当晚，迈格拉希返回利比亚，并受到了当地民众的热烈欢迎。迈格拉希的获释激起了美国朝野的强烈不满。包括奥巴马总统在内的很多政要都发表了对英国的批评，一些美国民众呼吁全体同胞拒绝前往苏格兰旅游，并抵制苏格兰威士忌等英国商品。

1988 年洛克比空难，可能是美国驻海外人员遭到恐怖袭击损失规模最大的一次。事件在全世界引起很大的震惊。迈格拉希是洛克比空难唯一被指控、被抓到监狱、判了无期徒刑的人。迈格拉希被释放以后，还认为自己是无辜的，所以这个审讯本身是不是存在很大问题？迈格拉希宣称无辜，他是不是被冤枉的？

当然，英国释放迈格拉希最直观的理由，认为他患了前列腺癌，生命只剩几周时间了，基于人道主义的考虑释放了他。

这从西方整个伦理来看，无论是讲究人权外交、人权政策，还是拿人权做个“大棒”打别人，在一定程度上，我们可以理解：一个行将就木的病人，只剩几周的时间，让他返回自己的家乡，也算是一种人道主义关怀。

但是这个事件一出，便在美国引起剧烈反弹，然后引起西方社会的反弹。随着这种反弹力度的加大，爆料不断，一些内部东西被揭露出来，颇有点像网络上流行的“人肉搜索”。

英国首相布朗，苏格兰地方的法律当局，全部宣称他们是基于人道主义的考虑。但是被揭露出来的，是利比亚与英国之间的秘密交易——放人换取能源。

英国北海的油气田数量正在下降，北海天然气开发离终点也不远了，整个欧洲对俄罗斯油气资源的依赖非常深。虽然英国在西欧的远端，对俄罗斯天然气依赖相对浅一些，但在欧洲能源入不敷出的情况下，“放人换取能源”可能也不是子虚乌有的。

在迈格拉希被释放前六周，布朗首相就与卡扎菲直接通过话，达成了交易。当然，这都是西方媒体的报道，我们也无法证实它的真实性。但我们起码能够看到幕后有这样的交易倾向。

涉及能源问题，对任何一个国家来说都是战略性问题，当俄罗斯与乌克兰关系紧张、与东欧一些国家关系紧张的时候，俄罗斯毫不犹豫地使用了能源这个武器，切断输气管线的教训让欧洲印象深刻。所以能不能找到支持国家发展的独立能源来源，尤其是天然气来源，这一点很重要。

英国这时候把一个疾病在身、来日无多的利比亚囚犯提前释放，相当于人道主义关怀，让他在自己家乡去世，以这种方式交换利比亚的油气资源。

我们很难说欧洲标榜了绝对公平的法律和绝对公平的正义。美国很多网站对英国地方法律、苏格兰法院的判决，包括对英国政府这种做法，表示了质疑，这让我们可以看出现法律体系的漏洞。

英国和美国一直保持着特殊的关系，它们从“一战”的时候就开始结盟，可以说关系一直非常“铁”。在伊拉克战争期间，支持美国最坚定的就是英国和澳大利亚，英国出兵几万人，澳大利亚出兵不值一提，数量太少。从这点可以看出，英美同盟这种深入程度，不是一般人所能想象的。

但从释放迈格拉希事件，我们可以看到一种新趋向，就是民间舆论对政府政策的左右。

释放迈格拉希激起的是洛克比空难死亡人员家属的愤怒，然后引发了美国民众的愤怒。美国政府当然也有表态，美国政府司法当局都有表态，但是他们的表态比较节制，不像网民那么肆无忌惮，抵制苏格兰酒——全世界最著名的威士忌。

我们一方面可以看见，民间舆论趋向对政府的压力。提前释放迈格拉希的信号，是不是两国关系要产生问题的信号？两个国家之间不管关系如何紧密，但是涉及自己利益方面，是必须有所表示的。

国家利益就是最大的政治。

这个事件给我们很大的提示：我们有时不由自主把国家之间的关系仅仅作为政治关系，或者仅作为经济关系或外交关系来看待，在国家利益意识上，我们上升的程度、自我感觉还不是很高。当中国和某些国家发生贸易纠纷问题，包括和澳大利亚就热比娅入境等问题，我们的舆论做出了非常好的反应，官方也做出了恰如其分的反应。

从英美这轮关系，提示我们要把一些问题剥离开，政治问题是政治问题，经济问题是经济问题，文化问题是文化问题，分别单独处理。不要把所有问题都上升到政治问题，所有问题都要服从国家利益，以国家利益为核心。

邓小平同志在1989年讲，以中国国家利益为最高准则来观察和处理问题。

这次英国就是典型的以本国的国家利益处理问题。释放迈格拉希对英国可能带来好处，一方面是冠冕堂皇的人道主义关怀，能够得一些分；另一方面是国家利益，和利比亚缓和关系，同时从利比亚获得天然气资源，对其国家利益是很明显的。

这次美国在反弹，也是美国的国家利益。美国认为，现在把人释放了，他回去以后在利比亚获得英雄般的欢迎，那么以后对反恐问题，会产生一种激励、鼓励的效应。这效应是美国人不能接受的，哪怕英国跟美国关系这么深。

美国要对英国强烈反弹，双方在这个问题上虽然唇枪舌剑，但都是有节制的。这种争论其实并不会影响英美之间包括在全球反恐以及其他领域的合作。

但是有问题必须摆到桌面上，而不是按照习惯的理解，一方忍一忍就算了，或者一方讲讲大局。没有大局——大局就是国家利益。国家利益就是寸土必争。

这对我们有很大的启示，我们也得学会这种方法，当别人做了直接影响国家利益的事情时，我方要做出有效的反击。但是这种反击并不是终止外交关系，召回大使，然后两国互不来往。而是就事论事，你给我一个措施，我必须给你一个反措施，这样才能知道你的措施对我的利益的影响。我的反措施对你的利益产生的影响，让你知道你要对自己的决策付出代价。

我觉得英美这次的互动实际上给世人——尤其给我们这些受东方伦理影响的中国人——在维护自身利益上，能够向他们学一学，怎样更有效地维护自己的利益。

附6：“6·29”反劫机事件

2012年6月29日，从新疆和田飞往乌鲁木齐的天津航空GS7554航班上，6名暴徒用暴力手段冲击驾驶舱，试图引燃爆燃物，被机组人员和乘客及时制伏，粉碎了这起恐怖劫机事件。

然而，新疆有关部门及时公布这起劫机事件后，一些境外媒体却以“遇到劫机，国际通行规则是不反抗”表示质疑。这种质疑非常可笑，因为恐怖分子劫机明显是以机毁人亡为目的的，如果不进行反抗，必将造成重大人员伤亡。

我们可以看到在“9 · 11”事件中，恐怖分子劫持两架航班撞击了世贸大楼，第三架航班撞击了五角大楼，第四架航班本来是计划撞击国会大厦的，就是因为机上全体机组人员和乘客的反抗没有成功。

那架飞机后来坠毁，机上所有的人都牺牲了。美国政府把这架飞机上所有的机组人员和乘客都追认为英雄。当恐怖分子劫持这架美国航班要撞击国会大厦时，这些乘客和恐怖分子展开了搏斗，飞机毁掉，大家都牺牲了，以这种牺牲保护了更大面积的美国利益，因此美国政府毫不犹豫地把这些人追认为英雄。我们没有看到任何一家美国媒体或任何一家西方媒体，质疑这些人不应该跟恐怖分子搏斗，应该让恐怖分子达到他们的目的，没有任何人质疑。

那么在“6 · 29”反劫机事件里面，这些暴徒的意图非常明显，他们就是想制造机毁人亡的事件，就是所谓的同归于尽，把整个飞机毁掉。

在这种情况下，如果按照西方的标准放任自流，那整个航班就完了，无疑将造成更大的损失。机组成员和乘客冲出来把这些暴徒制伏了，他们也付出了很大的代价，在空中搏斗了十几分钟，而且流血了。他们实际上不但挽救了这个航班，而且可能挽救了不知多少人的生命，这应该是值得大力赞扬的。

西方却出现这样一些声音，我觉得即使在西方也很难成为主流声音。因为“遇到劫机，国际通行规则是不反抗”，在“9 · 11”事件之前可能是这样的，但“9 · 11”事件之后，大家已经看得非常清楚了，劫机有相当一部分带有同归于尽的性质，并没有明确要求把飞机降落到哪儿，就是要毁掉整架飞机。

按照我们以前的话讲，斗争的形式、斗争的性质变了，那么采取的方法自然要做出相应的改变。所以这也是为什么给这些反劫机英雄授予荣誉称号、发放了奖金，这样做完全是应该的。

“6 · 29”反劫机事件带给我们的经验或教训至少有三方面：

第一，信息的及时披露和公布，能够制止谣言的散布和传播，有利于局势的掌控。

“6 · 29”反劫机事件这回做得比较好，首先及时披露了信息，6 月 29 日发生，7 月 2 日《环球时报》就对事件经过做了很详细的披露，这种信息的披露和公布是非常好的。

如果没有这样的信息披露，网上就会谣言满天飞。就像西方的一些消息渗透进来，有人说是飞机上的打斗，根本不是劫机，还有大量的短信对这一事件传得非常轻松，说飞机上有 20 个便衣警察或者有 40 个特警正好在休假，所以轻而易举就处理了这个事件，把一个严重的恐怖事件描绘为一个肥皂剧。

如果没有正面信息的迅速披露，这些信息的传播对于整个局势控制是非常不利的。所以这回对事件的详情披露得很快，以正视听，这是做到了很好的一步。

第二，很有必要进一步加大机场安检的力度。

恐怖分子以伪装成残疾人的方式把金属拐杖带到飞机上，迅速地把拐杖变成了撬门的利器和杀伤旅客的利器。而且恐怖分子还互相扔打火机、扔火柴，还有爆炸物，这些易燃物、易爆物、打火机、火柴是怎么带上飞机的？从这点来看，在机场安检方面还是有疏漏的，让这些恐怖分子有机可乘。

第三，空警必须配备相应的反恐装备。

飞机上有两名空警，两名空警却依然是赤手空拳。这是有问题的，当这些暴徒的两根拐杖变成了金属棍棒，手里拿着两个金属棍在飞机上挥舞的时候，我们的两名乘警却是赤手空拳，这对我们是个提示。既然是空乘，既然是乘警，那就必须携带相应的装备，一旦出了事情，他们才能够有效地应付。

给大家举个例子，“9 · 11”事件之后，2003 年我们在美国访问的时候，有一次我们乘坐航班从纽约飞到华盛顿。从纽约飞到华盛顿的空中距离比较近，大约有 40 分钟的时间。这 40 分钟的航班美国人做了什么样的规定？

我们在起飞之前，机上的机长、乘务长宣布，现在飞机马上就要起飞，马上要进入滑行，所有要上洗手间的乘客抓紧时间上，只要飞机一起飞，所有人坐在椅子上不许动，这 40 分钟不许任何人起来。

在从纽约飞到华盛顿的 40 分钟，任何人从椅子上站起来，就意味着对航班进行威胁，空中乘警有权对你做出处置。美国的规定非常严，站起来都不让。任何人站起来，空乘就要拿武器进行处置，这是美国为了保证航班安全做到了极端。

可能我们没有必要做到这么极端，但是美国的一些保证空中安全的做法，从今天看对我们还是有所借鉴的。

下一个对手还有谁?

(北约篇)

北约的主要对手是华约、苏联。后来华约解散了，北约依然存在，这时它对付的是苏联。接着苏联解体了，全世界的人都以为北约存在的最基本的理由没有了。实际上北约用这么多年实践向我们证明，哪怕苏联解体了，北约依然以俄罗斯为对手。

以前总说，北约代表西方世界，苏联代表社会主义，这就是两个不同的意识形态所形成的团体，那么当苏联解体，这种意识形态在整个东欧地区烟消云散之后，北约存在的价值力量理应没有了，事实并非如此。北约用它的行动证明，它不是一个意识形态的联盟，它是地缘政治的联盟。

1. 北约不解散的理由

北大西洋公约组织已经存在60多年了。北约当年是为了对抗苏联和华约的进攻而成立的一个军事集团，可以说是冷战的产物。

在历史上，当同盟的共同敌人消失了之后，同盟解体就成为必然。像对抗拿破仑的反法同盟、第一次世界大战时期的同盟国和协约国两大集团，还有“二战”时期的反法西斯同盟都是这样的。

那么在今天看来，冷战结束已经20多年了，到如今北约不但没有消失的迹象，而且在不断地强化、不断地扩大。这个问题很有意思，我们来慢慢分析。

从欧洲地区来看，北约的主要对手是华约、苏联。后来华约解散了，北约依然存在，这时它对付的是苏联。接着苏联解体了，解体之后分散为各个不同的国家，在这个时候，全世界的人都以为北约存在的最基本的理由没有了——它的主要对手没有了。北约好像是一场冷战的胜利者，主要对手都没有了，你存在的价值是什么呢?

实际上北约用这么多年实践向我们证明，哪怕苏联解体了，北约依然以俄罗斯为对手。这点是在苏联解体之后叶利钦所万万没有想到的。

叶利钦当时执掌了俄罗斯政权之后，他认为俄罗斯全部希望就在于融入欧洲，融入西方。他采用了休克疗法，采取很多措施，包括裁军，包括加入欧洲常规武器条约等。一直到1999年的科索沃战争，叶利钦才如梦初醒，北约依然以俄罗斯为主要对手。到今天的普京时代也是这样，北约依然在步步东扩、节节东扩。

冷战刚结束，两德合并的时候，当时北约许诺，北约的边境以德国为限，绝不超过德国边境。这种政治许诺，今天已荡然无存。北约已经挺进到了波罗的海三国——立陶宛、拉脱维亚、爱沙尼亚，而接下来准备加入北约的是乌克兰、格鲁吉亚，已经完全深入俄罗斯腹地。尤其是乌克兰，它是俄罗斯文化、俄罗斯精神的发源地。实际上北约已经扩张到俄罗斯的核心了。

以前总说，北约代表西方世界，苏联代表社会主义，这就是两个不同的意识形态所形成的团体，那么当苏联解体，这种意识形态在整个东欧地区烟消云散之后，北约存在的价值力量理应没有了，事实并非如此。北约用它的行动证明，它不是一个意识形态的联盟，它是地缘政治的联盟。这个地缘政治，不管对方意识形态为何物，不管你苏联信奉社会主义、共产主义也好，现在俄罗斯信奉一个强大俄罗斯这样的地区主义、民族主义也好，你始终是我的对手，我始终要对付你。

以地缘政治确定对手，这就是北约今天依然存在的巨大理由。不但存在，而且在扩张，步步东进。

有人曾经提出过一个疑问，说照北约扩张的趋势来看，北约有没有可能成为一个民主国家全球联盟，甚至会不会有一天北约成为另外一个联合国呢？这个是完全不可能的。

北约首先是个军事组织，它不可能和政治制度扯上钩，这点是扯不上的。另外北约基本上是个白人的组织，就是它的这种意识形态，这种宗教色彩基本都是封闭的。当然北约里有个土耳其，土耳其是伊斯兰教的，但北约主要还是西方的力量，基督教、天主教这样的力量。在北约东扩到一定程度的时候，俄罗斯提出要加入北约，俄罗斯东正教能加入北约吗？不行的。北约的这种意识形态、这种宗教色彩非常强烈，而这些东西与所宣称的民主、自由、平等、博爱是格格不入的。所以，北约根本不可能成为全世界的民主联盟，也不可能有更大的发展空间。

现在军事能在一定的程度上左右政治，也只是能够凭借武力在超出欧洲地区的边缘做一些事情。当然在全球发挥宪兵作用，那是它梦寐以求的事情，但是现在有个全世界舆论的问题。美国也好，北约也好，谁想扮演一个独立的警察，想来规范全世界的秩序，管辖所有路口的红绿灯，想给谁开绿灯就给谁开绿灯，想以这种思维来管制世界、统治世界，这是不可能的。世界上没有这样的舆论，也没有这样的概念。

2. 东欧小国傍大款

在冷战结束的时候，北约有16个成员国，现在已经增加到28个，而且还有进一步扩大的趋势。这些新增的成员国，主要位于欧洲的破碎地带。

美国人，包括一些西欧人经常使用“破碎地带”来描绘西亚、南亚、中亚一些地区。实际上，他们可以回过头来看一看，他们自己脚底下欧洲那一片才是真正的破碎地带。那里过去是面对华约组织，现在面对依然强大的俄罗斯，很多东欧小国的傍大款心理就非常强烈：一定要靠一个大国，这个大国必须有钱，必须得有势。有钱能够为它的发展助一把力，有势能够保证它的安全。

那么今天这个大款是谁呢？它们认定是北约。因为俄罗斯的萧条、破败，它们认为不行了，而且传统上它们认为俄罗斯是它们的威胁。所以这些东欧小国，包括波罗的海沿岸的小国，投靠北约是趋之若鹜，投靠北约的很多、要求加入北约的很多。北约的成员国急剧膨胀。十几个国家都加入了，但是这种加入能带来北约强大吗？这是很大的问题。

可以对比欧盟来看。当然欧盟是一个政治、经济组织，北约是一个军事组织，欧盟只限于欧洲成员国，北约还包括了北美国家，但是它们的主要活动空间是欧洲，那么它们还是有参照性、有可比性的。

欧盟也在东扩，成员国也在急剧地增加，把大量的原来东欧的国家加入进来了，平常状态下，通过不同的分工，双方都能够获得一点双赢。那么在金融危机时，欧盟捉襟见肘。甚至在国际上流行一个很严重的信号：欧元会不会崩溃。

东欧金融破产，西欧想从东欧把产业抢过去，然后把资金抽回，引起东欧普遍的愤怒。捷克总理为此就讲过一句非常火爆的话。他说整个欧洲，我们本来应该在一条船上，那么我们现在要问一问，是不是在一条船上？

捷克总理为什么这么问？因为法国总统要求把法国汽车产业在捷克的部

分都要撤回去，连资金带厂矿、带就业的名额都要撤回去。捷克总理非常愤怒，他就问我们是不是在同一条船上，或者我们即使在同一条船上，是不是有不同的舱，是不是有一等舱、二等舱、三等舱。实际上，就是有一等舱、二等舱、三等舱。

在欧盟里边，像德国、法国、意大利、英国，它们是在一等舱。波兰也好，斯洛伐克也好，就是在四等舱、五等舱，必须得承认这个现实。

北约也是一样，东欧的小国家混进去，也是小亏本，得承认这个现实。你以为国际组织里边真正人人平等？还是根据实力的，你有多大经济实力、军事实力，就坐几等舱。

你只要有求于人，必然是被别人拿着短处。那么东欧小国的这种情况，不管在政治上、经济上，还是军事上，它们都有求于人。就形成今天的这种局面，虽然给欧盟、北约的扩大提供了非常大的空间——东欧小伙伴们纷纷要求加入北约，纷纷要求加入欧盟——这在当初北约和欧盟扩大的时候，给欧盟和北约带来一片欢喜鼓舞，但现在的问题正在逐步展现，那就是大有大的难处，越大麻烦越大。

就像当初的恐龙一样，恐龙为什么从地球上灭绝了？就因为身躯太大了，就因为每天进食太多了，以至于地壳变化、气温变化、地球上没有那么多食物提供给它了，然后它的身体也无法保护它的体温了，随着气温下降，这个物种就灭绝了。今天的北约实际上也在朝这个方向走，尤其随着经济、政治形势问题的发生，对北约成员国要产生很大的影响，对北约造成很大的破裂。

3. 北约的“假想敌”

北约东扩

苏联总统戈尔巴乔夫曾经对北约东扩进行了强烈的批评。戈尔巴乔夫说，德国、美国和其他一些西方国家，在德国统一以后，向德国承诺北约不会向东推进一厘米，但是实际上北约从未停止向东推进的步伐。戈尔巴乔夫很愤怒，他本人深深有一种被欺骗的感觉。他觉得作为政治家，一点儿信誉都没有。

当然我们只能说，戈尔巴乔夫还是太天真了，因为西方政治里国家利益是第一位的，不是信誉是第一位的。为了利益可以保持信誉，也可以丢掉信誉。永恒的是国家利益。这样看来，戈尔巴乔夫对国际政治的理解还是很肤浅的，他失落也好，懊悔也好，只是被国际政治看作一个笑话而已。

北约东扩，已经逼到俄罗斯家门口，俄罗斯在战略空间遭到严重挤压的情况下，忍无可忍不得不进行反击。2008 年 8 月俄罗斯与格鲁吉亚爆发了五日战争。这就是北约东扩造成的结果。

格鲁吉亚非常想加入北约，傍个大款抵抗俄罗斯，但是加入北约有一个前提条件，就是北约要求申请加入北约的成员国本身不能具有领土问题。你的领土主权必须是完整的，领土主权不完整加入北约，给北约带来战争，其他成员国是不愿意的。而格鲁吉亚，有南奥塞梯和阿布哈兹两个地方已经宣布独立了，解决这个问题，是加入北约的前提条件。

格鲁吉亚领导人就想凭借北京奥运会开幕的时机，趁全世界都集中精力参加奥运会，突然之间出兵南奥塞梯和阿布哈兹。但是俄罗斯反击非常迅速，俄罗斯不但把格鲁吉亚赶了回去，而且俄罗斯总统还宣布，永久性地承认南奥塞梯和阿布哈兹独立。当时这个宣布把全世界吓了一跳，你可以把格鲁吉亚的军队赶回去，但是宣布承认是另外一个问题了。

俄罗斯这么做，就是要通过肢解格鲁吉亚，使其领土一分为三，北约再也不能接纳格鲁吉亚这个成员国。

北约始终没有放弃俄罗斯这个对手，始终盯着俄罗斯，这是传统的冷战思维。如果公平地看，俄罗斯真是有点冤枉，俄罗斯真不想与北约为敌，俄罗斯是真心实意地想融入欧洲，不管是叶利钦，还是普京，他们都是真心实意、诚心诚意的，结果得到的是一盆冷水、一根大棒。冷水泼醒了，大棒敲醒了，他们看见北约依然以俄为敌，依然是这种冷战思维，依然认为强大的俄罗斯永远是欧洲的麻烦。北约只希望看到衰弱的俄罗斯、萧条的俄罗斯，就根本不希望双赢。

这种思想成为北约至今还能够存在、还能够发展的一个驱动力，当然这种思想未来也会成为北约的一个大麻烦。它在树立自己的对手，俄罗斯本来不足以成为北约的对手，俄罗斯也没有做北约对手的打算，但是现在被生生塑造成了北约的对手。

在国际政治中有一句话叫预言的自我实现。就是我预言它就是我的对手，我就全力地防备它，它就真的变成你的对手了。俄罗斯与北约的关系就是走了这一步。这就是冷战思维。当你力图单赢不想双赢的时候，带来的就是双输，大家都输。

欧洲反导

俄罗斯发布新军事学说由来已久，大约在2006年就有很多人揣测，认为2006年年底俄罗斯有可能发布新的军事学说，实际上到2010年年初这个新军事学说才正式出炉。可以看到俄罗斯内部尤其对新军事学说的一些重大提法存在争论。包括最后怎么定夺，俄罗斯方面经过了长期的思考。

军事学说体现一个国家对于战争和军事问题的根本立场，这种根本立场包含对国际局势变化的分析、对国家内外政策的调整，包括对武器装备的改善，等等。

俄罗斯军事学说是1993年通过的，2000年普京曾经对1993年由叶利钦主导通过的军事学说做出一些修改。

1993年通过的军事学说，当时俄罗斯内部是一片乐观，认为北约不仅不是俄罗斯的敌人还是俄罗斯的伙伴，而且俄罗斯当时追求加入北约。所以在1993年的俄罗斯军事学说里，体现了一种对自己国家安全普遍乐观的认识，认为俄罗斯当今主要的敌人就是内部一些捣乱分子，或者周边一些对俄罗斯心怀叵测的少部分力量。

从1993年的军事学说到2010年的军事学说，俄罗斯对自己的安全认识有了非常大的变化，认定北约东扩和欧洲部署的反导系统是俄罗斯未来面临最大的国外威胁。从这里可以看出，俄罗斯把威胁明确化了。

任何一个学说，只有对威胁认识得非常清楚，才能有效地认识到自己要建设什么样的力量来对付这种威胁，最终达成什么目标。这次俄罗斯就把威胁清晰化、明确化了，不是含糊其词，而是直呼其名。这是俄罗斯军事学说的重大变化。

这种变化比 2000 年普京刚刚上台做的有限调整，是有不同的。因为 2000 年北约东扩还是很节制的，2001 年“9 · 11”事件发生后，普京曾经第一个给小布什总统打了电话，表示俄罗斯对美国的全球反恐无条件支持。但到了 2005 年，那一轮颜色革命和北约东扩给俄罗斯的印象太深了。

从叶利钦按照北约的建议进行经济上的休克疗法，积极追求加入北约而不可得，到普京时代积极配合美国全球反恐，包括默许了吉尔吉斯斯坦、乌兹别克斯坦建立美军的基地，使美军利用两个基地支持阿富汗反恐。俄罗斯在这方面不管叶利钦还是普京，对西方这些要求都做出积极响应。

但是西方回应的是什么？西方并没有把俄罗斯真正作为自己的伙伴。当普京上台之后，认定俄罗斯全部希望在于融入欧洲，欧洲其实并没有采用一种容纳俄罗斯、消化俄罗斯的态度，西方采取的态度是防范俄罗斯。而且不是理论上的防范，是实际上的，包括部署反导系统、北约东扩，俄罗斯心脏地带的国家如波罗的海三国——立陶宛、拉脱维亚、爱沙尼亚现在已经成为北约成员国了。

所以今天俄罗斯军事学说的变化，带有一点不得已而为之的意思。并不是俄罗斯在主动寻找敌人，而是有这样一个敌人使俄罗斯的安全越来越紧迫。它是一种战略底线的反弹，是不得已而为之。当然它也是在经过从苏联解体到现在 20 年的思考，做出的一个基本认定。

就在俄罗斯发布新军事学说的前一天，美国国务院发言人克劳利宣布，美国将在罗马尼亚部署陆基型标准 –3 型拦截导弹，以对付来自伊朗的威胁。

当年决定在波兰和捷克部署反导系统，是小布什政府的追求。当小布什政府在反恐战争中取得俄罗斯的支持，反恐战争得手之后，小布什却要在波兰和捷克部署反导系统，把普京彻底惹恼了。

波兰、捷克就在俄罗斯家门口，在这里部署反导系统，表面上说对准伊朗，实际上就是对准俄罗斯的。所以普京的反应是极其剧烈的，普京甚至对欧盟提出了全面降低安全合作层级的威胁。在俄罗斯连续多年的强烈反弹之下，小布什下台了，奥巴马上台。

奥巴马上台之后，经过一段时间的思考，宣布调整美国在欧洲的导弹防御策略。其实在奥巴马竞选的时候，甚至在竞选以前，当他作为一名参议员的时候，就已经对俄罗斯和美国在欧洲部署反导系统的争吵有了比较清楚的认识。奥巴马上台 9 个月之后，正式宣布调整美国在欧洲的导弹防御策略，实际上就是放弃小布什原来决定的在波兰和捷克部署导弹拦截装置和监测装置的计划。

这个计划一出炉，引起俄罗斯方面非常积极的响应，但是引起欧洲方面非常消极的响应。欧洲方面就觉得美国是不是在俄罗斯压力之下退缩了。一个月后美国副总统访问了波兰、罗马尼亚等国，对欧洲这种猜疑做出修补。

2009 年 11 月，罗马尼亚总统表示已经和美国副总统发表了一个联合声明，支持美国在欧洲部署陆基型标准 –3 反导系统。2010 年在俄罗斯推出新军事学说的前一天，罗马尼亚发表声明，表示同意美国在罗马尼亚部署反导系统，那是一个更具体的部署。

这个声明表面上看动静不是很大，实际上是一个重大的政策转变，这预示着奥巴马对小布什政策修改是非常有限的。美国放弃小布什在波兰和捷克的部署，只不过是一种战略掩护而已。

美国在波兰和捷克部署拦截导弹和在罗马尼亚部署拦截导弹有多大差别呢？几乎没有差别。再加上罗马尼亚同意美国在本土部署反导系统之后，波兰总统接着表示波兰准备参加美国新的反导系统。这不只是死灰复燃，而且有愈演愈烈之势。

奥巴马放弃小布什在波兰和捷克部署反导计划时，好像与小布什政府的政策已经一刀两断了。当时很多人觉得奥巴马政府与单边主义割裂了，一种新的政策推出了，但是结果不过是比葫芦画瓢，一切又回到了起点。

和小布什政府的反导计划相比，奥巴马政府的东欧反导计划更进了一步。因为该计划到 2015 年，美国除了要在罗马尼亚、波兰、捷克等东欧国家部署陆基中短程反导系统，还要继续在北海和地中海部署海基反导系统，同时还要在高加索地区部署远程预警雷达，可以说有过之而无不及。

在俄罗斯新军事学说里，尤其提到了俄罗斯安全支柱就是它的核打击力量，甚至提出先发制人的思想，就是当海外一些行动趋势非常明显的时候，它不排除使用先发制人的手段。

俄罗斯经济仍然比较困难，在国防开支仍然很有限的情况下，俄罗斯没有太多钱发展常规的高技术化信息装备。它把大量的精力用于核力量的发展，认为维持一支强大的核力量，就能维护俄罗斯的有效安全。

但是这些反导系统恰恰在抵消俄罗斯这个如意算盘，反导系统在欧洲的全面部署实际上触动了俄罗斯最敏感的神经——俄罗斯维护国家安全依托核力量将要越来越低效，最终失效。这对俄罗斯的打击是非常大的。

奥巴马政府在波兰的部署和下一步在欧洲的部署，比小布什政府更全面。可以看出来，美国总统面孔的更换，对美国全球安全、全球称霸、维护美国在全球的力量，这一点是不会做出任何改变的。

4. 北约力邀俄罗斯重返阿富汗

2010 年 11 月，俄罗斯提出要加入北约的反导系统。有些人说俄罗斯加入了北约的反导系统，对中国非常不利。因为俄罗斯下一步可能是要加入北约的。俄罗斯加入北约了，北约就东扩，东扩到哪儿了？东扩到中国的边境，直接与中国接壤了。俄罗斯也是北约的一部分了，那么中国就面临一种东面的包围，北面的包围，就完全被包围了。这一说法，还是很值得商榷的。

首先要看一个核心的问题，就是北约搞反导系统是为了什么。肯定不是为了防御美国的导弹，因为美国本身就是北约的成员国；肯定也不是为了防御中国的导弹，因为中国导弹对欧洲的方向，并不构成威胁。而美国对中国战略武器的威胁，自有阿拉斯加的一套防御系统。所以北约主要是防御欧洲的。

那么针对伊朗吗？伊朗根本没有这个能力，伊朗的战区导弹能力，打到以色列可以，再远伊朗也没有这样的能力了，另外伊朗也没有攻击欧洲的意图。

实际上说到底，北约的反导系统本身是针对俄罗斯的。这个目的是彼此心照不宣的。结果呢，在 2010 年 11 月就出现了非常滑稽的一幕，北约反复声明，北约搞这套东西不是针对俄罗斯，这声明颇有点此地无银三百两的味道。俄罗斯方面呢，你既然不是针对我的，那我也加入这个防御系统吧。

北约的反导系统主要是针对俄罗斯的，俄罗斯心知肚明，俄罗斯就想混迹其间。普京讲过一句话，如果不能战胜对手，那么就加入到对手中间。那么俄罗斯现在提出要加入北约的战区反导系统，而且北约反正硬着头皮也得接受。那么这是一个非常滑稽的事情，现代国际政治，不说是闹剧，也是一出很荒诞的戏剧。

而且这种加入是一种表面性的，不管双方签多少个协议，签十个、二十个协议，最后俄罗斯加入了北约的战区反导系统。俄罗斯一开始就有心理准备，就是北约内部有一个核心圈子，俄罗斯是进不了这个核心圈子的。

北约的反导系统里面，一些内部的核心策划，俄罗斯是进不去的。你可以冠冕堂皇地参加北约的反导系统，哪怕作为理事国都可以，但是北约内部的一些真正的反导研讨，包括技术转让问题、核心技术问题，俄罗斯是难以染指的。俄罗斯从加入之初，就做好了思想准备，它只不过是混迹于对手之间而已。双方是相互防范着碰杯拥抱，是处于这样一种境地。

在网上有这样一个政治笑话，说是猎人邀请熊一起去打兔子，熊很纳闷，为什么猎人的手里还握着打熊的枪？在这里猎人就好比北约，熊就好比俄罗斯，枪就是指北约搞的这个反导系统。这虽然是一个笑话，但也体现出了俄罗斯在对待北约反导系统上的一种戒备心态。

而且不光是戒备，可以说这也是俄罗斯比较高明的政治手腕，你不是请我去嘛，那好，我就进去，那你不能食言，北约只好硬着头皮接纳它，那当然不是真的接纳，我觉得那个笑话就非常好地形容了。

其实俄罗斯跟当年的苏联是完全不一样的，那种全面对立，政治、经济、军事全面对立不可能了。而且从俄罗斯的主观意愿来说，它根本就不想与北约为敌，从叶利钦开始，对加入欧洲，获得俄罗斯发展一个新的方向，是满怀热情的。到普京当选总统，再到梅德韦杰夫，同样是满腔热情的。

但当俄罗斯袒开胸膛想跟北约拥抱的时候，突然间发现对方穿着铠甲，冰凉冰凉地跟你抱在一起，感觉就是这样的。那么俄罗斯企图加入北约的反导系统，这一次的拥抱跟以前不一样了，这一次俄罗斯也穿了铠甲，用漫画做比喻，就是两个穿着铠甲互相防范的人在拥抱。

结合另一件事更能明白这个问题。就在俄罗斯与美国首次进行联合打击阿富汗境内毒品走私的行动后，西方很多媒体传出了一种声音，说俄罗斯正在重返阿富汗，要填补美国撤出后留下的空间。

西方传出这个论调，是因为阿富汗的困局，现在靠北约的力量明显难以为继。美国虽然从伊拉克撤军，把伊拉克撤出的部队都投入阿富汗，但还是不行，阿富汗的摊子正在变得越来越烂。这个时候北约非常希望俄罗斯进去，但俄罗斯在阿富汗不是没有经验教训，苏联在阿富汗搞了 10 年，都搞不好，所以俄罗斯发表声明，绝不向阿富汗派一兵一卒。

对阿富汗的态度，俄罗斯与苏联是完全不一样的。在阿富汗，深陷的不是俄罗斯，而是北约，想让俄罗斯进来解救它，北约的这个希望落空了。

5. 法国重返北约开始扮演狐狸

2009 年 3 月，法国国民议会通过了法国重返北约的决定，法国退出北约军事机构 43 年以后，宣布全面回归北约。法国重返北约，是准备在国际格局的棋盘上博弈，下一手好棋，取得一定的区域主导权，力图在北约变得越来越重的欧洲色彩中扮演主角。美国对法国加入北约，表面上欢迎，内心却五味杂陈。

法兰西民族在西方力量中，无论从它的民族性格来看，还是从它的历史经验来看，都是颇具独立性的，不太愿意听命于人，不太愿意接受别人发号施令。从“二战”以后的戴高乐政府，一直到今天的萨科齐政府，都是一脉相承的。

当然萨科齐政府被国际舆论评价为法国右翼政府，他在国内政策上可能有右翼倾向，但是在国家利益上，萨科齐与戴高乐并无二致。戴高乐当年退出北约，是为了完成法国的独立；今天萨科齐加入北约同样是这个目的，就是要充分发挥法国的作用。

在20世纪60年代中期法国退出北约，因为什么？因为戴高乐不愿意在美国主导的北约里听命于人。当时北约总部就在巴黎，由于法国全面退出北约，北约总部不得不从巴黎搬到布鲁塞尔——比利时的首都。这给当时的西方世界造成了非常大的冲击。

因为当时是在冷战的情况下，北约和华约对峙非常厉害，这时候北约出现所谓内乱——法国退出北约，对美国和北约的打击都是很大的。这在冷战两强相抗衡的时候，法国立足自己的独立性，是非常大胆的一种行为。

现在不一样，冷战结束了，今天萨科齐要求加入北约，他要加入一个正在东扩的北约。在欧洲，北约势力原来在西欧，两德合并之后，东欧现在有很大面积都属于北约控制的范围，一直到波罗的海三国。在这种情况下，其实北约在欧洲正变得越来越重要，法国如果还在北约之外，发挥不了影响，不如加入进去，加进去努力当一个主角。

萨科齐绝不是听人发号施令的人。他的个性很明显，说话很随便，得罪了很多人，包括很多国际政要，而且好像给法国带来了起伏不定。但是总体来看，他在维护法国利益方面，也是颇费心机的。这次重回北约就是这样。

其实从美国的本意来说，还不如弄一个比较纯洁的北约，法国始终是给美国添乱的力量。

曾两次出任美国国防部长的拉姆斯菲尔德，就讲过新欧洲的问题，觉得老欧洲难以控制，德国、法国难以控制。他所谓的新欧洲就是，原来苏联的盟国，就是华约，包括波兰、捷克、匈牙利、罗马尼亚等，它们是欧洲将来亲美的重要角色，最后完成美国对北约的主导。

在伊拉克战争期间，有这么一个分工，伊拉克战场主要由美国负责，阿富汗战场主要由北约负责。实际上美国把阿富汗战局很大程度上推给了北约的欧洲成员国，主要是英国、德国当然包括意大利，也包括重回北约的法国。法国当然在阿富汗的力量是微乎其微的。美国想借助这个力量，希望它发挥更大的作用。总体来看，美国对法国加入北约，内心是五味杂陈的。它想使用这个力量，又非常担心这个力量进来以后，会给北约内部固有的秩序，带来一些冲击和变化。

因此法国要作为北约的完全军事盟国，还有艰难的路要走，每一步法国人都会非常小心。把指挥权让步到什么程度，信息共享，我共享你的可以，你共享我的，我能够让你共享到什么程度……每一步法国人都会非常小心非常谨慎。

萨科齐绝不是一个非常莽撞的人，从很大意义上来说，他有些时候就像拿破仑讲过的一样：作为一个统治者最高明的地方，你要知道什么时候你要扮演狮子，什么时候扮演狐狸。萨科齐扮演过很多狮子的角色，萨科齐在加入北约的过程中，在与北约完成军事磨合、完成军事体系交融的过程中，扮演狐狸的角色肯定也是一点儿不差的。

6. 法俄结盟，打破北约对俄限制

俄罗斯对北约东扩一直耿耿于怀，北约也一直将俄罗斯当作假想敌。而法国重回北约后一年，就决定向俄罗斯出口四艘西北风两栖攻击舰。这笔军火交易令世界都有点瞠目结舌的感觉。

要破解这种瞠目结舌，不妨从两个方面来看。

从历史上看，从拿破仑战争开始，一直到“一战”“二战”，在这段时间里，法俄联盟是不乏先例的。当然拿破仑曾经入侵俄罗斯，但是从历史上看，法国、俄国更是多次联盟解决欧洲的问题，或者试图解决欧洲的问题。这种联盟在“一战”“二战”当中达到了高潮。双方是联盟，都是战争的胜利者。所以对于法俄联盟历史情结，是不能够低估的。

而且俄罗斯长期讲它的发展在西方，它想融入欧盟，法国又是欧盟中非常独立的力量，法国始终想独立于美国力量之外，甚至独立于被德国控制的中欧大部分力量之外，所以法国玩大国牌也是很拿手的。从这两方面来看，法俄这种合作，双方互有所求，而且历史上有多次法俄成功结盟的例子，双方都获益匪浅。

从现实来看，在大家的印象里俄罗斯是武器出口大国，包括飞机、坦克、舰船、潜艇，所以俄罗斯购买法国的舰艇好像非常奇怪。

其实俄罗斯尽管可以生产世界上排水量最大的战略核潜艇、巡洋舰、航空母舰，但是法国的这种两栖攻击舰，是俄罗斯军事技术的一个短板。两栖攻击舰不是一个防御性的舰艇，它是攻击性的，而且主要是陆地攻击，实施大规模登陆的舰艇。

在俄罗斯的军事理论里，登陆理论是比较差的，它也主要是海岸防御。而像美国人、英国人、法国人，他们的登陆战历史比较多，经验也多，包括舰船制造上，两栖攻击舰是他们的长处。

这些购买其实不能说明俄罗斯军事工业如何如何衰落了，今天沦落到买法国军舰的地步，不能这么简单地看。这种两栖攻击舰一直以来就是俄罗斯海军装备的短板和缺门，以前在苏联时期向法国购买是根本不可能的事情，那么现在就不一样了。俄罗斯现在利用这些空缺，实际上打开了与欧洲军事合作的缺口，而且完成军事技术的填补，对俄罗斯造船工业是一种推动，能起到很好的作用。

美国对这次交易自然是反对的。而法国是不会顾忌美国的反对的。就像我们之前说的，从法国戴高乐总统宣布退出北约，把北约总部从巴黎赶到布鲁塞尔开始，法国人这种独立性就非常明显了。

法国人历来不愿意跟着美国人的指挥棒转，他们从来是以法兰西利益为核心的，而不是以美利坚利益为核心的，在这点上法英之间区别重大。英国很多次扮演了一个跟随美国的小伙伴的角色，不管美国人怎么做，哪怕是错了、不行了也要跟到底。比如曾经的英国首相布莱尔，连美国前总统小布什都对伊拉克战争表示沉默了，布莱尔还在拼命辩解，伊拉克战争打得怎么怎么正确，致使英国舆论大哗。法国就不一样了，在伊拉克战争发动之初，法国就和德国、俄罗斯、中国四个大国反对这场战争，态度是很明显的。

所以法国独立于美国之外，独立执行自己的外交政策、军事政策，这并不是一个奇怪现象，因为历来都是这样的，而且法国历来都是非常乐于表现出这种独立性的。

7. 挑拨中印关系，北约向南亚扩张

长期以来，北约对亚洲地区，对中亚、南亚是非常感兴趣的，因为从地缘上来看，中亚、南亚距离北约相对来说稍微近一些。尤其是北约现在事实上已经进入中亚了，北约通过在阿富汗采取军事行动，在中亚已经具有地盘了。

那么，再往南能不能伸到南亚？这对北约来说是要考虑的问题。

因此北约决定与印度分享其建立导弹防御系统的技术，以帮助印度获得击落敌对导弹的能力，而使印度成为继俄罗斯之后，又一个与北约在反导领域进行合作的非北约成员国。

尽管印度需要反导技术，但北约要和印度达成这样一个军事同盟性质的合作非常困难，因为印度的独立自主性相当强，印度也不甘愿依附于北约这辆战车。

但是北约提出这个建议可以收到一箭双雕的效果，一方面拉近了与印度的关系，另一方面挑拨印度与中国的关系——印度反导针对谁？明显是针对中国。

当然，对印度来说也是一箭双雕，首先可以通过与北约的合作获取先进的反导技术，另外还能加强与西方的合作。

从北约到印度的利益来分析，这似乎是一件双赢的事。但是，从总体来看这种合作实际上是很脆弱的。

印度的武器系统传统上是俄罗斯的武器系统，长期以来印度与俄罗斯的军事交往非常密切。北约反导技术实际上是防卫国家安全和地区安全非常核心的技术。那么，这种核心技术给不给印度？是局部给还是全部给？全部给根本没有可能，局部给北约都要大打折扣。

所以北约开个空头支票不难，但一旦真正涉及技术领域就会变得非常谨慎。因为，北约不得不担心这个技术万一流入俄罗斯怎么办？所以这种合作只能是雷声大，雨点小。

正因为印度与俄罗斯的军事交往密切，即使印度加入了北约反导系统，也会处于边缘地位，不可能进入核心。北约不可能倾全力捍卫印度的安全，这一点印度心知肚明。北约只不过想通过这个倡议，尽可能在南亚攫取利益。

人类发展的噩梦

（核武篇）

在和平发展的世界上，有一股暗含的潜流。大国从来没有停止对核优势的争夺，都在希望自己能够全面彻底地置对方于死地。人类的发展，并没有从大规模杀伤性武器的噩梦中醒过来，大家都在储备并不断地升级着这些武器。

影响当今世界安全的，绝不单单是西方大力宣传的恐怖主义，还有大国的军事竞争。这样毫无节制地发展力量，依然是人类安全和人类和平发展的最大威胁。

1. 从核潜艇相撞，看核武对人类安全的威胁

2009 年 2 月 3 日深夜至 4 日凌晨，在大西洋中部的公海海域，英法两国的核潜艇发生碰撞。虽然两国政府都试图淡化这件事情，但这起不寻常的事故曝光之后，还是引起了轩然大波。

既然美俄两国的卫星都能在太空那种广袤无垠的空间里相撞，那么两艘核潜艇在海洋里相撞，也不能说太奇怪了。但这事带给全世界最大的震惊是，英法两国的核潜艇都是战略核潜艇。

核潜艇分为两种，一种是攻击型的核潜艇，使用核动力潜行，攻击手段主要是常规的鱼雷攻击；另外一种就是弹道导弹核潜艇，不但使用核动力潜行，而且载有弹道导弹。这两艘相撞的潜艇——英国前卫号和法国凯旋号，全部是弹道导弹核潜艇，也就是战略核潜艇。

英国的核政策方向是，取消陆基发射基地，将核反应能力全部放在海上。法国虽然还有少量陆地发射的弹道导弹基地，但是主要核反应能力也在海上。也就是说，英法两国都准备把自己的核力量，完全部署在海上。那么这回的相撞，实际上就是英法两国核战略命脉的相撞。

它所带来的影响是很大的，按照西方讲，这是最高级别的核噩梦。万幸的是，两艘核潜艇的核反应堆都没有受到巨大损害，没有发生核泄漏，而且艇上的弹道导弹、核导弹也没有发生大的损伤。如果一旦发生核泄漏，或者潜艇沉没了，对这个海区带来的威胁是极其巨大的。

实际上 2 月 3 日、4 日发生的事件，媒体在 2 月 14 日以后才披露，两国军方是羞羞答答地承认的。这起事件绝不单是重大新闻，它有可能对全人类安全带来影响。

这起事故的原因，有人分析是法国在上世纪 60 年代退出北约后，已经不向英国等北约国家通报本国战略核潜艇的行动了。因此两艘核潜艇事前都不知道双方已经在同一个海域了。而且现代潜艇技术已经相当先进，战略核潜

艇在执行任务时，基本都是保持秘密前行的，所以导致事故发生。

实际上，即使各国都是用核心技术和大量资金来打造战略核潜艇的，它的漏洞也是非常大的。潜艇在海下潜行，就算你的主动声呐系统关闭了，备用声呐系统难道都不起作用？潜艇降噪做得再好，像战略核潜艇这种体积庞大的物体在互相接近，相距数百米的时候可能不知道，数十米的时候、数米的时候，双方被动声呐都没有反应吗？这是把海军技术降到非常低的地步了。

一般的柴电潜艇躯体比较小，核动力攻击性潜艇躯体也不大，但战略核舰艇为了完成战略武器的发射，形体都比较大，尤其是装载16枚战略导弹的潜艇。艇体比较大，隐形性能本身就比较差，那么已经接近到零距离发生相撞之前，双方潜艇都没有发出告警的信号，可见战略核潜艇的被动声呐系统有巨大的缺陷。

而且，相撞之后还不知道对方是谁？这才是更大的危险。

相撞之后，法国首先认为是撞上一个不明物体，后来又认为是撞上集装箱了。十几天后，随着英法双方联系，才知道是双方潜艇相撞了。英国潜艇在撞了以后，也不知道谁把它撞了。可见现在用最尖端的技术打造的战略核潜艇，也存在巨大的技术漏洞，而这种技术漏洞会带来发生最低级错误的危险。

英国前卫号被拖回去了，法国的凯旋号自己开回来了。事故的严重程度还是有限的。有目击者看到，潜艇有碰扁的痕迹和严重的刮痕，没有出现明显的破损。如果产生了核泄漏，或者造成了战略核武器的损伤，那这两艘潜艇不可能返回国内。

碰撞的时候，潜艇以很低的速度在航行，这是核潜艇在水下潜航的一般规律。而且它不是迎头相撞，如果迎头相撞就算速度再低，损伤也会很重的。这是不幸中的万幸。

事后，英国人还有北约方面都在讲，没有法国潜艇完整的吸纳信号、水深信号波行图。如果有的话就不会发生相撞了。这种借口也是很勉强的，你再没有水深信号，当你潜艇周围正有一个巨大的物体过来的时候，你这信号还没有吗？

这次潜艇相撞的事故，给了我们一个很大的教训。各个国家千万不要对自己的战略性武器有过多的自信，不要认为它是万无一失的。卫星相撞了，核潜艇相撞了，发生事故的概率并不像我们想象的那么低。

在和平发展的世界上，有一股暗含的潜流。我们千万不要以为当今除了和平、除了发展，别的什么事都没有了。大国从来没有停止对太空的争夺，对海底的争夺，对核优势的争夺，都在希望自己能够全面彻底地置对方于死地。人类的发展，并没有从大规模杀伤性武器的噩梦中醒过来，大家都在储备并不断地升级着这些武器。

影响当今世界安全的，绝不单单是西方大力宣传的恐怖主义，还有大国的军事竞争。这样毫无节制地发展力量，依然是人类安全和人类和平发展的最大威胁，这些威胁丝毫不亚于恐怖主义对各国安全的威胁。

2. 美国建立“无核世界”，另有企图

核威慑和信息威慑

美国总统奥巴马宣称要带头建设无核的世界，要带头销毁世界上的全部核武器，建设一个没有核武器的世界。这让我想起了马丁 · 路德 · 金的那篇著名演说——《我有一个梦想》。他有个梦想，永远是梦想。

当然，奥巴马是不是一个绝对的理想主义者，我觉得还有待商榷。他很年轻（1961 年出生），他的改革激进措施，也包括对美国核武器使用、保留、生存、发展、部署等一系列问题。有可能奥巴马真有这样的梦想，因为他在竞选的时候已经讲过了，那么他在当今国际政治中，能不能实现这一点？

美国的核武器体系，它的政策、生产、部署全部是建立在冷战这种基本理念基础之上的，就是以一种绝对的优势，可以若干遍地毁灭对方。他提出的“无核世界”设想，如果真的朝这个方向走的话，其实我们是欢迎的。但是他能不能走、能走多长距离，我们抱有很大的怀疑。奥巴马发表建设无核世界的讲话后，共和党立马强烈抨击，这在美国内部根本就通不过。

美国拥有全世界最大的核武库，美国是全世界最先研制出核武器的国家，

也是全世界第一个使用、也是唯一一个使用过核武器的国家。在这种情况下，它宣布销毁核武器、建立一个无核世界，那真是一个天大的好事。但是，这个大馅饼能不能掉下来，这是今天要考虑的问题。

奥巴马提出这样的设想，那么，美国能不能宣布，绝不首先使用核武器、绝不对无核国家和无核地区使用核武器？我看非常难。一个政治诺言，到真正执行，中间距离是非常大的。

2002 年美国公布核态势评估，当时所宣布的核使用的几条原则，包括受到核攻击，包括受到怎样的威胁，甚至包括军事局势发生剧变。什么叫军事局势发生剧变？非常含糊。从这一点可以看出，美国人在情况不好的时候首先使用核武器，这个倾向非常强。现在突然之间要建立无核世界，这让人难以相信。

你的核使用原则说你可以首先使用核武器，而且你拥有全世界最大的核武库，还拥有全世界最多的运载工具，你的核武库能够把地球毁灭好几遍。在这种情况下，突然说建立无核世界，这是奥巴马的梦想，或者欺骗吗？或者他真是很傻很天真，这是值得我们考虑的。

如果做个比喻的话，就好比大家都拿着树枝小棍，有一个人全身都是狼牙棒和各种各样的利器，他突然向大家宣布，我们不使用武器了，不使用武力了，这一点很难让人相信。

给全世界画一个非常美好的图景，提出一个口号并不难，但是你提出口号之后，要告诉大家走进这个美好图景的路径在哪里？你宣布核武器是没有用处的，你要建立一个无核世界，怎么宣布？中国从 1964 年核试验成功的第一天，就宣布绝不首先使用，绝不对无核国家和无核地区使用核武器。中国宣布的这个原则，在拥有核武器的联合国五大常任理事国中，再加上现在的印度和巴基斯坦，再加上潜在拥有核武器的以色列甚至朝鲜，中国是唯一一个做这样宣布的国家。其他有核国家没有一个这么宣布。

美国核武器、导弹方面的科学家联合会，对奥巴马激进措施做了一些过分悲观的想象，认为奥巴马是在削弱美国的优势。这是美国一个非常“右”的团体，经常提出一些非常“右”的主意和建议，是一个冷战思维的大本营。

实际上他的核政策推出，对美国核武器的削减、对美国核武器部署的限制、对美国核武器使用的门槛提高，虽然毫无疑问对世界和平是有帮助的，但是奥巴马并没有放弃美国的优势。他是在充分认识到美国拥有巨大的信息作战优势基础之上，提出来的这些东西。

在奥巴马发表有关“无核世界”言论不久，《华盛顿时报》就发表文章说，无核化世界最大的受益者将是美国，美国将在无核化世界里拥有非凡的战略优势。而俄罗斯专家分析认为，核武器是目前别的国家唯一可以威慑美国的东西。通过这些，也许我们可以看出奥巴马提出“无核世界”言论的真正企图。

现在有两种威慑，一种叫核威慑，一种叫信息威慑。美国人现在非常崇尚信息威慑，因为它发现核威慑无法使用——你有核武器别人也有，尤其是面对俄罗斯这种相对庞大的核武库，再加上核扩散的前景，五大常任理事国，印度、巴基斯坦、朝鲜、以色列，还有另外二三十个只要开发就能够生产核武器的国家，从这方面来看美国的核优势正在下降。而信息威慑不一样，美军现在拥有最强的信息作战力量，如果大家都没有核武器的话，那么它的信息威慑将成为最强、唯一、单方向的威慑。

即使他有这样的企图，要在全世界消除核武器也是非常好的事情。但是问题就在于，制造核武器技术并不是很复杂，要想全世界控制非常难。而且你要想美国率先把所有核武器都销毁，肯定做不到。像美国与俄罗斯达成的双方削减战略武器的协议，谈判了很长时间，把双方的弹头数量、运载工具数量限制到 1700 枚至 2200 枚，然后下一个阶段再减，减到各方都保持 1000 多枚。这是什么意思？这就是说，我们有 1000 枚，能把地球毁灭两三遍就可以了，大家都拥有上千上万枚把地球毁灭上百次也没什么意思。

俄罗斯因为经济困难，维持不了那么多核武器包括运载工具，它的数量减得差不多了。而美国根本就没有减到这个数量，美国依然保持 4000 多枚以上的核弹头。那么奥巴马做的“无核世界”设想，主要是美国将来想统治全世界，怕拥有核武器的国家威慑它。

而且往最理想了说，美国带头销毁了，各个国家也都销毁了，销毁了之后美国要制造也非常容易，它全部技术都掌握在手里呢。而且别的国家要制造，还得从头摸索，必须完成技术储备。从这点来看，这是美国在追求单方面优势、片面优势。出于这样的设想，是根本行不通的。

美国是“无核世界”的最大障碍

利用奥巴马有关达成“无核世界”的讲话，比利时、德国、荷兰、卢森堡以及挪威，欧洲五国由比利时首相率先发布声明，请把美国的核武器从欧洲撤走。

这种诉求想实现，道路极其漫长。美国即使同意接受欧洲五国的要求，最后撤出还需要很长的过程，更何况美国对欧洲的要求置若罔闻，根本没有表态。从这种现象里看，欧洲国家可能也感到短期实现的可能性不是很大。但为了争取选票、争取民意，给美国施压，是出于政治的考量。真要求把美国的核武器全部从欧洲撤出，估计连欧洲各国都知道这个目标遥遥无期。

在冷战时期，就目前公开的来看：意大利、比利时、德国和荷兰，这四国美国都部署有核武器。当年部署核武器，主要目标是对准苏联。苏联解体20余年以后，美国的核武器还没有撤出来，所以比利时、德国、荷兰、卢森堡和挪威这五国共同提议美国撤出。看似不相关的挪威、卢森堡为什么要一起提议？似乎它们国内也有美国部署的核武器，否则为什么要加入这样的声明呢？

不管欧洲五国出于什么样的考虑，哪怕出于政治考虑，或争取选票、争取民意的考虑，这都是一个进步的要求，符合时代的要求。要求美国撤出核武器，不管最后能不能实现，起码国际上这种舆论的出现是对无核世界的有利推动。

无核世界的目标是美国人提出来的，向无核世界迈进最大的阻力也来自美国——美国单方面追求绝对的军事优势，是最大的阻力。为什么美国之前的总统，小布什、克林顿、老布什都没有提出来，而奥巴马提出了建立无核世界，这能说明他进步了吗？或他更具有民主的意味？或更关心全世界的和平？

只能说这是美国力量发展的结果。美国的作战力量发展到今天，所拥有的信息化装备、信息化作战部队和完成信息化的训练方面已经具有了绝对的优势。美国人提出了一种理念：信息优势取代核优势，因为核只能形成威慑，但不能使用，使用核武器，是不得人心的。信息化武器在今天却经常使用。

现在美国最大的军事优势其实是信息优势。在这种情况之下，核优势作为一种不能使用的优势，存在的价值并不大，而且耗费国家大量的财力。如果全世界的核武器全部毁于一旦，各国都没有核武器了，在无核世界里，美国的地位会动摇吗？答案是，不但不会动摇反而会增强，因为美国的信息技术威慑力是巨大的。

而且现在美国面临着巨大的问题——核扩散。朝鲜、印度、巴基斯坦试验了核武器，美国怀疑下一步伊朗会拥有核武器。这种核扩散，是美国最大的威胁。美国非常担心，下一步恐怖分子也会拥有核武器。

俄罗斯是非常典型的例子，它在军备发展和信息优势方面已经大大落后于美国了，但是俄罗斯维护国家安全最关键的是核威慑。而且俄罗斯向美国学习，不排除使用核武器对境外的一些力量进行先发制人的打击。俄罗斯投入并不是非常大的核武器，这样的核威慑就能够有效地维护俄罗斯1700多万平方公里的土地。如果一旦没有核武器，俄罗斯100多万的武装部队，如何维护俄罗斯国家安全，如何不使俄罗斯四分五裂？俄罗斯是没有把握的。

从这个意义上讲，要给全世界展现和平，最大的障碍就是美国在追求一种高级的、绝对的军事优势。不管这个优势是核优势，还是信息优势，它都是绝对的军事优势。

军备竞赛的困境

美国和苏联早在1991年就签署了削减和限制进攻性战略武器的条约。所谓的进攻性战略武器，主要指带核弹头的战略导弹。因为它具有远程投送的能力，能对城市、人口、工业基础和一些国民经济基础设施产生大规模杀伤和严重打击，所以被称为战略武器。

进攻性战略武器有两种投送方式：一种是通过弹道导弹发射；另一种是通过其他的运载方式，比如远程战略轰炸机、弹道导弹核潜艇。其中陆地弹道导弹的方式更加快捷，它在本国发射，突破大气层，进入外层空间，再进入大气层直接打击重要目标；而潜艇和飞机投送，就需要先向打击目标移动，移动到发射距离之内才能够发射。

核武器是美国人先发明的，当时没有导弹系统，是飞机投掷。美国通过飞机投掷轰炸日本的广岛，成为结束第二次世界大战的标志性事件。1949 年，苏联也拥有了核武器。20 世纪 50 年代初，双方运载工具从传统战略轰炸机发展到了导弹，然后是弹道导弹。在这种情况之下，双方开始了一种无节制的军备竞赛。

核武器弹头很昂贵，不管是铀 235、铀弹还是钚弹，都对核原料有大量的消耗。在生产中，核反应堆离心、加速的过程，也需要消耗大量能源。保存也要非常大的损耗，温度、湿度、弹头存放位置和它的临界状态要求都非常高。而且核弹头都是有寿命的，发射工具——弹道导弹也是有寿命的。

在这种军备竞赛中，很快美苏双方就发现跌入了一个所谓的安全困境。一方为了自己绝对安全，拼命生产弹头、拼命掌握运载工具；另一方也为了自己安全，拼命生产。那么我方的生产加剧对方的怀疑，对方的生产加剧我方的怀疑，雪球越滚越大，造成美苏双方国力的重大损耗，结果到了双方都搞不下去的地步：一是经济不允许，另外再搞下去也没有太大意义。因为我方已经能把对方毁灭若干遍，对方也能够把我方毁灭若干遍。毁灭十遍与毁灭一遍，没有区别。而且这对国家的财富、后续支持能力形成非常大的压力。

迫于无奈，谁都不能无节制搞下去了。双方的战略谈判开始，限制武器的发展。开始是限制双方的数量——弹头的数量、运载工具的数量，后来发现这个难以监督，什么卫星侦察、双方互相派检查人员检查对方设施，要做到也都比较困难。双方就发展到另外一步：限制双方的反弹道导弹的武器发展。它的意义在于，保证对方能够完全毁灭我，也保证我能够毁灭对方，这样在双方都能毁灭对方的情况下，也就不需要更大的投入、更多的发展了。

限制增加防御系统，如果把这种方法拿到远古时代、中古时代、近代，都是非常荒谬可笑的。但是在现代就成为双方保持自己战略平衡的一种必然手段。因为如果我无节制增加防御系统，意味着你攻我全都能防，我攻你防不住，这种态势促使对方大力发展进攻系统，反而对我方更不利，所以双方限制防御系统的发展。

美苏签订限制双方反弹道导弹武器的发展，苏联规定只在莫斯科周围建立反弹道导弹系统，美国规定只在科罗拉多、阿拉斯加建立规定数量的反弹道导弹武器装备。美国的有限防御，保证苏联能够毁灭它大部分地方；苏联只防莫斯科地区，也保证美国能毁灭它大多数地方。把自己暴露给对方，来求得对方不要再做过多的投入发展，避免军备竞赛。

后来这种格局被打破了。谁打破的？美国人。当美国取得绝对优势之后，2002年年底宣布退出反弹道导弹条约，这是单方面宣布退出。美国又开始走老路，追求一种绝对的优势。这当然对全世界打击很大。美国不再限制自己的反弹道导弹技术发展，大力发展战区反导系统和国家反导系统——TMD和NMD，通过发展这个系统，使自己穿上铠甲。这样我可以打别人，别人打不了我。美国在东欧、波兰、捷克部署反弹道导弹系统，表面上是针对伊朗，实际上对俄罗斯的核威慑形成了非常大的威胁。这种状态使俄罗斯要加速自己战略武器的发展，开始新一轮军队建设。

奥巴马政府上台之后，对小布什政府时期的单边主义开始逐步调整。重启美俄关于限制战略武器的谈判，实际上反映了美国军事战略思想向现实主义和实用主义回归。它抛弃小布什那种绝对优势、绝对安全的观念，因为那会导致世界更大规模的军队建设。

俄罗斯提出方案，触到了美国的痛点：不能无限制发展反弹道导弹系统，要回归到双方共同承认的，限制各自的反弹道导弹系统发展。美国在波兰、捷克发展反弹道导弹系统，对俄罗斯形成威胁，导致单边优势，这样不行。除此之外俄罗斯还提出，限制双方的运载工具数量，限制双方的弹头数量，限制双方的实际部署，通过限制海外部署，最后取消海外部署达成双方的战略平衡。

这对美国的杀伤力太大了。俄罗斯的所有核武器都部署在本土。当然苏联时期，它在乌克兰、白俄罗斯也有部署，苏联解体之后，已经把这些战略核武器、战役战术核武器都撤出来了。而美国不一样。美国核武器除了在本土之外，在日本冲绳、欧洲都有部署。目的是把武器部署到别人家门口，对别人形成威胁。这是美国的绝对优势。它有大量的海外基地，把东西部署在别人眼皮底下是它的优势。

美俄的谈判，在美国优势和俄罗斯劣势的情况下，想谈出一个公正的结果太难了，是不可能的。俄罗斯要逼美国妥协，达成有限的战略目的。如果让美国一步到位，美国肯定不会，它不愿意放弃自己的优势。它虽然认识到单边主义追求绝对的安全，给自己带来了很多问题。要调整政策，向现实主义、实用主义回归，但美国也不可能放弃自己的优势。它实际上是想通过向现实主义和实用主义靠拢，形成一种新优势。

当然这次谈判也不是一点用都没有。因为美国对绝对安全观念、优势观念做一些调整，这毫无疑问是一件好事情。能取得一点成果，也是把国际安全的威胁和危险减少了几分。

核扩散的主因

在克林顿执政期间，美国曾经经历了一段国家财政比较好的时期，那时美国的财政政策比较得当，赤字基本上消除了，甚至基本上偿清了内债。但是它所完成的积蓄，在小布什政府的 8 年间全部花光，而且国家欠了天文数字的债务。在这种情况下，不要说恢复经济、保持就业、发展信息化建设，仅仅维持 5000 多枚的核弹头，养护、保养、报废了要换新的弹头，都是承担不起的。在这种情况下，美国跟俄罗斯达成了协议，削减核武器。所以美国提出削减核武器，一方面有奥巴马政府宣称的为了世界和平的目的，另一方面也是要从灾难性的财政政策中解脱出来。

无核世界是一个非常遥远的目标，甚至是几乎看不到尽头的目标。无核世界达成最大的难度就是提出这个倡导的国家——美国拥有世界上最大的核武库，而且这个国家在常规领域拥有最巨大的军事优势。在这种情况下要获得世界的信任，毫无疑问，你除了要带头削减你的核武库，而且还要带头宣布修改你的核政策。

哪怕你的核武库削减到了 1550 枚，甚至削减到 300 枚、400 枚，你的核政策修改也是很有必要的。因为你现在的核政策是，在战场军事失控，包括在一些关键的地区出现大的麻烦，都是首先使用核武器的。这种核政策，它带来的问题就是核扩散。

核扩散，一方面是少数的科学家把核技术泄露，另一方面是大国的军队优势，让一些小国感到绝望，觉得我这个小国，不管是常规建设也好，信息化建设也好，和你永远难有一拼，为了防止你欺负我，唯一的办法就是拥有核武器。这种心理是导致核扩散的更主要的一个原因。

说白了，就是超级大国的核霸权和核讹诈所产生的负面效应，使其他国家或者力量追求这样的武器，来保全自己。美国拥有的核武器的数量和质量，从间接上导致了世界上核扩散的蔓延。

比如说伊核问题和朝核问题，经济制裁、军事包围、军事恐吓，这些方式都使用过，没有取得很好的效果。要从根本上解决，依赖于国际社会的更加理性，这种理性不仅仅是美国，其他国家也应该这样。比如伊核危机期间，甚至法国总统都对伊朗发出了威胁。这对解决问题是毫无益处的，只能使局面变得更加复杂化，大炮架到人家门口，迫使别人屈服的可能性变得越来越小。

从深层来看，像伊朗、朝鲜如果抛弃核武器，是绝对无法保护自己的，这是非常大的问题。朝核、伊核问题要用和平方式解决，你必须给这些国家安全承诺。

像以前西方说伊拉克有大规模杀伤性武器，所以要打伊拉克，结果打完之后发现没有。后来从英国、美国传出这样的言论，如果伊拉克真有大规模杀伤性武器的话，不一定敢打它，正因为没有所以才敢打。这给全世界什么样的印象和信号？必须有这样的武器才能有效捍卫自己的安全。所以追求核武器成为普遍的趋势，伊朗和朝鲜就是非常典型的。

而国际社会对于核不扩散条约的多重标准，也使局面更加复杂。尤其美国采取的多重标准，给了想拥核的和潜在拥核国家非常错误的信号。比如对于 1989 年试验核武器的印度和巴基斯坦，美国最初对两国实施同等的经济制裁、军事制裁，军事上不出口先进武器装备等。而后美国出于自己的需求，对巴基斯坦的制裁依然进行，但对印度的核制裁全部取消了，美国和印度还达成了比较重要的核反应堆协议。

美国的做法给国际社会树立了一个非常坏的榜样。好像不管合法还是不合法，一个国家只要拥有核武器，国际社会最终会承认，没有就要挨打。

3. 美俄养虎为患，印核不可控制

印核试验

印度 1998 年连续进行了 5 次核试验，成为有核国家。然而，曾经参加核试验的印度核专家桑塔纳姆对外披露，称“印度核试验仅仅取得部分成功”。这番话立刻在印度掀起轩然大波，当时的印度总理辛格特地出面否认。

越来越多的科学家开始质疑印度核武器大国的地位，其核力量与中国之间的差距也日益增长：中国 DF–31 导弹 16 年内测试 18 次，已经成为非常成熟的核弹头运载工具。相比之下，印度的核武器运载工具则相差甚远，其“烈火 –III”导弹仅进行过三次测试，其中第一次还以失败告终。

从核威慑来看，让对手相信自己的核力量具有可靠性是进行有效威慑的关键。这位印度核专家关于印度核试验仅仅取得部分成功的说法，等于宣布了印度核力量并不可靠，这个言论对印度国家安全、尤其核威慑来说，杀伤力是很大的。因为这不是外界的猜测，而是内部核科学家的言论，捕风捉影的可能性很小。而且他是印度人，在言论发表之后，要考虑到自身所承担的法律后果和法律责任，包括在印度军界、印度高层对他施加的重大压力。

在桑塔纳姆这番话公开以后，美国的核专家认为，这很可能表明印度想要再次进行核试验，以便验证和改善印度的核武器，当然有这个可能。但是印度要进行核试验，不用这个借口也一样可以，因为印度并没有签署禁止核试验的条约。而且对一个拥有核主权的国家来说，没有一个国家会采用这样的方法：依靠诋毁自己核武器的能力或核技术能力，为自己进行新一轮核试验找借口。这本身对核威慑的杀伤力非常大的，找借口的代价太大。

美国要求印度签署全面禁止核试验条约的压力越来越大，奥巴马政府上台之后曾经表示，将在全面禁止核试验条约问题上，采取更加严格的立场。但印度在拥有完全、彻底的核技术之前，不愿意做这样的让步。

实际上在小布什政府后期，对印度拥有核武器持有鼓励的态度。印度自1998年试验核武器以来，巴基斯坦也在试验，美国包括西方同时对印巴实施高技术禁运，包括核武器和核反应堆各种技术的禁运，还采取了一定程度的经济制裁。后来美国率先解除对印度的所有制裁，还和印度签署了和平利用核技术的协议，同意给印度提供轻水反应堆等。轻水反应堆无论民用还是发电，都对印度核技术有帮助、有推动。

一方面美国人说要制裁印度，不允许安理会五大常任理事国之外的任何一个国家再拥有核武器；另一方面为了利用印度抗衡中国，把原来给印度设的禁区范围缩小，全面恢复和印度的经济交往、军事交往，卖给印度大量军火，同时还与印度签署民用核技术协议。对巴基斯坦实施比较严厉的制裁，对印度开绿灯，从中可以看出美国政治的实用主义，为了眼前的利益，可以推翻自己定的原则。在这种情况下，美国想让印度签署禁核协议，不再试验核武器，实在是太难了。

如果印度再次进行核试验的话，中国、巴基斯坦、南亚这些国家和地区不会感到太奇怪，因为印度在追求所谓完美核力量过程中是不会停歇的，全世界最尴尬的就是美国了。因为美国自认为和印度开展民用核技术的合作和开发，能够把印度控制住、稳住，使印度不在军用核技术上，包括核武器上做大幅度的推进。如果印度再进行核试验，证明美国以笼络手段来防止印度进一步拥有核技术，这种政策是失败的。

脚踏两条船

冷战时期，印度的武器系统几乎全部来自苏联，进入新世纪后，印度力图脚踏两条船，引进西方的，尤其美国的武器系统。美国也做了比较宽厚的许诺：不对印度设限，可以给印度出让一些比较先进的武器系统。但从长期来看，印度所形成的武器系统基础平台，不管陆军、海军还是空军，都是苏联体制、俄罗斯体制的，转到美国体制有很大的困难。而且美国武器系统与俄罗斯比较起来，价格明显要高，所以使印度不由自主地选择俄罗斯武器系统。包括印度购买航母时，就争议过到底是购买俄罗斯的老航母“戈尔什科夫元帅”号，还是购买美国从太平洋舰队退役的小鹰号。美国甚至提出将小鹰号无偿转让给印度。这就是大国之间的竞争。最后，印度还是选择了俄罗斯的老航母。

当然，从印度方面来看，它认为俄罗斯武器系统与美国相比虽然有价格优势，但是它的电子系统、电子侦察、预警、火力控制、搜索系统，都与美国有差距。印度不会完全绑在俄罗斯这条船上，脚踏两条船的心理还是很重的，要跟各大国都搞好关系，包括武器装备的贸易。

有评论说俄印构建军事一体化，这个不是通过一条航母的转让或者双方长期的武器贸易，就能达到的。因为军事一体化涉及很多方面，不光是武器系统，还包括部队的训练、作战标准的采用、作战建制的采用。

俄罗斯当然希望俄印军事一体化，但印度没有这种意愿，从其急于采用美国的武器装备更新苏联的武器装备就能发现这一点。俄印军事一代化，与印度未来的战略规划不太合拍。

俄罗斯与印度签署了一份原子能协议，即使印度进行核试验，俄罗斯也将继续为印度提供核燃料。印度一直谋求从法律上成为核武器国家，而不仅仅是事实上的核武器国家之一，这主要与安理会五大常任理事国和安理会改革，印度能不能进来有很大关系。印度急于成为法律上的核武器大国，扩大自己的国际政治影响，它认为这是联合国安理会席位很大的影响因素，所以它跟俄罗斯达成了原子能协议。

这次俄罗斯带有很大的跟美国竞争的意思。因为美国已经明确表示要对印度出口比较先进的技术，已经放松甚至取消对印度的经济、军事制裁。

在大国政治中，印度不断从美国和俄罗斯获取好处，当然美国和俄罗斯也各有所求，所以在核技术合作方面也纷纷对印度做出很大的让步。看起来，印度似乎是一个主角，实际上印度不是主角，它只不过是一个美俄双方竞争的对象而已。

印度的大国战略

很多国家在致力于大宗防务支出之前，通常会公布一个基本的国防战略，描述新装备列装承担的任务。印度是大国当中唯一没有公开国防战略的国家，这让外界对印度军费每年高速增长的政策感到疑惑。

长期以来，西方对印度采取拉拢的策略，企图利用印度作为牵制中国的先锋，因此相比中国发展军力受到相当多的责难，印度的外部舆论环境要缓和得多。美国罕见地突然指责印度的军力增长“让邻国担心”，在印度媒体引起一片错愕，很多印度媒体人士、政府官员和国防部官员都很吃惊。

实际上，他们不应该如此吃惊，因为美国国防部长帕内塔曾无意中透露，美国之所以把战略重心转移到亚太，主要对付新出现的两个对手，一个是中国，一个是印度。当时，引起印度舆论的一片哗然，在美国国内也引起一些反弹。帕内塔后来专门解释说，是口误。但事实并非如此。

美国对付的绝不仅仅是中国，亚太地区任何一个快速成长的国家，在其看来都是威胁，印度也包括在内。

随着时间推移，美国转移亚太的真正目的能够看得越来越清楚。在此过程中，美国曾一度希望，日本和印度扮演“承担亚洲的北约”的关键性角色，通过北面的日本、南面的印度对中国实施有效遏制。但是，美国一方面想让印度充当自己遏制中国的马前卒，一方面也在防印度。

印度开国总理尼赫鲁在《印度的发现》一书中写道：“印度是不能在世界上扮演二等角色的，要么做一个有声有色的大国，要么就销声匿迹。”这句话直到今天仍然是印度人耳熟能详的名句。

印度的大国战略让其不甘心成为美国的附庸，没有配合美国的战略安排充当美国在亚洲遏制中国的马前卒，而发展洲际弹道导弹，更让美国疑虑重重。

美国指责印度军力不透明、军费超过中国军费增长比例、没有公布国防战略等，把曾指责中国的话语，强加给印度。

这可能是亚太形势的大转折。最初的转折，就是印度宣布要发展洲际弹道导弹时所引起的。美国质问印度，与中国为敌，中程导弹就可以完全覆盖，发展洲际弹道导弹，把欧洲和美国都包括在内，是何用意？

美国越来越失望，印度不会简单地作为美国的马前卒，却在大量地发展自己的力量，向南发展。美国怀疑印度的国家战略是要称雄印度洋，对美国来说，这是绝不允许的。

所以，美国方面的反弹，尽管以前就有，但今天的公开化，肯定会给印度的政界、新闻界、军界人士带来很大冲击。

当然，这也可能让印度真正地认清亚太形势和美国在亚太的整个战略意图，进而成为其真正认识美国亚太战略意图的起点。

4. 日美核密约与日本“无核三原则”

日美之间存在核密约，在日本被披露出来已经不是第一次了，20 世纪 60 年代末、70 年代初、80 年代、90 年代，再到新世纪，日本舆论界一直在争论，还提出一些并不确凿的证据，证明美日之间有核密约，但这个核密约被历届政府否认。

现在，披露出来的东西越来越多，而且都具有法律效力。这些文件在日本方面调查之后，也都尽快公布了。就日本舆论来看，这是很大的进步。

“二战”以后，美国对日本实际占领，对日本政府扶持，日本的文官政府基本上是按照美国模式建立起来的。当时美国在日本部署核武器，主要面对苏联方向，同时兼顾对中国形成的威胁。日本国会又通过“无核三原则”，禁止日本拥有、部署核武器，这些都是规定得很清楚的，所以美国的意图和日本的“无核三原则”发生了激烈冲突。当时美国政府和日本佐藤政府达成了秘密协议，甚至到今天文件都没有详细公布。

随着日本方面文件的进一步公布，时间可能比佐藤政府更要早——上世纪 50 年代美日就达成默契，美国在日本部署核武器，当然是秘密的、不公开的。日本的国民不知道、美国的国民也不知道，包括日本的国会议员、美国一些国会议员也不知道。

从这个密约的披露能够看出来，很多人在讲民主制度的公开性、透明性，其实是虚假的。比如美国人经常拿透明大棒子来压一些国家，说你们制度不透明，美国最透明。日本也经常拿包括国防开支透明性等指责中国。美日这种核密约实际上就是不公布，在中国舆论也引不起太大的惊讶，因为我们早已经做了这样的基本判定。

从这个事实来看，这仅仅是军事约定吗？两个国家之间的核密约，把日本的“无核三原则”弃之不顾，实际上把它变成了一张废纸，把那么多日本议员、日本国民蒙在鼓里，这个问题在日本引起很大反弹。它不是一个军事问题，而是一个政治问题，会给民主透明度、公信力、民主程序和日本政治带来一系列冲击。

如果不是鸠山政府执政，而是自民党执政的话，核密约问题还会被继续捂住，不会透露出来。鸠山政府确实和自民党政府不一样，执政理念、执政政策不一样，它确实想走出一条独特的日本道路，想搞日本特色的东西。

核密约被披露出来以后，对密约本身的评论、对日本政府的评论都会产生负面效应，但对历届自民党政府的影响更大。因为这个密约毕竟是在日本自民党政府执政期间达成的，而且不对议员、国民公布。

这个密约不可能动摇日本的“无核三原则”，因为“无核三原则”是日本政界和民间的普遍共识，不是哪个政治家的要求。虽然有些日本人想独自发展核武器，但绝大多数日本人还是秉承“无核三原则”，因为大家普遍认为“无核三原则”是未来日本和平发展的关键性支柱。

那么，会因为这个密约被披露，美日核密约就此终止吗？也不会这么简单。虽然从鸠山政府的态度来看，之所以要披露它就是为了消除它。但最终能不能消除这是一个悬念，而且可能是一个漫长过程，大家不知道条约的具体文本，也不知道它的有效期，到了有效期是不是要续约，这是美日双方的问题。不过密约一旦披露，在日本国内巨大的民意压力下，很有可能使这个密约难以为继。

在日美关系上，日本自民党政权一直实行向美国一边倒的政策，从日本民主党高举变革大旗上台，成为执政党，日本前首相鸠山多次宣称要建立紧密而且对等的日美关系，由于历届日本政府都表示要建立紧密的日美同盟关系，因此有人认为鸠山政府对美政策的重心是落在对等这个关键词上。强调对等的目的是什么？就是日本对亚洲回归的问题。

日本本来就在东北亚，还有什么回归的问题？这是日本领导层的思维，要以亚洲为重点、搞好邻居关系，与邻居共同发展，营造亚洲、东亚、东北亚的稳定和平发展。与日本从小泉以来的历届政府比较的话，鸠山政府对和平的包容量、与地区的融入量是最大的。而不是停留在冷战、以美日军事同盟为核心上。

鸠山提出的东亚经济共同体的问题和美日间对等的问题，力图摆脱过去的格局，想创造新的格局。但是困难太大了，自民党的制约、日本右翼力量的制约、美国对鸠山政府的限制，这些因素都促使了鸠山政府的短命。就像日本右翼媒体评论的一样，鸠山在台上的时间不会超过一年，结果一语成谶。

5. 美国部署反导，中俄被迫反弹

中俄安全合作

2009 年 10 月中俄双方签署了《关于相互通报弹道导弹和航天运载火箭发射的协定》。这份协议对双方来说，象征意义比实际意义大。双方在发射弹道导弹之前向对方通报，这意味着双方在建立互信的基础上，往前走了很大一步。中国与美国曾达成互不瞄准的协议，俄罗斯与美国也达成过类似协议，相比互不瞄准协议——我方弹头不瞄准你，互相通报弹道导弹发射协议，实际上是一种更友好的表示。

一个主权国家发射太空飞行器，包括火箭、导弹，实际上没有向别国通报的义务，这是一个主权国家在开发太空范围之内拥有的权利。双方达成协议通报，象征着两个国家起码在太空领域更加信任、在战略武器领域也更加信任。

目前，世界上拥有弹道导弹能力的核国家，除了安理会五大常任理事国之外，还有印度，巴基斯坦大概也有一些战区导弹，也就是说世界上只有为数很少几个国家拥有运载工具和弹头。在这少数国家中，中俄率先达成互相通报，毫无疑问是有核国家之间建立有效互信必然的步骤。

当然这里面政治意义大于军事意义。两个国家不仅仅互不瞄准，而且在战略武器领域，建立一种很大的相互信任关系，发射之前相互通报大约什么时候发射，发射的是一颗卫星还是一枚试验火箭，这无疑是很大程度上的军事互信。

中俄之间达成这种协议，和奥巴马宣布放弃美国在波兰、捷克开发的反导系统，两件事情本身虽然毫不相关，但实际上也是有一些联系的。在今天的世界局势下，拿战略核武器或战略武器威胁对方，达成自己的利益，这种空间正在变得越来越小，而且它附带的伤害，尤其是政治方面的代价正在变得越来越大。

比如奥巴马放弃在波兰、捷克部署反导系统，美国国内舆论反对的声音很大，支持的人也很多，大约一半对一半。实际上这是美国国力透支的一个非常明显的信号，如果美国再这样继续下去的话，很有可能掀起一场新的冷战。美国表面上是对付伊朗的核武器，实际上针对俄罗斯的意味非常强。俄罗斯的反应是以牙还牙，在伊斯坎德尔部署导弹，对整个欧洲包括对波兰和捷克造成很大威胁。军备竞赛走下去是一条绝路。奥巴马的选择还是比较明智的，放弃了在波兰和捷克的反导部署，俄罗斯也马上做出回应，放弃在加里宁格勒州部署导弹，整个地区局势趋于缓和。

中俄之间不存在这样的问题，中俄之间要建立长期战略协作伙伴关系。中俄都是上合组织成员，还有中俄之间连续几年举行和平使命反恐演习，双方在军事合作方面，在所有常任理事国中，是最为顺畅的。

当然，中美之间经济关系开展、进行是最为深入的，中美之间的战略经济对话，谈得非常火热，双方积极性都非常高，因为和双方重大利益相关。但中俄在经济方面有很多问题，中国很多商人在俄罗斯受到不公平对待，中国商务部部长向俄罗斯提出过非常严正的交涉。

虽然在经济领域关系有很不顺畅的一面，但中俄在安全合作方面，在所有大国关系中非常突出。

俄罗斯被迫发展进攻性核武器

俄罗斯在大规模进攻性武器上的开发从来没有停止过，这并不是一个新鲜的问题。普京提出来的新意在于：美国大力加强在欧洲的弹道导弹防御系统，在这种情况之下，俄罗斯做了一个非常强硬的表示。我必须保持我的核威慑，你的反导系统实际上是有意降低我的核威慑，那么降低我的核威慑之后必然就形成了一个单边威慑，你能威慑到我，我威慑你就无效了，或者效能大大降低了。

那么在这种情况下，俄罗斯就要开发进攻性武器。这种进攻性武器不是一般的进攻性武器，而是能够完成突防、打破美国导弹防御系统的进攻性武器。

俄罗斯从来不乏进攻性武器，但是它缺乏的是能够有效突破美国的弹道导弹防御系统的进攻性武器。比如俄罗斯开发的“白杨”导弹系统和潜射“布拉瓦”系统，不但能够携带多个弹头，多弹头还能够释放诱饵，而且多弹头能够变轨，用这种方法完成突防，从而保持俄罗斯对美国、对欧洲的核威慑。

从这点来看，俄罗斯所谓的进攻性武器，就是在 21 世纪环境条件下的进攻性武器，美国战略导弹防御系统即使建立好，即使达到基本完备的情况下，俄罗斯的进攻性武器可以不把你的防御系统当回事，能够完全突防，完全有把握保护俄罗斯的战略威慑，达成双方相对平衡的能力。

这个问题可能比较让人迷惑，美国在建立防御性的系统，俄罗斯在建立进攻性的系统。看起来似乎美国在防，俄罗斯在攻。这里面要绕过一个弯。过去双方是平衡的，你能毁灭我，我也能毁灭你。现在美国依然能毁灭俄罗斯，由于美国建立了弹道导弹的防御系统，俄罗斯就毁灭不了美国了。

这就跟剑士一样，原来双方都持剑，都能够杀死对方。现在一方是既持剑又持盾，另一方只有剑没有盾。后者只能这样讲了，我一定要锻造一个能够刺穿你的盾的剑。所以俄罗斯表面上是咄咄逼人，实际上是要保留自己的威慑系统不被破坏。最后使双方能继续保持以前的平衡，你不敢动我，我也不敢动你。

从俄罗斯的核战略威慑总体布局来看，它有陆基和海基两种核威慑能力。

陆基的核威慑能力，主要来自以“白杨”为首的导弹系列，还有大量的其他型号。陆基核威慑应该说是比较成熟的。而海基核威慑，反复发现问题，其中“布拉瓦”导弹在里边其实起了副作用。

“布拉瓦”导弹型号比较新，威力比较大、射程比较远，最主要的是精度比较高、突防能力比较强。它是洲际的，能装核弹头，具有核威慑力，而且它是多弹头分导的。在多弹头分导之后，各弹头还能进行变轨，就是在弹道导弹进入弹道，在最终攻击对方的阵地之前，它能实施变轨，防止对方反导系统的攻击。这是美国的三叉戟导弹不具备的功能。

它这种能末端变轨，躲避对方的反导系统，然后直接用多弹头摧毁对方，一枚“布拉瓦”能摧毁对方 8000 公里范围内的多个目标。

俄罗斯曾经对它寄予了很大期望。因为就陆基导弹来说，俄罗斯要形成对美国的威慑，导弹基本上要通过北极打到美国去。美国在阿拉斯加这一带建设的反导系统，已经具备拦截功能，弱化了俄罗斯陆基对美国的战略核威慑。

海基核威慑就不一定要通过北极打过去了。比如俄罗斯的太平洋舰队，如果继续往南行驶，突破日本海，进入太平洋深处，导弹可以从赤道方向打到美国去。而这个方向，美方目前为止没有防御体系，要应付的话，就要重新建立一套防御体系，成本和代价极其高昂。美国在金融危机中还没有彻底走出来，像这种类似于星球大战的投入，那是不堪重负的。

这就是俄罗斯有了强大的陆基核威慑实力，还要不遗余力开发海基的核威慑——“布拉瓦”系统的原因。“布拉瓦”导弹装备俄罗斯军队，将大大提升俄罗斯的战斗核力量。俄罗斯把“布拉瓦”战略导弹，称为俄罗斯战略核力量在 2040 年到 2045 年的顶梁柱。这个评价是很高的，2045 年以前，俄罗斯的核战略威慑主要靠这一款了。

“布拉瓦”系统不太顺利，发射 14 次，7 次失败，7 次成功。这个系统还要不要继续发展，在俄方内部引起很大争议。

从技术条件看，海基发射比陆基发射困难得多，因为它是潜艇发射，首先受潜艇体积的影响，导弹不可能做很大，所以海基导弹，包括俄罗斯的“布拉瓦”都有一个特点，就是比较矮胖短粗；第二点是海基发射存在着很多问题，比如从水下到水面这一段基本是冷弹射，就是不直接点火，弹射到空中 30 米到 50 米之后点火，火箭发动机才真正启动。

所以潜射导弹的技术比陆基导弹发射技术要复杂得多，而且发射条件严酷。陆地发射从平面突破大气层就可以了，潜射要突破海水的压力，然后进入空气中。潜射难度对于任何一个国家都是一样的，各国要想拥有潜射导弹系统，无疑都要经历非常大的技术考验。

俄罗斯的潜艇装备潜射导弹不是一年两年的问题，它是几十年的问题。与俄罗斯军工体系有关系，因为一枚“布拉瓦”导弹，它的协作规模将达到 600 多家企业，其中任何一家企业出了问题，导弹的发射都要受到影响。

俄方讲“布拉瓦”失败的原因，主要是在技术检查的时候，缺乏有效的监督机制。但是从更大层面来看，我觉得这不仅仅是技术监督机制的问题，它跟俄罗斯工业体制和国防军工体制有很大关系。俄罗斯的军工体制和西方不太一样，长期以来是相对封闭的，不太搞技术转让或技术合作，这对一些技术的更新速度有影响。而且能不能在自己企业、在自己系统内部完成质量标准的自我坚守，也是很大的问题。

从更大层面上看，“布拉瓦”导弹只是一个表象，它影射出的是俄罗斯军工体制的问题，从某种程度上看有一点病入膏肓的倾向。

中国被迫进行反导试验

中国于 2010 年 1 月 11 日在境内进行陆基中段反导拦截技术试验，试验达到了预期目的。这次试验是举世瞩目的，引起了广泛关注。在这之前的反导试验，都是在西方国家公布消息之后，我们才确认消息的。这回试验有一个很大的进步，就是先把信息披露了。

另外这个试验的意义也是很大的。当美国正在全球构筑反导系统的时候，它的手中等于有了一张核防御的盾牌，如果我们手中没有，毫无疑问对我们的危险是相当大的。它有一种绝对的优势，能攻又能防，你只能攻却防不住，而且你攻的力量还很有限——我们的核武器不管是弹头，还是运载工具，数量都很有限。

比如说美方曾经反复讲过，它设在阿拉斯加、科罗拉多的拦截系统，要对付俄罗斯的核攻击，效果可能不是太大。因为俄罗斯的核弹头和运载工具数量庞大，而且俄罗斯多弹头分导探头技术也很成熟。但是要对付中国还是比较富余的，因为中国核弹头的数量少，运载工具也不是很多。

这是我们在追求和平发展时一个非常重要的问题。

我们的经济有了巨大发展，中美经济有了巨大交流，按照我们的统计2008年中美贸易就达到3300亿美元，而按照美方统计当年更是达到了4000亿美元。很多人认为，两个国家利益交往这么深了，还有必要互相搞这个吗？

首先可以看看美国，美国反复讲中国核威慑对美国是无效的，而美国对中国是有效的，这已经给我们带来了答案。我们在发展经济的同时，必须建立强大的国防实力，必须具有一定程度的核威慑，这样才能有效保护我们的安全。

这个威慑表面看好像扯得比较远，实际上如果能够有效防御对方来袭的武器，尤其是外空核弹头，那么你有限的核力量就能大大提高。如果你不能有效防御，那么它的一次核打击就有可能把你的战略武器摧毁于地面。我们的核弹头数量本来就很有限，再被对方直接摧毁的话，那么我们有效的反击能力就会大大降低。为了保护我们有限的核威慑，必须搭建这样的防御系统，这么直接对外披露消息，也可以说是表达了中国捍卫国家利益的能力和决心。

有评论认为，中国向来对类似的试验极度保密，这次公开信息，“亮剑”的意味浓厚。这个好像说得远了一些，因为严格来说，我们这回其实是例行试验、例行公布。当然，以前试验首先是西方披露然后我们承认，这回我们是主动公布。因为像这种反导试验，导弹的上升段、中段或者末段，不管你进行任何阶段的拦截，想不让大家知道，都很难。

在太空中，美国有300多颗卫星，俄罗斯的卫星也有100颗以上。这样一个庞大的卫星监测、观测系统，再加上地面的超视距雷达系统。你要进行这样的试验，想让别人不知道，在当今技术条件下已经是不可能的了。

所以我们这种公布，也是一种顺势而为。一方面增加我们的透明度，另一方面隐瞒也没有意义。所以说这种公布不是一种炫耀，是一种“例行”公布，离“亮剑”还差得比较远。当然，这个公布隐含的是一种能力的展示，我告知你我进行了这样的试验，这个试验本身代表一种能力，至于是不是通过这种告知达成威胁，这就各人有各人的理解了。你成功进行一次中段拦截试验，你的朋友听见这个消息，肯定不会感到是威胁，他感到的是一种鼓舞；那么你的对手，或者想以你为敌的人，听见这个消息当然不舒服，他就觉得是威胁。

所以同样的东西，对它的解读是不一样的。我们通报的消息本身里并不含有炫耀的成分，也并不含有威胁的成分，有些人觉得是炫耀或者威胁，那是他个人理解的问题了。

中国过去是反对搞反导系统的，那么现在自己发展反导系统，其实是被动地响应。

我们以前包括现在对美国部署地区反导系统和国家防御体系，是持坚决反对态度的，因为美国这么做，毫无疑问是要增加世界的军备竞赛激烈程度。

讲这个问题有些人可能没有转过弯。说你看人家部署的是防御系统，部署防御系统你为什么干涉呢？曾经美国人也提过这个问题，我搞的是防御系统，你为什么连我搞防御系统也提出质疑？

我们举这么一个例子，美国人、中国人、俄罗斯人我们并肩在街上行走，看橱窗，浏览东西。突然之间，美国人把钢盔戴上了，而我们都穿着便衣。钢盔是防御的没错，但他突然间把钢盔戴上了，那会给人一种什么样的感觉？你说他是要防御吗？只怕大家不会这样认为，而是认为他要开始行动，要开始攻击了。

表面上说是防御系统，实际上是要立于一种不败之地。本来他的攻击害怕遭到报复，这会对他的攻击念头加以遏制。但现在他能够防御了，别人不能防御，那么他的攻击就会变得肆无忌惮。这样毫无疑问要增大军事冒险的可能性。

这就是我们讲的，虽然是防御体系，其实带有很大的攻击性。

美国的防御体系已经建到哪里去了？跟俄罗斯闹得沸沸扬扬，建到了波兰、捷克，堵在了俄罗斯的家门口。而在东亚、西太平洋，美国的战区导弹防御体系建到了日本、韩国，然后再出售台湾“爱国者 –3”型导弹系统。“爱国者 –3”型导弹系统就是美国 TMD 战区导弹防御体系中一个重要的组成部分。那么你把防御体系都搭建到我的家门口了，甚至搭建到我们国土的一部

分了，还说对我们的安全没有威胁？

别人把防御的篱笆直接竖到你院子外边来了，那么剩下的空间都属于他的了。他的安全空间将变得极大，你的安全空间将被压缩到极小。而且当他的防御体系完全构建完毕的时候，他采取军事冒险行为的可能性便大大提高了。

6. 福岛核事故

日核弊端

2011 年 3 月，日本发生强烈地震并引发海啸后，福岛第一核电站几个反应堆先后发生了氢气爆炸，导致放射性物质泄漏。核污染成为继地震、海啸灾难后最令人揪心的次生灾害。日本向国际原子能机构求救，国际原子能机构专家紧急赶赴福岛，共同会商、提供应对核危机的方法和手段。从日本方面来看，单独应付核危机已经捉襟见肘了。

由地震引发海啸是大家能够想到的，但是由地震海啸造成核电站反应堆出事，这的确是世人始料未及的。

核电站的危险性大家不是不知道，据日方说，福岛核电站的设计，有多重的、过剩的安全功能，叫作冗余安全机制。当一套安全机制不能发挥作用时，另一套安全机制将会发挥作用。

比如地震刚刚发生的时候，各个核反应堆自动停机，这是对的。但是冷却它的水泵也停了，这就是很要命的事情。当然按照事先设计的方案，一旦停电水泵停止工作，这时候柴油机应该立即启动，对水泵供电，水泵再供应冷却水。这就是所谓的冗余设计系统多重安全机制。

然而，当问题真正发生的时候，原来的设计并没有发挥作用。原来预备的柴油机备用的电阻切进去了，也供电了，但是供电很长时间又退出来了。什么原因造成的？日本人到现在都没有搞清楚。

现在看来，地震引发了海啸、核泄漏等一系列的次生灾害，甚至比地震本身还要严重、带来的影响还要大。

在3月11日灾难刚刚发生时，一些国内媒体、境外媒体对日本的救灾机制给予了完美无缺的赞誉，认为日本做得非常好，政府组织得非常有效，民众非常冷静等，好话讲尽了。结果呢，日本的社会组织是非常好的，它们的抗震救灾是非常有效的，但是日本民众也出现了一系列的问题，比如抢购的问题。另外，日本政府发布消息迟迟滞后，也引起了日本民众的非常不满。

福岛核电站反应堆刚开始发生问题的时候，日本政府反复强调不是爆炸，反复强调没有多少核泄漏。按照日本政府的说法，发生氢气爆炸后的泄漏量反而比最初还要小。这些消息的发布，当时对安定民心可能起了一些作用，但是实际上，东京的核辐射超标20倍。在福岛附近，需要采取防核泄漏措施的人员撤出距离，最初是5公里，然后变成10公里、15公里、20公里，现在又扩大到30公里。

从这些情况可以看出，日本政府的措施并不是非常有效的。而且在政府组织方面也存在着问题。因此，日本民众指责政府的声音越来越多，质疑政府迟迟不讲真正的危险到底在哪里，为了稳定局势，结果造成一系列严重后果，包括很多民众都被核污染了而自己却不知道。美国的航空母舰都被污染了，航空母舰甲板上的官兵也都受到了核污染。

安全地利用核能，这是未来必然的趋势。以石油、天然气、煤炭为核心的化石能源，都是不可再生的能源，日渐枯竭。风能、潮汐能、太阳能、核能等都是人类未来能够利用的重要能量来源。

核能关键就是安全问题。从静态来看，日本的反应堆也好，法国的反应堆也好，俄罗斯的反应堆也好，世界各国的反应堆质量都是可以的，安全性能都不错。通过日本福岛核电站出现的问题，我们不能静态地看它的安全性。像地震带来巨大的震动时，会对这套静态系统进行破坏。

虽然福岛核电站发生了核危机，但人类不能就此不利用核能了。因为不利用核能，人类将来也找不着理想的出路。核能的利用是一种必然，但是福岛提醒我们，怎样安全地利用核能。尤其是在核电站的选址上，一定要避免地壳的断裂带和地震的多发区域，这是必须加以高度注意的。

日本本身就是一个地震、火山频发的国家，在日本建立大量的核电站，这是当时日本经济发展的选择。从今天看来，它的弊端在逐步显现。

国际公害

从核危机一开始，东京电力公司的说法，包括日本政府受其左右的说法，一直在把大事往小里说，把重事往轻里说。一直在说问题要解决，但一直解决不了，而且问题在扩大，空气污染，然后是水污染。怎么制止灾难的进一步扩大，最喜欢说别人透明不透明的日本政府，却没有用更加透明的姿态来阐明福岛核危机的状况和走向。公布的录像资料，基本上都是起码15天前的，最新资料迟迟不公布，直接影响到各国对日本这种灾难衍生的危机能否及时做出有效的防范。

日本向海中排放福岛核电站污水，引发了韩国、俄罗斯等邻国的不满，质疑日本的这种举动是否有违国际法，并提出派遣专家进行联合监测的要求。对于国家安全来说，这是一件非常重要的事情。中国跟日本是一衣带水的国家，受的影响跟俄罗斯、韩国一样，甚至从东海的海域来看，可能受的影响比韩国、俄罗斯更大一些。

美国和俄罗斯的核能专家对日方不合作的态度感到不满，认为日本应将辐射外泄事故的情况公开给海外核能专家。据调查，多数俄罗斯人不相信日本当局发布的关于福岛一号核电站情况的信息，只有19%的俄罗斯人认为日本当局发布的核电站情况消息客观。

对于日本的灾难，毫无疑问是一个国际责任，理应大力开展救援。但为了防止灾难进一步扩大，尤其是核污染进一步扩大，各国政府对日本政府提出明确要求也是非常有必要的。而不是每一次都是国际社会被迫地接受这种既成事实。已经核泄漏了，没有办法，只好污染空气，蒸汽不断地溢出，没有办法，只好继续污染排水。

日本首相视察灾区时讲过多次，尽量减少灾区日本居民更大的损失，我觉得日本作为一个国际负责任的国家，却仅仅防止本国的损害，忽视对邻国的损害。为了减少本国的损害，大量地用海水冲洗，然后把受污染的水排到海里去，造成国际公害。这不是一个好办法。

一个灾难，比如像汶川地震，只局限在中国的范围，政府以自己国民利益为核心这是应该的。那么日本的这个地震所引发的核危机，已经对东北亚甚至全世界都造成了很大的影响。在这种情况下，日本政府不应该只考虑日本的国家利益，必须照顾到东北亚的地区利益，必须照顾到世界的利益。

当然，这很难做到。从长远来看，这些需要国际上有相应的监督机制来监督。

核武原料

日本政府于4月12日决定把福岛核事故的等级调高到7级，达到与1986年切尔诺贝利核事故同一个级别。这是日本第二次调高核事故的等级，从最初评估为4级，在3月18日又从4级提高为5级，最后又调到了最高的7级。

实际上这意味着国际对这场灾难的估计一直偏低。东京电力公司和日本政府透露的情况一直不太多，造成国际社会无法掌握充分的信息。

最初反应堆发生爆炸的时候，当时从电视上看起来，爆炸的情况已经很严重了。但是，东电公司、日本政府的发言人讲，爆炸是气体爆炸，而不是燃料棒的爆炸，极力想减缓事态。他们一直声称核泄漏是微量的，对大家没有影响。先是说气体泄漏是微量的，紧接着说对蔬菜、对空气、对水的污染，都是微量的，始终把严重的事态往轻里说。造成的后果是，世人虽然有关心、有评估，但是总体评估偏低，最后产生一种负面效应，那就是采取的应对措施不力。

其实，美国是与日本关系最深、同时在处理核泄漏事故方面经验比日本丰富得多的国家。美国也曾经发生过核事故，进行过核危机处理。而且，美国拥有全世界最多的核反应堆，包括它的11艘航母都有核反应堆。但是，美方也并没有全力投入对日本核事故的处理。没有全力投入的原因，可能是美国考虑到自身的安全，也可能是日本提供的信息不完备，导致美方对此次事故的严重程度有所轻视。

日本政府将福岛核事故等级提高，等于承认了国际上早已经存在的评估结论。国际社会广泛怀疑日本政府和东京电力公司掩盖真相，俄罗斯核科学家甚至建议：把日本告上国际法庭。国际社会的反应是有充分道理的，绝非空穴来风。

比如说，日本的核反应堆技术是很好的，但是它迟迟没有过渡到第三代、第四代核反应堆，却始终在用第一代、第二代核反应堆。第一代、第二代核反应堆本身安全系数比较低，但是提炼能力很强，能够提炼积攒核武器原料——钚。第三代、第四代核反应堆的安全性能高了，但是产生制造核武器原料的能力就差多了。

这就产生了一个非常大的疑问，日本长期坚持用第一代、第二代反应堆，不进行技术更新、不采用最新的技术，到底是为了什么？是因为资金不够吗？不是。最大的可能就是，日本在储藏核武器原料——钚。那么日本储藏那么多的钚到底要干什么？是不是有自己核武器的发展计划？

中国有句老话叫作“拔出萝卜带出泥”，这是由福岛核泄漏事故产生的一系列连锁反应。核事故发生以后，与之相关联的多种因素也浮出水面。有玩忽职守的问题，有信息不够透明的问题，有处理不够及时的问题，也有为什么要采用这样的核反应堆技术，目的到底是什么。

这些问题值得国际社会思考，国际社会对日本核事故的前因后果提出质疑是有充分道理的。

傍大款心理

日本前首相菅直人在美国三大媒体发表文章，称对日本核事故表示“道歉”。这让日本的周边国家相当不满，质疑日本为什么首先选择美国，而不是在受害更加严重的邻国媒体上刊登“道歉信”。

日本的这种做法确实很难加以置评，只能说日本这种傍大款的心理，对大国察言观色的心理太强烈了。一个独立自由解放的国家首先就要摒弃这种心理，建立起民族自觉、民族自尊和民族自爱的心理，这是最基本的心理。

而且，日本似乎没有全世界民族平等的概念。一出现了核泄漏，它的反应是首先要对全世界的大款、全世界最强大的力量、全世界的霸权美国说一声道歉。核泄漏是这样，丰田汽车的召回事件同样如此。

丰田汽车召回事件发生后，丰田公司的老总亲自到美国国会深深鞠躬，说了很多表示道歉的话。当然，丰田汽车在美国的销售量很大，但是丰田汽车在中国的销售量更大。丰田公司的老总对中国的市场并没有表现出来应有的尊重。

从这一点来看，日本虽然是民主政体，但要建立起民族平等的概念、国家平等的概念还有一个漫长的过程。鲁迅先生曾经坚决抨击过“贾桂心理”，什么是“贾桂心理”？主人让奴才坐，奴才都不敢坐，说“我不坐，我站惯了”。

日本不首先对造成最直接危害的邻国道歉，朝鲜半岛、中国、俄罗斯的远东地区、菲律宾，这些都是首先受到威胁的、受危害最直接的区域。日本首先选择在美国道歉，引起亚洲各国的不满、质疑，日本方面绝没有更多的理由说，周边国家你们的心眼太小了、你们不应该这样。

日本这种傍大款的心理一直没有解除，不是以平等的心态来看待各个民族，就容易产生仰视或者俯视的态度。看美国是仰视的，看过去被它侵略过、殖民过的周边国家，是俯视。所有的尊敬是对仰视而去的，所有的不尊敬是对俯视而去的。

日本之所以有如此态度，还有一个原因就是，周边国家从来没有充分地表示出自己的权益意识。而美国人非常善于表现自己的权益意识，日本以为只有美国可能会对它提出各种各样的索赔要求，它只需要把大老板糊弄好就行了。

当自己受害的时候，权益意识表现得不够明显、不够直接、不够坚决有力，这是周边国家的弱项，也是日本人的深刻印象。

7. 战略威慑力：反导与突破反导

欧洲反导依赖美国

北约建立统一的反导系统时，秘书长拉斯穆森表示，10年总预算不超过2亿欧元。费用如此之低，可以推测出它的大部分系统，包括远程预警探测系统，跟踪监视系统，目标搜索跟踪、摧毁系统，可能与美国的反导系统是兼容的，或者是能够互相利用的。当然欧洲也可以利用伽利略系统——它的卫星全球定位系统为反导系统提供支援，能够把单独搞一套大系统的费用降下来。但是跟美国联合在一起的可能性还是很大的。

10年总预算不会超过2亿欧元，这个数字还不到美国2010年反导费用的三十分之一。所以，这有可能是美国主导的北约诱惑欧洲国家加入统一反导系统的一种手段。

美国有一个很大的问题，就是费用问题。按照北约的章程，欧洲在美国的核保护伞之下，但是核保护伞和弹道导弹防御系统是两回事。核保护伞也可以说，对方来摧毁你了，我帮你打击它，给你报仇。而反导系统是预防系统，预防系统代价是很高的。从美国的角度来说，它非常希望大家分摊费用。也就是说，美国提供全部的技术条件包括装备，但欧洲各国得付钱。不过一开始也不能说需要的费用是天文数字，否则会把大家吓住。提出一个很低的费用，欧洲各国觉得这个好像能够对弹道导弹进行比较有效的防御，大家热情很高，纷纷加入。但是，后续费用是非常大的。

美国同时也邀请了俄罗斯参与欧洲反导系统，俄罗斯表示愿意与北约在欧洲反导系统建设方面进行合作。这是双方的一种政治宣称。欧洲的反导系统主要针对的目标就是俄罗斯，但是冷战毕竟已经结束了，这个针对目标是不能说出口的。

最终这个政治的宣称就是，俄罗斯与欧洲合作建立反导系统，美国欢迎俄罗斯加入，而最后到落实的时候，被各种各样的技术、政治障碍所摧毁。

破反导系统

基于俄罗斯压力之下，美国在进行试探性部署。小布什政府曾追求很长时间，想在波兰、捷克、匈牙利部署这样的雷达系统。后因俄罗斯的强烈反对，奥巴马政府做了相应调整。这个调整是战术性的，对俄罗斯来说是欺骗性的。随后奥巴马政府坚持在北约部署反导系统，表面上针对伊朗，实则针对俄罗斯。

欧洲反导系统将极大地削弱俄罗斯的战略威慑力，逼迫俄罗斯不得不采取相应的反制措施，在加里宁格勒州投入使用的导弹预警雷达系统是俄罗斯向外界发出的首个信号。有效地向西方表明了其捍卫国家安全的决心，构成了针对欧洲反导系统新的威慑力。

欧洲的反导系统对俄罗斯来说，就是一个如芒在背的东西。原来小布什政府时期曾经把这个系统部署在捷克、波兰，后因俄罗斯总统普京强烈抗议，这个问题持续了 3 到 4 年，一直到奥巴马政府上台的时候，同意取消在波兰和捷克部署反导系统。

奥巴马政府之后坚持继续要在欧洲部署，对此俄罗斯的反弹相当强烈。俄罗斯的这种反弹，我觉得对我们也有很大的借鉴意义，就是一个大国怎样有效地维护自己的安全。

如果就一般的意义来说，美国在北约体系内部署反导系统，表面看这是防御性的系统，另外在主权国家内部署，好像不关俄罗斯什么事。但因为这套反导系统的部署降低了俄罗斯的战略威慑，让俄罗斯的战略威慑实力大大降低，使俄罗斯在推进国家政策方面，包括欧洲安全方面的牌大大减少。因此俄罗斯表示强烈抗议，而且表示要采取坚决的反制措施。

我觉得这是一个大国维护自身国家安全的基本手段，这个手段俄罗斯运用得非常好。

西方一些政治人物非常欣赏梅德韦杰夫，西方在评价俄罗斯领导人时，总喜欢突出梅普之间的差别，认为普京过于强硬，梅德韦杰夫则比较温和，普京偏向于东方，梅德韦杰夫偏向于西方。这次针对北约部署的反导系统，梅德韦杰夫做出强硬反弹，给西方一个非常好的启示，就是俄罗斯在维护自身国家安全方面，梅德韦杰夫和普京没有差别。而且梅德韦杰夫讲的这些话，其强硬程度一点不比普京差。

针对美国在欧洲部署反导系统的计划，梅德韦杰夫专门强调，说如果还不够，俄罗斯还要在西部、南部部署一系列的打击武器，确保摧毁美国在欧洲部署的反导系统，并且保留退出俄美核裁军条约的权利。话讲得非常明确、非常直接，而且信息传递得非常准确。俄罗斯这一系列行动的目的，就是要确保摧毁美国在欧洲部署的反导系统，这是一个非常明确的国家意志的体现。

这一举动有效地向西方表明了其捍卫国家安全的力量和决心，形成了针对欧洲反导系统的威慑力。大国维护自己的安全，必须形成战略威慑力。威慑不是进行战争的战略，而是制止对手冒险之前的战略，也就是让对手在冒险之前就停止，这就需要形成相当的威慑。

形成威慑力有几个基本的要素：第一，要有足以影响全局的威慑力量；第二，要有使用威慑力量的决心和意志；第三，还要让对方认识和相信以上两点。如果对方不了解你的决心、不了解你的意志、不了解你的实力，你就形不成威慑。

从威慑力的三要素来看，俄罗斯非常好地做到了这三点：足以影响全局的威慑力量，那就是它现在所谓能够突破任何导弹防御系统的伊斯坎德尔系统；使用威慑力量的意志和决心，就是梅德韦杰夫讲的要确保摧毁美国在北约部署的反导系统；使对方认识和相信以上两点，就是公开用政府声明的形式向世界宣布。

尽管西方可能不愿意承认，但梅德韦杰夫的讲话无疑达成了俄罗斯针对西方反导系统的威慑。面对俄罗斯的强硬反弹，美国将北约部署反导系统分成几个阶段，一步一步地展开。“短痛”不如“长痛”，如果“短痛”是个“剧痛”的话，不如慢慢地，让俄罗斯逐步地接受。当然，难度也很大。

毫无疑问，这种反导系统的部署，不管是第一阶段，还是第二阶段，都要引发欧洲新一轮的军备竞赛。一旦军备竞赛在欧洲展开，对于深陷金融危机的美国，经济不景气的俄罗斯，没有赢家，都是输家。而无法因为这场军备竞赛指责俄罗斯，或是欧洲，因为主导者是美国。

离地 1000 公里外的安全威胁（外太空篇）

完成太空非军事化，轨道空间的合理分配，电磁空间的合理分配，这对世界来说都是一个严峻的任务。

欧洲对美国的全球定位系统感到很不信任，所以欧洲要独立开发伽利略系统，完成 30 颗卫星全球分布导航定位。中国和俄罗斯也都在完成自己的导航定位系统。导航定位系统研究，比航天飞机更重要。

1. 美俄卫星相撞引发的太空安全问题

2009 年 2 月 10 日，美国铱星 33 通信卫星与俄罗斯已经报废的宇宙 –2251 军用通信卫星在太空相撞，这是人类历史上首次发生在轨卫星相撞事件。

虽然说现在太空飞行器已经相当多，而且太空碎片也相当多，但是两颗卫星直接撞到一起，也是一起令全世界感到震惊的事件。它对大国安全，对人类的共同家园——地球的保护，对未来外层空间的保护、外层空间非军事化等都带来了很大的影响。

相撞以后，双方在互相指责，都说主要原因在对方。

美国指责俄罗斯，说宇宙 –2251 是个失控的卫星，1993 年就报废了，俄罗斯没有及时摧毁它，或者让它偏离正常的飞行轨道，致使相撞事件发生。

俄罗斯方面不承认自己有任何责任，主要理由是，美国卫星为什么要飞到这么低的轨道。因为一般的报废太空飞行器，随着主动能力丧失，它的轨道会越来越低，俄罗斯这颗报废的卫星，距离地球也就几百公里，属于低轨道运行。而美国的正常卫星跑到低轨道运行，明显带有很大的侦察目的、军用目的。

两颗卫星都被撞成了碎片，这种太空碎片会在太空中存在相当长时间，对通信卫星、气象卫星、轨道比较低的卫星都会产生安全方面的影响，太空环境正在面临越来越严峻的安全形势。就各国的太空利益来说，就人类整体利益来说，太空空间的合理分配、太空轨道的合理分配，和太空非军事化已经成为人类越来越无法回避、越来越紧迫的问题了。

我们国家是航天大国，发射的卫星会越来越多，卫星在国民经济中的作用也会越来越大，卫星的安全、太空的安全就显得越来越重要，对这次相撞事件，我们有值得借鉴的经验和教训。

首先可以看到，未来的外层空间越来越拥挤，轨道挤占情况越来越厉害。在这种情况下，如何有效争取到在太空合理的利益，对我们来说是当务之急，因为我们毕竟走得靠后一些。我们在太空的轨道，尤其是同步轨道空间占有的份额是相当少的。这是我们未来的一个大问题。

现在不是双赢的问题，现在的局面是，当我们在太空讲双赢或者多赢的时候，太空空间、太空轨道实际上已经被技术发达的大国几乎瓜分完毕了，尤其是近地轨道。其中最明显的就是美国所占的巨大比例，还有俄罗斯、欧盟。从总体上看，这不仅关系到中国的利益，对于全世界来讲，打造一个公正合理的太空秩序都是当务之急。

要实现这种公平、合理的太空秩序，应该有像类似于联合国这样的一个组织，对太空利益实行有效的监护或者有效的分配，实现各个国家在太空的利益公平合理。

完成太空非军事化，轨道空间的合理分配，电磁空间的合理分配，这对世界来说都是一个严峻的任务。在达到这种理想状态之前，我们必须有效争取自己应该占有的空间，这是很重要的。

2. 中美欧俄四大导航系统

卫星导航定位系统是一个国家的重要信息基础和战略设施，是体现国家综合国力的重要标志。

随着社会信息化的进程，卫星导航系统不只是在国家安全方面，在商业应用方面的作用也已经越来越大了。GPS 系统就是非常典型的案例。它用 24 颗卫星完成了空中定位，这个系统在全世界应用起来了，大家都觉得很方便，比如车载 GPS，你只要把目标定了，它就会给你选一条最佳路线，它会告诉你下一个路口在什么地方，还有多少米向哪儿转，哪怕你开过去了它也会告诉你再转回来。但是里边有一个问题，那是美国人的。

不要说我们，欧洲对美国的全球定位系统也感到很不信任，所以欧洲要独立开发伽利略系统，完成 30 颗卫星全球分布导航定位。美国人对欧洲的伽利略系统颇有微词，说我们都有一套 GPS 系统了，而且商业运用的时候大部分都是免费的，为什么你还要开发伽利略系统？欧洲人回答得非常清楚，欧洲不愿意将经济发展、交通应用，甚至军事应用全部都吊死在美国一棵树上。如果美国不高兴了，不让我们用了怎么办？

欧洲的考虑是很明确的，它跟美国还在北约一个共同体里，这样一个军事同盟都觉得有必要搞自己的系统，更何况我们呢？在考虑到未来安全的时候，我们必须建立自己的定位系统，北斗二号系统开始布网，卫星陆续发射。

实际上，北斗一号系统在2003年就已经投入使用了，2000年发射一颗，2002年发射第二颗，2003年发射第三颗，完成了北斗一号系统的导航定位。北斗一号系统投入使用后，就军队来说，对通信指挥、导航定位，包括侦察监视、毁伤评估、后勤补给、战场救护等都有非常显著的帮助。

但是北斗一号系统也有一些问题——北斗一号系统的信号处理。比如说我在新疆，到底在什么位置，东经多少度，北纬多少度，那么我得先发一个信号，接收北斗定位系统信号，接收到信号后我再发一个信号，告诉卫星我这个位置。北斗接收这个信号之后，还要发一个信号到北京信息处理中心，地面信息处理中心经过数据处理之后，再发到卫星，卫星再发到我这里，我才能知道准确的位置。这就带来了问题，北斗一号要双星定位，而且有一个收发的过程，你的接收机必须大。像美国的GPS定位，24颗卫星只收不发，现在我们车载的GPS，经常可以找到7颗卫星，其实找到3颗卫星就可以，找到3颗就可以完成定位，只需要一个很小的接收机，这是第一；第二，它的卫星没有发信号过程，不发信号就不容易被干扰。想要破坏它的定位功能，除非你在外空摧毁它的卫星，太空大战这是不可能的，所以它这种只收不发的系统，非常安全，保密性比较好。

所以我们的北斗一号双星定位缺点很明显，第一就是因为它有一个收发的过程，接收机就要比较大，电池功能也要比较强，因为你要发射信号；第二点就是容易被干扰；第三点，北斗一号系统范围太小，它是区域性的，而且区域性很有限，比如亚太区域就不行，它只能在我们第一岛链以内，在我们中国转一圈，区域非常小。

北斗一号系统现在已经不能满足我们国家安全的需求了。比如说我们在亚丁湾护航的时候，要完成我们船只的定位，北斗一号系统是爱莫能助的，因为它覆盖不到亚丁湾。再比如说2006年参加海军远航，横跨太平洋参加中美首次海上联合军事演习，我们海军出了第一岛链，北斗导航系统就不能够有效应用了。在这种情况下，我们还得借助美国的GPS系统，从长期来看，如果不能自主完成导航定位系统数据的话，将来会在安全上带来问题。

问题实际上已经出现了。曾经在伊拉克战争期间，我们中远公司有一条远洋货轮，通过马六甲海峡驶入印度洋以后，被美国舰船拦船检查，要检查船只。我们当然就说，你美国在伊拉克作战，你可以划你的临检区，但是你不能把整个印度洋都划成你的临检区。所以它拦截我们，我们船只并不听它的招呼，并不停船。但是，这条船开的时间不长，船用GPS失效了，船只能停下来。当时船长以为是GPS出了问题，派技术人员检查、检修，看仪器设备，后来才明白，是美国海军对我们船只的GPS局部屏蔽了，它们在技术上能够做到这一步。因为这个GPS信号是它们发出来的，它们知道怎么定点干扰。后来我们的船被迫停下来，这就是一个很大的问题。

这件事给我们的提示就是，保障国家安全必须依赖自己的定位系统。连欧洲都要搞伽利略系统，我们如果不搞北斗系统，未来国家安全会存在很大的隐患。涉及国家安全核心部位、核心技术谁也不会给你。技术含量是一方面，另外自己所掌握技术可能是更重要的方面，尤其是导航定位系统。将来不管是军用还是民用，不管是发展国家经济还是维护国家安全，导航系统未来会具有越来越大的作用。而且哪怕仅仅就商业市场来看。

仅就商业市场来看，这种导航定位系统的空间非常大。我们现在防止美国GPS系统，因为它的商业导航定位全面占领了中国市场，这个对我们的威胁很大。因为这里边有巨大的商业利益。先不说安全利益，安全利益肯定非常大，单就商业应用来看，我们也不能把国内导航系统市场拱手让给GPS——现在是有这个趋势的。

GPS系统到处都在卖定位，比如说你买一个小的硬件系统，交一些钱，然后跟它连通了，使用会非常方便。我们的交通系统，包括城市出租系统、私家汽车、长途汽车、飞机、商用船舶，如果都安上了GPS系统，那它就把你非常大的商业市场垄断了。我们不能让它垄断，我们应该有国产的，北斗导航定位系统应该在国内商业市场中占有足够的份额。我们只能说应该，这取决于这个系统真的能投入使用。

北斗一号是双星定位，北斗二号要实现多星定位，多星定位之后我们也能够做到 GPS 的效能，只收不发。接收机效能要求比较小，而且不受干扰，另外就是北斗二号会有一个更大的覆盖范围，远远超出我们的第一岛链范围。当北斗二号系统投入使用的时候，相信如亚丁湾护航行动，我们就完全能够运用自己的导航定位系统了。

除了美国的 GPS 和欧洲的伽利略，俄罗斯还有格洛纳斯系统，从技术层面来看，伽利略系统占有技术制高点，是技术含量最高的。但是不能说伽利略就稳操胜券了，因为欧洲的伽利略迟迟得不到投入使用，发射一直推迟。这其中有很大的问题，因为建设伽利略系统，是欧盟多个国家入股建设的，资金能不能到位，技术支撑能不能完成，一系列问题导致伽利略系统一推再推。所以伽利略系统技术含量最高，但面临的问题很多。

GPS 系统运行时间很长了，虽然技术不算是最先进的，但是有一点不能忽视，美国人正在搞 GPS 系统更新，原来 GPS 系统定位是 24 颗卫星定位，24 颗卫星数量少了一些。今天就面临了很大的问题，比如大城市的定位，像上海或者曼哈顿，这种高楼林立的大城市被称为城市森林，摩天大楼就跟一棵棵大树一样。你在华尔街也好，你在上海一些高楼大厦里边也好，仰天一看，基本上周围都被大楼挡住了，在这种城市森林状态之下，GPS 的使用受到很大影响。同一个时间能找到 3 颗以上卫星，有些时候不大容易，影响定位的效能。

伽利略系统做了补充，其卫星在 30 颗以上，所以伽利略系统宣称在城市森林地带，保证能够找到 3 颗以上的卫星。美国的 GPS 二代，是 30 多颗卫星，总体星数可能比伽利略还要多。一是解决城市森林问题，另外提高定位的精确度。

从这些方面来看，美国 GPS 二代和欧洲伽利略系统，技术都是很先进的。相比之下，俄罗斯的格洛纳斯系统可能差一些，发射的卫星少一些，定位精度和定位便捷性也差一些，这与俄罗斯的国家力量有关。对俄罗斯来说，可能还不是技术问题，主要是资金问题，受这方面限制大一些。

我们的北斗导航技术是不错的，可以说比俄罗斯格洛纳斯系统技术含量要高，但是并不高于伽利略系统和GPS二代，我们还是达不到它们的水平。但是我们能够做到的一点是，拥有自己的技术，这非常关键。哪怕别人的技术含量再高，你在应用的时候，它给你开放的空间很小，给你开放使用的权限很小，对你来说也是没有用的。所以我们说，技术含量是一方面，自己所掌握的技术可能是更重要的方面。

3. 北斗系统比航天飞机更重要

欧洲大部分国家是美国的传统盟友，而且是北约成员国，欧洲投入大量的资源开发伽利略系统，因为它们是受过一些教训的，而且比较多。

比如说1999年科索沃战争期间，欧洲人就发现虽然同是北约，欧洲的飞机无法挂载美国精确制导武器。美国发展走得很靠前，欧洲发展哪怕同是北约成员国，也稍微落后一些，美国大量的精确制导武器实际上是由GPS引导的。这个系统欧洲也用，但美国只给欧洲商业应用，GPS系统开发的商业应用精确度最高是10米，就是地面上10米的一个物体在它的商业图片上可能是一点，这个清晰度对于商业还可以，但是应用于军事，就很一般了。美国人用的绝对不是10米，美国人用的GPS系统，尤其是美国军用和美国安全使用的，精确度都是在1米左右，甚至是1米以下，0.8米、0.6米、0.5米，它的GPS二代还可以达到0.3米、0.2米。而对欧洲的这些北约盟友，它给10米的精确度。所以欧洲人觉得不能受制于美国，要搞自己的系统。像现在欧洲开发的伽利略系统，它公开出售的商业定位系统，精确度是1米，精确度比GPS给欧洲的提高了十倍。

建立全球卫星导航定位系统难度表现在多个方面。它不光是技术问题，发卫星很多国家都能发，以色列能发，日本也能发。现在问题是同步轨道空间基本分布完毕，轨道分配现在是一个很大问题。

还有整个定位系统不是单颗卫星。GPS系统是24颗卫星，现在都觉得落后，要升级发到30颗卫星以上，伽利略系统也是30颗卫星以上，俄罗斯格洛纳斯系统卫星数量比较少，在20颗左右。我们的北斗二号最起码也要有十几颗卫星，将来数量还要增加。这样一个庞大的系统，卫星之间的准确位置，它在空中的分布要使同一个地方同一个时间，尽量能找到3颗以上的卫星，这种分布、这种定位，都远远超出本身发射卫星或者卫星进入轨道的技术。

另外还有通信频率的问题，定位卫星所使用的频率范围，由国际电联分配，这和卫星技术本身没有太大关系。而且最好的频率已经被美国和俄罗斯占领了。我们现在只有次优的频率。这个次优频率不抓紧都不行，不抓紧的话，次优频率要被伽利略系统占掉了。伽利略系统向国际电联申请的频率范围，有一个频段和北斗二号重叠，那么国际仲裁是什么？谁优先发射谁使用。

所以北斗系统要加紧发射，不然这个频段就废掉了。将来重新申请，设备上的发射频率标定点、晶体都要更换，非常麻烦。及早发射北斗二号系统，让北斗二号系统尽早投入使用，我个人认为比载人航天飞机都要重要，比嫦娥登月还要重要。因为关系到一个国家的整体战略，关系到国家安全、国家经济的发展。

中国和欧洲的航天部门官员，就导航卫星的发射频率重叠问题谈判时，有美国媒体说，中国在实质性参与欧洲伽利略卫星导航系统受挫情况下，大力发展国产北斗卫星导航系统，并将拥有伽利略系统原定使用的发射频率，这将使伽利略计划受到沉重打击。在全球卫星导航系统建设这件事情上，中国和欧洲确实是从一开始的合作，逐步走向了竞争。

我们曾经有一段时间对伽利略系统寄予非常大的希望。因为伽利略商业系统，它能够达到1米精确度。2003年、2004年我们给伽利略系统注入2亿欧元。当时欧盟包括伽利略系统也非常顺畅地接受了中国的投资，也给我们做出许诺，在伽利略系统开发使用过程中，一些数据包括最后开发出来的数据，都是能够提供给我们使用的。但是，随着中国国力急剧增长，欧盟一些国家意向发生了改变，它们想方设法把中国从伽利略系统决策权、核心圈、核心使用中挤出去，让我们只能享用伽利略边缘性技术，核心东西不给我们。

当然这从间接上推动了北斗二号系统。实际上北斗二号系统早已列入发展规划了，但是与伽利略系统合作受挫，尤其是欧洲方面改变态度，把我们从核心圈往外排挤，这让我们开发北斗二号系统获得全新强劲的动力。

当然，这对我们也是非常大的提醒。我们应该举一反三地看，现在中国成为一个大国，我们还是安理会常任理事国，经济总量是世界第三，国际影响越来越大，在这种情况下我们让外部给予技术支撑，这都是很难的。中欧关系很不错，中欧贸易额非常大，但是在涉及国家安全核心部位，这个核心数据没有人会给你。别说欧洲伽利略不给、美国 GPS 不给，就是俄罗斯格洛纳斯系统，它可以给商业数据，但是定位精确度比较高的，可以用于军事用途的数据绝对不会给你。这给我们一个启示，就是一个国家真正要强大起来，自主创新能力一定要强。

4. 空天飞机对国际安全的巨大威胁

2010 年，美国研发出一种新的飞行器 X–37B，它能穿梭于大气层、外层空间之间，而且能够在没有地面明确引导的情况之下，在美国本土着陆。而一般的像卫星回收，只有在大海上飞落；像航天飞机，需要地面非常精确的引导，才能从外层空间返回来。

以前我们把航天飞机翻译成太空梭，穿梭的一样。实际上航天飞机你说它是太空梭，还不太确切，因为它离开地面的种种引导和安排，进入大气层的角度等，它还是不行。而 X–37B 有一个很明显的特点就是，自主能力非常强，它是现在唯一一款能称为空天飞机的飞机。它在大气层内时，就以空气为动力，到了大气层外，就以喷力为动力，所以它能够在大气层的内外之间来回往返，这个是世界上第一例。所以就像美国人讲的那样，空天飞机首飞成功，这是一个新概念。

人类自从飞行开始，所有的飞行都是以空气为动力的，现在进入的是外层空间，外层空间是没有空气的，那它的动力，一个是靠惯性，另外就是靠喷力，靠自身带的火箭推进器。X−37B 已经成功地完成了航天飞行器和航空飞行器的结合，在大气层的内外来回穿行，这个从科学技术上来说毫无疑问是一种突破。

X−37B 究竟在太空中执行哪些任务，属于美军的最高机密。有人分析，X−37B 能够摧毁敌对国家的卫星，成为“卫星杀手”。但是在现阶段，还看不出来它具备这个功能。因为 X−37B 进入的基本上还是地球轨道以内的空间，它不可能飞得太远，但是卫星距地面比较近的有 600 公里的、800 公里的、1000 公里的、1200 公里的，距离地球远的能达到 10000 多公里。X−37B 在外层空间不可能有这么大的能量，在距离地面各个不同层次的空间都具有摧毁卫星的能力。要把它称为卫星杀手，X−37B 在相当一段时间还达不到这样的能力，它现在正往一个什么方向趋近呢？就是要预定地摧毁一个轨道里面的卫星。美国如果把 X−37B 打造成一个预设在外层空间的武器平台，就将成为太空军事化的一件利器，应当引起各国的高度警惕。

当然它的胃口可能还不仅仅是卫星的问题，比如说它上面同样能搭载武器。以前的战略武器，像弹道导弹由火箭助推进入外层空间之后，它是一次性的，哪怕是实现了多弹头分导的技术，也是几级火箭依次燃烧，完成了使命之后，由各个弹头奔赴所要攻击的地点，整个火箭就消失了。

X−37B 有可能携带多个弹头，而且它可以是往返的。就像一枚能够在外层空间穿行、不断运载各种各样战略武器的，并在空中完成发射的一个能够多次使用的弹道导弹，它有可能朝这个方向发展。它不像弹道导弹那样，发射一次本身就毁掉了，它能够多次重复使用。

而且，它具有更加灵活的方式。现在各国的反导系统都非常关注对方弹道导弹的升空阶段，在升空阶段摧毁对方的弹道导弹，这是代价最低的。因为升空的阶段导弹飞行速度比较慢，最容易被摧毁，而且摧毁以后弹头落在你本国，会对你本国造成非常大的威胁，这是非常便宜的打击目标。那么这个前提是什么呢？所有的战略武器，如果要攻击对方都必须得从地面发射，一发射，这个意图就暴露无遗了。

那么 X−37B 这样的飞机，假如它宣称自己有科研任务，起飞了，上面其实可能带着很多弹头，你都不知道。它可以在空中长时间地巡航——未来它在空中可能待的时间还要长。待那么长的时间，它可以把战略武器全放在上面，然后根据轨道，到了某个国家的上空，发射就简单多了，别人要是防御它也困难得多了。

在这种情况之下，你对对方实施战略攻击，突然性就变得非常大了。而且我们一般的反弹道导弹武器要防备它就非常困难了。因为它在空中还能不断地变轨，不断地调整。

它就相当于空中一个巨大的武器平台，而且这个平台不是预置在地面上的。如果预置在地面，要在地面发射，才能升空，在发射的过程中，甚至在导弹起竖的过程中，就会被对方严密地监视了。现在它搭载大量的武器，它就在空中预置，就在空中值班，它上面全是弹头，那这个问题就很不好办了，确实对国际安全造成了很大的威胁。

当然美国离做到这一步还有相当的一段距离，所以美国把口封得很严。其实美国可能已经在进行试验了，比如说在空中能够准确地完成对一个国家的精确定位，对打击目标的这种数据预装到飞机上，然后在飞机上对这个国家的打击目标做一个清晰的目标判定，为未来搭载武器、完成攻击做好充分准备。

这些试验就算现在还没有进行，下一步美国也要进行。我们对 X–37B 不能掉以轻心，这可能是太空军事化的一个利器，而且是要引发国际军备竞赛的一个非常不好的趋向。

杂篇

澳大利亚武装力量有限，但频频对外用兵。

越南大力购买装备，沦为技术转让国附庸。

以世界警察自居的美国不愿意参加国际维和行动，愿意单独行动。

能源战实际上是引发人类冲突的一个重要根源，这个问题可能变得越来越剧烈。

全球网络战能力最强的是美国，但是呼唤狼来了的声音最大的也是美国，说遭到网络攻击最多的也是美国。

1. 不甘寂寞的澳大利亚

西方政客的心理

澳大利亚国防白皮书的全称叫《在亚洲太平洋世纪中保卫澳大利亚：2030年的军力》，这样一份东西出来以后，把所谓中国威胁、中国崛起视为亚洲重大威胁。这一点普遍让中国人感到非常吃惊，不管是领导层、学界，还是普通民众，对澳大利亚突然的转向感到困惑不解，不明白它为什么这么做。

我觉得如果从长远看，我们不应该感到如此吃惊。

我们从历史来看，澳大利亚没有侵略史，国家领土很大，但人口很少，武装力量很有限，常备军也就五六万人，没有对外侵略的力量。别人侵略它也很困难。澳大利亚在大洋洲，四面是大洋不和任何国家接壤，有这种天然的屏障，澳大利亚的国家安全，实际上远远不像它的国防白皮书所说的那么危险。澳大利亚长期没有战争、长期没有所谓的外敌入侵，大多数国家都要面临被入侵的问题，而它没有。

澳大利亚虽然武装力量人数少，但是对外用兵可以说频频，像是当年英国在南非与布尔人的战争，澳大利亚毫不犹豫地派军队参与。当时，澳大利亚作为英联邦的成员，站在英军一边，打击布尔人；“二战”，它参与并站在盟国这边；“二战”以后，海湾战争、伊拉克战争、阿富汗战争都参与了。

伊拉克战争的参与程度和阿富汗战争的参与程度都是很深的。尤其是伊拉克战争，虽然军力规模小，常备军总共只有五六万人，但是派去伊拉克的军队人数，除了美军、英军之外，就是它最多了。

包括它对东帝汶、印度尼西亚事务的干预，我们可以看出来，澳大利亚虽然没有外敌入侵的危险，国内没有爆发大规模的战争，武装力量人数也不多，但是它参与海外军事行动的热情还是很高的。

它的这种传统——我们可以叫传统，帮助英国打布尔战争，帮助美国打伊拉克战争、阿富汗战争，可以看出澳大利亚在西方世界里这种傍大款的心理还是很强的。

傍住一个主要的国家，成为这个国家的主要伙伴、卖力的伙伴，历史上它就是这样。

澳大利亚国防白皮书的出炉，实际上带有很大传统战略思维的特点。当然，我们不能说这份国防白皮书主要是针对中国，它里边讲到主要担心的问题，是美国在亚太势力的消退。

白皮书说一批新兴国家的崛起，举了中国的例子、俄罗斯的例子、印度的例子。这些大国的崛起，要改变亚太地区的平衡，力量对比要改变，所以澳大利亚感到担心。

从这里来看，我们很难说是单独针对中国，它是针对亚太地区，主要核心是它认为美国力量在亚太地区逐步采取收缩的态势，就觉得造成澳大利亚安全突然恶化。

这就是典型的傍大款心理。美国强大、美国在亚太驻军，澳大利亚才觉得安全，美国如果驻军减少了，影响力下降了，亚太地区新兴力量崛起，澳大利亚就觉得不安全。我觉得这种心理还是非常典型的西方殖民心理。

这种心理还是很强的。澳大利亚把自己的安全完全放在美国强势地位、优势地位之上，美国优势地位稍有动摇，就觉得自己的安全要出现问题；美国优势地位消失，就觉得自己要迎接捉摸不定的未来，那么这一点，是非常狭隘的冷战思维。

这种典型的冷战思维由别人来反映，我们可能不会感到太吃惊，比如说由陆克文的前任霍华德反映，大家不会感到吃惊，由陆克文反映所谓澳大利亚传统战略思维的担忧，我们确实感到非常吃惊。

澳大利亚反华的情绪，霍华德政府就有过，陆克文政府现在也有这样的现象，是所谓两头下注。

一方面从它所谓中国崛起，从中国高速发展中，尽量获得好处，包括中国与澳大利亚的贸易，占到澳大利亚对外贸易的一半以上。霍华德讲过，陆克文也不遗余力地讲这个问题，就是澳大利亚的经济繁荣、增长，甚至澳元的稳定，主要依赖与中国的贸易。与中国的经济交往，是支撑澳大利亚经济关键性的支柱，也是支持澳元稳定的关键性支柱。尤其是在全世界深陷金融危机的情况之下，澳大利亚与中国的经济交往，对支撑澳大利亚经济繁荣变得更加重要了。

那么这是他一头下注，就是必须搞好与中国的关系。陆克文曾经在大陆学过中文，而且他曾经又是澳大利亚驻华使馆的官员，能操一口熟练的普通话，所以他上台以后大家觉得能给澳中关系带来很大改变，使澳大利亚从中国高速发展中，尽量获得最大的利益。这是澳大利亚执政当局，不管哪个党派，首先要考虑的。你不管再怎么鼓噪冷战这种论调，关键是老百姓还要吃饭、国家经济要发展、政党要稳定。要稳住政权、要获得大多数选票、获得人民支持，你必须得改善生活、提高经济发展速度，这个考虑它还是很明确的。

但是，它还有另外一种考虑：一方面从中国获得最大的利益；另一方面还要迎合国内的、西方的、亚洲一些地区的中国威胁论的论调，这也是获取选票的一个办法。

因为中国经济高速发展，一方面大家从中国的发展中获得很大的利益，另一方面澳大利亚也好，西方社会也好，对中国高速发展又有所担心。他们担心什么？

说担心中国对世界形成多大的威胁，我觉得连讲这些话的人也未必相信。他们担心中国、印度、巴西这些力量的崛起，改变白人对世界的统治，改变一种长期的西方中心论。

世界的中心原来在欧洲，后来在美国，不管世界中心是在欧洲还是在美国，都是以基督教文明为核心、以白种人为核心的这样一种文明的驾驭。当然我们不能说，要产生一种文明的冲突，但是我觉得这些东西在西方是根深蒂固的。

克林顿推行的文明冲突，为什么在西方有这么大的市场？我们在东方起劲地批判文明冲突，我们说文明该融合、文明该借鉴、文明不应该冲突。我们看西方炒文明冲突炒得非常热，克林顿在西方有非常高的地位，就是作为一个预言未来的预言家。他在西方之所以有这么高的地位，实际上跟近期国际经济关系、国际政治关系的发展，一大批新兴国家的崛起，对世界原有的版图改变有关。

过去世界的发展中心在欧洲、在美国，现在很明显世界发展的中心在向亚太地区转移。那么在这种转移过程中，这种失落感是非常强的。从大的国际背景和大的国际文化背景来看，它们对中国发展所谓忧心忡忡，绝不仅仅来自担心中国能够形成多大威胁，它们关键是担心西方优势的丧失，一种新的发展模式、一种新的发展理念和新的发展代表国家、代表人物的出现对它们的冲击。

所以在这种情况下，表面对华非常友好的陆克文，能操一口熟练的普通话的陆克文，也有这样的心理。

在陆克文手中推出这样的报告，对中国人是一个非常大的提醒。

从东方心理来看，从中国人心理来看，我们非常重感情，我们经常讲美国有中国人民的老朋友、日本有中国人民的老朋友、澳大利亚有中国人民的老朋友，历史上对中国做过好事的人，中国人念念不忘。但是从西方世界来看，他们不这样认为。

他们从来不认为中国有他们的老朋友。他们只有赤裸裸的国家利益，有利益了，我们好，利益相背了，那我们可能要发生冲突。这点我们还需要逐步适应，适应一个国家以自己利益为中心，来推动它的政策演变和发展。

陆克文就非常典型。

陆克文一方面了解中国，普通话讲得非常好，实际上非常有利于中澳发展关系。另一方面他在国内又遭到很多指责，别人说他的政策倾华，向中国投降、说他向中国提供太多的好处，甚至说他有强烈的中国背景，是中国在澳大利亚的代理人。

在这种情况下，他为了巩固他的政权、为了获得选票还要竞选连任，他也不得不做出一些表示。与中国划清界限，甚至采取一些比他的前任还要过分的对中国的言论评价，这回国防白皮书就是典型。

当然说仅仅从策略层面考虑，陆克文采取这个动作，我觉得还是不够的，实际上陆克文作为澳大利亚总理，他还有他的战略考虑。他的战略考虑，确实对中国迅速发展感到担心。

在这点里边，我们也可以看出来，我们对国外领导人物，要抱一种警惕，不要以为他能够讲几句流利的中文，他就对华如何如何友好，如果这样认为的话，那就把问题看得太简单了。他毕竟还要站在澳大利亚所谓国家立场上，维护澳大利亚的利益。与中国交往，符合澳大利亚的国家利益，他肯定交往；如果某个阶段敲打中国或者指责中国符合澳大利亚的利益，他肯定要敲打、肯定要指责。

G20 会议开完之后，在接受英国 BBC 采访的时候，陆克文感到非常不舒服，就是因为他和中国大使坐得太近了，要求换一个座位，不要和中国大使坐在一起。从这些现象里，我们看出来当今国际政治的复杂和领导人复杂的心理，我们不要认为他会讲几句中国话就会对中国友好，这个问题我们还是要有清晰认识的。

在这个问题上，希望我们有了清晰认识之后，我们也能够尽量不让这些人两头占便宜：既要占中国发展的好处，还要不断说中国崛起对你的安全形成多大影响，按中国话讲就是两头便宜都要占。这些东西其实是我们应该加以注意的。

对这些表现、这些行动，我们应该以非常清晰、非常冷静的态度看待它，不要感到奇怪。他从他的国家利益出发，他要这样。

其实我们应该告诉他，就是这些论调、这些方略，最终要影响澳大利亚本身的利益。如果澳大利亚与中国交恶的话，如果你以戒备的防范的心理，对澳大利亚本身利益是不利的。

这些政治人物，在中国访问的时候，讲很多很多对中国友好的话，回澳大利亚的时候讲很多很多指责诬蔑中国的话。我们应该让这些惯常运用两面讨好手段、在中国获取最大的利益、在国内获取最大利益的政客有所收敛。要不然的话，对他的国家也不好，对我们也不好。

澳大利亚的亚太政策

这份国防白皮书提出了澳大利亚在防御计划上，要进行根本性改变，明确宣布亚太地区以美国为主导的战略格局可能将要结束，中国这样的新兴大国崛起，将导致越来越多区域紧张局势，以及造成澳大利亚安全形势突然恶化。

澳大利亚实际上做过多次预测，这个预测最根本的就是冷战思维在澳大利亚根深蒂固。它的预测与世界的发展、与亚太地区的发展是相悖的。

当然你可以罗列出一些典型的事例、个别的事件，包括越南采购俄罗斯潜艇的问题，包括它们指责中国海军规模扩大的问题，包括澳大利亚国防白皮书所制定的澳大利亚潜艇将提升一倍，将购买新式作战飞机、舰艇等这些问题。

从这些里边，反映出澳大利亚与其说对自己安全的担忧，不如说对自己地位的担忧。它过去靠着美国做了不少事情，提升了澳大利亚的地位。那么在今天，澳大利亚下一步怎么办，现在看来是一个问题。

澳大利亚好像不太准备像它原来宣称的一样，与亚太各个国家结成紧密体。它并不认为本身就是亚太的一部分，而是西方的一部分。这份白皮书，实际上向世人宣告，澳大利亚所表现出的与亚太地区各个国家经济发展相对利用，带有隐含对立的情绪。

对亚太地区各个国家的发展，不管是中国、印度，还是印度尼西亚、马来西亚，澳大利亚好像都忧心忡忡。

澳大利亚虽然国家力量不是很大，但是始终想扮演一个亚太地区宪兵的角色。我觉得这种心理必须收敛，亚太地区不承认澳大利亚能够扮演宪兵的角色。

尤其让人感到可笑的是，霍华德执政时期，当时台海形势紧张，连美国的航母都感到不方便在这种时候穿过台湾海峡，澳大利亚竟然派军舰穿越了台湾海峡。你这是在对谁示威？你这种示威能起多大作用？

我觉得澳大利亚长期国内安定、安全，没有任何外敌入侵，有些时候它扮演一个力量的排头兵、宪兵，甚至打手的角色，就是太积极了。这对澳大利亚其实是没有好处的。

后来陆克文上台，把急于扮演宪兵角色的策略做了很大修整，比如日本牵头要和印度、澳大利亚搞亚太地区民主同盟，带有围堵中国的性质，陆克文政府非常明确宣布，澳大利亚对民主同盟不感兴趣。这个就是非常好的姿态。

在亚洲地区，你要维持和平发展不太容易，但是掀起一场新的冷战很容易。

搞民主同盟，以这种政治体制来划分不同国家群体，就是典型的冷战思维，就是对国家社会制度运行不加以容忍，要求搞这种所谓民主的样板，实际上会挑起一种新的以意识形态、以社会制度为核心的国家之间的对立。陆克文在这个问题上，还是很清晰的，他宣布不参加日本这个行动。

从这些我们可以看澳大利亚政策的矛盾性。

当然，我们不能仅凭一份国防白皮书，就认为澳大利亚整个政策都向右转。这份国防白皮书，实际上澳大利亚带有一种很大的试探意味、一种表态的意味——试探亚洲各国的反应，向美国表态。

实际上，澳大利亚最终的亚太政策还没有成形。

“中国威胁论”

在澳大利亚的国防白皮书渲染中国威胁后，美国最高的军事官员、参联会主席迈克尔·马伦又公开表示，中国加强海军和空军军力，在很大程度上是针对美国。于是国际上渲染中国军事威胁的言论不断出现。

我觉得，现在要再搞一轮新的中国威胁论大合唱，非常难。

以前大合唱的领唱者就是美国，现在美国三心二意决心不定，迈克尔·马伦虽然这样讲了，但是拉夫黑德又是另外一番言论。拉夫黑德就是美国海军作战部长，按照美军系统，他的军衔是美国海军中最高的，相当于一个国家的海军司令。拉夫黑德在参加中国海军建军60周年庆典上，在记者招待会上，他表示完全同意、完全理解，中国在发展过程中，随着国力增强建立一支强大的海军。他说这是一个大国的选择、一个大国的必然。

美国当局认为，中国发展一支与中国国力增长相适应的武装力量，这是合法的、合情合理的。问题是什么呢？问题是他所谓的透明度。事实上，这个是最难不透明的。一个国家战略以谁为假想敌，以谁为主要对手，想瞒也瞒不住。

比如美国对中国的围堵，按美国的透明度来说，它说了我不以中国为假想敌，但它把海洋敌情侦察——像无瑕号事件，都抵近中国沿海周边来侦察了；还有美国对台售武的问题，这都是口是心非的，这难道就是美式透明度吗？

包括美国在欧洲部署导弹，说是针对伊朗的，但俄罗斯看得非常清楚，全世界都看得非常清楚，连欧洲都看得非常清楚，就是防范俄罗斯的。

今天要建立一个反华大合唱阵营，已经没有这样的可能性了，只有个别的声音可以鼓噪起来。

今天全世界的主题是和平与发展，中国对世界和平与发展做出了贡献，是全世界有目共睹的。美国对全世界军事所做出的贡献，所提供的先河，全世界也是有目共睹的。不管是精确打击、新军事革命、在太空部署武器，还是网络作战、信息作战，哪一轮军事发展热潮不是美国人挑的头？都是它挑的头，它还觉得别人是威胁。

而中国挑头的是什么事呢？是世界和平发展，促进世界经济增长。所以从这方面来看，你可以让中国威胁论的腔调遍布全世界的报刊，但是中国经济增长对世界的贡献，这在全世界都是不言自明的。

美澳军事同盟

2010 年 11 月，美国和澳大利亚举行了“2+2”防长外长会议，强化军事同盟关系。这次会议是美国“重返亚洲”的一个重要行动，被外界普遍解读为“是为了抗衡中国的崛起”。

美澳的这种军事合作关系，甚至是军事同盟关系，实际上从“二战”以后持续了很长时间。在美国进行的历次战争中，澳大利亚都非常好地配合了。当然我们说非常好地配合了，这是个文绉绉的话，用一句比较通俗的话说，它在美国所进行的历次战争中，都充当了马前卒的角色。比如朝鲜战争、越南战争、伊拉克战争。

奥尔布赖特有一个非常典型的讲法，在世界上，美国的外交政策、军事政策核心就两点，第一是 Leadership——领导，第二是 Partnership——盟友，这是所谓美国领导世界的方式。

意思就是，第一，我一定要居于领导地位；第二，我一定要有伙伴，打架我不一定先上，小伙伴们可以先上。可以说，澳大利亚是美国最铁的伙伴之一。

就像我们所讲的，在美国进行的历次战争中，澳大利亚都充当了马前卒的角色，几乎一场都没有落下。那么现在美澳的军事合作、军事同盟，一点都不新鲜，因为澳大利亚以前要比这亲密得多，要卖劲得多。

冷战结束以后，澳大利亚态度变了一些，不想那么卖劲儿了，因为从历次的军事行动中，澳大利亚的损失都比较大，好处并不多。所以在冷战结束之后，两极世界消失，世界只剩下美国的一极世界了，澳大利亚曾经有一段时间——相信澳大利亚今天的政治家和军队也有人，想走一条澳大利亚自己的道路，不再捆绑在美国的战车上了。

冷战结束之后，虽然澳大利亚曾经有一个自我寻找、自我定位的过程，想搞一套独立的东西，但实际上它主要还是跟随美国，它的防务政策跟随性非常强。

当然它也独立地做了些事情。它的武装力量人数并不多，全部的武装力量也就五六万人，但它插手的意识非常强。比如说插手东帝汶的问题。还有世纪之交台海形势紧张的时候，澳大利亚竟然派遣军舰穿过台湾海峡，向我们示威，这是非常可笑的行动。这个行动美国人都不方便做，澳大利亚却做了。

当然可能它觉得是替美国人做的。所以说从这方面看，澳大利亚今天和美国进行合作，我们一点都不觉得意外。

有一段时间它收敛了，企图重新寻找自己的出路，今天看来并没有找到，还是决定继续跟着美国干下去。当然，它今后可能还始终要面临着重新选择，绑上美国的战车要挣脱，挣脱了要绑上，这样一个反复的过程，肯定要继续地循环下去。

澳大利亚是美国的传统盟国，上世纪曾经和美国一起参加过五次大的战争，本世纪还参与了伊拉克战争和阿富汗战争。今天，中国已经成为澳大利亚最大的贸易伙伴国，中国占澳大利亚出口额的近四分之一。在这种情况下，澳大利亚是否还会甘心成为美国遏制包围中国的马前卒？这个是需要我们反思的问题。

相当一段时间，我们总认为某某国跟我们的贸易量达到如何的地步了，两国的国家利益重大相关了，两国的政治关系、军事关系就必然要如何了。实际上我们屡屡被现实打击。

澳大利亚最大的出口国是中国，持续支持澳大利亚从金融危机中走出来的是中国，如果没有中国大量对澳大利亚进行贸易，尤其是铁黄沙的贸易，澳大利亚的经济会雪上加霜。因为美国的金融危机对澳大利亚影响非常大，打击非常大。

但是我们可以看到，这是国际政治非常怪异的地方。不要以为所有的政治关系、军事关系都是由经济利益决定的。澳大利亚的经济形势受美国金融危机的冲击最大、影响最大，澳大利亚走出金融危机完成经济恢复，国民经济恢复增长，从中国获益最大，但是这绝不妨碍澳大利亚要和美国穿一条裤子，要绑在一起。

这是值得我们注意、警惕的一个问题。

中国和美国的贸易量将近 4000 亿美元了，仅次于我们与欧盟的贸易量。但欧盟是多国加起来的，如果就单一主权国家来看，中美的贸易量是第一。这么大的量，那妨碍了美国任何遏制中国的部署了吗？一点都没有妨碍。

这就是国际经济与国际政治、国际军事脱节的一个现象。如果我们仅仅从经济发展来解释我们的安全状态，这里面会存在一些问题，存在一些差异，这需要我们中国人警惕。

2011 年 11 月，澳美宣布了军事合作计划：从 2012 年开始，将有 200 到 250 名美国海军陆战队队员进驻澳大利亚的达尔文，并逐步增加到 2500 人。双方还将扩大军事活动，开展两军联合训练和演习，更多的美军飞机和军舰将使用达尔文的军事基地。

美国看中的基地都是澳大利亚西部和北部地区的要塞，直接面向印度洋和太平洋，与亚洲最为接近。

虽然这些海军陆战队的人员是由冲绳往后撤，撤到澳大利亚的。但不管是部署在冲绳，还是部署在澳大利亚，针对中国的意向是很明显的。

美国把海军陆战队部署在澳大利亚，这里离南海近一些，离东南亚也比较近。当然，美国人这种重返亚太的部署象征性的意义很大、政治意义很大，并不是说有非常大的军事意义。2500 人的调动，就被国际媒体吹成这样子，不说小题大做，也有一点借花献佛的意思。

从澳大利亚来看，它传统上就是美国的所谓全天候的战略盟友，包括出兵朝鲜、越南、阿富汗、伊拉克，凡是美方的要求，澳大利亚几乎是有求必应，而且几乎都是替美国人打先锋。

所以澳大利亚采取这个政策，并不奇怪。当然碍于与中国的经济关系，有点半推半就，找各种各样的理由搪塞。

美国将在澳大利亚长期驻军的消息引发了周边国家的担忧，印尼总统苏西洛向澳大利亚方面提议，邀请中国一起参加澳美军事演练。

苏西洛这个提议是很有意思的，因为印尼跟澳大利亚的关系非常复杂。苏西洛这个提议表明，印尼一方面希望缓和亚太的紧张局势，另一方面也愿意把澳大利亚置于一个比较难堪的境地。

既然澳大利亚反复声明美国在澳大利亚长期驻军不是针对中国的，行，你不是针对中国的，那美澳中三方能不能搞联合军事演习？他这个提议实际上把澳大利亚将得挺难受。虽然澳大利亚随后表示，说搞这样的演习也不是不可以，也在考虑范围之内。当然回答还是很勉强的。

我觉得从澳大利亚与印尼的关系就能看出这种复杂性，东帝汶的独立就是靠着澳大利亚全力的辅助，没有澳大利亚全力支持，东帝汶从印尼脱离出来是难以想象的。所以印尼心中对澳大利亚怀有的警备、警惕、戒惧和内心深处的不满是明显的。

2. 泰国与柬埔寨的边境冲突

泰国与柬埔寨的边境分歧，有非常复杂的历史文化原因，在当初划界的时候，埋下了很大的隐患。因为柏威夏寺这个寺庙在联合国已经申遗了，这个寺庙是归柬埔寨所有的，但周围的领土全是泰国的，这就引发了非常大的问题。这个问题成为泰柬双方冲突的缘由。

我们到泰国访问，没有主动提这个问题，但是泰国军方对这个问题表示了很大的关注。双方讨论这个问题，泰国方面就希望中国方面一定保持公正的立场，不要偏袒任何一方。

我们当时向泰国军方明确表达，对中国来说，柬埔寨是我们的兄弟，泰国也是我们的兄弟，柬泰两国作为中国友好邻邦，我们和柬埔寨，和泰国都有非常好的关系。我们特别不希望，特别不愿意看到，我们周围的两个兄弟打起来。

在这个过程中，中国给柬埔寨方面做了大量的工作，给泰国方面也做了大量的工作。中国要求双方，用和平的方式，用谈判的方式，而不是用武力冲突的方式，用战争的方式解决这个问题。

泰国和柬埔寨方面，这个问题确实很复杂，涉及双方的民族感情。但是从地区来看，泰柬的冲突，千万不要成为其他大国和力量插手的一个由头。那对泰国和柬埔寨双方来说都是不利的。

而且，这个冲突平息了一段，然后又起来了，双方在冲突中都使用了重武器，武器的使用规模在上升，武器的重量在加大。重武器投入使用，对双方来说确实不是一件好事。

中国政府也好，中国军队也好，和泰柬双方都有非常好的关系，在这个过程中，从我们的政府外交到军事外交，都竭尽全力地要求泰柬方面尽快平息冲突，当然我们要在不干涉内政的前提条件下进行。

我们劝阻双方不要发生这样的冲突，不要采取这样的手段解决问题，并不是我们对泰柬双方内政的干涉。而且泰国方面非常明确地讲出来了，希望中国保持公正的立场，不要偏袒任何一方。柬埔寨方面也是这个意思。中国政府，中国军队，毫无疑问能够做到这一点。

但是，泰国和柬埔寨确实需要更加慎重。因为从今天来看，用武力解决这个问题的可能性是非常小的，战争升级会使双方遭到更大损失，解决这个问题是很难的。

最终的出路，必然还是双方坐下来谈。只有这种方式，才最符合泰柬双方的最大利益。

3. 越南那些事

军事技术转让国的附庸

2009 年年底，越南与俄罗斯达成大规模购买潜艇的协议。毫无疑问，越南明显不甘心在东南亚地区现有的角色定位，力图扮演更加重要的角色，达到一个更加重要的地位。

而且越南购买潜艇，对抗性很明显，要在地区扮演更加重要的角色，达到政治、军事的目的，尤其是在南海岛屿争端中。虽然 2002 年签署了《南海各方行为宣言》，各方都许诺不通过武力改变现状。但是越南购买潜艇大力强化自己的海军力量，实际上主要应用范围还是在南海，越南在南海还是有一些考虑的。

这些年来，很多东南亚国家都在加强军队建设，特别是海军建设。一个国家在自己国力基础上增添装备，改善提升自己的军事能力，增强国防能力，这都是主权国家分内的事，别人多加评论，其实在很大程度上不一定合适。

一方面我们讲不干涉内政，这是他国的内政；另一方面如果地区军备竞赛升温，那就产生一个问题，就是国际上所说的安全困境。当一个国家拼命提升自己的军事能力的时候，其他国家就感到威胁，也相应提升自己的军事能力，就形成恶性的军备竞赛，各方不得不把大量的钱投入到装备建设上，进行更新换代。

东南亚各国都没有研发能力，都是通过大量的采购提升自己有限的国防能力，这就形成一个很大的问题。最大的获益者不是地区内任何一个国家，不是越南、菲律宾、马来西亚，最大的获益者是武器出口国，比如美国、俄罗斯。

如果自己国家具有研发能力，自己研发武器系统，那是另一回事。

中国曾经进口一些武器装备，但通过自己研发武器，现在进口数量非常有限，主要是自己研发。通过技术消化、吸收，完成国产装备的不断更新，提升我们的国力。

中国作为一个大国，周边国家包括越南、菲律宾、马来西亚，它们在发展武器装备的时候不由自主地以中国为参照。越南引进的俄罗斯潜艇，虽然嘴上没有说出来，实际上最大的参照是中国海军力量的发展。

当然，中国并不想与周围各国进行军备竞赛。

越南大量购买别国的装备，再加上菲律宾、马来西亚也有这样的倾向，通过购买来提升自己的能力，这只能顶得一时。如果没有自主的研发能力、没有装备的制造能力和形成战斗力人员的培训能力，一切都是他国装备、他国训练、他国的技术标准、他国维护，从长远目标来看，通过大量购买装备，并不能有效提升你在本地区的作用和地位，还容易沦为他国的附庸——接受他国提供的武器系统、培训、零配件，容易成为军事技术转让国的附庸。

这样其实会对国家利益形成很大影响。

金兰湾的筹码

越南总理阮晋勇在2010年东亚峰会闭幕式上宣布，越南计划重新向外国军舰开放金兰湾。金兰湾是越南的天然深水良港，扼守着太平洋的交通要冲，具有很高的战略价值。金兰湾水深湾阔，港内可以停泊包括航空母舰在内的上百艘万吨级大型军舰。

越南计划向外国军舰开放金兰湾，是对秉承多年立场的一种改变。

越共前中央总书记杜梅曾经讲过，金兰湾越南人自己用，绝不租给任何一个大国，而且绝不允许越南成为任何大国角逐的场所。

地区政治在不断演化，所有东西都在变。今天的世界就是在急剧变化的世界，国家政策也在不断地变。包括越南，那么多年秉承不变的东西现在也在变，越南的立场也在不断变化，越南的手法也在不断变化。

越南战争期间，金兰湾曾经是美军重要的军事基地。1979年后，这里成为苏联最大的海外海军基地。苏联解体后，俄罗斯无力负担每年3亿美元的租金，只好于2002年黯然告别金兰湾。然而，重要的战略地位注定让这里不会平静。美国这些年来一直希望进驻这里，俄罗斯也有意要回归金兰湾。

越南允许外国军舰使用金兰湾，这表明越南已经准备利用金兰湾作为本国周旋于大国之间的一张牌。

当然，越南人可以讲，这是他们主权范围内的事，而且只是对不同的国家开放这个港口而已。金兰湾不是固定地出租给某一个国家，但是根据越南国家利益的安排，美国、俄罗斯、印度等国家可以在越南允许的情况下使用金兰湾。

实际上这是越南从国家政治向地区政治迈进的一个信号，越南准备挤到地区政治、大国政治的牌桌上玩几张牌了，要利用各个大国之间的矛盾分歧，或者潜在的冲突。

当然以前越南的领导人反复声明过，越南绝不做人家的马前卒，意思就是绝不让别人打越南牌。但是今天来看，越南人喜欢对中国打打美国牌，对俄罗斯也打打美国牌，然后对美国再打打印度牌，对美国再打打俄罗斯牌，都有这个可能。

大国重新介入金兰湾，将使南海问题的盘面更加复杂。对我们确实带来了一些挑战。但我觉得我们要保持一颗平常心，越南有把它的基地让别人使用的权力，但是我们也希望越南在使用这个权力的时候，注意相关国家的关切。

比如说，当越南把基地让美国军舰使用的时候，不仅是中国，包括俄罗斯、老挝、柬埔寨，都会有反应的。从这点看，是利大还是弊大，这个东西要越南自己权衡。

这点是越南的利益，有近期利益和长期利益，越南的国家领导层包括军队的领导层，怎么权衡它的近期利益和长期利益，这对越南人来说是个问题。

美越联合军演同床异梦

美国和越南2012年在岘港、金兰湾外的军事演习，我想到了这样一个成语，我自认为是很合适的，就是两个人凑在了一个床上，力图做同一个梦，但其实是同床异梦。

越南跟美国从来没有过什么同一梦想，美国跟越南也是这样，没有过同一梦想。

你看美国，越战结束之后，美国拍的那些大片，不断渲染越战给美国带来深痛的创伤，在片子中把越共描写得比魔鬼还可怕。现在美国要和在无数大片中描写的比魔鬼还可怕的越共在一起打交道了，那就是同床异梦。

在越南战争中，美国使用橙色剂、落叶剂，使用大量的化学武器，致使在越南南部产生大量的残疾孩子。你说最讲人权，最讲民主，最讲人道，但三四十年前你在南越大量使用化学武器，使那个地方很多孩子畸形，影响一直延续到今天。

这样两个国家凑在一起做美梦，可能吗？不可能的。完全是同床异梦的两个人，今天为了一个共同的利益凑在一个床上，想力图做同一个梦，它们的同一个梦是什么？怎么样遏制中国。

但这个梦，它也做不成。虽然它俩今天凑在一块了，但凑在一块是很短暂的。这个床不是一个永固的床，倒很像越南吊床，吊在上面晃荡几下子，就会把这个吊网压断。

什么越美军事条约，什么越美军事同盟，随便它们搞，最终它什么也达不成。

当然越南力图通过这一点，达到一种示范效应，一种对中国展示的，所谓美国返回亚太的明显的效应，一种耗散中国注意力的明显的效应。

越南战争中的橙剂事件

在越南战争中，为打击隐蔽在山林深处作战的越南北方部队，美国空军用直升机喷洒了大量的落叶剂。这种落叶剂含有毒气体二噁英，因为储存罐外涂装为橙色而被称为橙剂，其实质就是一种化学武器。

从 1962 年至 1971 年，美军喷洒了大约 8000 万升橙剂，破坏了约 200 万公顷的森林，覆盖了越南南方大约四分之一的地区。这种落叶剂导致几百万越南人受到毒害，15 万婴儿天生残疾。

在越战结束近 40 年后，美国终于开始清理当年的“遗毒”。据报道，美国为这次清理越战的有毒遗产——橙剂项目提供4100万美元的无偿援助。美国这样做明显是为了拉拢越南抗衡中国，但清理橙剂难以清除掉越南人内心的怨恨。

从美国的战术考虑来看，它要拉拢越南以抗衡中国，所以美国想通过清理橙剂向越南示好，让越南跟它更亲近一些。

从战略层面来看，美国今天宣称的国际人权，反对大规模杀伤性武器，它也有必要对自己的行为做出检讨，给国际社会一个交代。

当然，越南今天为了遏制中国、为了对付中国，尽量投入美国的怀抱。我觉得越南跟美国在拥抱的时候，双方抱住对方躯体的时候，都能感觉到刺在扎自己，这个橙剂问题始终就像一根刺扎在那里。

越南战争期间，美国主要是为了阻止北方对南方的支援，在越南包括老挝、柬埔寨的一部分，大量使用了落叶剂，目的是能够把底下的道路看出来，能够清楚地进行轰炸。落叶剂的使用产生了大量的毒害，尤其是对越南南部居民的后代，包括对当地水土的污染，导致大量的畸形儿出现，美国这种行为是发生在上世纪60年代。

越南人也不会轻易忘记美国的化学武器，对越南南方居民包括很多后代的残害，这种残害是持久的，并不是说通过花点美元清理完了就能够善后的，它勾起的是一代人甚至几代人对当年那场战争残酷的记忆。在这种残酷的记忆中，无疑包括了美国为了达成它的利益而不惜任何手段。

这就是今天在世界居于所谓道德制高点的美国，给全世界、给亚洲地区带来的非常好的教训。不管越南和美国的清理项目进行得如何，这都在越南重新揭开一个已经结痂的伤疤，重新揭开来，在美国引发了一段非常不愿意面对的回忆。

越南和美国1995年建交，经济和贸易关系迅速发展，在处理橙剂上的进展却十分缓慢。越南政府表示，橙剂影响300万至400万越南人的健康。美方质疑越方所提橙剂受害者数量，称实际人数低得多。美方认为，二噁英与越南民众健康受损之间没有确切关联，其他环境因素同样可能致病。与此同时，美国政府却向遭受橙剂危害的美国越战老兵提供数以十亿计美元的补偿。

越方不满美方的做法，认为对方奉行双重标准。

美国清理越战遗留橙剂，也揭开自己非常不光彩的历史，这个如今倡导禁止大规模杀伤性武器最起劲的国家，其实核、生化武器通通都用过。

在今天来看，美国和越南在一起清理落叶剂，这给国际社会和东南亚地区国家，上了非常好的一课。

今天美国在全球到处进行人道主义干预，好像它就是站在国际道义的制高点，收拾伊拉克、收拾伊朗，全都是以它们拥有所谓大规模杀伤性武器为理由。人家真有没有还得两说。

比如说打伊拉克，伊拉克就没有。又说伊朗有，伊朗也不承认有。那么美国确实有，而且确实使用了。包括在日本使用的原子弹，在越南使用的化学武器，在朝鲜战争中使用的生物武器、细菌武器、生化武器，这些武器美国都使用了。

今天，在全世界呼吁禁止核生化大规模杀伤性武器最起劲的是美国。我们很多人看到美国的声明，以为美国好像居于一个多么高的道德制高点，美国对全世界的这种要求和规范好像是出于道义的。然而，实际上使用核武器、使用生物武器、使用化学武器的恰恰就是美国。

这对整个东南亚地区、东北亚地区，以至于亚洲地区、全世界都会重新意识到，今天这个倡导销毁大规模杀伤性武器最起劲的国家，原来当年使用这种核生化武器是如此纯熟、如此大量，而且造成了如此大的伤害。

4. 联合国维和行动

中国积极参与国际维和

从1990年4月至2010年1月，中国共派出了1.4万多人次参与24项联合国维和行动，有些人不理解，认为中国是一个发展中国家，我们自身还有很多事情要做，为什么要不远万里，甚至要冒很大的风险参加国际维和行动。

我觉得中国作为联合国安理会常任理事国之一，应该在维和中扮演一定的角色，甚至是主要的角色。这是我们不可推卸的国际义务。我们一贯支持并且积极参与到符合《联合国宪章》的维和行动，这点从来都没有变过。

截至 2008 年年底，我们已经有 8 名维和官兵在执行任务中牺牲。这是我们履行国际义务中的一部分，因为维持和平而牺牲是难以避免的。我们的维和部队去的区域，往往是一些种族斗争、宗教冲突比较剧烈的地区。

我们不仅有军队参与维和，还有警察参与维和。在海地地震中牺牲的 8 名维和人员就是警察。

这是我们在联合国承担的不可推卸的责任与义务。

以前很多民众不太了解，认为中国维和部队既然已经去了，那肯定有作战部队。实际上到 2010 年为止，我们所派出的维和人员还没有作战部队，都是工兵、医疗、救护等，并不包含作战部队。

作战部队一个很大特点，就是持各种各样的武器，包括武装直升机、装甲输送车，甚至部分轻型坦克，在一些冲突比较剧烈的地区，主要执行强制维和任务，甚至使用武力使冲突双方隔离开。

我们没有派出作战部队参与，主要有以下几个原因：

第一，我们参加维和行动的时间并不是很长。

第二，我们维持和平派一些医疗、救护、舟桥人员，大都偏重于后勤保障方面，我们不直接介入当地的冲突。因为当地的冲突成因并不太清楚，我们要尽量考虑什么是正义，什么是非正义的。如果我们直接武力介入的话，那用武力摆平或制止冲突是正义的还是非正义的？这是我们长期不愿意贸然介入的原因。

第三，如果作战部队介入的话，那就涉及更复杂的问题。比如我们和当地政府怎么打交道，和当地人民群众、当地的武装怎么沟通。各级官兵包括语言的掌握都是非常大的问题。如果不掌握当地的语言、风俗习惯，国际标准用语都不能够很熟练掌握的话，可能执行后勤任务还没问题，但是战斗任务随时要使用武器，这将是很大的考验。

实际上，派出执行战斗任务的部队，对一个国家维和能力提出更高层次的要求，维和水平、维和技能和与当地沟通的能力，掌握国际交流语言的能力，提出了比较全面的要求。

国防部2009年做了一个声明，向媒体透露信息，意味着经过二十几年维和经验的积累，包括部队的锻炼、对各大维和地点情况的掌握，我们能够执行一种更高层次的维和任务。

当然我们虽然具有这样的条件，但需要中央的批准这是其一；其二，也不是说得到批准之后，我们就在所有地区都开始执行带有战斗任务的维和。我们还要挑选一些区域：我们对冲突的各个层面掌握比较多，对正义、非正义，我们考虑得非常清楚，情况也掌握比较多，才能够参与这样的维和任务。

美国不愿参加国际维和

以世界警察自居的美国不愿意参加国际维和行动，因为美国参与的军事行动太多了。美国是所有大国中唯一在全球布有军事基地、全球到处插手的国家。

美国愿意单独行动。比如索马里维和，自己行动，一看不行整体撤出来，它不愿意受联合国的约束。

联合国约束，分配任务区，指派司令，维和地区司令有可能是任何国家的，不一定是美国的，丹麦、印度、日本、中国都有可能。美国部队要接受比如欧洲的指挥、非洲的指挥或者亚洲的指挥，它不愿意。

既然不愿意接受联合国任务的约束，不愿意接受他国领导人的指挥，它愿意单独行动。或者希望联合国所有维和力量作为它的附属力量，由它来主导。但是从正常国际秩序来说，联合国应该主导世界所有维和任务，而不是由美国主导。

从这点来看，美国一方面想借用联合国的力量，另一方面如果把美国算作联合国维和的一部分，美国很不愿意。

另外，美国人派维和部队愿意到最大利益相关的关键区域。美国到联合国参加维和，联合国很可能要把美军派到一些它认为利益不太相关的，比如利比里亚、东帝汶这样的区域。它觉得跟它的利益不直接相关，它并不愿意把有限的资源消耗在这样的区域。

所以从这方面看，美国既不愿意接受联合国的领导，也不愿意接受联合国规范的任务区划，当然也不愿意把美国维和变成为联合国总体维和的一部分。

5. 从黑鹰坠落看索马里问题

在 1993 年，克林顿政府主导的美国海军陆战队在索马里执行维和行动失败，我们仍记忆犹新。当时维和行动被西方媒体大肆报道，美国直升机被击落，飞行员尸体在街上被四处拖着走，这个镜头对美国民众刺激非常大。

那一轮维和结束，美国最后很不光彩地撤了出来。

2010 年美国又准备进入索马里，这种方式绝不会像 1993 年在索马里维和失败一样。那次维和，美国带有很大的作秀性质，好像携着 1991 年海湾战争胜利的东风，可以在世界上为所欲为。

当时媒体播放了一组非常具有动作感的镜头，就是陆战队登陆、两栖作战舰船靠上海滩之后放下滑板，然后陆战队士兵乘坐各种两栖工具从海滩上来，还有一段是涉水。其实这完全可以空运的，这么做不过就是为了在全世界展现实力。结果就应了中国一句老话：露多大脸，现多大眼。

美国这次比较谨慎，经过了长期思考。就当时的全球反恐形势，伊拉克一度成为所谓恐怖活动的基地，阿富汗、也门也是，索马里局势正在溃烂，有可能变成恐怖基地。也门和索马里隔着亚丁湾，而亚丁湾又是从红海出海口通过苏伊士运河的必经之路，是世界航运的中心。地缘利益再加上国际形势要求，索马里地位就变得越来越突出了，它的战略价值越来越大。控制索马里局势，它的意义相当重大。

1993 年维和带有国际作秀的性质，向世界展示美国是一个负责任的国家，在地区安全负有这样的责任。那时地缘利益价值并不是很大，但这次不一样了。

亚丁湾护航行动，参与的大国非常多。俄罗斯参与、印度参与、中国参与、欧盟也参与了，在这种情况之下，要主导这个地区的安全局势，美国必须做出一些更加有效的行动，而绝不是单单混在亚丁湾跟大家一起维护航道，那就突出不了。

那么，在陆上解决索马里问题，给索马里的长治久安提供一种出路——美国人做出了这样的选择。

军事介入索马里可以说是一个敏感的话题，因为1993年发生的黑鹰坠落事件，美国绝不会采取上回那个方式了。

跟当地政府结合，能结合多少就结合多少，尽量用当地力量和美国力量结合，而绝不是把当地部族、当地武装力量完全抛开。

美国在索马里行动，是在伊拉克行动和阿富汗行动基础之上进行的，已经进行过两场不成功的演出了。那么在索马里的演出，就和1993年完全不一样了。如何与当地完成协调，不要在当地产生普遍的对抗甚至最后大局糜烂不可收拾，这是美国人在行动中努力要做的。

索马里长期处于无政府状态，国内十分混乱，海盗十分猖獗，军事介入可能会暂时缓解一些。但是从中长期来看，索马里问题牵涉的方方面面非常多。如果仅靠一个外科手术式的军事行动就能把索马里存在的肿瘤或者毒瘤切掉的话，美国人早这么干了。

索马里问题实际上就是一个国家的内战、一个国家的内乱，这种内战、内乱的原因错综复杂，单靠军事力量介入很难摆平。当然，靠大军压服能够收到一时之效，但从长期来看是不行的。

6. 从马岛冲突看能源战

2010年2月，英国政府允许迪塞尔石油公司在马岛附近海域进行石油勘探和开采。阿根廷对此表示强烈反对，派军舰封锁了通往马岛的航道，英国也开始秘密增加马岛的防御力量。月底，迪塞尔石油公司宣布，开始在马岛附近海域钻井。这个南大西洋群岛笼罩在战争的阴云中。

马岛，阿根廷方面称为马尔维纳斯群岛，英国方面称为福克兰群岛，它们的称呼是不一样的。这次马岛争端与1982年完全不一样，1982年那一次主要着意于领土的归属问题，这次主要是石油开采问题。不过，这实际上是连在一起的，因为主权归谁，石油开采权就归谁。

1982年的马岛争端，它的利益层面跟这次是完全不一样的。1982年，阿根廷力图想通过对马岛的收复摆脱国内的危机，所以阿根廷首先采取军事行动占领马岛，宣布马岛归属阿方，由此引发了一场战争。

马岛之战以阿根廷的战败告终，之后争端沉寂了很长时间。

国际法作为一种弱势法律，它承认基础现实：英国人用武力把马岛收回来长期占领，并反复强调，英国对马岛的主权不容置疑。虽然阿根廷方面始终没有放弃马岛主权，实际上它已经沉寂了很长时间。

1998年以后，马岛附近发现比较大的石油储藏，媒体炒作储量较大。但有多大工业开采价值，是需要证实的。因为这要考虑到石油开采的成本问题，深海石油还是浅海石油？石油开采出来，天然气比例是多少，运输成本多大，以及运往什么地方呢？如果运往英国，马岛距离英国1.4万多公里，运输成本相当高，而马岛距离阿根廷600多公里，离得很近。

但毫无疑问，上世纪90年代末马岛附近石油资源的发现，使英国的民众、阿根廷的民众重新挑起一轮新的马岛归属权问题。

这次和上次争端不一样，上次阿根廷军事行动在先，这次是英国派遣大型的石油勘探钻井设备到马岛附近，阿根廷海军宣称要封锁通往马岛的海上通路，并且扣押了向马岛运输石油管道的丹麦货船。在这一轮行动里，在石油开采方面当然是阿根廷方面居于被动，因为马岛实际上是由英国人控制的。阿根廷方面又不甘心让距离600多公里的马岛石油天然气开采权被英国一家独占，石油天然气全部由英国所有，这在阿根廷也是说不通的。

所以说，上次马岛争端主要是政治意义的话，那么这一轮带有很大的经济利益纠葛。

双方虽然剑拔弩张，而且阿根廷方面首先采取了军事行动，派出海军舰艇完全封锁了通往马岛的海上通道。实际上战争的可能性非常小，因为南大西洋海域是非常广大的，阿根廷海军本身力量并不是很强，很难达到完全封锁的地步。但是毫无疑问，阿根廷方面首先采取军事行动。英国方面实际上也不甘示弱，战舰、战机，包括一些步兵战斗连都已经准备完毕，双方摆出一副剑拔弩张的架势。

但是从近期来看，双方实际上都不想打。阿根廷方面有天时、地利、人和的优势，600 多公里的距离，阿根廷的陆上机场、沿海港口都能对马岛作战做出有效支援。但是 1982 年战败的阴影深深笼罩在阿根廷人的心头，阿根廷当时在马岛的部队被迫举起了白旗，政府后来被迫下台。能不能再进行这样的冒险？军队有没有勇气和作战意识？对阿根廷来说是个非常大的疑问。

英国方面问题也很多，主要是后勤的供应，距离英国本土 1.4 万多公里，颇有点鞭长莫及的感觉。虽然双方都在宣称要用武力保证自己达到目的，但是实际上双方不仅没有做好战争的准备，而且也不太愿意真的付诸军事行动。

所以从这个层面来看，双方采取一些军事行动其实是互相恫吓，通过恫吓获取一些更高的筹码，它还不是一种战争行为。

阿根廷具有有利态势，拉美国家毫无疑问都支持它。但是这个支持具有多大分量，很难说。拉美国家对阿根廷的支持更多停留在道义上，不可能提供资金、军事上的帮助，所以支持也是有限的。

英国始终能获得美国的支持。但美国的支持不公开，因为从美国方面来看，不愿意得罪拉美国家，美国长期视拉美国家为自己的后院。美国的暗中支持很明显，而且美国的支持不像拉美国家那样大张旗鼓地发表声明，表示支持阿根廷对马岛主权的诉求。美国的支持是暗中的，但这种暗中的往往是实质的，比如向英国提供阿根廷所有军事部署的情报，对英国来说这是非常重要的。

如果用一句话来概括，引发阿根廷和英国在马岛问题上紧张局势的导火索就是石油。随着现代社会的发展越来越迅速，对石油的渴求越来越强烈，石油被称为工业的“血液”。现代社会的运转，大型的发电机、汽车、飞机、坦克、大炮，不管武装力量还是民间工业系统，它的运行都离不开石油。

随着人类消费程度的不断增加，对石油的渴求越来越大。而石油作为一种不可再生的资源，它的存量是很有限的。在人类把地球上所有石油开掘尽之前，对石油的争夺只会变得越来越剧烈。

曾经有个美国人划定过一个区域，包括了中东、西亚、巴库、里海，还有格鲁吉亚，在这个圈内若发生战争冲突会极其剧烈。中东地区、车臣和格鲁吉亚这种战争都牵扯到里海石油管道通路问题。

对能源的争夺，实际上是引发人类冲突的一个重要根源，迄今为止是，而且将来这个问题可能变得越来越剧烈。

距离英阿马岛战争已经过去 28 年了，现在再回过头来看这场战争，有一个很大的启示意义：阿根廷方面认为土地是它的，但要实现维护国家主权和领土完整的夙愿，就一定要做好各方面的准备。

从 1982 年马岛战争看，阿根廷并没有做好与英国进行一场残酷的、大规模战争的准备，它当时认为英国政府对马岛主权是犹豫的。因为英国工党政府曾经宣称，可以就马岛主权问题跟阿根廷政府谈判，马岛主权不一定归属英国。工党政府有过这个松口，所以给阿根廷政府一种错觉，再加上当时英国国防费用连年削减，阿根廷错误地认为英国已经不准备在南大西洋发动一场大规模军事行动，而且认为英军已经没有这个能力了。阿根廷过低估计敌手，没有做好进行一场中等以上规模局部战争的准备，以为通过军队占领就能够轻松把主权收回来，这是阿根廷一个非常大的教训。

1982 年的马岛战争，对英国来说得力于有一位铁腕首相撒切尔夫人，她也由此被称为“铁娘子”。英国宣称这片土地是它的，那就要有捍卫的决心。最初阿根廷舰队已经出动了，而且马上要登上马尔维纳斯群岛。当时英国国内出现很大问题，国防大臣诺特向撒切尔夫人报告，马岛我们丢了、占不了了。撒切尔夫人站在维护国家主权角度，体现了一种坚强的国家意志。这位女士从来没有当过兵，但当她成为国家领导人的时候，在捍卫大英帝国权利、利益方面，表现出极其坚强的意志，而且这个意志贯彻到军队和作战行动中去了，使英国在维护国家利益方面受益匪浅。

当时撒切尔夫人讲了非常简短的一句话：这个岛是我们的，必须把它拿回来。整个英国的战争机器是根据撒切尔夫人这句话开始运作的。

我们可以想象，英国国防大臣已经认为马岛基本上丢了，而且英国联合参谋长也认为作战意义不是很大，在这种情况下，作为国家领导人撒切尔夫人表现出强悍的国家意志——按照西方政治解读，国家意志在和平时期大量表现为代表国家行使权力的领导者的意志。1982年马岛战争，从英国方面来看，它也能够感觉到主要领导者的意志，在国家军事行动中至关重要。

所以我们对当年撒切尔夫人讲过的一句话仍然记忆犹新，她说："大英帝国的旗帜一定要在福克兰群岛重新升起！"

受到撒切尔的感染，英国国会全票通过议案，出兵马岛。

从这里我们可以看出，一个国家的战略判断、战争意志与决心，对于战争胜负具有重要意义。

7. 论网络战

网络战在很大意义上是美国人炒起来的，因为网络黑客包括木马攻击在民间早就存在，而将它真正变成网络战、最先组建网络司令部的是美国人。

全世界的13台顶级服务器，有11台在美国；

全世界的计算机硬件、软件开发的核心设备都在美国；

微软、英特尔都在美国。

全球网络战能力最强的是美国，但是呼唤狼来了的声音最大的也是美国，说遭到网络攻击最多的也是美国。

美国拥有最好的硬件、软件条件，最有可能给全世界各个国家提供的软件、硬件设备上开后门，将来通过后门攻击这些国家的信息安全体系，给这些国家造成巨大的伤害，结果它今天说别人能够给它造成最大的伤害。

从网络安全上来看，美国的警惕性最高，网络战能力最强，而且最先提上议事日程。

当然我们在讲国际网络化以后，网络安全对任何国家来说都将是非常大的问题，将来一定程度上我们需要达到特定的限制，就像禁止核试验条约一样，我们需要制定这样的协议：禁止在网络上采取毁伤对方体系的行为。

如果说将来能达成这样的协议，必须首先从美国开始。

美国现在拥有全球最强的核武器，但美国绝不做不首先使用声明，只有中国做了这样的声明，其他国家都没有做。

网络战的未来，拥有最强网络战能力的美国能不能首先做出这样的承诺，绝不对别的国家开展网络作战行为？

如果它能做这样的声明，对全世界来说，对平息网络战是一个非常好的开头。

8. 谈军事软实力

软实力这个概念，最早是由美国哈佛大学肯尼迪政府管理学院院长约瑟夫 · 奈提出来的。他形容国家实力有硬实力、软实力之分。

国家硬实力，比如经济实力，各种各样的生产指标、财富指标，再比如说军事实力，拥有武装部队的数量、核弹头的数量，还有军舰、坦克、飞机的数量等，这些东西都属于硬实力。

国家软实力，比如意识形态、思想、文化这些软的东西，带有渗透性的东西，隐藏在硬实力背后的东西。软硬相加，来形容一个国家的整体实力。

当然提到军事软实力，这是一种更新的提法，就是把国家硬实力、软实力之分用到军事领域来描述。提到军队，大家更多还是想到硬实力。军事软实力实际上隐藏在硬实力后面，比如说部队的训练、人掌握武器的技能、人与武器结合的技能和人与人之间配合的技能，这就是很大的软实力。再比如说官兵的信仰，为什么而战？他们的文化背景、他们的素质、他们的忠诚程度。这些东西是很难描述的。

为什么讲软实力，在军事领域软实力是一个比较新的概念，因为它难以评估。但是这个软实力不是说你不提它就不存在，它本身是一种客观存在。

它实际上是对军事能力一种全面的评价。比如说在越南战争期间——朝鲜战争也是这样，但越战更为典型。

美军的高技术武器——精确制导炸弹、电视制导炸弹在越战中后期已经广泛使用了。从硬实力来看，当时不管南方所谓越共也好，北方所谓越南人民军也好，远远不是美军的对手。但越南式人民战争、越南式游击作战的方法，实际上是军事上的软实力。美军在越军所表现出的军事软实力面前，一筹莫展，最后终于输掉了这场战争。

为什么能够形成人民战争？广大人民群众知道这样的作战行动，是为了自己的利益，所以对这个作战行动支持、拥护和参与，这就是非常典型的军事软实力的问题。

任何一个国家的武装力量要发挥能力的时候，必定涉及人的问题，都要关系到人的精神状态、技术技能、战术素养，实际上，军事软实力中最具有决定意义的是人，人与武器的最佳结合才能产生最大的战斗力。

在伊拉克战争中，战前伊拉克曾宣称要进行的巷战、游击战、人民战争并没有出现，说到底伊拉克是非不能，实不能也，为什么这么说呢？我们都知道，直到战争结束，伊拉克的抵抗力量并未被消灭多少，它们本来是有能力组织抵抗的，但后来的实际情况却并非如此。由此我们可以断定，伊拉克之所以败，首先并不是败在硬实力上，战争初期，许多伊军高级将领不战而降，而号称有 50 万精锐之师的伊拉克共和国卫队也人间蒸发，究其根源，是美军重视发展软实力的优势，通过战略、战役、战术各层次的精神心理攻击，致使伊军从上到下丧失抵抗意志，未战先败。

军事软实力实际上是一种硬实力的倍增器，当然这是一方面。

当一个人、一个战斗员经过非常好的训练，有娴熟的战斗技能，有娴熟的和空中配合的能力，包括呼叫空中火力、为空中火力指引目标，完成在现代条件下联合作战的能力，这就是软实力。这不单单是熟练使用手中的武器，同时也能熟练与友邻配合，这种友邻说的是大友邻，包括空中、地面，当然未来有更大的空间，甚至包括与友军以更大的网络发生联系，完成信息的传递、接收、筛选，然后对信息的正确运用，这种联合作战的能力就构成军队软实力非常关键的因素。

有篇杂志登的故事很能说明问题，它主要是讲大人教育孩子的。大人问他的孩子，说这个任务你为什么没有完成？孩子说，我竭尽全力了。他爸爸就问他，那你为什么没有让我来帮你呢？孩子当时愣了一下。孩子的父亲就告诉孩子，取得别人的帮助，也是自己力量的一种展示。

这对我们认识军事软实力，是很有提示的。我们认识软实力，可能容易从单兵与武器的结合这个单一的方面来看，比如说单个飞行员与一架飞机的结合并形成战斗力这个过程中用好它的软实力。今天我们有更大范围的软实力，就是一个军队具有联合作战能力以后，自己不能完成任务的，要尽量取得别人的帮助。

成功取得别人的帮助，完成任务，也是一种力量。这就是为什么我们今天强调三军一体，哪个军种最合适哪个军种上。

美军的编制体制，它的对空联络官已经达到旅团这一级，甚至营这一级。而在真正的战场上，甚至连排的指挥官，都能直接呼叫空中的火力支援。

我们应该在联合作战条件下，审视军队的软实力，就是你善于取得其他军种的协助，取得其他友邻部队的协助，这实际上是你软实力的一种体现。

2008 年九十月份，当时我们国防大学一个团访问美军军校和加拿大军校，在加拿大国防学院，学院院长、副院长介绍加军进行联合作战训练，有些东西还是给我们很多启示的。

对我军来说，联合作战指挥员还是在师团以上，主要还是师以上的。

加拿大国防学院院长讲了一个很有意思的话题，就是加拿大军队长期没有作战行动，那么它就借助阿富汗战争、伊拉克战争参与这方面的行动，尤其在阿富汗战场上，加拿大的武装力量投入一些兵力，从战场上取得了一些实战的经验。

他说现在联合作战是什么呢？联合作战是中尉、上尉这一级的联合，就是连排级的，中尉到上尉这样军衔的军官，必须有能力取得空中火力的支援。他要有这个能力、有这个素质、有这个素养，一看情况不好，呼叫空中火力支援，或者说依托空中力量完成战场转移，这些素质要从基础军官开始。

我们平常讲软实力比较忽略这些。一个人他是一条龙，然后十个人就变成一条虫了，这不行的。一定要一个人是一条龙，十个人就要变成一百条龙，这就是联合的力量。

军事软实力绝不是简单的概念，它是一种对军事能力的全新认识。

当然还有另外一点，单兵素质也非常重要。你不能所有事情都依托别人，你必须建立在自己的力量基点之上，别人呼叫你支援，你也能够有效提供支援，而不是单纯的依赖，这就是我们要讲到的，既强调联合的素质，也强调个体的素质。

我军军队软实力建设的营养来源是很多的，比如我们优秀的古代兵法。西方评价中国是一个军事谋略大国。实际上它就承认了我们是富有软实力的。我们从古代兵法中确实获得了非常丰富的营养。

更加重要的是，中国人民解放军的整个成长经历是从中国的革命战争中成功获得的。比如游击战争的16字诀：敌进我退、敌驻我扰、敌疲我打、敌退我追。这是中国革命战争的创造，以毛泽东同志为首的整整一代无产阶级革命家、无产阶级军事家对中国军事的一种创造。当然也是为世界军事家所叹服的。

基辛格就讲过，毛泽东的16字诀实际上颠覆了古往今来的胜败标准，颠覆了自孙子和克劳塞维茨以来的不管是东方还是西方所制定的胜利与失败的标准。毛泽东所讲的“打得赢就打，打不赢就走”理论，对今天的世界军事影响也是非常深的。

到今天为止，毛泽东军事思想给中国人民解放军所留下的军事思想财富，是我军软实力的一个非常重要的表现。这是远远在装备之外的一种实力。

我们今天来看，有一部分同志提出毛泽东军事思想在今天是不是很管用的问题，是不是我们今天必须按照美国人那样完成现代化建设路子，这是一个非常有意思的现象。就连美国人都认为，中国人民解放军绝不会抛弃一些看家的根本。

比如说2006年美国出的中国虚拟报告。它所分析的中国人民解放军战略战术，开头那一篇就直接引用毛泽东一句话：打得赢就打，打不赢就走。从这个分析就能够看出来，他们是看出点眉目的。这是我们军队非常辉煌的财产。

那么在和平发展的条件之下，怎样完成武装力量的有效运用？在今天来看，非战争军事行动包括面很广，比如抢险救灾、平暴、平息骚乱、维护稳定。从这些层面来看，非战争军事行动是军队力量在和平时期重要的应用。

当1998年发生了洪水、2003年发生了非典，2008年年初的冰雪灾害、3·14藏族骚乱、5·12汶川大地震，这个时候军队作为集中的武装力量，指挥权高度集中，部队的驻地分散在全国各地，行动便捷。这些特点决定了，当任何灾难，不管是自然形态还是社会形态发生的时候，这支力量的行动是最迅速的，它的救援是最有效的。

军队在这样的情况下，再次成为维护人民利益、维护国家利益的先锋队和突击队。这也是对整个军队形象的塑造，对军事软实力的一种展示。

这个软实力解决了一个问题，和平时期到底要军事干什么？

有句话叫“养兵千日，用兵一时”，实际上在和平发展这样一种特征之下，我们今天面临着多种多样的非传统安全威胁，包括恐怖袭击，包括各种各样的分裂行动，包括自然灾难，也包括各种各样的社会动荡。在这种情况之下，军队作为一个有效的救援力量，它所展示的军队软实力、非战争军事行动，实际上是对一支军队在和平时期整个形象的重新塑造，重新让人民群众获得一种认识。

所以说，非战争行动实际上是和平时期展示军队软实力的一个非常重要的方向。

当然，在这样一个时期，军队展示的绝不仅仅是软实力，因为这个时期军队没有硬实力也是不行的。比如说没有机动能力，不管公路机动，还是铁路机动、空中机动，都没有，不能迅速准确到达一线，而且没有大量的后勤装备跟上去，没有大量工程机械上去修路、架桥，把那些倒塌的废墟吊起来，不能把人救出来。因此，没有一定的硬实力也是不行的。

在和平时期，军队通过非战争军事行动，既展示了军队软实力，也展示了硬实力。

我们知道，现代社会离不开大众传播，发挥媒体的作用，来增加公众对军队的关注和认识，塑造军队良好形象，提升我们的军事软实力，是一个很重要的事情。

但在这里，我们首先要承认其中的矛盾性。不管什么样的军事行动都具有一定的保密性，但是在今天信息公开的社会，国务院已经颁布了信息公开法，公开又是改善自己形象、塑造自己形象一个非常重要的条件。

我们说保密，什么都保密，什么都不让别人知道，那么你塑造你的形象就很难。所以在今天来看，军事行动需要保密，必须保密。这点是不能够动摇的。但是我们尽量压缩保密范围，能公开的一定要公开，取得社会的认可，取得社会的支持。

国外一些军队在软实力建设方面已经取得一些经验，比如说它们怎么充分利用媒体，这方面是我们可以借鉴的。新闻发言人制度，那就是我们的借鉴。美军的参联会主席、国防部长、太平洋总部司令、中央总部司令就直接担任新闻发言人，我们还没有达到这样的程度，先是通过国防部建立新闻发言人，下一步可能各军种都建立自己的新闻发言人，这实际上就是我们借鉴外军成功运行的模式，这是很大的进步。

目前中国军队正在大力倡导当代革命军人核心价值观，一个军队的核心价值观，它体现的就是所有军人不管干部还是战士，不管是高级领导者还是普通士兵共同的追求。它实际上是一个军队的内核，没有这个的话你当兵为了什么，你打仗为了什么。所以军队核心价值观的五句话，它总结出来的实际上是浓缩了军队软实力精华，是我们一切行动的本源。

比如说我们军队的光荣传统，就是听党指挥、服务人民、英勇善战。那么这是我们军队行动的本源，我们英勇善战，我们军队的本源是什么呢？我们为什么能做到这一步？就是我们这五句话，就像长江源头一样，是所有行动的精神源头。

有一些海外媒体关注到中国军队对软实力的重视，评论说中国军队从装备到建军思维都已经彻头彻尾摆脱了小米加步枪的时代，称这展现一种新的思维。这点我觉得绝对不能割断。

小米加步枪变成飞机加大炮，它是军队外形的变化、装备的变化。精神内核不但没有变，还要继续加固。不能以为我们从小米加步枪变成飞机加大炮了，就说小米加步枪的精神状态、精神追求已经不需要了。

中国人民解放军核心价值观，是从军队建设以来一脉相承的追求，我们胜利的本源今天没有改变，还在强化。

我们经常讲铁打的营盘流水的兵。那么装备也是这样，装备在不断地更换，人员也在不断地更换，一代代军人、一代代装备，但是军队的核心内核，始终都存在。这是军队软实力很大的继承力。

任何一支卓有成效的军队，比如说俄罗斯军队，再比如说美军，任何一支在历史上取得过相当战绩的军队，它所具有的软实力都是一脉相承的。当然体现在我军上也非常明显。

美军的几个主力师，比如第一骑兵师，今天还叫骑兵师，不过早没有骑兵了。这支部队是南北战争的时候组建的，格兰特指挥第一骑兵师在击败南军中起到关键作用，维护了美国的统一。那么到今天第一骑兵师装备了大量直升机，它也绝不改称直升机师，仍然叫第一骑兵师。

这就是它对传统的一种尊崇，提醒所有人注意，我们是第一骑兵师，我们是一支具有光荣传统的部队。

最现代的美军依然这样。所以说我们今天由小米加步枪过渡到飞机加大炮，那么所谓光荣的来源，在今天也没有发生改变。它的基本素养，就是忠诚于党的素养，就是热爱人民的素养，这些最根本的东西，不会发生改变。

9. 关于战略思维的思索

战略思维事关国家成败

有人说机遇决定成败，有人说实力决定成败，有人说战略决定成败，有人说细节决定成败。大千世界五光十色，人们无不在根据各自的成长经验，阐述各自领悟的道理。

还是应该听听那些真正的胜利者的说法。

1947 年年底总结华东作战情况时，陈毅同志讲过两段话。他说：“我们比战术是比不上人家的，如操场动作、内务管理、战斗动作等。我们愈往下比愈差，但愈往上比则愈强。如旅以上战役组织比人家强，纵队更强，野战司令部又更强，到统帅部的战略指导更不知比它高明多少倍。”

陈毅同志概括出了一个以前我们未曾认识透的道理。解放战争初期的华东战场，面临敌军的压力最为巨大，取得的胜利却又最为重大。为什么能够如此？就是陈毅同志这段话。虽然我们“愈往下比愈差”，但我们“愈往上比则愈强”，这是我们在国内革命战争中取胜的重要缘由。陈毅同志说：“一年来自卫战争的胜利，首先是战略上的胜利。虽然我们打胜仗靠同志们不怕牺牲流血的精神和大炮机枪，但主要是靠统帅部、陕北总部、毛主席的战略指导。”

这就不仅仅是华东野战军了，而是中国共产党及其领导的人民军队之所以能够从小到大、从弱到强、从失败到胜利的一个法宝。当然有主义的正确、作战的勇敢、群众的拥护，仅仅这些还不够，还必须具有“愈往上比则愈强”这一领导层特有的战略思维和战略运筹优势。所以毛泽东在《中国革命战争的战略问题》一文中阐述：“说战略胜利取决于战术胜利的这种意见是错误的，因为这种意见没有看见战争胜败的主要和首先的问题，是对于全局和各阶段的关照得好或关照得不好。如果全局和各阶段的关照有了重要的缺点或错误，那个战争是一定要失败的。”

这就是很多美国人至今也搞不明白的问题：为什么当年在越南战场，每一场具体战斗似乎都没有输，但战役战术胜利堆成的却是战略失败，最后不得不万分狼狈地撤出。正因为搞不明白，所以至今还在不断犯错：伊拉克战场和阿富汗战场就在顽强地向每一个卷入方证明，战术成功远远不等于战略成功。

战略思维尤其是领导层战略思维的重要性，在这里被空前地凸显出来了。若想得胜，就一定要避免对“全局和各阶段的关照有了重要的缺点或错误”。一个人与一个国家一样，要想不犯错很难。重要的是少出错，尤其要避免关键时刻、关键人物的战略思维出错。俄罗斯描写车臣战争的报告文学——《连队消逝在天际》中有这样一段话：“如果指挥员的判断错了，胜利的希望就变得渺茫，这时候只能靠浴血奋战的士兵来力挽狂澜。”这是带血的语言。

指挥员的思维判断出现问题，浴血奋战的士兵也许能力挽狂澜，也许不能。不管能与不能，付出的代价都将极其重大。

第二次世界大战之初，斯大林的战略思维就出现了问题。他以为凭借一纸《苏德互不侵犯条约》，能有 3 到 4 年的时间进行战争准备，未料想一年多时间希特勒就发动了侵略战争。当所有征候已经极其明显，斯大林就是不相信战争迫在眉睫。他不但未做出相应部署，还要求一线部队按兵不动，“不给对方提供挑起战争的口实”，致使战争初期苏军损失极其重大。

战争爆发第 5 天，苏军西方方面军就被德军合围，两个集团军全部、一个集团军共 22 个步兵师加上配属的若干个坦克师和机械化旅共计 30 万部队在明斯克方向陷入绝境。斯大林从德国广播电台中听到这个消息，只来得及派飞机将方面军主要领导接到莫斯科，然后军法审判，除政治委员福明纳赫以外，方面军司令帕夫洛夫大将、参谋长克利莫夫斯基中将等人全部被执行枪决。

但灾难并未就此中止。过了 1 个月——1941 年 8 月，德军完成斯摩棱斯克合围，苏军损失 39 万人。再过 1 个月——1941 年 9 月，德军完成基辅合围，苏军损失 60 余万人。基辅合围被西方史学界称为“世界战争史上最大规模的陆上合围作战”。又过 1 个月——1941 年 10 月，德军再完成维亚兹马合围，苏军损失 50 余万人。

这就是卫国战争之初，因苏军严重损失使苏联面临的严重态势。虽然后面有德军兵临莫斯科城下斯大林依然在红场阅兵表现出的钢铁般意志、有莫斯科保卫战和斯大林格勒保卫战实现的伟大转折、有苏联红军攻克柏林横扫半个欧洲铺开的辉煌胜利，都无法掩盖战前和战争初期，以斯大林为代表的苏联领导层因战略思维出现问题，给国家、民族和军队带来的巨大灾难。

俄罗斯国防部第一副部长安·阿·科科申在其《战略领导论》一书中说：“伟大卫国战争前夕及其初期，国防指挥体系最薄弱环节是最高军事政治核心（最高战略核心）。”

战略思维出现问题，最高战略核心竟然成为国家体系中“最薄弱环节”，其中的教训不可谓不重大。苏联陆军元帅华西列夫斯基在战争结束后说：“在战争的头几个月，斯大林表现出对战略筹划的准备不足。经历一系列严重失败和付出惨重的代价之后，他完成了作为一位战争指挥者的成长过程。”

这就是当我们在概括战略思维的整体性、全面性、穿透性、预见性、深刻性、彻底性、关联性、辩证性等的时候，一定不要忘记战略思维的艰巨性和关键性。因其关键，所以艰巨；因其艰巨，所以关键。

成功与失败，由此发源。

重心、枢纽和关节

战略思维是从宏观总体和长远建设来认识和把握全局的思想方法。宏观、总体、长远、全局，都是它的关键词。那么是不是说，战略思维必须不折不扣地顾及到方方面面，必须眉毛胡子一把抓，必须是十个指头按跳蚤的思维呢？所有事都一人管、所有条子都一人批、所有仓库钥匙都挂在一人身上，这个人就抓住总体和全局了？

意大利经济学家及社会学家帕累托提出了完全不同的看法。这位19世纪末20世纪初的学者并不是研究战略问题的，他从大量的经济统计中发现一组颇有意思的现象：80%的产出，来自20%的投入；80%的存款，来自20%的客户；80%的堵塞，发生在20%的路口；80%的工作，由20%的人员承担；80%的医疗资源，消耗于20%的疾病；80%的销售额，来自20%的顾客……帕累托由此得出结论：80%的结果，归于20%的起因。这一结论被人概括为“重要的少数与不重要的多数定律”，又称为“二八定律”，或干脆简称“帕累托定律”。

该定律的意义，不在于每一组统计的百分比是否都精确到了无懈可击和完美到了天衣无缝，而在于当大多数人一直习惯强调多数的意义、多数的重要和多数的决定性时，帕累托却揭示出多数往往只能造成少许影响，少数则往往造成主要、重大的影响这一长期被人们忽略的现象。这位终身以经济学和社会学为研究对象的学者，通过该定律告诉我们：与其面面俱到，不如分清主次，从众多琐碎事情中摆脱出来，用最大的精力去关注最重要的事情。因为整体往往是被局部颠覆的，反过来，整体也往往被局部拯救。抓住了关键的局部，就抓住了整体。失去了关键的局部，也就失去了整体。帕累托定律揭示的局部与整体的关系，为后人进行高质量战略思维做出了重要贡献。

毛泽东是不知道帕累托为何人的，但在局部与整体的关系问题上，也有十分精彩的论述。在《中国革命战争的战略问题》一文中，毛泽东说：“任何一级的首长，应当把自己注意的重心，放在那些对于他所指挥的全局来说最重要最有决定意义的问题或动作上，而不应当放在其他的问题或动作上。”在《直罗战役同目前的形势与任务》一文中，他特别强调“抓住战略枢纽去部署战役，抓住战役枢纽去部署战斗”。这就更加精到地概括出了局部与整体的关系。这位大战略家在这里指出，抓整体、抓全局不是眉毛胡子一起抓，而是抓重心、抓枢纽。掌控了重心和枢纽，就掌控了全局和整体。真正高明的领导者，最大的本事并非今天人们分外推崇的“沟通”和“协调”，而是从纷繁复杂的万物万象中，发现重心是哪里，枢纽在何处。

顺便再分析一下人们常说的两句话：一句是“人非圣贤，孰能无过”；第二句是“文武之道，一张一弛”。前一句意即大家谁也不是神仙，难免不时犯错。后一句是说谁也不可能像弓一样整天绷那么紧，有放松才有紧张，没有放松也就没有紧张。这两句话都无可非议，但把帕累托“二八定律”拿过来对照，问题就显露出来了。首先可以说，你在那“80%”的范围中松弛一下未尝不可，犯点错误可能也无碍大局。但是要特别注意，一旦进入关键性的“20%”范围，你的任何松弛都可能因过于懈怠而错失良机，犯下的任何错误都可能因小失大撼动全局。在“重心”和“枢纽”处的松弛和犯错，其意义与非“重心”和非“枢纽”处的松弛和犯错，从性质到意义都会完全不同。不是不允许犯错、不允许松弛，而是说平时你可以松弛一下，这个阶段你必须全神贯注地紧绷。平时你可以出一两个错误，这个阶段你必须全力以赴避免出错。因为此刻它不但可能使你收到“事半功倍”的成效，也可能让你陷入“一招不慎，满盘皆输”的困境。

对这一现象，毛泽东有过非常生动的描述。他说：“战争历史中有在连战皆捷之后吃了一个败仗以致前功尽弃的，有在吃了许多败仗之后打了一个胜仗因而展开了新局面的。这里说的‘连战皆捷’和‘许多败仗’，都是局部性的，对于全局不起决定作用的东西。这里说的‘一个败仗’和‘一个胜仗’，就都是决定性的东西了。所有这些，都在说明关照全局的重要性。指挥全局的人，最要紧的，是把自己的注意力摆在照顾战争的全局上面。”

战略思维的整体性与全局性，在这里被揭示得淋漓尽致。我们说从空间上讲，战略思维是总揽全局的思维，表现出思维的整体性和全面性。那么，一个具有战略思维的人必须具备这样一种能力：知道重心在哪里，枢纽在何处。知道自己什么时候可以输、可以败，什么时候不能输、不能败。知道自己什么时候可以适当放松，打个小盹，什么时候必须全神贯注、全力以赴。其核心正如毛泽东所说：“总之，一个原则，就是注意那些有关全局的重要的关节。”

思维在这里就变成了一把庖丁解牛的利刃，通过重心、枢纽和关节，游刃有余地剖析、把握和掌控全局和整体。

泰山与麋鹿

作为从宏观总体和长远建设上来认识和把握全局的思想方法，战略思维的前瞻性是战略指导能动性的源泉。战略思维的一切成果，无不体现着预见和预置。缺乏前瞻性，思维对实践的指导价值必然大打折扣。抗战后期曾驻延安任美军观察团负责人的谢伟思，对毛泽东为什么在共产党人中具有那么高的威望不得其解。他后来回忆说：“我曾问过很多中国共产党的朋友，毛主席为什么能战胜他的许多敌人，成为公认的领袖，他们的答案都是一致的，归根到底，他高瞻远瞩。”

所谓高瞻远瞩，就是预见。1945 年党的“七大”，毛泽东说过一句话：“预见就是预先看到前途趋向，如果没有预见，叫不叫领导？我说不叫领导。”毛泽东还说：“坐在指挥台上，只看见地平线上已经出现的大量普遍的东西，那是平平常常的，也不叫领导。只有当还没有出现大量的明显的东西的时候，当桅杆顶刚露出的时候，就能看出这是要发展成为大量的普遍的东西，并能掌握住它，这才叫领导。”

我们今天谈“领导就是服务”的时候，千万不要以为领导的服务就是搞好生活保障、弄好福利待遇，就是排列好职务晋升次序、协调好方方面面关系。千万不要忘记，前瞻与预见，是领导者提供的最大服务。这种前瞻与预见从来不全神贯注于前方的庆功、颁奖、表彰、剪彩，而是全神贯注于前方可能出现的风暴、冰山、悬崖、沟坎，以及风暴与冰山、悬崖与沟坎之后还有的绚丽与灿烂。唯此，领导者才能在心理准备、组织准备和力量准备之上，产生大眼光，生成大境界。宋代文学家苏洵说：“为将之道，当先治心。泰山崩于前而色不变，麋鹿兴于左而目不瞬，然后可以制利害，可以待敌。”不是不知道“泰山崩于前”，不是不知道“麋鹿兴于左”，而是能够以大眼光和大境界超越眼前的纷繁万象，通过更大的气象和更大的格局，最终实现更大的利益追求。

以抗美援朝和中印边境自卫反击战为例，两次作战都在相当困难的情况下进行，做出用兵决定，十分艰难。朝鲜战争发生时，新中国刚刚成立，百废待兴，国民经济亟待恢复，军队长期作战急需休整，整编复员、边疆剿匪等任务也相当繁重。面对美韩联军向鸭绿江挺进，出兵即出境，即要与世界上最强大的战争机器迎头相撞，我军武器装备落后、缺乏海空力量的弱点将暴露得十分明显。如此困难情况下决定用兵，毛泽东提出：出去了，即使被打回来，也说明我们是局内人，不出去，连入局的可能性都没有。这一思维表现出的眼光和胆略令人印象极其深刻。在毛泽东的战略视野里，战场胜败不是出兵或不出兵的标准，“入局”或“不入局”才是出兵与否的标准。这就将“跨过鸭绿江”上升到了一个更高的战略境界。这位伟大战略家的视线穿越硝烟弥漫的朝鲜半岛，看到了比战场得失更加重要的东西。所以哪怕美国宣布和中国进入战争状态，哪怕美国海空军攻击中国沿海地带、轰炸中国城市和工业基地、哪怕新中国刚刚开始的经济建设计划被破坏、民族资产阶级及部分群众不满，都阻挡不了毛泽东为了新中国更加长久的安全，一定要“入局”的坚强决心。

这就是“跨过鸭绿江”这一新中国战略决心的根本来源。

无独有偶，1962 年中印自卫反击作战前，再次出现类似处境。当时中国刚刚经历三年经济困难时期，国力虚弱。军事斗争主要方向又在东南沿海，重点防范蒋军窜犯大陆。与苏联老大哥刚刚吵翻，对方撤专家、停援助，“中苏同盟”已成废纸。得到西方支持的印度则气焰嚣张，一进再进。不得不做出自卫反击的决定后，因我军从未与印军作战，并不摸底，毛泽东与西藏军区司令员张国华之间有一段耐人寻味的对话。

毛泽东问：听说印度的军队还有些战斗力，我们打不打得赢呀？

张国华肯定地回答：打得赢，请主席放心，我们一定能打得赢。

毛泽东说：也许我们打不赢，那也没有办法，打不赢，也不怨天怨地，只怨我们自己没有本事。最坏的结局无非是印度军队侵占了我国的领土西藏。西藏是中国的神圣领土，这是世人皆知、天经地义、永远不能改变的。总有一天，我们会夺回来。

中印边境自卫反击战中毛泽东的战略决心，同样超越了战场胜负。

抗美援朝，在全世界面前打出了中国人民解放军的军威。中印边境自卫反击战，成为新中国历次军事斗争中赢得最为漂亮的胜仗。这些经典事实说明，要想准确或大致准确完成战略前瞻与预见，思维主体必须以全部智慧和魄力完成对种种决定性因素的切实把握。在这其中立足于最困难、最复杂的情况还不够，还要能够用更加长远利益的追求超越眼前困境，最终为价值久远的战略决策开辟通路。

不被“泰山崩于前”慑神障目，不被“麋鹿兴于左”乱意分心，领导者才能获得一种持久定力，以更高更远的战略眼光，作为关键时刻进行战略决策的心理底数。只有这样的心理底数，才能由大眼光生大境界，由大境界生大决心。

大眼光、大境界、大决心之综合，便是大格局。

什么是民族的致命伤

人们在思维过程中，最先进入头脑的，通常是已有经验、既定方案、成功或失败的例证。仅仅依据这些因素开展思维，得出结论可能省时省力，却往往不是最佳的。应该承认，经验提供的思维材料不论如何宝贵，对未来的指导作用都是有限的。问题不会简单重复，历史也不会简单重演，这就是为什么刻板地依照历史经验制订的战略计划，往往难以取得成功的重要原因。

问题在这里提出来了：如何才能够确保持续地进取——不管取得多大的成功抑或遭受多大的失败，思维主体都能够最大限度地发挥主观能动性，实现对经验和传统的超越——唯此，才能产生真正有价值指导实践的思维成果。

1806 年，普鲁士军队在耶拿－奥尔施塔特大战中兵败如山倒。拿破仑的俘虏中有一个不起眼的下级军官，他就是后来享誉世界的军事家卡尔·冯·克劳塞维茨。总结普鲁士军队的失败，克劳塞维茨说：“它不只是一个风格过时的例子，更是墨守成规导致的极端缺乏想象力的例子。”克劳塞维茨把普军的失败归于三点：一是中高层军官很少认识到战争特征已经发生了根本性变化；二是军官们更关心自己的军衔和社会地位，而非训练与作战；三是士兵缺少爱国心和军人精神。

34 年后的 1840 年，中国军队在第一次鸦片战争中兵败如山倒。以中国近代外交史作为其“第一片拓荒之地”的历史学家蒋廷黻说：“鸦片战争的军事失败还不是民族致命伤。失败以后还不明了失败的理由力图改革，那才是民族的致命伤。倘使同治、光绪年间的改革移到道光、咸丰年间，我们的近代化就要比日本早 20 年，远东的近代史就要完全变更面目。”为什么中国的改革没有更早进行？蒋廷黻认为耽误 20 年的原因有三点：第一，中国人守旧思想太重，承认有改革的必要极不容易；第二，实行新政，科举出身的士大夫地位摇动，他们反对；第三，中国知识阶级和官僚阶级最缺乏独立的大无畏精神。

战略思维中进取性的意义，通过克劳塞维茨和蒋廷黻两位前人的思辨性论述显现出来了。“墨守成规导致的极端缺乏想象力”的普鲁士王朝，和“失败以后还不明了失败的理由力图改革”的大清王朝，不管自身怎样尽心竭力地挽救衰亡，都无法对剧烈变化的新的历史环境做出战略性回应，最终不得不以十分不光彩的状态退出历史舞台。

任何一个摊子，不论曾经多么辉煌，单单靠守是守不住的。所以不仅需要保存，更需要创新。不能只是求稳，更需要求变。这才是战略思维具有强大生命力的核心。正是在这个意义上，你可以说战略思维是综合性思维、全局性思维、长远性思维，却不能说它是平衡性思维、调和性思维、妥协性思维。战略思维中一旦失去了进取性，随之就失去了这一思维中最有生命力、最有创新力的部分。

1982 年 9 月邓小平同志讲过一段话。他说：“如果中国在 1997 年，也就是中华人民共和国成立48年后还不把香港收回，任何一个中国领导人和政府都不能向中国人民交代，甚至也不能向世界人民交代。如果不收回，就意味着中国政府是晚清政府，中国领导人是李鸿章！我们等待了33年，再加上15年，就是48年，我们是在人民充分信赖的基础之上才能如此长期等待的。如果15年后还不收回，人民就没有理由信任你，任何中国政府都应该下野，自动退出政治舞台，没有别的选择！”

这段话是在与英国首相撒切尔夫人会谈时讲的。这段话，展现出邓小平同志在维护国家安全的战略思维中，进取性所占的分量，其历史进取心又是何等坚定！

如果说在一般情况下，国家意志通常表现为代表国家行使权力的领导者的意志，那么领导者真正的进取不光是思想观念上的进取，更包含能够拿出相应的实力、能够承担相应的代价。

1982年阿根廷收复马尔维纳斯群岛，表面看确是进取性之举，但实际上其领导层并没有做好应付艰巨情况的准备。一是看到英国正在削减国防预算，估计不会为马岛而战，只要造成既成事实，便可轻取。二是认为即使英国想战，因经济衰退国力减弱，不仅兵力不足，还与马岛相距1.4万多公里，后勤保障也成问题，阿根廷尽占天时地利的便利，即使开战，对劳师远征的英军，也能获胜。

就是在这种思想主导下，阿根廷从政客到军人都没有做好艰苦作战的精神和心理准备，甚至连斯坦利港的机场也未整修，致使战争爆发后阿根廷的战斗机无法以马岛为基地攻击英军。其收复国家主权和捍卫民族尊严的“进取心”，既缺乏强有力的物质力量支撑，也缺乏强有力的精神力量支撑，最终使这一失败成为阿根廷延续至今的创伤。

在英阿两国领导人进取心的激烈博弈中，英国首相撒切尔夫人成了胜出者。

正是这位铁娘子，马岛获胜之后3个月来到北京，意图乘势解决香港问题。未料等待她的，是邓小平那段十分强硬的语言。他说：“有关主权问题是不容谈判的！”邓小平后来还讲了一段话：“香港问题，就是一句话：一点都软不得！”

这绝不仅仅是说说而已。

1992 年 10 月，距离香港回归已经不到 5 年时间了，小平同志提出要看看香港接收的对策方案。当时尽管已经做了很多准备，但是总体思路是和平接管。小平同志看完方案之后认为没有做更复杂的考虑，所以不行。小平同志说："我以前对撒切尔夫人就讲过，如果谈不成，我们就要考虑另外的时间和另外的手段和方式来解决问题，当然就不是和平过渡了。"

当时就是根据小平同志的这句话，重新调整了接收香港问题的方案。当然我们最好是和平过渡，但是如果和平过渡不能完成，我们也一定要完成香港的回归。所以，当时就做了很多复杂情况的考虑、复杂方案的准备。按照小平同志的话，不管最后怎么样，我们一定要按照中国人的时间表解决香港问题！

从中我们可以看到中英双方在香港问题上战略思维的博弈。英国执政当局当然要用尽一切办法，通过香港实现其在整个东亚地区的存在。中国政府毫无疑问，一定要完成香港回归这一历史夙愿。1997 年的香港回归，整个过程进行得如此顺利，与中国方面按照邓小平同志的指示对各种情况都做好了充分准备关系极大。在这一轮中英领导人各自的战略进取意识的碰撞中，毫无疑问中方是胜出者。

进取性是战略思维主体的永恒追求，不是理念的进取，不是意愿的进取，而是有所准备。准备好物质力量，准备好精神力量，同时准备好承担进取可能带来的代价。

两手准备，两手抓，两手硬，才能通过进取最终把握事件发展的进程，使战略思维成功地得到实施。

强烈的问题意识

问题就是事物的矛盾。认识问题就是认识事物、把握事物的开始。战略思维中不但包含问题意识，而且往往包含着强烈的问题意识。

在英国的伍尔索普，有一棵被封为"圣树"的苹果树。据说当年牛顿就是倚坐在此树之下，望着从树上坠落的苹果，悟出了万有引力定律。今天川流不息的参观者到此，望着这棵长期无人修剪、枝丫及地的“圣树”以及树旁带有皇室标记的铜质徽章，想象当年牛顿双手叠在脑后，在冥想中完成物理学最伟大发现的情景，心中的虔诚与激动可想而知。

但这是一个错误。当人们把焦点集中在这棵枝叶繁多的苹果树上的时候，忘记了一点：伟大发现的地点并不简单等于这一发现的原因。当年牛顿思维的焦点和起点，是那个至今早已了无踪迹的苹果——它为何从树上坠落——这才是引起伟大发现的问题所在，而不是牛顿坐的地方或那棵苹果树有什么非凡的灵光。

从这个意义上说，牛顿的问题意识的确强烈。在此之前，苹果悄无声息地不知坠落了多少年，没有任何人将其看作是问题。唯有牛顿把它当作问题，物理学上最伟大的发现——人类第一次找到宇宙和谐运行的规则——由此开始。

只记住那棵静态的苹果树而忘掉动态的苹果这一现象，绝不仅仅发生在英国。20 世纪 90 年代北京某次学术研讨会，讨论美国新军事战略，与会者中包括参与制定这一战略的两位美国学者。我方有学者发言深入展开分析：美国新军事战略的三大框架、四大要素、五大特点，娓娓道来，把两个美国人听得目瞪口呆，赞叹道：你们的理论概括真厉害，总结出这么多我们没有意识到的东西！可惜好景维持不长，午餐前这两个美国人开始心存疑惑，午餐后他们已经在小心反问了：研究问题真的应该是这样吗？这样的方法真的是研究问题的好方法吗？

虽然现场无人回答，但大家还是感觉到了症结所在。全神贯注于挖掘意义，最后丢掉的必然是研究问题。

所谓问题意识，是指人们在认识活动中，对疑惑或难以解决的实践及理论问题产生一种怀疑、困惑、焦虑、探索的心理，由此驱使人们积极思维并不断提出问题、研究问题和解决问题这样一种思想方法及状态。平时我们多见这样的现象：对问题视而不见或不屑于发现，对概括成绩、挖掘优点和升华意义却兴致盎然、颇富创造力。这其中丧失的不仅是怀疑、困惑、焦虑、探索的精神和心理，更是积极提出问题、主动研究问题和解决问题的思想方法和实际能力。

我们再看看1991年的海湾战争，那场战争结束之后，我们有很多分析都认为那场战争预示着信息化作战正式登场，是机械化战争向信息化战争的历史转折点，对世界军事具有重大的现实意义和深远的历史意义，如此等等。

颇有讽刺意味的是，美军的概括与我们完全不同。我们在美国学习期间，发现美国的军校里没有教授海湾战争的战略，他们为什么不讲呢？原来，他们认为，1991年的海湾战争他们遇到了理想的敌人、获得了理想的联盟、拥有了理想的设施，还具有理想的地形，因而结论是什么呢？在理想的战场上打了一场理想的战争。

美方之所以提出这么多的理想，它无非想说明，就是如此理想的条件今后很难再现，所以美国军方认为1991年海湾战争的指导意义十分有限。

五角大楼当时出了三卷本的《海湾战争——美国国防部致国会的最后报告》，这个报告里面对战争成功和军事优势的描述基本上是轻描淡写、几笔带过。依照我们今天一些人的思维习惯肯定认为成绩挖掘不深、概括不精、意义升华不高，但是说到问题和毛病，他们却挖掘得很深、概括得很精，而且升华得很高。

比如说它在书中这样讲道："事实证明美国的地面和海上部队在扫雷经验、训练和装备方面都没有做好准备，这一点令人遗憾；战场通信能力严重不足，使那些距离稍微远些、彼此喊话刚刚听不见的部队之间，无法进行通话联系；提供的战术情报经常是马后炮，而且不能令人满意，或者毫无价值，由于缺乏夜视器材，海军陆战队每天天黑之后不得不停止作战计划。"

这是五角大楼对国会最后的报告，当你看到美国人在内部进行这样的评价的时候，我们不由得产生疑问，这还是那支被我们描述为全新高技术装备、全新高技术作战理念、无所不能的军队吗？

从这一点看，美国五角大楼的报告对问题的追究是不依不饶的。这个报告里写道："我们在沙漠风暴行动中缺乏运输工具，不得不在全世界的范围内到处租借卡车。""事实上有些系统性能不佳，在作战中妨碍了部队的调动。""情报支援的不足也越来越严重妨碍武器效能的发挥。还有目前使用的压制敌方防空武器的飞机均已陈旧，在伊拉克入侵科威特时，有些型号的飞机甚至正在退出现役。"

美方这样的总结，与我们的众多描述大相径庭。在战绩如此明显的情况下，依然具有如此强烈的问题意识，对缺憾如此敏锐，对查找问题如此锲而不舍，恰恰表明它们在力图保持清醒，在力求未来的胜利。

当今天人们说到战略问题的泛化、战略思维问题的泛化，其中一个最大的特征就是在花样翻新的词汇概念掩盖之下问题意识的极度欠缺。我们玩弄的是概念、表达的是概念、堆砌的是概念，最大的问题就是在花样翻新的词汇概念掩盖之下问题意识的极度欠缺。问题在哪里？问题是什么？问题怎样产生？问题如何解决？非常欠缺。而战略思维最鲜明、最突出的特点就是发现问题及创造性解决问题的思维指向。只有在这样的过程中，你的思维才会从定期的漫无边际的烦琐变得清晰、简单，变得单刀直入。

解放战争第二年，人民解放军由战略防御转入战略进攻，刘邓、陈粟、陈谢三支大军打到外线。在快速发展的形势中，中共中央适时提出了“打倒蒋介石，解放全中国”这一振奋党心军心的口号。但毛泽东没有被这一口号陶醉。在陕北米脂县杨家沟，毛泽东与师哲散步时说：“现在的问题是能不能胜利，敢不敢胜利。”师哲十分不解，认为全党都对能不能胜利没有异议了，毛泽东为什么认为“敢不敢胜利”是个问题。毛泽东阐述说：“我们长期在农村打游击，我们敢不敢进攻大城市？进去之后敢不敢守住它？敢不敢打正规战、攻坚战？我们这么大的国家，我们这么多的人口，要吃、要穿，面临着这么多的问题，我们共产党敢不敢负起责任来？”

在胜利即将到来的时刻，毛泽东的设问十分尖锐，也极其冷峻。每一个疑点的提出，每一个“敢不敢”的问题，都在为“打倒蒋介石，解放全中国”这一口号提供细致严密的注脚。这就是中国革命即将发生伟大战略转折的历史性关头，毛泽东作为这一革命的领袖，表现出的超强问题意识。他不仅看到了胜利的前景，更看到了真正实现这一前景必须克服的能力障碍和心理障碍，必须完成的能力准备和精神准备。这一系列“敢不敢”问题的提出，实际渗透着数十年武装割据的中国共产党人，从建立农村根据地到占领中心城市，从农村包围城市到最后夺取城市，从打得赢就打、打不赢就走的游击战和运动战到正规战、攻坚战这样一种中国革命必然要完成的巨大转换。虽然我们说问题思维不能简单地等同于战略思维，但战略思维一定包含着对问题——尤其那些关系全局的重大问题的思维。就战略思维层面看，强烈的问题意识与强烈的进取求胜意识相一致。与此相反，强烈的粉饰意识则与强烈的安于现状意识相一致。脱离了对问题的关注，就脱离了对未知的探求。

今天我们正处在重要的发展时刻，在巨大的成就面前，强烈的问题意识变得尤其难能可贵，这里用胡锦涛的两段话结束本篇。

一段话是：要深入研究关系我国经济社会发展全局的重点、难点、热点问题，深入研究我们党长期执政面临的重大问题，深入研究国际政治经济形势发展变化带来的重大问题。

另一段话是：在新形势下，必须把研究重大战略问题摆在更加重要的位置，不仅要形成浓厚的战略研究氛围，还要逐步形成经常化、制度化的战略研究机制。

10. 苦难辉煌

对一个民族来说，灾难中获得的力量，是支撑民族思想大厦的栋梁。一个自强的民族，必然千方百计呵护自己的精神财富，切不可小富即安、淡忘历史。

睡狮惊醒

抗日战争胜利近70年了，我们对那段历史的回顾，应该对它的认识越来越深刻。我们今天对这种胜利的回顾绝不仅仅是流于表面，今天我们应该从一些更深层次的原因剖析我们为什么能够取得胜利。

很多日本人认为他们是被美国打败的，或者被苏联打败的，或者就是美苏联合起来把他们打败的，他们在中国战场只是打了个平手而已。这些观点在日本当今的媒体中屡屡可见。当然这些东西不用我们过多地回答，但“二战”

之中日本的整个战略犯了重大的错误。

它的重大错误是什么？它低估了中华民族的抵抗决心。

日本最初发动“九一八事变”轻易得手，发动“七七事变”表面上看也是轻易得手。

“九一八事变”以1万多不到2万人的关东军，迅速占领了东三省，3天之内占领沈阳，1个星期占领辽宁，3个月占领了东北三省。

“七七事变”的时候，统计顶多是七八千日本侵略者，1个月之内占领整个华北。当时日本认为6个师团只要3个月之内就能灭亡整个中国。

我们可以看，日本的整个意图完全彻底地失败了，日本最后陷入中国人民战争的汪洋大海不能自拔。这难道不是日本的失败吗？难道这是日本的胜利吗？

从这点我们可以用非常简单的事实证明：抗日战争是中华民族近代以来取得的第一场反侵略战争胜利，这是我们整个民族的胜利。

当然在讲到这种胜利的时候，相当一段时间以来，也有些不同的声音。比如就讲过正面战场占多大比例？敌后战场占多大比例？实际上说穿了，就是国民党是抗战主力，还是共产党是抗战主力？海峡对岸还发出一些完全不同的声音，认为国民党是抗战的绝对主力，而共产党只是打擦边球而已，甚至说共产党在抗战中占了多大的便宜，如此等等。

今天我们在总结抗战胜利的时候，要更加深刻地认识这些问题。我们为什么能够进行14年的抗战，而刚开始是如此虚弱，被日本人认为是如此虚弱，被日本人认为3个月内就能够灭亡整个中华民族，为什么呢？

我们可以看当时的国民党政府表现的软弱，这是不言而喻的，这给我们带来非常大的灾难。

从1931年的“九一八事变”一直到1937年的“七七事变”，到1937年8月份的民国政府最后下定决心抗战，持续了六七年的时间。这种忍耐、这种退让、这种期待国际调解、这种攘外必先安内政策的实施，实际上给了侵略者更大的胃口、更大的野心，它把我们看得更加虚弱。

为什么讲抗战胜利是一个民族的觉醒呢？一个非常重要的指标就是：日本人在最后发现，他们面对的不是一个软弱的国民党政府，而是面对一个日益坚强的、日益团结为一个坚强整体的中华民族。

我们举个例子。1935 年，当时日本的外相广田弘毅提出所谓“广田三原则”，就是：第一，在中国国内彻底消灭反日运动；第二，中日“满”密切合作，就是说当时的民国政府和日本、伪满洲国密切合作；第三，共同防共，共同防止共产党。

当时广田提出这个三原则之后，蒋介石当时忙于指挥陕北的“剿共”，没有心思跟日本对抗，所以他曾经发了一个电报给汪精卫，说“广田三原则”可以考虑。但是在当时强大的国内舆论压力之下，不管是蒋介石还是汪精卫，谁也不敢公开赞同“广田三原则”。

后来日本人又搞了很多的动作，比如说搞“华北自治”，而且当时华北的地方军事实力人物也宣称，冀察两省——河北和察哈尔与日本有特殊的关系，而且当时的华北地方军事实力派人物还搞出一个“冀察政务委员会”等这些东西。这些东西是什么呢？就是当时中国的地方军事实力之人物力图在日本人、蒋介石中间玩弄一个平衡，那么这些平衡其实我们今天看是非常危险的。

当时北平爆发了“一二·九运动”，反对“华北自治”，要求停止内战，一致抗日。紧接着，南京学生游行、武汉学生游行、太原学生游行，要求严惩汉奸，维护领土主权完整。而且当时上海的律师工会、全国的商会联合会等多个团体致电南京政府，要求讨伐叛逆，制止华北的地方军事实力派人物向日本的这种偏靠。当时各地的报纸纷纷发表社论，要求制止国家分裂。

正是在这种沸腾全国的舆论对中央的统治者和当时的地方实力派形成我们叫黄雀在后的强大压力，才阻止了当时那些军政人物为了手中的权力不顾民族大义做出一些出格的事情来。

所以我觉得从这些方面能看出一种超越。抗日战争胜利仅仅就战场上来看，一直到日本行将投降之前，日军还在国民党正面战场层层进攻。一直到 1945 年的 4 月底 5 月初，甚至到了 6 月份还在发动芷江战事，就是日军的最后一次湘西作战。当时虽然国民党的正面战场具有兵力的优势，具有兵器的优势，甚至具有空中优势，但是还在节节防御，甚至还在节节败退。

我们之所以能够取得抗日战争的胜利，之所以能顶到最后——重庆政府不管怎么说它确实顶到最后了，没有投降。那么这点单单从蒋介石个人的抗日意志和国民党的抗日意志来寻找原因我觉得是不够的，它关键是什么？是中华民族的总体觉醒。

就像我们前面讲的，你看那些学生游行，你看那些地方的包括工商会、律师协会、媒体所形成的强大压力，它实际上代表什么呢？就是中华民族前所未有的觉醒，而这种觉醒是什么呢？不管是国民党还是共产党，不管是穷人还是富人，不管是统治者还是被统治者，都共同认识到了中华民族的整体利益。那么在这个基础之上，我们才有可能真正地团结起来，虽然有若干动作还是不太得力，但是毕竟是顶到了最后，顶到了抗日战争的胜利。

可以看出，抗战到底已经成为一种全民族的坚强意志。

我们以前这种觉醒都不是很彻底。1898 年的戊戌变法到 1911 年的辛亥革命，我们只能把它作为一个统治阶层的高级人士的觉醒。那么到了 1919 年的五四运动，是作为知识分子阶层的觉醒。但是 1937 年抗日战争的爆发，真正是完成了全民族的觉醒。

仅仅统治阶层的觉醒，仅仅知识分子的觉醒，这是不够的，所以 1937 年的抗战，是中华民族一次真正的彻底觉醒，而我们的胜利最终来源于此。

共同的胜利与荣光

中华民族作为一个整体，这个整体就是当国家有难、民族有难的时候，我们是一个共同的命运体。我们的命运、我们的荣誉和我们的尊严完全是一体的。

从海峡两岸共同对抗日战争的纪念，包括湖北对 3000 多名国军将士遗骸的重新掩埋，建立烈士墓，我觉得都体现了这一点。

我们今天再看抗日战争的胜利历史的时候，想到的不仅是个宽容的问题，更是种包容，民族的包容，我们这种民族利益的追求，这种爱国主义的弘扬，它是超出党派的。

抗日战争的胜利，是中华民族的共同胜利，里面有共产党人的牺牲，同样有国民党人的牺牲，双方的将士浴血奋战。当然，指挥层出现一些问题，像国民党的指挥层自不用说，像汪精卫这样的叛变，还有几十万、上百万伪军的出现，大多数都是国民党军队所出现的叛变，这些我们姑且不说。

我们从另一面看，毕竟这个民族觉醒了，有些少数的败类是存在的，但是作为一个民族的总体，国民党军队在抗日战争中作战也是英勇的，指挥官有一些指挥问题存在，但是将士的厮杀，将士的献身，还是英勇的。

从这两点看，我们对抗日战争的纪念，包括对这些死难烈士的追祭，实际上就是真正弘扬一种中华民族的精神。

我记得前几年的时候，台湾一些退役将领在参观国防大学的时候，我们专门把他们带到抗日战争纪念碑前、带到抗日英雄群体像前，他们看完很感动。

那个雕像群有八位将领，有八路军、新四军在抗日战争中牺牲的最高军衔的将领，像左权、彭雪枫等人，还有国军将领在抗日战争牺牲的，像张自忠、戴安澜等人。国军四位、八路军和新四军四位。

当时，这些台湾过来的退役将领看完以后非常感慨，他们认为大陆方面包括大陆的军队方面正在恢复一种历史的真相。

当然，我们又反过来问他们，我说像这样的雕像出现在大陆、出现在中国人民解放军的最高学府国防大学不足为怪了，那么在台湾有没有这样的雕像或有没有可能出现？他们面面相觑，台湾没有。

现在海峡两岸在共同纪念抗日战争的胜利，大陆方面体现了一种更大的包容，一方面讴歌了抗日战争中敌后战场的这种杰出贡献，同时毫不回避抗日战争中正面战场起到的巨大作用。

我们在共同讴歌这些光荣历史的时候，也不得不稍有遗憾地看到，台湾方面几乎还是一边倒地纪念，台湾方面几乎不提共产党的敌后战场，几乎不提或者很少提共产党在抗日战争中所起的重大作用。

从这点可以看出，就海峡两岸来比的话，这种民族心理，这种进步，我们应该说是走在前面的。

抗战胜利不仅仅是哪一个党派的胜利，而是中华民族的共同财富，值得我们共同铭记。当我们今天讲这是中华民族的共同觉醒、我们共同的胜利、我们集体的尊严的时候，有些遗憾地看到海外的，甚至一些港台的媒体还在讲，这是国军如何如何，共军如何如何，他们还把中国人以意识形态按党派划分，这个胜利应该属于谁的，不属于谁的。

这种相对狭隘的抗战胜利的观念，应该到了摒弃的时候了。

失去对历史的追问怎能走向未来？

有人说中华民族的历史包袱太重，悲情意识太重，应该放下包袱，轻装前进。

还有人说岁月能抚平一切，包括苦难和伤痕。于是我们看到周围发生了一些本不该发生的事情，包括某个地方把《狼牙山五壮士》这篇课文从中学课本当中撤出，包括有些抗日烈士的陵园杂草丛生、无人问津。

民族的觉醒和民族集体的自尊，我们从抗日战争中获得，但是我们千万不要把这种觉醒丢掉了，千万不要把这种自尊丢掉了。

像现在发生的一系列现象，包括很多专家学者出来说，而且有一些颇富社会名望的专家都在讲，中国人应该向前看，我们的历史包袱太重了，我们的悲情意识太重了，我们何必还要生活在天天想过去那些悲惨的历史中呢，我们应该如何如何。

我觉得这些东西对于一个民族来说，一个没有根基的民族肯定不是一个具有历史底蕴的民族，你要知道你的根在哪里、你是从哪里来的，你才能知道你往哪里去。从这些方面来看，有很多东西值得我们汲取。

拿破仑曾经说过一句话，他描述中国是一头睡狮，他认为这头睡狮一旦醒来，世界将为之震颤。那么，这头睡狮在抗日战争中醒来了，在抗美援朝时醒来了。

我们有时候经常反问自己，这头睡狮你可以说它醒过来多少次？或者又睡过去多少次？或者醒来了又睡过去，睡过去了又醒来。

有些时候会出现这样的偏向，小富即安。稍有了点成绩就忘掉过去，稍有点功勋就忘掉过去的苦难，这些东西我们必须得制止。

如果我们小富即安，只能证明我们没有大的追求。我们今天可以看到，凡是有大追求的民族，凡是有世界眼光的民族，必然是有历史眼光的，它珍视自己的历史。

美利坚民族历史只有200多年，你看美利坚民族对自己历史的珍视，包括对独立战争、南北战争的珍视，非常值得我们学习。

犹太民族的历史跟我们中华民族一样也是历史久远的，但是它流离失所1000多年没有家园。今天可以看到，年轻的犹太人对他们历史的珍视，对他们历史的回忆。我们在以色列访问的时候，多少以色列青年，长得跟鲜花一样，那么年轻，他们把脑袋抵在哭墙上，默默地念犹太经文，哭墙的所有墙缝里塞满了他们的小纸条子，就是对历史的询问、对历史的探寻。

你看这个民族的历史厚重感。

以色列人今天把耶路撒冷基本上全部控制了，没有一个犹太民族的学者提出来要恢复犹太圣殿以往的辉煌，他们认为被罗马人烧掉的只剩下一段哭墙的圣殿，是非常好的纪念，就是让犹太民族永远不要忘记自己苦难的历史，永远铭记它。

反过来看，我们的圆明园1860年被入侵的英法联军一把大火烧毁。今天有多少专家学者出来呼吁，要修复圆明园，恢复圆明园以前的辉煌。当然我觉得非常好的是什么呢？更多的专家学者出来，说我们不能恢复以往，它已经被焚烧了，被捣毁了，我们再也无法恢复以往。

现今圆明园的残骸就是对中华民族最好的提醒、最好的纪念，比起重新恢复，造一个假圆明园，它的价值要大得多。

我觉得这是一个民族的深刻点。我们中华民族始终要防范和警惕这些浅薄的意识发生，以为我们可以抛弃过去，就像圆明园一样，我们重新把它修复，恢复以前的光荣，成为最好的旅游地点。你就这样轻易把你的苦难历史加以掩埋、加以遗忘吗？这样就能走向未来吗？

忘记了过去的民族不可能是个强大的民族。

所以说我们经常讲，一个强大民族的追求其实是两点：一是追问历史，二是走向未来。如果失去对历史的追问，失去对历史的拷问，失去对自己从哪里来的这种严格的审视，那么你的未来是什么呢？你飘向哪里呢？你就是一片无根的落叶。

这是我们今天看来，纪念抗战最大的意义可能就在这儿，比争论谁是胜利者，谁是失败者，比争论到底是正面战场还是敌后战场出的力更大，比这些争论更大的意义就在这儿。

中华民族共同追寻自己的苦难，共同追寻自己怎么获得的辉煌，这是我们走向未来最根本的动力。